HARALD KNUDSEN

GOTTESBEWEISE IM DEUTSCHEN IDEALISMUS

GOTTESBEWEISE
IM DEUTSCHEN IDEALISMUS

Die modaltheoretische Begründung

des Absoluten

dargestellt an Kant, Hegel und Weiße

VON

HARALD KNUDSEN

WALTER DE GRUYTER
BERLIN · NEW YORK
1972

THEOLOGISCHE BIBLIOTHEK TÖPELMANN

HERAUSGEGEBEN VON

K. ALAND, K. G. KUHN, C. H. RATSCHOW UND E. SCHLINK

23. BAND

ISBN 3 11 003787 4

Library of Congress Catalog Card Number: 72-77439

© 1972 by Walter de Gruyter & Co., Berlin 30 (Printed in Germany)

Satz und Druck: Dr. L. Tetzner KG, Neu Isenburg

INHALT

C. CHRISTIAN HERMANN WEISSE

EINLEITUNG

Zwei Ansätze sind möglich, um des Problems von Gottes Sein in der neuzeitlichen Metaphysik ansichtig zu werden. Der eine geht von der Theorie des Selbstbewußtseins aus, das im Sichselbstdenken nach seinem Ursprung trachtet und diesen als das unvordenkliche Sein des absoluten Gottes identifiziert. Der andere setzt bei dem Sein Gottes selbst an und fragt, wie es möglich ist, einen Begriff zu finden, der zugleich die Manifestation der göttlichen Existenz repräsentiert. Dies ist der Weg, auf dem sich die folgenden Untersuchungen halten werden. Er wird über Kant, Hegel und Weiße führen. Die ontotheologischen Entwürfe dieser Philosophen bilden systematisch eine Einheit von Gedankengängen und Argumenten, die noch als konträre Positionen aufeinander verwiesen sind. Daher ist es aus methodischen Gründen ratsam, die genannten Denker aus dem Duktus der neuzeitlichen Philosophie zu isolieren und in einen Zusammenhang zu bringen, der diese Einheit heraushebt. In ihr spiegelt sich zugleich die Grenze wieder, an die der philosophische Gedanke kommt und kommen muß, wenn er sich des Seins Gottes als eines Problems annimmt, das Bewährung oder Scheitern des Denkens im Ganzen offenbart. Von dem Erfolg, einen Begriff von Gott zu finden, dessen sich das Denken sicher sein kann, hängt die Selbstsicherheit des Denkens selbst ab; an ihr bemißt sich die Macht, mit dem Setzen von Begriffen die Gewißheit der Existenz zu verbinden. Der dem Denken ontologisch inhärierende Versuch, im Denken den Grund seiner Selbstvergewisserung zu legen, um zu verstehen, was es seiner Wirklichkeit und seiner Möglichkeit nach ist, setzen jedoch die Unsicherheit des nach sich selbst fragenden Denkens voraus. Es ist in der Philosophie der Neuzeit als erster Descartes gewesen, der diese Unsicherheit zum methodischen Zweifel erhob.

Die Bewegung des Auf-sich-Zurückkommens, die das Denken durchläuft, um in der Selbstgewißheit auf den Grund seines Seins und damit auf die Wahrheit alles Seins zu stoßen, ist somit von der Verunsicherung bestimmt, in der es zuerst die Erfahrung von sich macht. Diese Erfahrung führt zu dem ersten Ansatz, die Begründung der Vernunft im Medium ihrer selbst so zu leisten, daß sie als das in Wahrheit Begründete erscheint. Die Konstitution des Selbstbewußtseins beruht auf der

Möglichkeit des Denkens, in sich von seinem Sein als einem nicht von ihm Gesetzten zu wissen. In diesem Wissen entsteht dem Denken die Gewißheit, daß ein Gott ist und daß dieser Gott für das Denken ist. Aber es ist eine Streitfrage der Metaphysik, ob die Möglichkeit der Vernunft von sich zu wissen zugleich mit der ontologischen Bedingung ihres Seins identisch ist. Hegel hat rigoros in diesem Sinne entschieden. Im Absoluten ist das Denken noch Grund des Selbstverständnisses, in sich selbst nicht der Grund seines Seins zu sein. Aber dieses Wissen des Denkens um sein Gegründetsein in dem, was nicht das Denken ist, bedeutet für Hegel schon die Überschreitung in die ontologische Dimension des Absoluten, von dem her das Denken Grund seines Nichtseins und seines Seins ist. Das Absolute ist selbst Denken, das im Vollzuge seiner selbst sich als gründende Einheit von Denken und Sein konstituiert. Aber Hegel markiert in der Entwicklung der neuzeitlichen Philosophie einen Endpunkt, der sich von den Anfängen seit Descartes zwar als die Aufhebung und Heilung des zweifelnden Bewußtseins darstellt, aber keineswegs die einzig mögliche Lösung des Problems der Letztbegründung des Denkens und seines Seins anbietet, die die Metaphysik der Neuzeit bereitstellt.

Der ontologische Rückgang in das Sein des Selbstbewußtseins und die Interpretation dieses Seins als eine dem Selbstbewußtsein nicht verfügbare Bedingung seiner Subjektivität können als Einleitung in die Problematik des zweiten Ansatzes dienen, der von dem Begriff des Seins Gottes ausgeht, und mit dem sich die Philosophie in Gestalt des ontologischen Beweises beschäftigt. Auf diesem Beweis baut sich eine Perspektive auf, die gleichermaßen von den Zentren der Theologie und Philosophie anheben und in deren Einheit zurückführen kann, welche nun als Zentrum beider Wissenschaften ein Bewußtsein von der Denk- und Seinssituation des menschlichen Geistes angesichts des göttlichen eröffnet. Es ist dies die Perspektive der göttlichen Freiheit und ihrer Möglichkeit, in dem Raum des Denkens auch als Freiheit zu erscheinen. Analog zu den beiden Ansätzen sind in methodischer Hinsicht daher auch zwei Zugänge zu einem Begriff der Freiheit Gottes möglich: der eine führt über die Subjektivitätstheorie, der andere über den ontologischen Beweis. Beide gehören innerlich zusammen, auch wenn man ihren jeweiligen Weg methodisch isolieren und getrennt verfolgen kann. Diese Trennung ist in der vorliegenden Arbeit durchgeführt worden. Die Einleitung aber hat die Einheit herauszustellen, aus der die Getrennten hervorgehen. Die Untersuchung der Möglichkeiten, die

sich aus dem ersten Ansatz ergeben, aus einer Theorie des Selbstbewußtseins einen Begriff des Seins Gottes und seiner Freiheit zu liefern
hätte sich — neben Hegel, der hier immer zu nennen ist — vor allem
den Denkern Fichte und Schelling zuzuwenden und eine Analyse
ihres Begriffs von Subjektivität geben müssen[1]. Seit Kant ist freilich
klar, daß gerade auch die Theorie des ontologischen Beweises wesentlich von einer Theorie des Selbstbewußtseins abhängig ist. Diese
Abhängigkeit ist bei Kant aber eine erkenntnistheoretische und nicht
eine ontologische; sind Begriffe dadurch ausgezeichnet, daß sie Begriffe eines Ich sind, so muß sich auch der Begriff Gottes an dem
Vermögen dieses Ich orientieren, ihn denken zu können. Ich ist bei
Kant die nicht hinterfragte Voraussetzung, die einem Gottesbegriff
Legitimation verschafft oder ihn der Kritik unterwirft. Steht auch
dieses Ich im Kritizismus unter der Notwendigkeit der Selbstbegrenzung, so ist diese Selbstbegrenzung doch zugleich die Macht, auch die
Objektivitäten zu begrenzen oder als den Schein von objektiv gültiger
Gegenständlichkeit zu verwerfen. Es wird sich allerdings zeigen, daß
die Kantische Lehre von der transzendentalen Apperzeption Ansätze
enthält, die weit über den Kritizismus hinausführen.

Fichte und Schelling sind einen anderen Weg gegangen, der schon
bei Descartes beginnt. Es ist ihr Interesse, einen Gottesbeweis aufzustellen, der das Problem der ontologischen Konstitution der Subjektivität löst und nicht eine vorgängig angesetzte Bestimmtheit von
Selbstbewußtsein zum Ausgang nimmt, um auf deren Boden die Frage
nach Gottes Sein zu entscheiden, — so wie sich die Methode Kants
verstehen läßt.

Es ist auf den cartesianischen Zweifel zurückzukommen[2], der auf
dem Wege des Ich zu seiner Selbstgewißheit eine positive Funktion
innehat. Im Zweifel weiß das Ich von sich und von der Tatsache seines
Wissens. Das zweifelnde Bewußtsein denkt und wird im Denken dieses
Zweifels des Seins seines Denkens gewiß. Es ist nun niemandem mehr
erlaubt zu behaupten, daß ich nichts bin oder der Täuschung erliege,
mir mein Sein nur einzubilden. Denn gerade die Funktion, die mir
eine solche Täuschung anlasten könnte, macht mir bewußt, daß ich
denke und im Vollzuge meines Denkens existieren muß. Die Möglichkeit, an sich wie an allem zu zweifeln, ist mit der Potenz des Denkens

---

[1] Dies hat in überzeugender Weise Schulz (61 ff.) geleistet.
[2] Vgl. Schulz, Der Gott der neuzeitlichen Metaphysik 34 ff.

identisch, in der mir meine Existenz unzweifelhaft gewiß ist. Descartes
geht nun einen Schritt weiter, der die negative Funktion des Zweifels
hervorhebt. Dieser Schritt ist der Gottesbeweis auf dem Boden der
Selbstgewißheit. Sein Schluß lautet folgendermaßen: Mag im Zweifel
meine Selbstgewißheit unumstößlich sein, so ist der Zweifel selbst ein
Zeichen meiner Unvollkommenheit und Endlichkeit. Der Gedanke,
daß ich ein endliches Wesen bin, setzt aber die Möglichkeit eines
unendlichen voraus. Der Zweifel ist also nicht nur Indikator meiner
Existenz, sondern dieser Existenz als einer endlichen. Ich hat viele
Begriffe und Ideen von endlichen Dingen, über deren wirkliche Existenz
es sich im Zweifel und ungewiß sein mag. Für die Überzeugungskraft
des Urteils, daß diese Dinge wirklich sind, genügt es, daß sie von der
Seinsmacht des Ich gesetzt sind, das nicht nichts sein kann. Ihr Dasein
ist solange sicher, als ich weiß, daß ich bin. Kann das endlich Seiende
von der Seinsmacht des endlichen Ich noch getragen werden, so ist es
dieser doch unmöglich, auch die Idee des unendlichen und allmächtigen
Gottes zu verantworten. Daß die Idee des Unendlichen möglich ist, erkennt das Bewußtsein aus der Selbsterfahrung seines Zweifelns.
Hierdurch gewinnt Ich ja die Einsicht in die Faktizität seines Selbstbewußtseins und zugleich das Bewußtsein von sich als eines endlichen
Daseins. Das Endliche kann aber im Wissen von sich nicht aus sich sein;
es muß sich den unendlichen Gott als seinen Ursprung voraussetzen. Erst
aus ihm kann das Ich verstehen, daß es im Zweifel unvollkommen ist.
Entsteht aus dem Zweifel die Selbstgewißheit eines unvollkommenen
Wesens, so gehört zu dessen vollendeter Selbsterkenntnis, daß ihm seine
Eingeschränktheit im Gegenzug zu dem vollkommenen Wesen Gottes
aufgeht. Das Endliche ist ohne eine es ermöglichende Unendlichkeit
gar nicht denkbar. In der Selbsterfahrung der Unvollkommenheit
und Endlichkeit erwächst dem Ich damit das Wissen um das Prinzip,
unter dem die Subjektivität und ihre Selbsterkenntnis der ontologischen
Herkunft nach stehen. Erst das Wissen um dieses Prinzip konstituiert die
Gewißheit des Bewußtseins von sich selbst und seiner Unvollkommenheit. Es impliziert im Selbstwissen das Wissen um den vollkommenen,
allmächtigen und unendlichen Gott. Selbstbewußtsein ist ohne die
Erkenntnis des unendlichen Wesens Gottes nicht möglich. Beide Momente gehen ein in die Konstitution der Subjektivität, die sich als
ein durch sich selbst nicht begründetes Wesen erkennt. Der Vernunft,
welche aus der Selbsterfahrung des zweifelnden Bewußtseins ihren
methodischen Anfang nimmt, erwächst aus der Erkenntnis, daß sie

im Denken nicht der Grund ihrer selbst sein kann, sondern daß ein Gott existieren muß, die Gewißheit ihrer selbst.

Das Subjektivitätsproblem hat die neuzeitliche Philosophie nicht mehr losgelassen. Aber nicht immer wurde damit die Frage nach dem Sein Gottes verbunden und die Aussicht auf die Möglichkeit, aus ihm das Ich ontologisch zu begründen. Es ist in dieser Zeit als einziger Kant gewesen, der die Analyse der Struktur der Subjektivität von der transzendentalen Geschichte ihrer Herkunft aus Gott löste und versuchte, das Ich als Ursprung von Erkenntnisfunktionen zu erklären. Der Begriff von Gott, den Kant in der Ideenlehre abhandelte, setzt seinen Begriff der Subjektivität bereits voraus. Die folgenden Kapitel werden zeigen, daß die Gotteslehre in der Kantischen Philosophie nur zu verstehen ist, wenn man sie systematisch auf die Vorgängigkeit des Ich rückbezieht. Man muß also einsehen können, wie Kant es vermocht hat, einerseits die Aussagen über Gott aus der ontologischen Dependenz vom Bewußtsein zu befreien, andererseits sie erkenntnistheoretisch an seinem Vermögen zu messen.

Trotz der Differenziertheit der Philosophie Kants ist in der Folgezeit die Trennung des Ich von seinem ontologischen Ursprung bedeutsam geworden. Sie wurde von den an Kant anknüpfenden Denkern als Mangel seiner Subjektivitätstheorie empfunden. Denkgeschichtlich gesehen hat man den Gottesbegriff in den Katalog philosophischer Bemühungen erneut aufgenommen, als man die Schwächen der Kantischen Lehre vom Ich einsah. Fichte fand ihn, als er Kants Theorie des Selbstbewußtseins verbessern wollte — dies allerdings erst in den späteren Entwürfen seiner Wissenschaftslehre (etwa ab 1801). Sein methodischer Weg verläuft zunächst wie derjenige Kants, immanent aus den Möglichkeiten der Ich-Erkenntnis die Struktur des Ich als Spontaneitätsbewußtsein selber zu finden. Er wurde schließlich inne, daß die Konstitution der Subjektivität ohne das Prinzip eines absoluten Voraus nicht denkbar ist.

Fichte kritisiert an Kant, dieser habe die Möglichkeit der Ich-Erkenntnis der bereits vorausgesetzten Subjektivität zugeschrieben, deren Struktur damit aber keineswegs aufgehellt sei. Dies ist ein Bedenken, das Kant schon gegen sich selbst erhebt. Selbstbewußtsein ist bei Kant noch die Tätigkeit des Ich, unter Abstraktion von allen besonderen Objekten auf sich zurückzublicken. In diesem Akt erhält Ich die Einheit seiner mit sich. Die Kategorien sind nicht das Mittel, durch das die Subjektivität sich erkennt, sondern sie werden durch das vorgängig angesetzte Ich erkannt[3]. Ich kommt zum Selbstbewußtsein, indem es von allen kategorialen Medien abstrahiert, die als Bedingungen von ‚Gegenstandserkenntnis überhaupt‘ nicht das Ich konstituieren, sondern die ebenso wie die in Form von Erkenntnissen auftretende Gegenständlichkeit allererst durch Ich gesetzt werden. Im Selbstbewußsein wendet das denkende Subjekt sich vermittlungslos auf sich. Damit ist aber Ich eine „gänzlich leere Vorstellung"[4]. Denn „nun kann ich von einem denkenden Wesen durch keine äußere Erfahrung, sondern bloß durch das Selbstbewußtsein die mindeste Vorstellung haben"[5]. Hierbei entsteht ein Zirkel, auf den Kant selbst aufmerksam macht[6]. Ergreift Ich im Selbstbewußtsein denkend sich selbst, so ist damit immer schon der Gedanke eingeschlossen, daß dem Sichselbstdenken des Ich das denkende Subjekt bereits vorausliegt. Daher wird „durch dieses Ich ..., welches denket, ... nichts weiter als ein transzendentales Subjekt der Gedanken vorgestellt = X"[7]. Dem Gedanken ‚Ich‘ geht also das Subjekt ‚Ich‘ dieses Gedankens immer schon voraus. Das Ich manifestiert sich zwar in der kategorialen Funktionalität, die Erkenntnisse ermöglicht, aber diese Manifestation ist nicht identisch mit der Erkenntnis auch jenes Subjektes, das die Bedingung des Reflexionszirkels ist, in dem die Subjektivität in sich zurückkehrt. Zwar macht Ich sich reflexionstheoretisch zum Gegenstand seiner selbst, aber das Wissen um die ontologische Beschaffenheit jenes Ich, das als Voraussetzung für die Vergegenständlichung seiner selbst fungiert, ist damit noch nicht gewonnen. Die sogenannte Reflexionstheorie, in der das denkende Subjekt zum Objekt seiner selbst wird, kann keinen Aufschluß über jenes Ich geben, das noch Bedingung der Theorie ist, die das Ich-Subjekt mit dem Gedanken vom Ich als die Objektivation des Subjektes aller Gedanken identifiziert.

Fichte, der von dieser Schwierigkeit ausgegangen ist, hat im Laufe seiner Entwicklung einsehen müssen, daß seine eigenen Versuche bis etwa um das Jahr 1801 selbst in den gefürchteten Reflexionszirkel einmünden[8]. Diese Versuche sind hier im einzelnen nicht zu rekonstruieren. Mit der Lösung dieses Problems verband sich für Fichte aufs

---

[3] Vgl. A 402 f.
[4] B 405.
[5] B 406.
[6] Vgl. B 404/405.
[7] B 405.
[8] Vgl. Henrich, Fichte 10 ff.; 13 f.; 37 ff.

engste die Hoffnung, durch eine Theorie des aus der Selbstsetzung des Ich begründeten Fürsichseins der Subjektivität eine Erklärung für die Möglichkeit des Phänomens der menschlichen Freiheit zu geben. Würde dieser Versuch gelingen, so hätte das auch konstitutive Folgen für alle praktische Philosophie. Meint Fichte in seiner frühen Zeit noch, die Möglichkeit der Selbstsetzung des Ich sei mit der Möglichkeit der Freiheit identisch, so fundiert er in der späteren Zeit Freiheit in der Unverfügbarkeit eines ich-transzendenten Grundes. Die Fähigkeit des Ich, sich als Ich zu setzen und im Erzeugen seines Selbstbewußtseins als freies Selbstsein zu wissen, kommt aus dem Grund, in welchem sich Gott manifestiert. Die Freiheit des Menschen ist nur unter der Bedingung einer göttlichen möglich. Letztere bedeutet daher nicht den Selbstverlust des Ich und den Verlust der menschlichen Freiheit, sondern die Repräsentation des Grundes des Ich im Selbstsein seiner Subjektivität. Diese ist nun nicht mehr nur Manifestation von sich, sondern die Darstellung dessen, was die Möglichkeit seiner Selbstsetzung ausmacht. Fichte verwendet hierfür den Terminus ‚Erscheinung‘[9]. Das Ich ist Erscheinung des absoluten Grundes. Hätte Ich nicht diesen Charakter der Erscheinung, wäre es nicht es selbst. Die Manifestation des Grundes in ihm ist die Bedingung für die Konstitution seines Selbstbewußtseins. Im Wissen von sich weiß die sich setzende Subjektivität, daß ein Grund ist, aus dem die Identität von Selbstsein und Selbstwissen folgt. Die Freiheit des absoluten Grundes, in die Erscheinungsweise des Ich einzutreten, ist durchdrungen von der Eigenschaft, das notwendige Sein für das sich als Selbstbewußtsein setzende Ich zu sein. Ist die Freiheit der Subjektivität somit gebundene Freiheit und nimmt sie als notwendig Gegründetes selbst die Form der Notwendigkeit an, so muß man diese Verschränkung von Freiheit und Notwendigkeit auch im Sein des absoluten Grundes denken. Denn auch dieser ist an sein Grundsein und an seine Freiheit zu gründen gebunden. Freilich ist er unausdenkbares und unbegreifliches Aussichsein, während das sich setzende Ich des Menschen frei und aus sich nur unter der Bedingung des absolut freien Aus-sich seines Grundes ist. Die Einsicht in seine Freiheit und die Gewißheit seines Selbstbewußtseins sind dem Ich Gegenwart im Wissen um die in ihm erscheinende Gegenwart seines für ihn unverfügbaren Grundes.

---

[9] Vgl. Drechsler, Fichte 128 ff.

Der Zugang zu Gott erschließt sich dem Denken im Vollzuge seines Sichselbstdenkens. Auch Schelling versucht, auf diesem Wege zu einem Gottesbegriff zu gelangen. Er fragt aber nicht wie Fichte nach dem Prinzip der Bewegung dessen, was im Ich das schlechthin Sich-Setzende ist, sondern treibt die Problematik fort, einsetzend bei der seienden Bestimmtheit der Subjektivität. Ist es möglich, daß Ich im Denken auch das Sein seines Denkens setzen kann? Die negative Antwort auf diese Frage bringt ihn in Gegensatz zu dem Fichte der Wissenschaftslehre von 1801 und vor allem zu Hegel. Schelling hat die Wendung des späten Fichte zum Absoluten als einen wirklichen Fortschritt in der Frage der Letztbegründung des Ich nicht gelten lassen, weil dieser das Ich als etwas unmittelbar Gewisses ansetzt, das zwar begründet werden muß, dessen Sein aber als Ausgangspunkt für die Leistung dieser Begründung nicht mehr in Frage gestellt wird. Außerdem scheint es nun so, daß der Gedanke an Gott lediglich „die dem subjektiven Idealismus notwendige Voraussetzung herbeischaffen" sollte[10], die Fichte vor 1801 noch unnötig fand. Das wirkliche Rätsel der Subjektivität ist für Schelling damit verstellt. Zwar fragt Fichte, warum das Ich setzend ist, aber das Sein des Setzenden ist als setzendes Sein des denkenden Subjekts nicht eigentlich zum Problem geworden. Erst wenn man darum weiß, daß das Denken im Akt des Wissens schon immer als ein denkend sich vollziehendes Sein ist, ist die Ebene erreicht, auf der man auch die Frage nach dem Grunde dieses Seins und seinen Akten lösen kann[11].

Entscheidender ist für Schelling die Auseinandersetzung mit Hegel gewesen[12]. In der Hegelschen Logik erzeugt das als Begriff zu sich kommende Absolute im Prozeß des Sich-Denkens zugleich das Sein seines Denkens. Das Denken vollendet sich im Begriff als das Sein der absoluten Selbstvermittlung von Subjektivität und Objektivität. Die ontologische Konstitution des Selbstbewußtseins ist identisch mit dessen Begriff, den es absolut aus sich hervorbringt und als den es sich setzt. Schelling zieht aber aus der Möglichkeit der Vernunft zur Tätigkeit des Objektivierens nicht die Konsequenz, daß das Denken in dieser Tätigkeit auch die Bedingung der Objektivität ihres Seins ist. Denken produziert im Sichselberdenken nicht auch die Einheit der Tätigkeit,

[10] Zit. bei Schulz 97.
[11] Vgl. Schulz 96 ff.
[12] Vgl. Schulz 104.

die sich zwar zu objektivieren, aber nicht als das Sein seines Tätigseins hervorzubringen vermag. Schelling lehnt die Möglichkeit der Selbsterzeugung des Denkens in der Vermittlung mit sich selbst ab. Aus dieser Möglichkeit gewinnt Hegel aber die Einsicht in die Wirklichkeit des Absolut-Notwendigen, die im Realisieren ihrer Selbstbewegung in die Freiheit des selbstbewußten Begriffs eingeht. Das Sein des Begriffs ist bei Hegel identisch mit der Totalität der Bedingungen der Erzeugung dieses Seins. Das Absolute ermöglicht im Denken seine Selbsthabe und ist sich wirklich in dem Wissen davon.

Schelling aber warnt vor einer Überschätzung des Denkens, das in Hegels Logik im Erfassen seiner selbst auch den Seinsgrund des denkenden Tuns verwirklichen will. Wird sich die Vernunft in der Selbstreflexion thematisch, dann ist sie sich als Möglichkeit ihres Begriffes je schon voraus, ohne daß sie dieses Sichselbervorausgesetztsein in den Vollzug ihres Setzens in der Weise einbrächte, als würde ihrem Reflektieren das Sein ihres Selbstvollzuges entspringen.

In dieser Dimension der Kritik an Hegel entwickelt Schelling seinen eigenen Gottesbegriff. Die Vernunft wird als die unmittelbare Einheit von Subjekt und Objekt bestimmt. In ihrem setzenden Tun kann sie alles Sein auf die Stufe der Objektivität heben, die sie auf ihre Subjektivität bezieht. Im Denken durchdringt die Vernunft die Objektivität alles Seins und setzt sich im Wissen an dessen Stelle. Diese Möglichkeit, das Sein des Objektiven in die Subjektivität ihres Wissens einzuholen, konstituiert sie als die allgemeine Einheit von Subjekt und Objekt. Indem die Vernunft sich vor sich selbst bringt, repräsentiert sie zugleich die Objektivation alles Seins. Schelling nennt sie daher „die unendliche Potenz des Seyns oder das unendliche Seynkönnen"[13]. Als Seinkönnendes geht das Denken aber immer über sich hinaus; es vermag sich als das Seinkönnende nicht in dem Sein seines Könnens festzuhalten. In seinem Vollzuge ist es sich als das Sein seiner Potentialität vorausgeworfen. Es ist ihm nicht möglich, im Tätigen von Objektgedanken den Gedanken von sich derart zu fassen, daß es mit ihm sein Tätigen in actu begreifen würde. Das Seinkönnende bleibt in der sich selbst überschreitenden Bewegung in sich, durch welche Denken sich Objekt wird; als in sich bleibende Potentialität ist es das „Seiende selbst" oder das reine Sein der Vernunft[14]. „Die Vernunft will nichts anderes als

---

[13] PhdO I, 64.
[14] PhdO I, 68.

ihren ursprünglichen Inhalt."[15] Aber im Prozeß der Vergegenständlichung ist dieser Inhalt nichts anderes als ein Zufälliges, der nur negative Begriff der Vernunft. Es gilt, das Zufällige auszuscheiden oder den positiven Begriff des Denkens zu finden. Aber wie kann das möglich sein, wenn das Resultat jedes Objektivierens lediglich das geronnene Spiegelbild der Lebendigkeit jenes Tuns ist, das als Bedingung der objektivierenden Tätigkeit vorausliegt? Mag auch das Denken die Einheit von Subjekt und Objekt sein, so ist diese Einheit doch nicht schon das sich vollziehende Sein ihrer Struktur. Die Einsicht, daß die Objektivation des ursprünglich lebendigen Seins des Denkens dem Denken selber unmöglich ist, stößt es in die Verzweiflung, in welcher ihm die Gewißheit seines Gehaltenseins in Gott aufgeht. Die Vernunft erfährt die Transzendenz ihres Inhaltes, von dessen Ursprünglichkeit sie nur im Zurückfallen in sich, im Absterben von ihren Objektivierungen weiß. Stirbt die Vernunft dem negativen Begriff von sich ab, in dem sie sich ihrer nur als fixiertes Leben bewußt war, so gerät sie in die positive Dimension ihres Seins. Der Tod des Denkens, den es an sich in der Negation seiner Selbstgedanken erleidet, um seines Ansichseins als ursprünglicher Bewegung gewiß zu werden, indiziert den Umschlag von negativer und positiver Philosophie. Schelling hat das Fallenlassen des Denkens in die Vorgängigkeit des Seins einmal eindrücklich beschrieben: „Nur derjenige ist auf den Grund seiner selbst gekommen und hat die ganze Tiefe des Lebens erkannt, der einmal alles verlassen hatte und selbst von allem verlassen war, dem alles versank, und der mit dem Unendlichen sich allein gesehen: ein großer Schritt, den Plato dem Tode verglichen ... Wer wahrhaft philosophieren will, muß aller Hoffnung, alles Verlangen, aller Sehnsucht los seyn, er muß nichts wollen, nichts wissen, sich ganz bloß und arm fühlen, alles dahingeben, um alles zu gewinnen. Schwer ist dieser Schritt, schwer, gleichsam noch vom letzten Ufer zu scheiden"[16]. Mit der positiven Philosophie ist aber jene Dimension erreicht, wo sich der Tod der Vernunft in das Wissen um das Sein ihres Lebens verwandelt, das Schelling mit dem Leben Gottes identifiziert. Sein negativer Begriff ist der ‚Gott am Ende‘, der tote, verobjektivierte Gott, von dessen Lebendigkeit und Freiheit man erst in dem positiven Begriff, dem Begriff der in sich selbst bewegten Transzendenz der Vernunft wissen kann. In ihrem Sein vollzieht sich die reine Selbstvermitt-

---

[15] PhdO I, 66.
[16] Schelling WW IX, 217 f.

lung und Selbstsetzung des Absoluten aus unvordenklichem Grunde. Die göttliche Freiheit lebt absolut aus sich selbst und ist in ihrem lebendigen Sein die Bedingung für das Seinkönnen der Vernunft, das sie zu Gedanken befähigt, durch welche sie sich versubjektivieren und Seiendes als Objekt aneignen kann.

Ist das Denken als Seinkönnen und als Potentialität die Möglichkeit alles Seins, so geht ihr Gott als absolute Wirklichkeit voran[17]; kann die Vernunft ihn im Bereich des Seinkönnens nur im ‚gegenständlichen Sinne‘, d. h. als Möglichkeit denken, so liegt ihr und ihrem Gedanken der Möglichkeit Gottes der absolut lebendige und freie Gott im ‚urständlichen Sinne‘ seiner Wirklichkeit voraus[18]. Es kommt Schelling darauf an, diese Wirklichkeit Gottes als den ursprünglichen Inhalt des Seins der Vernunft zu denken, den sie doch niemals ohne den Selbstverlust erreichen kann. Während Hegel in der Dialektik von absoluter und endlicher Reflexion die Möglichkeit Gottes im Absoluten bereits als die Wirklichkeit seiner Selbstbewegung versteht, verfährt Schelling in umgekehrter Weise: Im Denken ist es niemals möglich, aus dem objektivierten Gott oder seiner Möglichkeit einen Begriff seines Lebens zu erhalten, da Denken sich immer schon in Bezogenheit auf einen Grund befindet, den es durch seine Tätigkeit direkt nicht begreifen kann. Erst im Wissen darum, daß die reine in sich gründende Selbstvermittlung die Vernunft zu ihrem Tun entläßt, gewinnt sie einen Begriff, in welchem die Möglichkeit Gottes der Wirklichkeit entspricht. Diese Korrespondenz tätigt sie somit nicht aus eigener Verantwortung, sondern aus dem Vermögen, zu dem sie zu wissen gesetzt ist. Daher kann Schelling Hegels Lehre nicht teilen, daß im Absoluten endlicher und göttlicher Geist einswerden, und daß das Denken der Möglichkeit Gottes zugleich seine Wirklichkeit im Vollzuge seiner reinen Selbstvermittlung ist. Daß die Vernunft erst ihrer Transzendenz ansichtig werden muß, manifestiert bei Schelling ihre Endlichkeit und ihre Verwiesenheit auf eine unverfügbare Vorgängigkeit, in der sich ihr unvordenkliches Sein und das Sein Gottes zur Identität verbindet.

Diese Gedankengänge zeigen, daß sich die unterschiedlichen Versuche der idealistischen Denker, einen Begriff von Gott zu entwickeln, der zugleich das Problem der Letztbegründung alles Denkens und Seins löst, methodisch auf die Basis der Modalitätskategorien ‚Möglichkeit‘, ‚Wirklichkeit‘, ‚Notwendigkeit‘ und ihrer Beziehungen zurückführen lassen.

---

[17] Vgl. Mü Vorl 21.
[18] Vgl. Mü Vorl 21 ff.

Die Differenzen in der Modaltheorie geben die Differenzen wieder, die im systematischen Aufbau der spekulativen Gotteslehren erkennbar sind. Deshalb sind die folgenden Untersuchungen immer auf dem Hintergrund und am Leitfaden dieser Kategorien geführt worden. Sind sie bei Kant hauptsächlich Begriffe, die die Stellung des Gegenstandes zur erkennenden Subjektivität ausdrücken, so stehen sie in der idealistischen Epoche für die Metaphysizität der Seinsweisen des Seins, das sich schließlich als das göttliche manifestiert. Freilich ist schon bei Kant — wie zu zeigen sein wird — der Begriff der absoluten Notwendigkeit ein Problem von größter metaphysischer Tragweite, das die Dimension des Kritizismus überschreitet.

Der Hinweis auf die methodische Bedeutung der Modalitätskategorien führt wieder hin auf den zweiten Ansatz, das Sein Gottes mit Hilfe eines Begriffs zu denken. Ist die Modaltheorie bei Fichte und Schelling nicht ablösbar von ihrer Subjektivitätstheorie, so ist diese Isolierung bei Kant, Hegel und Weiße möglich. Bei diesen Denkern ist nicht der Rückgang in die ontologische Konstitution der Subjektivität die ausschließliche Voraussetzung für die Konzeption des Gottesbegriffs. Man darf hier allerdings nicht den systematischen Zusammenhang von Ichtheorie und Gotteslehre einfach negieren; mit ‚Isolierung‘ ist lediglich die methodische Trennung gemeint, die es erlaubt, die Frage nach Gottes Sein zu stellen, ohne den Zugang über die Selbstbewußtseinstheorie als methodischen Weg der Analyse einzuschlagen. Dieser Weg wird vor allem an den Formen des ontologischen Beweises und seiner modaltheoretisch aufzuschlüsselnden Argumentationsstruktur entlanggehen. Für Kant steht die Frage, was das denkende Subjekt an sich selbst sei, nicht im Mittelpunkt des Interesses der Vernunftwissenschaft. Sein Gottesbegriff, der nur im Zusammenhang der Kritik der Wolff-Baumgartenschen Ontotheologie verstehbar ist, setzt zwar die Theorie des transzendentalen Ich voraus, läßt aber dessen Struktur unberührt. Bei Kant kann die Gottesidee nur die Geltung einer Funktion des als Fixpunkt angesetzten Ich einnehmen. Diese Position hat Kant um so entschiedener bezogen, als er einsehen mußte, daß nicht allein die kritizistische Prüfung sondern auch Reflexionen, die er im Bereich rationalistischer Methodologie anstellte, die Hoffnung erschütterten, einen überzeugenden Begriff von Gottes Sein zu erhalten. Dieser Verschränkung von Kritizismus und Metaphysik in den Kantischen Analysen der Aussagen über Gott, die seine philosophischen Vorläufer und Zeitgenossen beschäftigten, werden sich die Kapitel des ersten Teils widmen.

Was Hegel betrifft, so ist es letztlich gleichgültig, ob man vom Begriff des Absoluten als einer Theorie der absoluten Subjektivität oder einer Theorie des absoluten Seins ausgeht. Denn es ist ja sein vordringliches Bemühen, die Einheit von Denken und Sein theoretisch derart anzulegen, daß jedes dieser Momente in sich schon die Einheit beider reflektiert. Daher ist der Zugang über den Seinsbegriff möglich, der sachlich gesehen freilich keine Isolierung vom Begriff des Selbstbewußtseins einschließen kann. Die Umkehrbarkeit von Denken und Sein darf niemals übersehen werden. Im Blick auf Kant empfiehlt es sich aber, den Weg über den Seinsbegriff zu wählen; denn Hegel sah sehr genau, daß der Existenzbegriff, mit dem Kant die metaphysischen Ansprüche der Gottesbeweise maß und schließlich destruierte, sich der transzendentalen Subjektivität und ihres Vermögens verdankt. Hegel hinterschreitet daher den Kantischen Begriff vom Ich, indem er gegen ihn anführt, daß Ich selbst von einem Sein ist, das nicht wieder als Funktion vom Ich abhängig sein kann. Auch die Subjektivität i s t. Sein, Existenz, Wirklichkeit sind nicht nur durch das Verhältnis bestimmt, in dem sie zum Ich stehen. Sein wird in der Logik als der die Totalität alles Seienden umgreifende Wirklichkeitszusammenhang konstruiert, der sich zum Selbstbewußtsein und zu seiner Freiheit läutert. Zeigen bei Kant die Modalitätskategorien die Bedingungen an, unter denen das ich-transzendente Seiende dem Ich allein gegeben sein kann, so sind bei Hegel die Modalbegriffe die dem Absoluten immanenten Seinsweisen, in denen es sich als Selbstbewußtsein zu sich verhält. Das Einander-Äußerlichsein von Denken und Sein in der Kantischen Philosophie wird den Begriffen des Denkens und Seins integriert und in die Einheit der absoluten Selbstvermittlung einbezogen. Daher können die Modalitätskategorien zu metaphysischen Modi der Selbstreflexion des Absoluten werden; ja sie werden und sind dies notwendigerweise, denn es ist das Absolute, das sich in ihnen differenziert. An dieser Stelle werden freilich Überlegungen beginnen müssen, die prüfen, ob die Differenz der Momente vom Absoluten aus gesehen in der Logik möglich ist. An dieser Frage wird sich nicht weniger als die Überzeugungskraft des Hegelschen Gottesbegriffs erweisen.

Weiße hat versucht, zwischen Kant und Hegel einen Mittelweg zu finden. Er korrigiert Kant mit Hegel und Hegel mit Kant. Dieser Weg muß in die Irre führen. Die von Weiße intendierte Eigentümlichkeit seines Ansatzes löst sich auf. Es scheint demnach, als sei eine andere Alternative als die zwischen Kant und Hegel, die Ontotheologie auf dem Boden des Seinsbegriffes zu diskutieren, nicht möglich.

Der äußere Aufbau der Arbeit richtet sich nach den Forderungen, die der zweite Ansatz stellt. Von seinen vorkritischen Schriften an bis zum opus postumum hat Kant das Gottesproblem bedacht[19]. Die KdrV bringt den entscheidenden Einschnitt. Die beiden vorkritischen Schriften, die Nova Dilucidatio und vor allem der emB sollen zunächst für sich und auf dem Hintergrund zur Wolff-Baumgartenschen Schulmetaphysik, dann in Konfrontation mit der KdrV betrachtet werden. Es wird sich zeigen, daß in dieser Verbindung eine geschlossene Argumentationsordnung vorliegt, die in der Kantischen Philosophie ein Ganzes bildet.

Der Hegelteil stützt sich hauptsächlich auf die Wissenschaft der Logik. Die dialektische Bewegung des Begriffs liegt wie den anderen konkreten Wissenschaften auch der Religionsphilosophie zu Grunde. Daher läßt sich aus der Logik eine einheitliche Form der Gotteslehre herausarbeiten, die für Hegels Theologie in ihrer Gesamtheit maßgeblich ist.

Logische Überlegungen spielen bei Weiße eine ähnliche Rolle. Seine philosophische Entwicklung hat in ihren einzelnen Abschnitten einen sehr homogenen Charakter. Die Stellung zu Hegel ist seit frühester Zeit (seit etwa 1829) bis hin zur philosophischen Dogmatik (1855) unverändert geblieben. Es ist deshalb möglich, vor allem aus den theoretischen Hauptschriften, den Grundzügen zur Metaphysik und der Dogmatik, ein repräsentatives Bild seiner Gotteslehre zu gewinnen.

---

[19] Vgl. Kopper, Kants Gotteslehre 31 ff. und darauf die Antwort von Schulze, Zu Kants Gotteslehre, 80 ff. Es ist Koppers These — die Schulze bestreitet — daß Kant den ontologischen Gottesbeweis im opus postumum wieder zurückgewinnt.

A. KANT

I. Kants Theorie der Gottesbeweise

1. Der ‚einzig mögliche Beweisgrund‘ von 1763

Die mit dem emB ebenfalls im Jahre 1763 veröffentlichte ‚Untersuchung über die Deutlichkeit der Grundsätze der natürlichen Theologie und Moral‘ bezieht sich in § 1 der 4. Betrachtung auf den Gedankengang des emB und gibt dort den thematischen Ort desselben im Werke des vorkritischen Kant an. „Die metaphysische Erkenntnis von Gott (kann) sehr gewiß sein"[1]. Eine solche Gewißheit läßt sich durch die Einsicht in die Struktur des absolut notwendigen Wesens finden. „Der Hauptbegriff, der sich hier der Metaphysik darbietet ist die schlechterdings notwendige Existenz eines Wesens"[2]. Das Dasein der höchsten Notwendigkeit ist als oberster Grund „der natürlichen Gottesgelahrtheit ... der grössten philosophischen Evidenz fähig", wie es in der Überschrift zu § 1 heißt. „Daher das schlechterdings notwendige Wesen ein Objekt von der Art ist, daß, sobald man einmal auf die echte Spur seines Begriffes gekommen ist, es noch mehr Sicherheit als die mehreste andere philosophische Kenntnisse zu versprechen scheint"[3]. Auch im emB erachtet Kant die Gewißheit: „Es ist ein Gott" für die „wichtigste aller unserer Erkenntnisse"[4]. Der emB bindet ebenfalls diese Erkenntnis an den Begriff der notwendigen Existenz des höchsten Wesens[5].

---

[1] KW I, 769.

[2] KW I, 768.

[3] KW I, 768.

[4] KW I, 621.

[5] Vgl. Reich, Kants emB, 6; ebenfalls von Reich die Einleitung des Herausgebers zum emB VII—XXIX. —
Zum Verhältnis der Nova Dilucidatio, der Habilitationsschrift Kants (1755), zu dem emB (1763) vgl. den Aufsatz von Schmucker, Die Frühgestalt des Kantischen ontotheologischen Arguments, 40 ff. Schmucker kritisiert im übrigen Reichs These, daß die Argumentation des emB einen wesentlichen Fortschritt gegenüber derjenigen der Nova Dilucidatio darnicht soweit gehen wie Cohen, der behauptet: „Es ist hier (im emB und

Die Zuversicht in das Gelingen des metaphysischen Aufweises, daß ein höchst notwendiges Wesen existieren muß, ist von Kant selbst in der KdrV zerstört worden. Im zweiten Buch der transzendentalen Dialektik[6] will Kant dartun, „daß die Vernunft, auf dem einen Wege (dem empirischen: physikotheologischer und kosmologischer Beweis Vf.) so wenig, als auf dem anderen (dem transzendentalen: ontologischer Beweis Vf.), etwas ausrichte, und daß sie vergeblich ihre Flügel ausspanne, um über die Sinnenwelt durch die bloße Macht der Spekulation hinaus zu kommen"[7]. Da nach der KdrV nur diese drei Beweisarten vom Dasein Gottes aus spekulativer Vernunft möglich sind, die alle als dogmatisch entlarvt und verworfen werden, so könnte man vermuten, daß sich auch der emB unter den kritisierten Beweisen befindet. Doch ein Vergleich zeigt recht bald, daß Kant in den entsprechenden Abschnitten über die Gottesbeweise in der KdrV eine explizite Widerlegung des emB nicht geliefert hat; zum anderen werden die drei Beweise (der cartesianische oder ontologische, der kosmologische und der physikotheologische) schon 1763 in der III. Abteilung des emB[8] mit genau den gleichen Argumenten entkräftet, die später in der KdrV wieder auftreten. Die Darstellung der überhaupt möglichen Beweisformen, die 1781 der Kritik unterworfen werden, scheint den emB dagegen nicht mehr zu berücksichtigen, obwohl sich Kant um ihn fast zehn Jahre bemüht hat[9].

---

sich die Schlüsse der Nova Dilucidatio und des emB weitgehend decken. Freilich fehlt der Schrift von 1755 der expressis verbis vorgetragene Einwand ,Dasein ist kein Prädikat', obwohl bereits auch hier die gegen die Schulphilosophie gerichtete realistische Tendenz unverkennbar ist (vgl. Schmucker 42 ff.; dazu auch Adickes, Kant-Studien 1895, 53 ff.; 65; 69 ff. Vgl. Schmucker, Die Gottesbeweise beim vorkritischen Kant 445 ff.; 452 ff.).

[6] III. Hauptstück: das Ideal der reinen Vernunft.

[7] B 619.

[8] „Worin dargetan wird: daß ausser dem ausgeführten Beweisgrunde kein anderer zu einer Demonstration vom Dasein Gottes möglich sei." KW I, 729.

[9] Vgl. Reich, Kants emB, 6 f. Reich ist allerdings im Laufe der Untersuchung der Meinung, der Abschnitt über das transzendentale Ideal in der KdrV enthalte den Versuch, den Möglichkeitsbegriff des emB zu verbessern, um mit der Kritik dieses verbesserten Begriffs auch den emB zu treffen. Von irgendeiner Übereinstimmung des Möglichkeitsbegriffs im emB mit dem des transzendentalen Ideals kann aber, wie sich aus dem Folgenden ergibt,

Ein wesentliches Moment der Kritik der drei als dogmatisch erkannten Beweisarten ist 1781 die Reduktion derselben auf den ontologischen Beweis, in dem die anderen gegründet sind, und der „immer noch den einzigmöglichen Beweisgrund (wofern überall nur ein spekulativer Beweis stattfindet) enthalte, den keine menschliche Vernunft vorbeigehen kann"[10]. An dieser Stelle wird also der ontologische Beweis als einzig möglicher Beweisgrund bezeichnet. Vom emB aus dem Jahre 1763 ist nicht die Rede. Dann aber fragt es sich, in welcher Beziehung der für die spekulative Vernunft einzig mögliche Beweis von 1781, nämlich der ontologische, zu dem emB von 1763 steht, in dessen Rahmen jener ja schon einer ausführlichen Kritik unterzogen wird. Erst wenn die sachliche Mitte aufgehellt worden ist, von der Kant die traditionellen Beweise und ihr vermeintliches Recht, aus spekulativer Vernunft zum Dasein Gottes zu gelangen, widerlegt, kann man einsehen, wo auch der emB getroffen wird, d. h. wo er mit dem ontologischen Beweis, den Kant in der KdrV den einzig möglichen nennt, in den dogmatischen Voraussetzungen korrespondiert.

Der Vergleich des emB mit dessen kritischer, wenn auch nicht ausdrücklicher Rezeption in der KdrV soll außer der Erhellung des Begriffes vom notwendigen Wesen die Frage klären, unter welchen Voraussetzungen der Kritizismus noch von Gott sprechen kann. Zwar hat nach Kant die Vernunftkritik die Möglichkeit spekulativer Gotteserkenntnis zerstört, aber damit ist in der Kantischen Philosophie die Rede von Gott keineswegs unmöglich geworden. Es soll nämlich herausgestellt werden, daß das Problem der Existenz des notwendigen Wesens und die Frage nach den Bedingungen einer Rede von Gott sachlich zusammengehören. In diesen Zusammenhang gehört auch das Problem der Freiheit Gottes. Es wird sich zeigen, daß Kant einen spezifischen Begriff der göttlichen Freiheit

---

keine Rede sein. Denn während der emB vom Denken das notwendige Wesen abhängig macht, aus dem die Möglichkeit alles Seins folgt, so liegt dem transzendentalen Ideal der Begriff der omnitudo realitatis zu Grunde, der die Prädikate aller Dinge umgreift. Der Terminus ‚omnitudo realitatis‘ ist aber nicht identisch mit dem im emB vorliegenden Begriff des Denkens. Man kann aber in der KdrV von der Identität der Einwände sprechen, die sowohl den Beweis aus dem transzendentalen Ideal wie den des emB trifft. Vgl. Schmucker, Die Gottesbeweise beim vorkritischen Kant, 453 ff. Auch Brandenstein (160) meint, daß der emB mit dem transzendentalen Ideal identisch ist.

[10] B 653.

entwickelt, der in Verbindung mit seiner kritischen Kategorienlehre die transzendentale Destruktion der traditionellen Ontotheologie ermöglicht. Dieser Begriff von der Freiheit Gottes repräsentiert zugleich die Möglichkeit, daß unter den Bedingungen des Kritizismus Aussagen über Gott gemacht werden können. Dagegen integriert Kant die Rede von Gott in der Moral- und Religionsphilosophie unter der systematischen Prämisse der menschlichen Freiheit. Da die Freiheit des Menschen auch der Transzendentalphilosophie zu Grunde liegt, in der Gottesbeweise nicht mehr gelten können, so hat der recht verstandene Begriff der menschlichen Freiheit mit derjenigen Gottes in einem einheitlichen Zusammenhang Bestand.

In den folgenden beiden Teilen wird es sich hauptsächlich darum handeln, Kants Begriff der göttlichen Freiheit zu verstehen. Dieser baut sich auf dem Terminus des notwendigen Wesens auf, den Kant in seiner Entwicklungsgeschichte sehr verschieden verstanden und interpretiert hat. Zwar hat erst Hegel Notwendigkeit und Freiheit in der Einheit des absoluten Begriffs spekulativ begriffen, doch kündigt sich bei Kant schon die Art und Weise dieses Begreifens an. Der zentrale Ort des notwendigen Wesens sind die Gottesbeweise. 1763 und 1781 sind es gleichermaßen die Modalbegriffe, die das begriffliche Instrumentarium der Beweise und ihrer Kritik bereitstellen, sowie deren Argumentationsstruktur bestimmen. Die Unterschiede zwischen dem emB, den übrigen Beweisen und ihrer Kritik lassen sich modaltheoretisch fassen. Die Modalbegriffe sind die methodische Grundlage, auf der Kants Entwicklung von einer eigenen Ontotheologie bis zu ihrer Destruktion verstehbar wird. Aufs Ganze gesehen müssen daher die theoretischen Voraussetzungen, die es Kant erlauben, selbst einen Gottesbeweis aufzustellen und diejenigen, die ihn den Anspruch spekulativen Beweisens zurückweisen ließen, auf dem methodologischen Boden der Modalitätskategorien miteinander konfrontiert werden. Man darf allerdings nicht übersehen, daß diese Methodologie zumindest seit der KdrV hermeneutisch in die übergreifenden Zusammenhänge von Freiheit und Notwendigkeit eingeordnet ist.

Kant hat das Problem des notwendigen Wesens Zeit seines Lebens beschäftigt. Die im emB entwickelte Systematik ist nicht nur für Kants eigene Bemühungen um einen philosophisch begründeten Gottesbegriff bezeichnend geblieben, sondern weit über ihn hinaus für die Konzeptionen der idealistischen Epoche. In ihm wird die Problematik und die Begrifflichkeit entwickelt, die in der folgenden Zeit zwar variiert aber nicht wieder verlassen werden sollte. Daher ist eine Interpretation dieser

Schrift notwendig; sie hat in dieser Untersuchung den systematischen Stellenwert einer Exposition der Frage nach den Gottesbeweisen und der Begriffe Freiheit und Notwendigkeit, auf die sie zulaufen.

Der emB ist äußerlich in drei Abteilungen eingeteilt, deren erste den ‚Beweisgrund‘ enthält. Die zweite Abteilung beschäftigt sich mit den Konsequenzen, die dieser Beweisgrund für eine verbesserte Physikotheologie hat, die dritte mit dem Nachweis, daß von allen denkbaren Beweisen der in der ersten Abteilung vorgelegte der einzig mögliche ist. Das Augenmerk soll sich auf die erste Abteilung richten, weil in ihr das Schlußverfahren entwickelt wird und auf die dritte, welche den Unterschied zwischen dem emB und dem ontologischen Beweis kenntlich macht.

Der modaltheoretische Ansatz des emB liegt in seinem Begriff der Möglichkeit; aus ihm wird der Schluß entfaltet. Kant erörtert diesen Begriff in Ziffer 1 und 2 der zweiten Betrachtung: er unterscheidet das Logische der Möglichkeit von dem Materialen derselben. „Alles, was in sich selbst widersprechend ist, ist innerlich unmöglich"[11]. Das Formale der Möglichkeit ist die Übereinstimmung mit dem Satz des Widerspruchs; das Formale der Unmöglichkeit besteht in dem logischen Widerstreit eines Bestimmten zu sich selbst. Doch damit Mögliches sein kann, müssen außer formalen auch materiale Bedingungen gegeben sein: es muß dem Denken ein materiales Datum vorhergehen, dessen Einstimmigkeit mit seinen Prädikaten es feststellen kann. Möglichkeit setzt die Denkbarkeit eines Denklichen voraus, d. h. ein Wirkliches. Wenn angenommen wird, daß überhaupt nichts wirklich ist, dann ist auch alle Möglichkeit aufgehoben[12] und damit alles Denken. Denn Denken ist immer Denken der Möglichkeit von Dasein, das in sich selbst stimmig ist. So ist z. B. ein Dreieck, das viereckig wäre, unmöglich. Seine Unmöglichkeit beruht auf dem unstimmigen Verhältnis zweier gegebener Data, des Triangels und des Viereckigen. Der Satz vom Widerspruch allein weist nicht Möglichkeit oder Wirklichkeit aus; es muß eine Realität hinzukommen, auf die er Anwendung findet. Erst dann können Übereinstimmung oder Nichtübereinstimmung gewiß werden. Die innere oder absolute Möglichkeit[13] setzt

---

[11] KW I, 637.

[12] Vgl. KW I, 639.

[13] Die logische Möglichkeit, die Kant noch in der KdrV festgehalten und hier die ‚innerliche‘ genannt hat (vgl. B 381), ist nicht identisch mit der inneren Möglichkeit des emB; zu dieser gehört das nominale (logische)

sowohl das Zusammenstimmen mit dem Satz des Widerspruchs wie das
Dasein irgendeines Dinges voraus. „Es ist ... deutlich zu ersehen, daß die
Möglichkeit wegfalle, nicht allein wenn ein innerer Widerspruch als das
Logische der Unmöglichkeit anzutreffen, sondern auch wenn kein Ma-
teriale, kein Datum zu denken da ist"[14].

Dem widerspricht nicht, irgendein Mögliches als dasjenige zu bestimmen, dessen Nichtsein denkbar ist, denn durch sein Gegenteil wird nicht
zugleich auch alles Denken aufgehoben. So ist es beispielsweise möglich,
daß es keine gleichseitigen Dreiecke gibt. Ihr Nichtsein würde nicht alles
Denken negieren. Es ist auch denkbar, daß in den Dingen überhaupt
niemals die Form eines Triangels aufgefunden wird. Eine solche Aussage
hebt nicht das Denken auf; aber wenn ein Triangel als möglich vorausgesetzt werden soll, dann darf er seinem Begriff nicht widersprechen. Ein
viereckiger Triangel ist unmöglich, weil er gegen den Satz des Widerspruchs verstößt.

In Ziffer 3 der zweiten Betrachtung heißt es: „Wodurch alle Möglichkeit überhaupt aufgehoben wird, das ist schlechterdings unmöglich"[15]. Das
Nichtsein eines einzelnen Möglichen kann ohne Widerspruch gedacht werden, während das Gegenteil alles Möglichen sich selbst widerspricht, weil es
das Denken aufheben würde. Die innere Möglichkeit ist die notwendige
Bedingung des Denkens, die sich durch die Kriterien auszeichnet, daß
überhaupt Etwas ist und durch den Satz des Widerspruchs; sie umfaßt die
höchsten Prinzipien des Denkens, ohne die kein Denken wäre. Wenn Denken ist, machen die Prinzipien der inneren Möglichkeit zugleich die Formalstruktur der logischen Notwendigkeit aus. Im Folgenden muß man
freilich zwischen der Notwendigkeit des Denkens als Sache an sich selbst
und der dem Denken immanenten Notwendigkeit seiner logischen Regeln
unterscheiden. Daraus, daß Denknotwendigkeit auf Grund von Gesetzen
besteht, folgt noch nicht, daß Denken notwendig ist. Von anderer Art ist
wiederum die Notwendigkeit des ens necessarium. Diese Begriffe müssen
auseinandergehalten werden, wenngleich der emB sie in der Deduktion
des notwendigen Daseins miteinander verbindet.

Notwendigkeit ist das Gegenteil des Unmöglichen[16]. Unmöglichkeit,

---

und das reale Moment; sie kann deshalb im emB nicht auf das bloß
logische reduziert werden (vgl. Schneeberger 12 f.).

[14] KW I, 638.
[15] KW I, 639.
[16] Vgl. KW I, 642 ff. Vgl. Henrich 145.

repräsentiert durch die Außerkraftsetzung des Satzes vom Widerspruch
und durch die Aufhebung einer jeglichen Realität, ist also das, wodurch
Denken und seine Möglichkeit verneint werden. Das Unmögliche kann
deshalb nicht das Gegenteil von etwas Möglichem sein, weil ein solches
Gegenteil sein Gegenteil gänzlich aufheben würde und damit sich selbst
als Gegenteil; Denken wäre nicht.

Die Bedingungen des Denkens, die die Kategorie der inneren Möglichkeit vereint, sind aber nur dann notwendig, wenn das Denken selbst
notwendig ist. Allein unter der Voraussetzung, daß gedacht werden muß,
kann die innere Möglichkeit auch als Notwendigkeit anerkannt werden.
Aber Kant vermag 1763 die Notwendigkeit des Denkens, von der her
sich die Notwendigkeit seiner Prinzipien erst verstehen kann, noch nicht
zu begründen[17].

In der dritten Betrachtung geht Kant dazu über, aus der strukturellen
Konvergenz von innerer Möglichkeit und Notwendigkeit das „schlechter-
dings notwendige Wesen"[18] abzuleiten. Aus der Nominalerklärung, das
Gegenteil der Notwendigkeit müsse unmöglich sein, kann die absolute
Realnotwendigkeit der Existenz Gottes allein nicht gefolgert werden.
Kant fragt: „Worauf kommt es denn an, damit das Nichtsein eines
Dinges schlechterdings unmöglich sei?"[19] Die Bedingung der Widerspruchs-
losigkeit allein ist noch kein zureichender Grund, die Existenz eines not-
wendigen Wesens abzuleiten; sie garantiert lediglich die sinnvolle Ver-
knüpfung eines modal unbestimmten Subjektes mit seinen Prädikaten;
zwar kann man ohne Widerspruch sagen: Gott existiert; aber die formale
Widerspruchslosigkeit dieser Aussage ist nicht oberster Grund für die
Gewißheit seiner Existenz. Analog der Definition der inneren Möglichkeit fügt Kant daher zu der Nominalerklärung der Notwendigkeit die
Realerklärung des Absolut-Notwendigen hinzu. Unmöglich ist es, wenn
der letzte Grund zu allem Denkbaren negiert würde. „Demnach kann
etwas schlechterdings notwendig sein, ... wenn sein Nichtsein das Materiale zu allem Denklichen, und alle Data dazu aufhebt"[20].

Der Schluß des emB leitet aus der Realerklärung der Notwendigkeit,
daß ein Etwas als Bedingung des Denkens bestehen muß, die Einsicht

---

[17] Vgl. Schmucker, Die Gottesbeweise beim vorkritischen Kant, 448 und
Henrich 146.
[18] KW I, 643 f.
[19] KW I, 642.
[20] KW I, 643.

ab, dieses Etwas müsse die Existenz des notwendigen Wesens sein. ‚Etwas' hat hier den Sinn von Gegebenem überhaupt. Ein Wesen kann nur dann notwendigerweise existieren, wenn durch sein Gegenteil die Realbedingung aller Möglichkeit und damit die des Denkens verneint würde. Nun kann Etwas nicht zugleich sein und nicht sein. Ein solcher Widerspruch käme seinem Nichtsein gleich. Es ist aber unmöglich, daß Etwas nicht ist. Denn angenommen, Denken ist notwendig, so ist es dies ineins mit seiner Bedingung, daß Etwas ist.

Das notwendige Wesen ist dasjenige Wesen, dessen Wirklichkeit die Bedingungen des Denkens garantiert und gleichzeitig repräsentiert. Die Deduktion der Existenz des Absolut-Notwendigen geschieht also aus der unbewiesenen Voraussetzung, daß Denken notwendig sei[21]. Es ist klar, daß Kant nicht behauptet hat, irgendein Etwas sei identisch mit dem notwendigen Wesen. Da jedoch auf Grund der Notwendigkeit des Denkens zugleich auch dessen Bedingungen notwendig sein müssen, existiert dieses Etwas notwendigerweise, insofern es Bedingung des Denkens ist. Die Existenz steht damit unter der Voraussetzung des Denkens. Weil Denken sein muß, existiert ein Wesen notwendigerweise. Dem Denken ist die Notwendigkeit des Wesens subordiniert. 1781 wird Kant an dieser Stelle mit seiner Kritik einsetzen. Die kritische Neufassung der Denkprinzipien läßt den Begriff der Notwendigkeit nicht unberührt.

Der Gedanke der Realbedingung, irgendetwas müsse wirklich sein, ist also für Kant 1763 nicht identisch mit dem Gedanken, dieses Wirkliche ist, ob Denken ist oder nicht. Denn im emB existiert dieses Etwas ja nur um des Denkens willen. Der Satz ‚Etwas ist' bekommt seine Valenz erst, wo er als Realbedingung Denken ermöglicht. Die Nominalbedingung in Form des Satzes vom Widerspruch und die Realbedingung, daß überhaupt Etwas sein muß, machen konstitutionell den Begriff des Denkens aus. Ist das Denken mit seinen Bedingungen aufgehoben, so gibt es nichts, was sich denken ließe. Mit den Bedingungen des Denkens wären auch die alles Daseins zerstört. Aus diesem Denkbegriff leitet Kant die Existenz des notwendigen Wesens ab, das zugleich Realgrund alles Seienden ist. Diese

---

[21] Vgl. Schmucker: „Der intentionale Gehalt des Denkaktes kann durchaus eine absolute Seinsnotwendigkeit ausdrücken, wie Kant vom Identitäts- und Widerspruchsprinzip immer anerkannt hat" (Originalität 124 Anm. 16). Dazu ist anzumerken: Denken kann zwar Notwendiges ausdrücken; es ist deshalb aber nicht zugleich selbst notwendig und schon die Bedingung, daß Notwendiges ist.

Deduktion vollzieht er in folgendem Gedankengang: Auf Grund der Definition sind das Denken und seine Bedingungen, die seinen Begriff bestimmen, die Voraussetzung alles dessen, was möglich ist. Der Begriff des Denkens kann als Konvergenz der Denk- und der Realmöglichkeit bezeichnet werden. Alle Möglichkeit setzt aber eine Wirklichkeit voraus, in der alles zu Denkende gegeben ist. Die Negation dieses Wirklichen würde alles Reale und alles Denkbare aufheben. Nun ist es unmöglich, daß nichts ist, weil dieses Nichtsein alle Möglichkeit vernichten würde. Diejenige Wirklichkeit, deren Negation die Aufhebung einer jeden Möglichkeit überhaupt zur Folge hätte, ist daher notwendig. „Demnach (existiert) etwas schlechterdings notwendiger Weise"[22].

Man sieht hier wieder den Zusammenhang von der Notwendigkeit der Realbedingung, daß Etwas ist, und der Notwendigkeit eines Wesens; zum anderen wird aus diesem Schluß verständlich, daß die absolute Notwendigkeit der Realgrund alles Daseins ist. Gott existiert also als notwendiges und als allerrealstes Wesen. Jedes Zufällige oder bedingt Mögliche ist als Folge von dem göttlichen Realgrunde abhängig[23].

---

[22] KW I, 732.

[23] Daher ist diese Möglichkeit auch nicht quantifizierbar. Wenn sich e i n e innere Möglichkeit aufheben ließe, ist der Widerspruch, daß etwas nicht ist, nicht zu vermeiden. Somit bedeutet die Verneinung einer i n n e r e n Möglichkeit das Gegenteil aller Möglichkeit und das Ende alles Denkens. Aus diesem Gedanken leitet Kant die Eigenschaft der Einzigkeit Gottes ab (vgl. KW I, 644). Es können nicht mehrere allerrealste Wesen notwendigerweise existieren. Eines müßte die Folge des anderen sein, was sich widerspricht. Jedem von ihnen müßte die Möglichkeit zu sein als eine Bestimmung inhärieren, die als Folge auf der Ursache eines anderen basiert; dies wäre ein der Notwendigkeit des Wesens widersprechender Gedanke. Da das allerrealste Wesen existiert und alle Realmöglichkeit in sich vereinigt, kann nur es selbst seine Möglichkeit sein. Die Folgerung, die Kant nicht weiter führt, haben später die idealistischen Philosophen zur causa-sui-Struktur ausgebaut. — Das notwendige Wesen darf auch kein Zusammengesetztes aus mehreren Substanzen sein; daher kommt ihm die Eigenschaft der Einfachheit zu (vgl. KW I, 645 f.). Vorausgesetzt die besonderen Substanzen seien zufällig, zusammen aber würden sie das notwendige Wesen ausmachen, dann ist das unmöglich, weil „ein Aggregat von Substanzen nicht mehr Notwendigkeit im Dasein haben kann, als denen Teilen zukommt" (KW I, 645). Sind die Teile zufällig, so ist es auch das Ganze. Wenn man sich nicht auf diese Prämisse einläßt, dann muß man den Begriff der Möglichkeit quantifizieren. In einem jeden Teil liegen

Kant hat den emB mit den traditionellen Beweisgründen konfrontiert, die er in vier Arten einteilt, welche er wiederum auf zwei Hauptarten zurückführt. Alle bisherigen Beweisformen können entweder auf den Verstandesbegriff der Möglichkeit oder auf den Erfahrungsbegriff der Existenz aufgebaut werden[24]. Wenn man sich zu der Beweismethode aus dem Begriffe des bloß Möglichen entscheidet, sind zwei Ansätze denkbar. Entweder man schließt „von dem Möglichen als einem Grunde auf das Dasein Gottes als eine Folge, oder aus dem Möglichen als einer Folge auf die göttliche Existenz als einen Grund"[25].

Die erste Hauptart denkbarer Beweisgründe umfaßt den cartesianischen oder ontologischen Beweis nach dem Verständnis des deutschen Rationalismus und den von Kant vorgetragenen emB. Der Ansatz des ontologischen Beweises liegt in der analytischen Zergliederung eines Begriffes vom bloß Möglichen, aus dem das Dasein Gottes gefolgert wird. Man legt einen Begriff von einem möglichen Wesen zu Grunde, das man als die Vereinigung aller realen Prädikate oder Vollkommenheiten denkt. Auch die Existenz wird zu den Vollkommenheiten gerechnet. In einem

---

dann die Realgründe für ein bestimmtes Quantum innerer Möglichkeiten, in allen Substanzen aber alles Mögliche. Das aber ist unmöglich, da man in diesem Fall einige innere Möglichkeiten als nicht notwendig, mithin als aufhebbar behauptet. „Eine innere Möglichkeit aufheben ist alles Denkliche vertilgen, woraus erhellet, daß die Data zu jedem Denklichen in demjenigen Dinge müssen gegeben sein, dessen Aufhebung auch das Gegenteil aller Möglichkeit ist, daß also, was den letzten Grund von einer inneren Möglichkeit enthält, ihn auch von aller überhaupt enthalte, mithin dieser Grund nicht in verschiedenen Substanzen verteilt sein könne." (KW I, 645/46). Innere Möglichkeit erfordert also eine notwendige Wirklichkeit, worin alles Material zum Denken gegeben ist, deren Aufhebung die Gesamtheit des Möglichen negieren würde. Weil Möglichkeit nicht teilbar ist, kann ihr auch nicht eine bloß eingeschränkte Menge von Realitäten korrespondieren, sondern nur die Totalität alles Wirklichen, in welchem das gesamte Material zum Denken gegeben ist; sie ist identisch mit der omnitudo realitatis, die als die Unmöglichkeit verneint werden zu können sich als das höchstvollkommene Wesen erweist, das notwendigerweise existiert; seine Negation würde den Realgrund der Totalität des Möglichen nichtigen. Deshalb muß man aus der Notwendigkeit und höchsten Vollkommenheit Gottes seine Einfachheit und Einzigkeit folgern. Zur Argumentationsstruktur des emB vgl. ferner Schmucker, Die Gottesbeweise beim vorkritischen Kant, 447 ff.

[24] Vgl. KW I, 729 ff.
[25] KW I, 729.

vollkommensten Wesen darf die Existenz nicht fehlen. Von dem Begriff
eines möglichen Wesens, das in sich alle Prädikate vereinigt, wird auf sein
Dasein geschlossen. Gegen diesen Beweis bringt Kant eine Erkenntnis vor,
die einleitend am Anfang der ganzen Schrift steht und die einen entscheidenden Schritt über den rationalistischen Dogmatismus hinausführt: Dasein ist kein Prädikat, „auch kein Prädikat der Vollkommenheit"[26]. Diese
Einsicht macht es unmöglich, aus dem bloßen Begriff eines Wesens, das
„eine willkürliche Vereinbarung verschiedener Prädikate enthält"[27], sein
Dasein abzuleiten. In Ziffer 1 der ersten Betrachtung über das „Dasein
überhaupt"[28] wird der Satz begründet „Dasein ist gar kein Prädikat oder
Determination von irgend einem Dinge"[29]. Man gewinnt das Kriterium,
etwas als wirklich oder als möglich zu bestimmen, nicht aus den Prädikaten, denn einem Seienden können unterschiedslos dieselben Prädikate
zugeordnet werden, gleichgültig, ob es wirklich oder nur möglich ist. Das
Prädikat hat keinen Einfluß auf die modale Bestimmung eines Etwas; wie
die Existenz eines Dinges nicht ein Mehr an Prädikaten bedeutet, so
garantiert das Prädikat nicht das Dasein eines Dinges. Denn das Mögliche
muß, soll es einen Begriff ausmachen, durchgängig prädikativ bestimmt
sein. Gegenüber einem Möglichen ist Dasein die „absolute Position eines
Dinges"[30] und stellt die „Sache an und vor sich selbst"[31] dar, während die
Prädikate in einem Urteile nur „beziehungsweise"[32] als Merkmale eines
Subjektes gedacht werden können. Die Beziehung der Prädikate zu ihren
Subjekten gibt niemals darüber Auskunft, ob ein Subjekt existiert oder
nicht; das Subjekt muß selbst schon als existierend vorausgesetzt werden.
In seiner Wirklichkeit ist ein Subjekt samt der Beziehung zu allen seinen
Merkmalen gesetzt, während bei einem Möglichen lediglich die Beziehung
der Merkmalsbestimmungen gesetzt ist. Hinsichtlich der Prädikate wird
zwar im Wirklichen nicht mehr gesetzt als im bloß Möglichen, wohl aber
ist absolut mit dem Dasein mehr als mit dem nur Möglichen gegeben. Aus
dem Begriff des Möglichen läßt sich für Kant nur dann die Existenz
Gottes beweisen, wenn damit die innere Möglichkeit des emB gemeint ist.

---

[26] KW I, 730; vgl. KW I, 630 ff.
[27] KW I, 730/31.
[28] KW I, 629 f.
[29] KW I, 630.
[30] KW I, 632.
[31] Ebda.
[32] Ebda.

Denn ausgehend von der Formal- und Realbedingung des Denkens, schließt man von einer Folge auf den Grund der notwendigen Existenz eines Wesens. Aus der Voraussetzung, daß überhaupt etwas ist, damit dem Denken zu denken bleibt, zieht der emB die Folgerung auf ein göttliches Dasein[33].

Bevor Kants Ansicht über den kosmologischen Beweis besprochen wird, soll die historische Dimension aufgezeigt werden, in die der Einwand ‚Dasein ist kein Prädikat' einzuordnen ist. Dieses Argument wendet sich gegen die Prädikatenlogik des Rationalismus vor allem gegen Baumgarten; es versteht sich aus der Materialbedingung des Denkens. Denken heißt bei Baumgarten Denken in Möglichkeiten bzw. in Prädikaten, zu denen auch das Dasein gehört. Der Begriff der Möglichkeit meint das Zusammenstimmen der Prädikate in einem Subjekt unter der Bedingung der Widerspruchlosigkeit. Ein Ding ist dann möglich, wenn es alle Prädikate in sich vereinigt, die sein Begriff erfordert. Durch die Differenzierung der Möglichkeit in ein formales und ein materiales Element überholt Kant im emB die rationalistische Theorie der Möglichkeit. Diese korrigiert er also insoweit, als er ihr das reale Moment des Daseins hinzufügt. Der Kantische Terminus ‚innere Möglichkeit' setzt sich daher aus Baumgartens Verständnis von Möglichkeit und der Einsicht zusammen, daß die Existenz nicht zu einem Prädikatensystem gehören kann. Baumgarten hat lediglich die Formalität der Möglichkeit bestimmt und von dieser die Möglichkeit der realen Dinge abhängig gemacht. Kant stellt dagegen die Einsicht, daß zur Realmöglichkeit nicht nur die Formalstruktur der Möglichkeit in Form der widerspruchslosen Zusammenstimmung von Prädikaten in dem Begriff eines Dinges gehört, sondern darüberhinaus die absolute Position ‚Existenz' dieses Dinges selber. Obwohl 1763 Dasein noch unter der Bedingung der Notwendigkeit des Denkens steht, ist es aus diesem nicht ableitbar. Dasein ist vielmehr mit dessen Bedingungen bereits gegeben, die ihrerseits durch die Voraussetzung qualifiziert sind, daß Denken notwendig ist. Die Unableitbarkeit des Daseins hindert Kant im emB noch nicht, es in den Begriff des Denkens als seinen Bedingungen angehörend zu integrieren. Die KdrV wird diese Vorstellung von Unableitbarkeit freilich als eine nur relative herausstellen. Die Objektivität der realen Vorgegebenheit ‚Dasein' kann sich 1763 ihrer Logifizierung noch nicht entziehen; im emB gilt noch: sofern es nur Denken gibt, muß auch das Dasein sein.

---

[33] Vgl. Cramer 144 ff.

Die Unterscheidung von Nominalerklärung und Realbedingung des Denkens ist für die Argumentation des emB somit entscheidend; in der Anwendung dieser Differenz auf das Problem der Gottesbeweise liegt das Neue gegenüber der von den Wolffianern vertretenen Ontotheologie. Der emB wird im wesentlichen von dem Existenzbegriff getragen, den Kant in dieser Zeit entwickelt. In der gleichfalls 1763 erschienenen Schrift „Versuch den Begriff der negativen Größen in die Weltweisheit einzuführen", stellt Kant auf dem Boden der realen Kausalzusammenhänge dynamisch verknüpfter Weltelemente die Frage nach dem Realgrund von Existenz. „Was nun diesen Realgrund und dessen Beziehung auf die Folge anlangt, so stellet sich meine Frage in dieser einfachen Gestalt dar: wie soll ich es verstehen, daß, weil etwas ist, etwas anderes sei?"[34] Der Realgrund, zu dem sich reale Folgen denken lassen, ist nicht die Ursache der Existenz seiner Folgen, sondern setzt Existenz bereits voraus. In der realen Kausalbeziehung bleibt ungeklärt, welches die Realbedingungen des Daseins sind. Worauf beruht es, daß Dasein ist? In der vorliegenden Schrift über die negativen Größen meint Kant noch, daß die Erkenntnis des Existenzgrundes „in einfachen und unauflöslichen Begriffen … endiget"[35]. Der emB stellt sich fast wörtlich dasselbe Problem und versteht sich als einen Versuch, Licht in diesen unauflöslichen Begriff zu bringen: „Wenn man einsieht, daß unsere gesamte Erkenntnis sich doch zuletzt in unauflöslichen Begriffen endige, so begreift man auch, daß es einige geben werde, die beinahe unauflöslich sein, das ist, wo die Merkmale nur sehr wenig klärer und einfacher sein, als die Sache selbst. Dieses ist der Fall bei unserer Erklärung von der Existenz. Ich gestehe gerne, daß durch dieselbe der Begriff des Erklärten nur in einem sehr kleinen Grade deutlich werde"[36].

Nicht schon durch die bloße Frage nach der Existenz überschreitet Kant den Rationalismus, sondern vor allem indem er die Verifikation des Daseins aus dem Bereich formal logischer Bedingungen herauslöst. Zwar kennen auch die Wolffianer bereits den Unterschied von apriori und aposteriori[37]; aber der zureichende Grund für die Wirklichkeit ist ihnen schon ihre Denkbarkeit. Ein aposteriori Gegebenes erfüllt dann die Modalität ‚Wirklichkeit', wenn es nach den Gesetzen der Ontologie

---

[34] KW I, 817.
[35] KW I, 819.
[36] KW I, 633.
[37] Vgl. Erdmann 384.

durch einen Begriff legitimiert wird. Möglichkeit und Wirklichkeit sind daher letztlich nicht zu unterscheiden. Die ontologische Ordnung der Begriffe kongruiert unmittelbar mit der gegenständlichen Ordnung des Seienden. Ontologie ist daher die in Begriffe gefaßte Seinsordnung, die das Sein selber umgreift. Der zureichende Grund für die Existenz ist dann gegeben, wenn sie auf ihn nach den logischen Prinzipien der Identität und des Widerspruchs folgt. Dem Rationalismus gilt also die nach logischen Gesetzen verlaufende Denkbarkeit des Seienden für die Formal- und Realbedingung des Daseins in einem[38]. Jedes Ding muß einen nach logischen Regeln zureichenden Grund seines Existierens haben. Für Wolff, dessen Ontologie die rationalistische Metaphysik begründet, gibt es kein Ding, dessen Erkenntnisgrund nicht aus einem Begriff eingesehen und abgeleitet werden könnte. Alle Dinge, seien es nun Gott oder Materie, haben Begriffe zu ihrer Begründung, die die Ursache ihres Seins und dessen Modifikationen sind. Das Nichts ist demnach dasjenige, dem kein Begriff korrespondiert; es ist das Unmögliche auf Grund logischen Widerspruchs[39].

Dagegen macht Kant in der Abhandlung über die negativen Größen die Einsicht geltend, daß das Nichts als Folge logischen Widerspruchs nicht identisch sein kann mit der Folge aus der realen Entgegensetzung, die Etwas ist; z. B. heben sich zwei konträre Bewegungskräfte auf und erzeugen Ruhe; Ruhe aber ist nicht nichts. Während die logische Opposition zum logischen Nichts führt, ist „die zweite Opposition, nämlich die reale ... diejenige: da zwei Prädikate eines Dinges entgegengesetzt sein, aber nicht durch den Satz des Widerspruchs. Es hebt hier auch eins dasjenige auf, was durch das andere gesetzt ist; allein die Folge ist etwas (cogitabile)"[40]. Der Begriff dieses Etwas, der sich gegen den ens-Begriff des Rationalismus richtet, ist der Begriff der negativen Größe. Der Geltungsbereich des Satzes vom Widerspruch erstreckt sich nur auf den logischen Bereich; nicht ist er auch Bedingung des Seins oder Nichtseins. Für Wolff und Baumgarten sind die Realrepugnanzen aber logische Tatsachen, die existenzbedingende Ver-

---

[38] Vgl. Riehl I, 215.

[39] Vgl. Riehl I, 217; Erdmann 291; Adickes, Kant-Studien 1895, 33 f.

[40] KW I, 783; vgl. Cohen, Die systematischen Begriffe, 25. Auf den Zusammenhang des emB zu der Schrift über die negativen Größen haben außer Cohen (26 ff.) auch Bauch (79) und Adickes (Kant-Studien 1895, 72 ff.) aufmerksam gemacht.

hältnisse schaffen. Die Relation von Ursache und Wirkung hat bei den Wolffianern reale Valenz nur, weil sie im Felde ontologischer Möglichkeiten vorabgebildet ist. Begrifflich wird diese Relation in einem Urteil ausgedrückt. Kant kann deshalb einwenden, daß die Übereinstimmung eines Objekts mit der Ontologizität des Begriffs ebensowenig Existenz begründet wie die Ursache auf Grund einer urteilsmäßig begriffenen Kausalbeziehung reale Wirkungen.

Die Verknüpfung von Ursache und Wirkung in einer syllogistischen Figur oder in einem Urteil ist nicht der zureichende Grund dafür, daß die Ursache reale Bezüge verursacht. Das Denken kann nicht schon die Bedingung der Existenz realer Gegebenheiten sein. Denn die Denkoperation, welche aus dem Bereich des logisch Möglichen das begriffliche Wesen eines Dinges zusammensetzt oder die Ursache mit ihren Folgen verbindet, setzt Existenz ja immer schon voraus. Diese Einsicht aus der Schrift über die negativen Größen ist auch ein wesentliches Element des emB. Die innere Möglichkeit eines Dinges, die bei Wolff mit seiner Denkbarkeit zusammenfällt[41], bedarf ihrerseits der Bedingung realer Existenz. Der Kantische Begriff der inneren Möglichkeit aus dem emB hat die absolute Position der Wirklichkeit in sich aufgenommen, d. h. es wird in diesem Begriff darauf reflektiert, daß Möglichkeit im Wirklichen gründet[42]. Mit Hilfe der am Rationalismus

---

[41] Vgl. Erdmann 292.

[42] Vgl. 3931; vgl. Cohen, Die systematischen Begriffe 32; man darf allerdings nicht soweit gehen wie Cohen, der behauptet: „Es ist hier (im emB und in der Schrift über die negativen Größen) zum ersten Mal in vollem Bewußtsein das erste Charakteristicum des Synthetischen … gegeben … Damit ist die Unterscheidung zwischen analytisch und synthetisch errungen" (30). Gerade im emB löst Kant aber noch das Realmoment (das synthetische) in eine notwendige Bedingung des Denkens auf, so daß von einem dem Denken widerständigen Moment im Sinne der KdrV, das als solches vom Denken verifiziert wird, doch nicht gesprochen werden kann. — Die Vorordnung der Wirklichkeit vor der Möglichkeit ist schon in der Nova Dilucidatio ausgebildet (vgl. dazu Adickes, Kant-Studien 1895, 65); ebenso findet sich hier schon der Gedanke, daß Gott nicht nur die Bedingung der Existenz der Dinge, sondern auch ihrer Möglichkeit (Essenz) ist. „Leicht bildete sich daraus der Gottesbeweis: ist Mögliches, so ist auch Gott." (Adickes, a. a. O., 66). Denn — so ließe sich ergänzen — Mögliches ist, weil das Denken der Grund der inneren Möglichkeit d. h. notwendig ist. Diese Ergänzung muß man mitbedenken, wenn man wie Adickes sagt, „Kant ist 1755, was Ziel,

kritisch orientierten Unterscheidung von Formal- und Materialbedingung der Möglichkeit geht der emB dazu über, das Wirkliche, durch das der Grund zur inneren Möglichkeit gegeben ist, als die Existenz des obersten Realgrundes alles möglichen Seins verstehbar zu machen[43]. Da das Gegenteil aller Möglichkeit und die Negation alles dessen, was denkbar ist, nur unmöglich genannt werden kann, ist die absolute Position des Daseins zugleich notwendig. Das Wirkliche wird ineins als Realerklärung der Möglichkeit und der Notwendigkeit begriffen; aus der ersten deduziert Kant die des allerrealsten Wesens, aus der zweiten das Dasein des ens necessarium.

Bei der Analyse der Argumentationsstruktur soll bereits der Grund für den dogmatischen Fehler des emB zur Sprache kommen, so wie sich dieser Fehler aus der Perspektive der KdrV ausnehmen muß. Denn obgleich der Rationalismus einen unmittelbar konstitutiven Bezug des Denkens zum Dasein herstellen will, und dieser durch Kants neues Verständnis von Dasein 1763 prinzipiell überschritten ist, bleibt auch der dem emB eigentümliche Wirklichkeitsbegriff gültig nur in einer Ordnung des Denkens. In ihr erst hat der ‚unauflösliche Begriff‘ „Dasein" seinen Ort. Die Frage nach der Verursachung des Daseins wird im emB nicht direkt, sondern mit seiner Qualifizierung als einer gedanklich nicht mehr hinterschreitbaren Notwendigkeit beantwortet. Die Notwendigkeit des Daseins und die des Denkens fordern sich gegenseitig, wobei aber die erste von der zweiten abhängig ist. Mag das Denken sich in Gedanken auch von seiner Notwendigkeit überzeugen, so liegt ihre Bedingung nicht in der Gedanklichkeit des Denkens;

Methode, oberste Grundsätze seiner Erkenntnistheorie betrifft, in wesentlichen Stücken mit Leibniz und Wolff einig. Man kann ihn als ihren Schüler bezeichnen" (Adickes a. a. O., 67). Adickes hat die Argumente zusammengestellt, die im emB gegenüber der Nova Dilucidatio neu sind: „1. Dasein ist kein Prädikat oder Determination von irgendeinem Ding, es kann daher nicht aus Begriffen demonstrirt ... werden. 2. Logischer (kontradiktorischer) Widerspruch ist durchaus verschieden von der Realrepugnanz und 3. ebenso der logische Grund vom Realgrund" (Adickes a. a. O., 70). Diese drei Punkte deuten nach Adickes auf eine „Entwicklung Kant's in empiristischer Richtung hin" (70). Adickes vermeidet allerdings den Fehler Cohens, als läge im emB der Gegensatz von analytisch und synthetisch bereits ausgebildet vor (Adickes a. a. O., 82 ff.).

[43] Vgl. KW I, 643.

seine Notwendigkeit ist ihm vorgegeben. Kant kennt 1763 aber kein Prinzip, das diese Vorgegebenheit verständlich machen würde. Die zweite Hauptart aller Gottesbeweise, die der emB aufzeigt, umfaßt den kosmologischen und physikotheologischen. Beide Schlußweisen gehen von dem Erfahrungsbegriff aus, daß überhaupt irgend etwas existiert. Entweder man nimmt irgendeine unbestimmte Existenz zum Ausgangspunkt und schließt von ihm nach Kausalgesetzen auf das Dasein einer höchsten Ursache, die selbst nicht mehr unter Bedingungen steht (kosmologischer Beweis); oder eine schon in bestimmter Form strukturierte Erfahrung fundiert den Schluß auf ein höchstes Dasein und seine Eigenschaften (physikotheologischer Beweis).

Kant prüft beide Argumente in Ziffer 3 der III. Abteilung[44]; er konzediert den Philosophen der Wolffschen Schule, durch die der kosmologische Beweis „sehr in Ansehen gebracht worden" ist[45], daß eine unbedingte Ursache notwendig existieren müsse. Gleichwohl müßte dieser Beweis aus dem Begriff der höchsten Notwendigkeit analytisch zu Ende geführt werden, was ganz unmöglich ist. Denn man muß zeigen können, daß und wie aus dem Begriff des notwendigen Wesens höchste Vollkommenheit und damit Existenz folgen; weiter wird man darzulegen haben, daß das Nichtein des absoluten Wesens sich widerspricht; eine solche Demonstration kann nur dann geschehen, wenn man in ihm alle Vollkommenheiten und darunter das Dasein anzufinden schon voraussetzt. Existenz wird also aus dem Begriff des notwendigen Wesens gar nicht erschlossen, sondern in es bereits gesetzt, und erst jetzt leitet man das Resultat ab: „Worin alle Realität ist, das existiert notwendiger Weise"[46]. Gegen dieses Verfahren gilt gleichermaßen der Einwand ‚Dasein ist kein Prädikat'. Die rationalistische Folgerung verzichtet letztlich ganz auf den Erfahrungsbegriff, der das Argument ermöglichen sollte. Wie im cartesianischen Beweis beruht die Schlußform auf der analytischen Deduktion des Daseins aus dem Begriff eines bloß Möglichen. Kant reduziert den kosmologischen Beweis auf die Problematik des ontologischen. In der KdrV wird diese Reduktion mit anderen Mitteln wiederholt.

Kant widmet sich nur kurz dem physikotheologischen Beweis, der „nicht allein möglich, sondern auch auf alle Weise würdig, durch verei-

---

[44] Vgl. KW I, 732 ff.
[45] KW I, 732.
[46] KW I, 733.

nigte Bemühungen zur gehörigen Vollkommenheit gebracht zu werden"⁴⁷. Der Schluß auf einen gütigen und weisen Welturheber ist auf Grund der zweckmäßigen Anordnung der Erfahrungstatsachen nicht zu umgehen. Einem jeden Vernünftigen legt sich ein solcher Gedanke nahe, obwohl dieser nicht einem Beweis entsprungen ist, aus dem „geometrische Strenge hervorblickt"⁴⁸.

Von allen vier Beweisarten ist für Kant 1763 nur der emB logisch überzeugend. Aus einem Begriff das Dasein Gottes zu erschließen ist nur dann möglich, wenn man mit dem Begriff die absolute innere Möglichkeit meint, die zur notwendigen Wirklichkeit Gottes als Realgrund für die Existenz aller Dinge führt. In der KdrV bringt Kant ausnahmslos alle Beweise auf eine Grundform, von der er sie kritisiert. Obwohl 1781 die traditionellen Beweise weitgehend auf dieselbe Weise widerlegt werden wie im emB, entwickelt Kant im Kapitel über das transzendentale Ideal den grundsätzlichen Einwand des Kritizismus, dem er auch den emB unterwirft.

2. Das transzendentale Ideal

Die KdrV hat sich die Frage nach dem Dasein erneut und radikal gestellt. Die Antworten, die sie findet, haben das Reden von Gott in Gottesbeweisen bis heute problematisch gemacht. Kant hat seinen eigenen Beweis von 1763 mit den Erkenntnissen des Kritizismus konfrontiert und im Rahmen der transzendentalen Dialektik widerlegt. Hier findet sich eine ausdrückliche Bezugnahme auf den emB zwar nicht, aber man hat gute Gründe zu vermuten, daß sich die kritische Aufarbeitung dieses Beweises der erneut aufgenommenen Analyse des Inbegriffs aller Möglichkeit anschließt, die Kant im zweiten Buch der transzendentalen Dialektik¹ vorgetragen hat. Aus diesem Inbegriff leitet die vorkantische Schulphilosophie die Existenz des allerrealsten Wesens ab². Die Behauptung der Existenz eines Wesens, in der alle

---

⁴⁷ KW I, 733.
⁴⁸ KW I, 734.
¹ Vgl. B 599 ff.
² Kant selbst hat in einer Reflexion diesen Beweis so formuliert: „Wenn zu den verschiedenen Prädikaten, die einem Dinge zukommen mögen, das Dasein als eines derselben auch gezählt werden könnte, so würde gewiß

Realitäten enthalten sind, muß sich den Kategorien der Analytik stellen, unter denen die unzweifelhafte Gewißheit des Daseins allein möglich ist. Das transzendentale Ideal bezieht sich also auf den ontologischen Beweis der Tradition und stellt zugleich dessen Interpretation dar, die, wird sie mit den Mitteln des Kritizismus vollzogen, zur Auflösung des Beweises führen muß. Der rationalistische Terminus der omnitudo realitatis geht in den kritizistischen Begriff des transzendentalen Ideals ein und wird von diesem unter den Voraussetzungen der KdrV in der Weise ausgelegt, daß nicht nur der dogmatische Schein des ontologischen Beweises, sondern der alles Beweisens offenbar wird; daher ist auch der emB von der Kritik mitbetroffen, die auf Grund ihrer prinzipientheoretischen Verankerung im System des transzendentalen Idealismus keine besondere Rücksicht mehr auf die unterschiedliche Form der einzelnen Beweise zu nehmen braucht[3]. Gründet sich die Überzeugungskraft des emB auf die Unterscheidung zwischen formaler und materialer Bedingung der Möglichkeit, die aus der Notwendigkeit des Denkens hervorgeht und nur um seinetwillen getroffen wird, so die KdrV auf die Einsicht, daß die Vernunft nicht Gegenstände, sondern allenfalls Gegenständlichkeit hervorbringt, und daß das Denken gegenüber der Existenz nicht konstitutive sondern regulative Funktion hinsichtlich ihrer Bestimmungen einnimmt. Kants Theorie der Erfahrung stellt die Daseinserkenntnis unter transzendentale Bedingungen, aus denen zwingend folgt, auch den emB als repräsentative Form einer in dogmatischen Schlüssen befangenen Theologie zu widerlegen.

Wenn in der KdrV von Dogmatismus die Rede ist, dann meint Kant vor allem die Wolff-Baumgartensche Schule; Baumgartens Metaphysik lag seinen Vorlesungen fast 40 Jahre zu Grunde[4]. Hier findet sich der Begriff der durchgängigen Bestimmung; aus ihm entwickelt Kant den Gottesbeweis aus dem transzendentalen Ideal, der zum Zwecke der

---

kein Beweis gefordert werden können, der bündiger und zugleich faßlicher wäre, um das Dasein Gottes darzutun, als der Cartesianische. Denn (so lautet dieser Beweis) unter allen möglichen Dingen ist eines, in welchem alle Realitäten anzutreffen sind, die in einem Wesen beisammen sein können. Zu diesen Realitäten, d. h. wahrhaftig positiven Prädikaten gehört auch das Dasein; folglich kommt dem allerrealsten unter allen Wesen das Dasein um seiner inneren Möglichkeit willen zu." (3706; vgl. 5506).

[3] Vgl. B 666 f.
[4] Vgl. Wundt 51; Henrich 63; Heimsoeth, Kant-Studien 71, 4.

Widerlegung nach rationalistischem Vorbild geführt wird. Daher wird
der Beweis in der KdrV nur zum Scheine wiederholt. Die Entkräftung
dieses Arguments soll sowohl den ontologischen Beweis wie das Fundament des eigenen von 1763 erschüttern. Da jedoch schon im emB die traditionellen Beweise zurückgewiesen werden, muß die Widerlegung von
1781 aus Prinzipien erfolgen, die den Dogmatismus, also auch den des
emB, im Ganzen anfechten. Diese Prinzipien verkörpern Kants kritische
Erkenntnistheorie, die durch das Begreifen der empirischen Möglichkeit
der existierenden Dinge die rationalistische Konzeption der Modalbegriffe
grundsätzlich in Frage stellt.

Der Abschnitt über das transzendentale Ideal reflektiert deshalb
sachlich nicht zuerst den Gottesbeweis, sondern Baumgartens Begriff
eines wirklichen Dinges, um von hier aus die Gewißheit auch des göttlichen Daseins zu prüfen. In der Interpretation zwingt Kant Baumgarten die transzendentale Fragestellung auf; Gottes Dasein muß wie
jedes Dasein im Rahmen der Erkenntnisbedingungen von Gegenständen
thematisiert werden. Die Kantische Argumentation will erklären, daß
Baumgarten lediglich über die Vermittlung seines Dingbegriffs und seiner
ontologischen Bestimmungen zu der fälschlichen Behauptung der Existenz
Gottes hat kommen können. Kant ist freilich nicht nur der Meinung,
daß der ontologische Beweis um einer Begründung des Realen willen
von Baumgarten geführt sei; er bringt ja selbst noch eine separate
Kritik unter dem ausschließlichen Gesichtspunkt, daß dieser die göttliche Existenz aus dem Wesen von höchster Realität deduziert. Aber
in der Interpretation durch das transzendentale Ideal wendet er das
ontologische Argument doch so, als ginge es in diesem vornehmlich um
den Aufweis des metaphysischen Grundes für die Existenz der Dinge.
Nur von dieser Wendung ist im Folgenden die Rede. Das Charakteristi-
sche des transzendentalen Ideals ist also, den ontologischen Beweis auf
die besondere Gestalt zu fixieren, Möglichkeit des Daseins aller Dinge zu
sein. Der kritizistische Ansatz bestimmt diese Auslegung des ontologischen
Arguments. Kants Gedankengang soll nun verfolgt werden. Dazu sind
noch einige Bemerkungen über Baumgarten notwendig.

In Baumgartens Metaphysik wird dasjenige wirklich genannt, das
alle in ihm möglichen Bestimmungen umgreift[5]. Die Realitäten[6] weisen

---

[5] Vgl. Baumgarten, Metaphysik § 41. Die Begriffe ‚Realität‘, ‚Prädikat‘, ‚Bestimmung‘ und in einem gewissen Sinne auch ‚Möglichkeit‘, der aus dem Text
hervorgeht, werden im folgenden synonym gebraucht.
[6] Einige Bemerkungen, die auch für das Folgende vorausgesetzt werden, sollen

auf einen Inbegriff, in dessen Einheit sie gedacht werden müssen. Heißt die Einheit bei Baumgarten ‚omnitudo realitatis‘, so in der Terminologie der KdrV ‚transzendentales Ideal‘. Zu den Bestimmungen, die in einer Sache anzutreffen sind, gehört ihre Existenz.

„Der Inbegriff aller Bestimmungen, welche in einem Ding zusammen möglich sind, ist die durchgängige Bestimmung (omnitudo, determinatio). Ein Ding ist entweder durchgängig bestimmt oder nicht. Jenes ist ein einzelnes Ding (singulare), dieses ein allgemeines (universale)"[7].

Ein Allgemeines liegt für Baumgarten demnach dann vor, wenn ein Ding nicht alle Bestimmungen oder Affektionen enthält, die in ihm möglich sind[8]. Sind in einem Ding alle seine Realitäten vorhanden, d. h. ist es durchgängig bestimmt, so enthält es auch die allgemeine Bestimmung ‚Existenz‘ und es tritt aus seiner Möglichkeit, der Allgemeinheit, in die Wirklichkeit ein.

Der Terminus ‚Wirklichkeit‘ wird erst dann verständlich, wenn man ihn mit dem der Möglichkeit zusammendenkt. Mögliche sind die Essenzen oder possibilia, die dem Wirklichen vorgeordnet werden[9]. Die Möglichkeiten oder Wesenheiten gehen der Wirklichkeit voran, insofern, als sie Wirkliches definieren. In der rationalistischen Ontologie fällt auch der Existenzbegriff ins Reich der Möglichkeiten. Daher wird bei Wolff und Baumgarten die Existenz als complementum possibilitatis

---

den Begriff ‚Realität‘ verdeutlichen. Grundsätzlich wird ‚Bestimmung‘ in Realitäten (positive Determinationen) und Negationen (negative Determination) eingeteilt. Aus beiden setzt sich der Begriff eines Dinges zusammen, dessen Eingeschränktheit und Zufälligkeit durch das Fehlen bestimmter Realitäten ausgedrückt wird, und dessen affirmative Eigenschaften die Realitäten selbst ausdrücken. Die Dinge sind daher partim realia, partim negativa (vgl. VR 37). Ihnen gegenüber steht das ens realissimum, das nur durch Realitäten d. h. ausschließlich positiv qualifiziert ist. Die Begriffe der Dinge sind somit „nichts weiter als Limitationen der höchsten Einheit" (VR 38; vgl. Maier 8 ff.; 16 ff.). Doch ist die Unterscheidung von Realität und Negation für die Kantische Argumentation letztlich unerheblich, denn zum einen sind die Negationen von derselben logischen Allgemeinheit wie die Realitäten (die Negationen sind ja nur die Abwesenheit von Realitäten); zum anderen sind sie für Kant Gedankenbestimmungen, die nicht schon Dasein setzen bzw. setzen können.

[7] Zit. nach Cramer 145.
[8] Vgl. Baumgarten, Metaphysik § 41.
[9] Vgl. Heimsoeth, Kant-Studien 71, 19 ff.

bestimmt[10]. Man darf die Wesenheit ‚Wirklichkeit' allerdings nicht mit dem Begriff von einem existierenden Ding verwechseln. Nicht macht allein die Realität ‚Wirklichkeit' seine Existenz aus, sondern diese nur im Zusammenhang mit allen anderen allgemeinen Bestimmungen, die in dem Dinge überhaupt gedacht werden können. Wird in einer bestimmten Einheit von Möglichkeiten auch die Möglichkeit oder Realität der Existenz begriffen, so ist damit das Dasein eines wirklichen Dinges gesetzt[11]. Möglichkeit wird Wirklichkeit, wenn unter jene auch die Möglichkeit ‚Existenz' fällt. Aus dieser Struktur folgt direkt die Ableitung der Existenz Gottes als der höchsten Bedingung für die Möglichkeit alles Daseins. Die omnitudo realitatis faßt die Möglichkeit zu aller Wirklichkeit zusammen und konstituiert sich in der Allheit ihrer Realität zu dem Wesen, dessen Existenz mit seinem Begriff gegeben ist.

Kants Gegenposition ist aus der Abwendung von der Modalitätstheorie des Rationalismus zu verstehen. Er begegnet Baumgartens Begriff vom Dasein, indem er sein Argument von 1763 präzisiert, daß Dasein kein Prädikat sei und deshalb der omnitudo realitatis als Bestimmung nicht angehören könne. Weder enthält das allerrealste Wesen als Totaleinheit der Bestimmungen in seinem Begriff schon das Dasein, noch ist irgendein Ding dadurch wirklich, daß es durchgängig bestimmt ist. Daher sind die Realitäten, die in der durchgängigen Bestimmung gedacht werden, nicht zureichender Grund des Daseins, sondern immer noch Allgemeinbegriffe, die die Singularität eines Dinges nur approximativ erfassen. Aber nach Baumgarten existiert ein einzelnes Ding schon dann, wenn es durch ein Realitätensystem definiert werden kann, in dem die Gesamtheit seiner Wesensbestimmungen oder Möglichkeiten einschließlich der realitas ‚Existenz' integriert ist. Das Ding ist selbst nichts anderes als ein Realitätensystem, auf Grund dessen es als einzelnes existiert. Das principium individuationis, das mit der durchgängigen Bestimmung zusammenfällt, ist mit dem Prinzip des Daseins identisch. Nur singuläre Dinge existieren.

Wegen ihrer Allgemeinheit — so argumentiert Kant — aber kann man jede Bestimmung auf eine Vielheit von Dingen anwenden, ohne daß

---

[10] Vgl. Heimsoeth, Kant-Studien 71, 26 ff.

[11] Vgl. Adickes, Kant-Studien 1895, 33; Wolff vermag nicht zwischen Erkenntnis- und Realgrund zu unterscheiden. Dasselbe gilt für Baumgarten, vgl. 39 ff. Vgl. auch Pichler, Möglichkeit und Widerspruchslosigkeit, 3 ff. Außerdem vgl. Baumgardt 10 f.

sie die Spezifik der einzelnen Existenz zum Ausdruck brächte. Die Bestimmungen lassen sich wiederum in andere unterteilen, ohne dadurch
den Charakter der Allgemeinheit zu verlieren. Mit dem Begriff ‚sechs-
eckig‘ zum Beispiel und allen Bestimmungen, die einer Bienenwabe eigentümlich sind, ist nicht schon die existierende Bienenwabe selbst gesetzt.
Daher kann man das Dasein nicht in einer Realität erfassen und ein
wirkliches Ding nicht in einem System, das aus Realitäten zusammenge-
setzt ist. Der menschliche Verstand aber braucht den bestimmten Begriff
eines einzelnen Dinges, insofern es sich von allen anderen unterscheidet
und nicht nur den Allgemeinbegriff, der ausspricht, was vielen Dingen
gemeinsam ist.

Der Einwand, daß die metaphysischen Bestimmungen Baumgartens nur
als Allgemeinbegriffe aufzufassen seien, resultiert aus der kritizistischen
Lehre der Bedingungen von Objektivität. In der transzendentalen Deduktion versucht Kant den Begriff von der Einheit des Bewußtseins zu
geben, das verschiedene Vorstellungen zu dem Begriff von einem Gegenstand vereinigt. Eine solche Vereinigung ist aber nur möglich, weil das
Bewußtsein e i n e s ist. Die Synthesis der Vorstellungen des Mannigfaltigen einer gegebenen Anschauung, die auf Grund der einigenden Subjektivität zustandekommt, konstituiert den Begriff objektiver Einheit,
die der transzendentalen Einheit der Apperzeption korrespondiert.
Die Einheit des Bewußtseins und seiner synthetischen Leistungen ist die
Bedingung für die als Objekt gewußte Einheit. Objektivität wird im
konkreten Einigungsvollzuge der Subjektivität als die Singularität
feststellbarer Gegenstände in die Erkenntnis aufgenommen. Der singuläre
Charakter des transzendentalen Ich, der sich in der Selbigkeit des Ich-
denke manifestiert, bestimmt auch die Singularität der Objekte, auf die
sich die Subjektivität in ihren Vorstellungen bezieht. Die Einheit des
Bewußtseins produziert die Einheit des bewußten Gegenstandes. Objekt
ist synthetische Einheit, die in der die Vorstellungen einigenden Spontaneität des transzendentalen Ich die Gestalt eines Begriffes annimmt.
Dieser Begriff von einem Objekt, in dem das Mannigfaltige der Anschauung synthetisiert ist, macht den allgemeinen Begriff der Kategorie
aus[12]. Kategorien sind also die logischen Einigungsfunktionen der Apperzeption, die mit ihnen objektiv gültige Erkenntnisse der als singulär
verifizierten Gegenstände macht[13].

---

[12] Vgl. B 129 ff.
[13] Vgl. Paton I, 329 ff.; 417 ff.

Die Kantische Theorie der transzendentalen Subjektivität als dem Vermögen, Objektivität als Einzelheit zu erkennen, steht somit hinter den Einwänden gegen Baumgartens ens-Begriff, dessen singuläre Existenz nicht auf die Jemeinigkeit der Icheinheit und ihrer synthetischen Denkvollzüge gegründet ist, sondern auf einer Ordnung ontologischer Begriffe, die nur generell das Sein des ‚Dinges überhaupt' begreift. Zwar ist auch der Kantische Terminus der Kategorie der Begriff „von einem Gegenstande überhaupt"[14], aber die Subjektivität, auf die die Denkformen als Funktionen bezogen sind, hebt die kategoriale Denkform aus ihrer Allgemeinheit heraus und konkretisiert sie im Akt des Denkens zu Erkenntnissen singulärer Objekte.

Baumgarten aber meint, mit der omnitudo realitatis sei als die Voraussetzung eines jeden Prädikatensystems auch die Seinsmöglichkeit des einzelnen Daseins fundiert. Kant kritisiert jedoch die omnitudo realitatis und den daraus abgeleiteten Dingbegriff auf dem Boden der transzendentalen Theorie der Subjektivität. Er unterlegt Baumgarten also den kritischen Maßstab, der in der Einsicht besteht, daß objektiv gültige Erkenntnisse nur in der Bezogenheit auf die Einheit des Ich zustande kommen können. Da Baumgarten die Existenz der Dinge von dem allerrealsten Wesen (ens perfectissimum) abhängig macht, sieht Kant sich daher in der kritizistischen Interpretation dieses Wesens durch das transzendentale Ideal genötigt, die Fragen nach dem Dasein Gottes und die nach dem Wirklichen systematisch zu verklammern und unter den leitenden Prinzipien seine Erkenntnistheorie abzuhandeln. Das Problem der Existenz Gottes wird in der theoretischen Philosophie radikal der Frage nach dem Modalbegriff der Wirklichkeit untergeordnet. Dieser ist nicht nur funktional an der Apperzeption des einigenden Selbstbewußtseins orientiert, sondern auch an dem Sein des Gegebenen in raumzeitlichen Anschauungen. Die dem Bewußtsein kategorial erreichbare Objektivität ist wesentlich Erscheinung.

Im Rationalismus wird die Existenzialität Gottes und die der Dinge mit dem einen Prädikat des Daseins gedeckt. Während Baumgarten von der Voraussetzung des höchsten Wesens ausgeht und darin die Singularität der Existenzen erst begründet, gelangt Kant zu der Einsicht, daß das Dasein Gottes den empirischen Kriterien der Denkbarkeit alles Wirklichen nicht entspricht. Kant subsumiert also Baumgartens Voraussetzung der Existenz des höchsten Wesens, aus dem alles Dasein

---

[14] B 128.

folgt, den eigenen transzendentalen Bedingungen für die Objektivität alles Wirklichen. Daher stellt die transzendentale Möglichkeit eines jeden Wirklichen den Maßstab auch für jene Wirklichkeit dar, die der Rationalismus als die Existenz des höchsten Wesens behauptet.

Die Transzendentalphilosophie ist somit für die Destruktion der traditionellen Ontotheologie beherrschend geworden. Kant polemisiert deshalb nicht in der Weise gegen die Gottesbeweise, daß sich im Rahmen ihrer Argumentationsstruktur noch seine Kritik befände, sondern deduziert aus den Bedingungen möglicher Daseinserfahrung ihre Unmöglichkeit. Diese Überlegungen wollen bei der Analyse des transzendentalen Ideals mitbedacht sein. Mit ihm verbindet Kant die Aufgabe, alle dogmatischen Ansprüche, aus der Apriorität des Denkens zum Dasein Gottes zu gelangen, als Schein zu entlarven.

Es soll nun die Gedankenfolge der Kantischen Widerlegungen im Ganzen dargestellt werden: Die in der transzendentalen Analytik entwickelten Bedingungen der Objektivität der Gegenstände haben die Methode bestimmt, mit der Kant den Baumgartenschen Gottesbeweis angeht. Das transzendentale Ideal, das Baumgartens Grundsatz der durchgängigen Bestimmung kritizistisch interpretiert, unter dem ein jedes Ding seiner Möglichkeit nach steht, setzt zwar seinen ontologischen Beweis voraus. Die omnitudo realitatis ist der Begriff von einem Wesen, in dessen Bestimmung sich von allen möglichen Prädikaten dasjenige findet, das zur Möglichkeit eines jeden Wirklichen d. h. was zum Sein schlechthin gehört[15]. Baumgarten führt den Existenzbeweis für das ens perfectissimum aber nicht darum, weil ein Grund alles Daseins gefunden werden muß, sondern weil die Notwendigkeit des Begriffs vom höchsten Wesen selber dazu zwingt, daraus sein Existieren zu folgern. Das höchst vollkommene Wesen wäre nicht vollkommen, wenn ihm das Dasein fehlte. Daher ist das Gegenteil der Existenz Gottes unmöglich. Dessen Gegenteil aber unmöglich ist, existiert notwendigerweise. Also kommt Gott notwendig die Existenz zu[16].

Während Baumgarten demnach aus dem Begriff des ens perfectissimum Gottes Dasein beweist und den Schluß immanent aus der ontologischen Struktur des höchsten Wesens entfaltet, will Kant zeigen, daß dieser Gottesbeweis von der Frage nach der Möglichkeit aller wirklichen Dinge gelenkt ist. Kant hat damit Baumgartens Intentionen umgedeutet und

---

[15] Vgl. B 604.
[16] Vgl. Henrich, 64 f.

ihn nur auf Grund dieser Umdeutung treffen können. Denn für diesen ist das Problem der Möglichkeit der Dinge nicht in der Weise konstitutiv, daß dessen Lösung nur dann einleuchtet, wenn der ontologische Beweis für die Existenz eines Wesens geführt werden kann, welches die Möglichkeit alles Daseins in sich enthält. Baumgarten beweist dieses Wesen nicht darum, weil die Möglichkeit der Dinge die göttliche Existenz fordern würde, sondern deduziert aus dem Begriff des ens perfectissimum die Notwendigkeit von dessen Dasein und zieht erst jetzt die Konsequenz, daß dieses Dasein auch der Grund alles Wirklichen ist.

Kant reduziert aber das Baumgartensche Argument auf den Versuch einer Erklärung, den Grund des real Möglichen zu bestimmen. Als die Totalität aller Realitäten, die zur überhaupt nur denkbaren Möglichkeit des Daseienden gehört, sei für Baumgarten dieser Grund das allerrealste Wesen als die vollständige Bedingung dessen, was existiert[17]. In seinen Bestimmungen finden sich alle Prädikate, die zur realen Möglichkeit eines jeden Wirklichen gehören. Was dem Seienden als Substrat seiner Wirklichkeit zu Grunde liegt, ist in dem Wesen vereinigt, welches das All der Realitäten darstellt. Dieses enthält das Material für die Möglichkeit der Dinge; daher ist es Grund alles Daseins. Weil die Dinge mit den allgemeinen Wesenheiten — so lautet nun Kants Interpretation Baumgartens — übereinzustimmen haben, muß sich auch ein Inbegriff aller wesentlichen Dingbestimmungen oder Realitäten denken lassen, auf den sie im höchsten Grade der Vollkommenheit zutreffen. Es gibt demnach ein All von Bestimmungen, das nur in einem Wesen verkörpert sein kann, welches der Daseinsgrund der Dinge ist. Da die Dinge bei Baumgarten schon existieren, wenn sie auf Grund von Realitäten denkbar sind, muß auch ihr Grund in Gestalt eines Wesens existieren, das die Totalität der Realitäten umfaßt. Die Existenz Gottes wird in Kants Sicht von Baumgarten auf dem Wege über die Frage nach der ontologischen Bedingung des Daseins gefunden. Die rationalistische Lösung dieser Frage hat Kant als unhaltbar zurückgewiesen und damit auch die Möglichkeit, das All der Realitäten mit dem existierenden Gott zu identifizieren.

Es ist nun deutlich, daß Kant die Gottesbeweise im Rahmen und im Interesse seiner Theorie der Erkenntnis einer Prüfung unterzieht. Die transzendentale Analytik eruiert die Bedingungen von Objektivität. Das Problem, wie sind synthetische Urteile apriori möglich, bestimmt auch die Fragestellung, die Kant an den ontologischen Beweis der Tra-

---

[17] Vgl. B 604.

dition heranträgt. Der Ansatz der KdrV, die synthetische Einheit des Gegenstandes von möglichen Erfahrungen unter den Bedingungen der Kategorienlehre in objektiv-gültigen Erkenntnissen zu fixieren, zwingt ihn, jedes mögliche Dasein, das Objektivität beansprucht, diesen Bedingungen zu unterwerfen. Kant kann nun den Einwand des emB, daß Dasein kein Prädikat sei, kritizistisch ausweisen. Nicht in diesem Einwand wohl aber in dessen Begründung liegt das Neue der Argumentation der KdrV gegen den ontologischen Beweis. Das Dasein der wirklichen Dinge und ihrer Objektivität vermag nicht die ontologische Realität ‚Existenz‘ zu tragen, sondern ist allein im transzendentalen Rückstieg auf die Subjektivität zu gewinnen, deren einigenden Funktionen das Dasein nur als Erscheinung korrespondiert. Es ist evident, daß Gottes Existenz nicht Erscheinung ist, und ihre Objektivität — wenn man von einer solchen überhaupt sprechen kann — nicht von dem auf die reinen Anschauungsformen und die Verstandesbegriffe restringierten Ich verantwortet werden kann. Ausschließlich in der Bezogenheit auf die transzendentale Einheit des Bewußtseins kann man den Anspruch objektiver Geltung von Dasein erheben, das in theoretischen Sätzen lediglich den Stellenwert der Erscheinung einnimmt; der Begriff der Erscheinung fordert das Gegebensein der Wirklichkeit des Mannigfaltigen in einer Anschauung[18]; alles, was aus der Bezogenheit zum Ich herausfällt, gehört für die theoretische Philosophie in den Bereich des Ding-an-sich. Nach Kant macht Baumgarten den Fehler, daß er den kritischen Unterschied von Ding-an-sich und Erscheinung nicht beachtet[19]. Baumgarten kennt das Prinzip der transzendentalen Subjektivität noch nicht; dieser Mangel ist die Bedingung seines Irrtums. Denn nun kann der Fehler aufkommen, die omnitudo realitatis als das Prinzip für die Objektivität der Dinge überhaupt zu deuten, ohne daß dieses Prinzip für Baumgarten an die Subjekteinheit des Denkens gebunden wäre. Auf dem Boden der dogmatisch angemaßten Objektivität scheint nun auch der Gottesbeweis möglich zu sein; die Totalität der ontologischen Möglichkeit aller Dinge konstituiert den Begriff eines Wesens, dessen Struktur zugleich die Legitimation seiner Existenz enthält.

Damit sind die Gründe angegeben, warum Kant in der Kritik des ontologischen Beweises Baumgarten die Fragestellung aufzwingt, wie

---

[18] Vgl. B 33.
[19] Vgl. Martin, Kant 155 ff.; 178 ff; 208 ff; vgl. auch Heimsoeth, Kant-Studien 71, 191 ff.

der Grund des Daseins zu denken sei. In dieser Direktheit hat Baumgarten — wie gezeigt worden ist — die Frage nicht gestellt; Gott existiert nicht deshalb, weil für die Existenz der Dinge ein Grund gefunden
werden muß. Kants Argumentation setzt aber diesen Gedankengang
voraus. Er begegnet ihm mit der Unterscheidung von Ding-an-sich
und Erscheinung, die seine Subjektivitätstheorie impliziert. Der Begriff,
den der Rationalismus in einem durchgängig bestimmten Prädikatensystem als existenzsetzend veranschlagt, ist für Kant immer der Begriff
des Denkens, das nur in Abhängigkeit vom transzendentalen Ich auftreten kann. Demnach ist der Begriff die einigende Funktion der einigenden Einheit des Bewußtseins. Dieser Sachverhalt ist die Voraussetzung
für die Antwort auf die Frage, die sich Kant am Schluß des Kapitels
vom transzendentalen Ideal stellt[20]. Warum erliegt die Vernunft dem
Schein[21], die Möglichkeit der Dinge aus einer höchsten Einheit abzuleiten
und diese als die Existenz eines Wesens zu hypostasieren? Die Antwort
legt sich folgerichtig aus der transzendentalen Analytik nahe. Das Denken
versucht, mit seinen Begriffen und Grundsätzen einen „transzenden-
tale(n) Gebrauch"[22] zu machen. Es ist aber nicht in der Lage, aus seinen
Begriffen apriori die Existenz der Dinge zu setzen. Daher kann der Begriff der omnitudo realitatis auch nicht die Bedingung der Möglichkeit
des Daseins der Dinge sein.

Kant denkt stets von der transzendentalen Einheit des Bewußtseins
her. Obwohl Baumgarten selbst ein logisches Subjekt, das Prinzip der
reinen Formbestimmungen seiner Metaphysik wäre, nicht kennt, hat ihm
Kant die Bezogenheit auf den eigenen Begriff der Apperzeption unterstellt. Wird nun die omnitudo realitatis der Subjektivität subordiniert,
ist der transzendentale Schein unmöglich, aus dem Inbegriff der Möglichkeiten alles gegenständliche Dasein und die Existenz eines höchsten Wesens abzuleiten. Die Subjektivierung des transzendentalen Ideals verhindert, daß Denken als die Bedingung des Daseins mißverstanden und
der Sinn objektiv gültiger Erkenntnisse verstellt wird.

Die Disjunktion von Ding-an-sich und Erscheinung ist auch die Grundlage für die positive Einordnung des transzendentalen Ideals in die
Vernunftwissenschaft[23]. Da die Voraussetzung dieser Disjunktion in

---

[20] Vgl. B 609.
[21] Vgl. Wundt 173.
[22] B 297.
[23] Vgl. Heimsoeth, Transz. Dial. I, 17 f.; Hartmann, Diesseits von Idealismus

dem kritizistischen Begriffe des transzendentalen Bewußtseins liegt, ist die Bedingung der Reintegration der omnitudo realitatis Kants Theorie der Subjektivität. Baumgartens Begriff des allerrealsten Wesens braucht deshalb nicht völlig verworfen zu werden; Kant läßt ihn als Idee d. h. in der Bezogenheit auf das Ich des Denkens gelten. Die Ideen werden aus der Form der Vernunftschlüsse abgeleitet und stellen die unbedingte „Totalität der Bedingungen zu einem gegebenen Bedingten"[24] dar. Die Idee der omnitudo realitatis gehört zum disjunktiven Vernunftschluß, der von einem vollständig eingeteilten Allgemeinen ausgeht[25], das sich zu dem unter ihm begriffenen Besonderen wie in einer disjunktiven Synthesis das System zu seinen Teilen verhält. Nach seiner logischen Funktion setzt der disjunktive Vernunftschluß das unbedingte Allgemeine voraus und schließt von diesem auf das bedingte Singuläre[26].

Baumgarten kann die Existenz der Dinge aus der omnitudo realitatis nur deshalb deduzieren, weil er dem logischen Gebrauch des disjunktiven Vernunftschlusses zugleich transzendentale d. h. gegenstandsbegründende Funktionen zuschreibt. Das All der Realitäten ist die vollständig eingeteilte Sphäre des Unbedingten, aus der alles bedingte Dasein nach nur logischen Regeln folgt. Der gesamte Umfang aller Realität enthält im Rationalismus zugleich die Antwort auf die Frage, warum etwas ist und nicht vielmehr nichts. Der Grund alles Seins wird absolut vorausgesetzt. Für Kant ist das Verhältnis des transzendentalen Ideals zu aller realen Möglichkeit aber nicht von objektiver Art, sondern besteht in der nur für den Vernunftgebrauch gültigen idealen Beziehung der Totalität aller möglichen Prädikate zur prädikativen Form der einzelnen Dinge. Prädikate sind aber — wie schon gezeigt — allgemeine Bestimmungen; sie geben keine Auskunft über die Objektivität des Daseins. Weil die Idee alle realen Prädikate oder Allgemeinbegriffe in sich vereinigt, folgt aus ihr nicht die objektive Relation eines wirklichen Wesens zu den Dingen; die Idee verhält sich nur „zu Begriffen und läßt uns wegen der

---

und Realismus 190 ff.; Martin, Kant 159 ff.; Heidegger 37 ff.; Martin 50 ff.; Adickes 59 ff.
[24] B 380.
[25] Vgl. B 379 ff.
[26] Vgl. Heimsoeth, Transz. Dial. I, 46 ff.

Existenz eines Wesens von so ausnehmendem Vorzuge in völliger Un-
wissenheit"[27].

Da für Kant im transzendentalen Ideal solche Bestimmungen gedacht
werden, die als reale Prädikate nur Gegenständen einer möglichen Anschauung zukommen und daher selbst nur der Erfahrung entlehnt sein
dürfen, muß er der Behauptung widersprechen, daß aus dem Begriff der
omnitudo realitatis das Dasein folgt. In seinen transzendentalen Funktionen weiß das Denken, daß die wirklichen Dinge nicht deshalb sind, weil
die Vernunft sie denkt oder die Prädikate, die auf das Wirkliche zutreffen, in einer höchsten Einheit verknüpft.

Die vollständige Vergleichung der Dinge mit allen ihren möglichen
Prädikaten kann aber gar nicht in concreto, sondern nur ideal vollzogen
werden, weil die auf die Erfahrung angewiesene menschliche Vernunft
niemals die Totalität des real Möglichen erfassen kann[28]. Wenn der
Geltungsbereich der omnitudo realitatis auf Dinge an sich erstreckt wird,
entsteht außerdem der Fehler, als sei mit ihr alle Realität objektiv gegeben. Weil die Gegenstände nur Gegenstände der Sinne sein können,
vermag das, was die Totalität ihrer Materie ausmacht, nur als Inbegriff
aller Erscheinungen vorgestellt werden. Diese Vorstellung ist die Idee
der „allbefassende(n) Erfahrung"[29], welche der Vernunft bei aller Betrachtung des empirisch Realen als unbedingte Synthesis zu Grunde
liegt. Die Idee hat also nur regulative Funktionen für den Vernunftgebrauch und bedeutet nicht den objektiven Grund für die konkrete Realität
alles Daseins; denn die Materie d. h. die „Realität in der Erscheinung"[30]
muß aus der Anschauung gegeben sein, wenn anders Gegenstände in
einer Erkenntnis als objektiv bestimmt werden sollen[31].

---

[27] B 607.
[28] Vgl. B 602.
[29] B 610.
[30] B 607.
[31] So kann Kant das subjektivierte Prinzip der omnitudo realitatis auf das
Gegebene der Anschauung beziehen. Daher ist auch nach Kant ein jedes
existierende Ding der Sinnenwelt durchgängig bestimmt; aber dadurch ist
nicht schon eine Wirklichkeit begründet. W e n n ein Ding existiert, muß es
unter der prinzipiellen Bedingung der durchgängigen Bestimmung stehen,
aber die durchgängige Bestimmung ist darum nicht die Bedingung seiner empirischen Möglichkeit. Denn sie umfaßt lediglich die Begriffe (Prädikate)
alles empirisch demonstrablen Daseins in einer Form idealer Einheit, zu der

Der Gottesbegriff des Rationalismus erhält seine Stellung im Bereich der Vernunft allein als ein empirisches Prinzip, das nur „die Begriffe der Möglichkeit der Dinge als Erscheinungen"[32] umgreift. Die Subjektivierung der omnitudo realitatis zu einer Funktion des denkenden Ich verhindert die Täuschung, in einem Vernunftprinzip den objektiven Existenzgrund alles Daseins zu sehen. Der transzendentale Schein hat also seine Wurzel in der Projektion eines subjektiven Grundsatzes, durch den die Vernunft lediglich dem Verstandesgebrauch mit Hilfe transzendentaler Ideen Einheit gibt, auf die realistische Ebene eines objektiv-existierenden Grundes der Dinge schlechthin. Kant vereinigt die Begriffe, denen Erfahrung entsprechen muß, in dem kritizistisch gereinigten Begriff des transzendentalen Ideals, dessen Einheit wohl die Denkbarkeit der in den Begriffen gemeinten Gegenstände durch das Ich voraussetzt, nicht aber das ihnen zuzuordnende Dasein konstitutiv begründet. Das Dasein muß dem Verstande durch das rezeptive Vermögen der Sinnlichkeit gegeben sein. Die Unabhängigkeit des Wirklichen vom Denken ist auf Grund der Affektion des Gemütes in der Anschauung[33] dem Denken selbst zu begreifen möglich. Die transzendentale Subjektivität bedarf, um die Objektivität des Gegenständlichen in Erkenntnissen zu begründen, der Aktualisierung des rezeptiven Vermögens der Sinnlichkeit. Dem Rationalismus wird entgegengehalten, daß er die Kompetenz der theoretischen Philosophie überschreitet, wenn er die Existenz der Dinge aus reinen Begriffen erschließt.

Die Widerlegung des Scheinbeweises aus dem transzendentalen Ideal trifft nicht nur den rationalistischen Gottesbeweis, sondern auch Kants

---

jedoch nicht die Existenz selbst gehört. Das Dasein ist ausschließlich in Erfahrung synthetisch feststellbar. Darum vermag die durchgängige Bestimmung, welche als ideale Totaleinheit der Möglichkeit lediglich eine regulative Funktion des diskursiven Denkens einnimmt, nur die Mindestbedingung (conditio sine qua non) von Existenz zu sein, nicht aber deren konstitutive. Die durchgängige Bestimmung, die im Rationalismus noch Kriterium der Wirklichkeit ist, kann für Kant allenfalls zur Feststellung der hypothetischen Möglichkeit dienen. „Denn ob ich gleich sagen kan: alles wirkliche ist durchgängig bestimmt, so kan ich doch nicht sagen: alles durchgängig Bestimmte ist wirklich." (6255). Wirklichkeit unterliegt dem Prinzip der durchgängigen Bestimmung, sofern sie ist; aber daß sie ist, kann dieses Prinzip nicht verbürgen; vgl. Schneeberger 68 ff.; VM 168; 6384; 6245.

[32] B 610.
[33] Vgl. B 33; B 42.

4*

eigenen von 1763. Wird im emB das Dasein Gottes bewiesen, weil es als Voraussetzung des Denkens notwendig ist, so hypostatiert man das transzendentale Ideal, dem die KdrV nur eine subjektive Funktion im System der Vernunft zugesteht, zur Existenz eines höchsten Wesens, aus dem objektiv alles Dasein folgt.

Kant führt beide Beweise auf die Gemeinsamkeit dogmatischen Schliessens zurück. Das Dasein ist nicht deshalb, weil im Denken die Bedingungen der Möglichkeit liegen, es denken zu können; es ist auch nicht deshalb, weil es als notwendige Voraussetzung des Denkens gedacht werden muß. Im emB wird diese Notwendigkeit des Denkens, um derentwillen überhaupt irgendein Datum existieren muß, nicht bewiesen. Der Schluß, daß die Bedingungen der Möglichkeit der Gedanken von den Dingen zugleich die Bedingungen der Existenzmöglichkeit dieser Dinge selbst sei, ist charakteristisch sowohl für den emB wie für das Argument aus dem transzendentalen Ideal. Der Schein des letzteren wäre nach Kants Meinung leicht vermieden worden, wenn man die omnitudo realitatis als Grundsatz der Vernunft, als Idee, erkannt hätte. Die Hypostase eines Denkprinzipes zum existierenden Realgrund objektiv-realer Gegebenheiten wäre unterblieben.

Mit der Kritik am ontologischen Beweis, die Kant mit der Destruktion des Scheinbeweises aus dem transzendentalen Ideal liefert, widerlegt er die traditionelle Theorie vom Grunde des Daseins im allerrealsten Wesen. Er problematisiert nicht nur — wie noch zu zeigen sein wird — den Begriff des notwendigen Wesens. Die Aspekte des höchstvollkommenen und des notwendigen Wesens hat Kant erst mit dem Ganzen seiner Kritik an den Gottesbeweisen verbinden wollen[34]. Die Reihenfolge, in der er die Probleme der Ontotheologie abhandelt, ist nicht zufällig. Wird an Hand des transzendentalen Ideals der Gottesbegriff zunächst untersucht, um die rationalistische Lehre vom Existenzgrund im allerrealsten Wesen zu prüfen, so erst in den folgenden Kapiteln die Tauglichkeit des ontologischen Beweises, eine Erkenntnis des notwendigen Wesens zu begründen[35].

---

[34] Vgl. Schneeberger 77 ff.
[35] Vgl. vor allem B 620 ff. Das Verhältnis und die Wechselseitigkeit von kritischen und metaphysischen Argumenten werden im Folgenden weiterverfolgt werden. Auf die Bedeutung der metaphysischen Dimension in Kants Denken hat in neuerer Zeit vornehmlich Heimsoeth aufmerksam gemacht; vgl. Transz. Dial. I, 5 ff.; Kant-Studien 71, 192 ff. Vgl. auch Wundt;

3. Die Modalitätskategorien in der Kritik der reinen Vernunft

Es bedarf noch einer präzisen Antwort auf die Frage, mit welchem methodischen Rüstzeug sich die kritische Differenz von Erscheinung und Ding-an-sich gegen die dogmatischen Ansprüche der Gottesbeweise geltend macht. Gegenüber den traditionellen Positionen der rationalistischen Schulphilosophie ändert sich im Kritizismus — allgemein gesprochen — das Verhältnis von Denken und Dasein durch die Reflexion der Vernunft auf die Tauglichkeitsdimension ihrer Begrifflichkeit. Einer der wesentlichen Exponenten dieser methodologischen Entwicklung in der kritischen Theorie kann in dem Modalbegriff ‚Möglichkeit' gesehen werden. Artikuliert dieser Begriff in den ontologisch orientierten Beweisen der Wolffschen Schule die Objektivität des Seinsgrundes alles Seienden überhaupt, so erzwingt der transzendentale Idealismus durch die Subjektivierung der Modalitätskategorien die Reduktion der Möglichkeit auf eine formale bzw. transzendentale nicht aber mehr konstitutive Bedingung des empirischen Daseins. Diese Kategorien, um die sich Kant stets bemüht hat[1], werden durch die Vernichtung ihres objektiven Geltungsanspruches in der systematischen Bindung an die transzendentale Subjektivität zu Grundpfeilern der Kritik. Sie sind gleichsam

---

Kant als Metaphysiker; vgl. Zocher 11 f.; Krüger 237 ff.; Martin 149 ff.; Henrich 3 ff.; 138. Henrich hat auf die Beziehung von ens realissimum und ens necessarium in der neuzeitlichen Ontotheologie hingewiesen. Für Kant kann man diese Differenz dahingehend präzisieren, daß das Verhältnis ihrer Momente das Verhältnis von Kritizismus und Metaphysik in der KdrV widerspiegeln; machen sich in dem Scheinbeweis vom transzendentalen Ideal, das an dem traditionellen Begriff des ens realissmum orientiert ist, vor allem die kritizistischen Einwände geltend, so steht der Begriff des notwendigen Wesens im Mittelpunkt der Möglichkeit metaphysischer Erkenntnisse. Heidegger hat wohl am radikalsten die KdrV als eine Grundlegung der Metaphysik verstanden, vgl. 13 ff.; 25 ff. Das Problem der Metaphysik sei das einer Fundamentalontologie: „Die Fundamentalontologie ist die zur Ermöglichung der Metaphysik notwendig geforderte Metaphysik des menschlichen Daseins" (13). Menschliches Dasein ist seinem Wesen nach endlich (42; 46; 136; 197 ff.). Dieser Aspekt der Endlichkeit, der sich durch das ganze Buch hindurchzieht, findet in den folgenden Analysen seine Bestätigung.

[1] Vgl. Heimsoeth, Kant-Studien 71, 21.

die funktionelle Auffächerung des denkenden Ich, das in ihnen die ‚Modalität' seines Verhältnisses zum Gegebenen bestimmt. Faktisch können sie deshalb mit dem Terminus ‚Denken' synonym gebraucht werden, so wie es die KdrV versteht, wenn sie die Relation des kritischen Subjektes zu der Objektivität des Gegenständlichen bestimmt. Die Fundierung dieser Begriffe in der Einheit des Bewußtseins sind für die Argumente gegen die Ontotheologie verantwortlich. Die transzendentale Idealität der Modalbegriffe verhindert, daß sich das Denken selbst zum Garanten der Konstitution des Daseins macht oder sich in einem Schluß zum scheinbar notwendigen Ausgangspunkt erhebt, aus dem die Wirklichkeit folgt.

Die ontologische Unterscheidung von Ding-an-sich und Erscheinung, die methodologisch durch die Verkettung der Kategorien ans transzendentale Ich gestützt wird, hat für Kant mit einem Schlage die Destruktion der Ontotheologie zur Folge. Möglichkeit ist nicht mehr Basisbegriff, auf dem Gottesbeweise und Ableitungen von Form und Inhalt des Seienden beruhen, sondern gehört nun selbst zu den kritischen Kategorialfunktionen, die die Feststellung des Daseins nur in streng empirischen Erkenntnissen zulassen[2]. Einer der Trägerbegriffe der traditionellen Gottesbeweistheorie wird zum Grundbegriff, der ihre Überzeugungskraft erschüttert. Kants Absetzung von den ontotheologischen Versuchen und Ansätzen der Vergangenheit findet in der Umstrukturierung der Modalitätskategorien seinen entscheidenden Rückhalt.

Die „Postulate des empirischen Denkens überhaupt"[3] bringen die Konsequenzen dieser modaltheoretischen Wendung auf einen formelhaften Ausdruck: Möglich ist das, was mit den formalen Bedingungen der Erfahrung (reine Verstandesbegriffe und reine Formen der Anschauung ‚Raum und Zeit') zusammenstimmt. Diese Formel macht das erste Postulat aus, während das zweite die Übereinkunft mit den materialen Bedingungen der Erfahrung (sinnliche Wahrnehmung und Empfindung) als Kriterium dessen angibt, was wirklich ist[4]. Der Begriff ‚Notwendigkeit' umgreift vor allem die Gesetzlichkeit von Ursache und Wirkung, auf Grund welcher der Bereich des Wirklichen einen in sich stimmigen Ordnungszusammenhang bildet[5].

---

[2] Vgl. Schneeberger 15 ff.
[3] B 265 f.
[4] Vgl. Schneeberger 66 ff.
[5] Vgl. Schneeberger 86 ff.

Die kritische Umwandlung der Modalbegriffe zu subjekt-orientierten Funktionen, die lediglich die modalen Verhältnisse der Objekte zum Erkenntnisvermögen ausdrücken[6] nicht aber metaphysische Wesenbestimmungen der Objekte selbst sind, soll von vornherein die Täuschung verhindern, als sei aus reinen Begriffen die Wirklichkeit abzuleiten. Da Kant diese Begriffe als für jede Erkenntnis absolut verbindlich substituiert, hat die Metaphysik nicht das Recht, einen Gottesbeweis zu führen. Weil aber Aussagen über das Dasein von Gegenständen nur im Rahmen raum-zeitlicher Erfahrung gemacht werden können, sind Gottesbeweise überhaupt unmöglich. Aus der Perspektive der Modalitätskategorien vermag Kant den ontologischen Beweis, den Scheinbeweis aus dem transzendentalen Ideal und den emB auf eine gemeinsame Fehlerquelle zu reduzieren. In allen drei Fällen ist das Denken die Grundlage für die reale Möglichkeit des Wirklichen. Im Rationalismus konstituieren die Wesensbestimmungen in Verbindung mit dem Satz des Widerspruchs und dem der Identität die ontologische Struktur eines Denkens, das aus sich selbst und apriori dem Denkbaren die Existenz zuspricht. 1763 meint Kant selbst noch, daß die Möglichkeit von der Denkbarkeit abhänge und die notwendige Existenz des höchsten Wesens angenommen werden muß, weil im gegenteiligen Falle nichts ist, was dem Denken aufgegeben wäre, — dieses somit negiert würde. Auch die Hypostase eines subjektiven Denkgrundsatzes zur existierenden Realitäten- oder Prädikatentotalität im Scheinbeweis des transzendentalen Ideals vermag in ihrer Scheinhaftigkeit nur zu offenbaren, daß im Denken gleich welcher Art das Dasein analytisch nicht aufgefunden werden kann.

Der von den Modalitätskategorien dirigierte, diesen zentralen Fehler der Gottesbeweise zusammenfassende Einwand, setzt sich somit aus zwei Teilen zusammen, einem negativen und einem positiven, wobei der negative unter der Bedingung des positiven steht: 1. Dasein ist der vermeintlich Existenz ermöglichenden Macht des Denkens entzogen, 2. weil realmöglich nur das ist, was in Erfahrungen vorkommt. Diese Möglichkeit definieren die kritischen Modalitätskategorien. Dem Horizont des raum-zeitlich Erfahrbaren entzieht sich aber die Existenz Gottes. Das schließt jedoch für Kant nicht aus, daß Gottes Sein in der Moralphilosophie notwendigerweise vorausgesetzt werden muß. Aber weder die

---

[6] Vgl. B 266.

Negation des göttlichen Daseins in der theoretischen, noch seine Postu-
lierung in der Religions- und praktischen Philosophie stehen für sich
eigenständig da oder werden um ihrer selbst willen vollzogen, sondern
unterliegen der entscheidenden ontologischen Prämisse der Spontaneität
und Freiheit der menschlichen Subjektivität. In der Freiheit begegnen
sich die Intentionen der modaltheoretischen Destruktion der Ontotheologie und der Restitution des Gottesbegriffes für die Begründung des
sittlichen Handelns. Kants Lehre von der Spontaneität hat daher bestimmende Folgen für die Ausbildung des Gottesbegriffes.

II. Der Begriff der Notwendigkeit

1. Der kosmologische Begriff der Notwendigkeit

Kant setzt nach dem Abschnitt über das transzendentale Ideal mit der Diskussion der Ontotheologie neu ein. Es sei in der vorangegangenen Analyse des Scheinbeweises für die Vernunft „viel zu leicht", „das Idealische und bloß Gedichtete" einzusehen, um nicht alsbald von der Illusion abzurücken, „ein bloßes Selbstgeschöpf ihres Denkens ... für ein wirkliches Wesen anzunehmen"[1]. Man brauchte die Ontotheologie nicht einer besonderen Auseinandersetzung für würdig zu halten, wenn man ihr beweisen könnte, daß sie lediglich den subjektiven Grundsatz der durchgängigen Bestimmung zu dem „Ideal des allerrealsten Wesens ... realisiert ... hypostasiert (und) ... endlich ... so gar personifiziert hat"[2]. Der Versuch der menschlichen Vernunft, Gottesbeweise aufzustellen, muß einem anderen „dringenden Bedürfnis"[3] entstammen, nämlich dem, das Problem der Notwendigkeit zu lösen.

Dieses Problem geht Kant auf kosmologischem und auf ontologischem Wege an. Er unterzieht sowohl den ontologischen wie den kosmologischen Begriff der Notwendigkeit einer kritizistischen Prüfung und ordnet beide in das Vernunftsystem der Ideenlehre ein. In der Interpretation durch das transzendentale Ideal erfährt der ontologische Beweis nicht nur eine Pointierung auf das allerrealste Wesen, das die Möglichkeit zu allem Dasein enthält, sondern zugleich eine durch die Theorie der Erfahrung diktierte Umdeutung in ein regulatives Prinzip.

Eine vergleichbare Methode wendet Kant auf den kosmologischen Beweis an. Es ist Kants Absicht, mit der aporetischen Struktur[4] des notwen-

---

[1] B 612.
[2] B 612 Anm.
[3] B 612.
[4] Daß der Kantischen Philosophie ein stark aporetischer Charakter zukommt, hat N. Hartmann (Diesseits von Idealismus und Realismus, 164 ff.) herausgestellt. In dieser Beurteilung ist ihm Martin gefolgt; vgl. 253 ff.; 301; vgl. Kant 153 f.

digen Wesens, die die 4. Antinomie vor Augen führt, das Erfordernis einer
ontologischen Untersuchung dessen zu begründen, was die absolute
Notwendigkeit an sich selbst ist oder für die Vernunft lediglich sein
kann. Bei dem Versuch, den Beweis für das notwendige Dasein dieses
Wesens kritisch zu rekonstruieren und den Schwierigkeiten gerecht zu
werden, die einem solchen Beweis entgegenstehen, ist es für Kant wichtig,
„kein anderes als kosmologisches Argument zu brauchen, welches nämlich
von dem Bedingten in der Erscheinung zum Unbedingten im Begriffe
aufsteigt, indem man dieses als die notwendige Bedingung der absoluten
Totalität der Reihe ansieht"[5]. Dieses Vorgehen ist zunächst noch von der
ontologischen Fragestellung unterschieden, die die Legitimität des unbedingt Notwendigen auf Grund seines Begriffs prüft. Die Aporie aber, in
die die Kosmologie durch das Problem des absoluten Notwendigen gerät,
treibt die an kosmologische Kategorien gebundene Erörterung zu der
grundsätzlichen ontologischen Reflexion. Erst hier wird sich Kants endgültige Stellung zum Begriff der absoluten Notwendigkeit ergeben.

Der 4. Widerstreit[6] entzündet sich an den Begriffen ‚Notwendigkeit'
und ‚Zufälligkeit'[7]. ‚Zufälliges' meint nicht nur beliebige Dinge oder Substanzen, sondern gleichzeitig eine jede mögliche Veränderung im Weltpro-
zeß. Die Veränderungen setzen Ursachen voraus, die in der Zeit ihrerseits
unter Bedingungen stehen, auf die sie notwendig folgen. Bedingung
und Bedingtes sind in einem zeitlichen Sukzessionsverhältnis miteinander
verbunden. In ihrer Beziehung waltet die bedingte Notwendigkeit, die
Gültigkeit nur in Relation zu der Kausalreihe hat, die sie beginnt[8]. Nach
dieser Notwendigkeit verknüpft der Verstand innerhalb des Erfahrungs-
bereiches die einzelnen ineinander übergehenden und sich verändernden
Weltzustände, während die Vernunft zu einem jeden Bedingten „eine
vollständige Reihe von Bedingungen"[9] ideal voraussetzt und damit zu
dem Gedanken an ein diese Bedingungskette in ihrer Gesamtheit er-
öffnendes Absolut-Notwendiges kommt. Die Thesis der 4. Antinomie
stellt das Unbedingte in den Zusammenhang der Sinnenwelt, da der
verursachende Anfang von Bedingungen nur in der zeitlichen Folge

---

[5] B 486.
[6] Vgl. B 480 ff.
[7] Vgl. zum Folgenden: Heimsoeth, Transz. Dial. II, 247 ff.; vgl. auch Brandenstein 154 ff.
[8] Vgl. B 290.
[9] B 480.

von einander als Erscheinungen fordernden Weltbegebenheiten gedacht werden kann. Derselbe Beweisgrund aber, der über den ideal vollzogenen kosmologischen Regress durch die Totalität der Ursachen und Wirkungen zum notwendigen Wesen führt, läßt auch die negative Konsequenz einer Leugnung des Schlechthinnotwendigen zu, „und zwar mit derselben Schärfe"[10]. Das Notwendige wird im Gegensatz zum Zufälligen gerade als das definiert, dessen Nichtsein unmöglich und das von keiner Ursache mehr bestimmt ist. In der Theorie der Erfahrung basiert aber der Begriff des Notwendigen, der am Ende des nach dem Gesetz der Kausalität verlaufenden Regresses steht, gleichwohl auf dem Zufälligen als Variable im Abhängigkeitsverhältnis empirisch bestimmender Ursachen. Die Welt enthält daher nichts, was nicht zufällig wäre, in ihrem Bereich kann es kein Wesen geben, das dem Kausalprinzip entzogen wäre. Unter diesen Voraussetzungen zersetzt sich aber die Möglichkeit des Daseins einer unbedingt notwendigen Ursache. Kann die Vernunft einerseits „beim Aufsteigen in der Reihe der Erscheinungen"[11] nicht umhin, eine absolute diese Reihe als Ganzes schlechthin kausierende Notwendigkeit anzunehmen, so ist doch andererseits in der durchgängig naturgesetzlich bestimmten Sphäre des empirisch Existierenden die Bedingungslosigkeit und Unveränderlichkeit eines notwendigen Daseins nicht möglich. Innerhalb der dynamisch miteinander kommunizierenden Erscheinungen wäre das Absolut-Notwendige selbst nur ein Zufälliges.

Hält sich die Antithesis streng an die Erkenntnismöglichkeiten, die sich im Rahmen der Kausalverbindungen von Erscheinungen bewegen, so sucht die Thesis zur Totalität der Bedingungen das Unbedingte, die notwendige Ursache, aus der a l l e Weltveränderungen folgen[12]. Für die Thesis ergeben sich die beiden Möglichkeiten, daß entweder die Welt selbst oder doch ein Teil von ihr diese Ursache repräsentieren müsse. Ursachen lassen sich nur in der zeitlichen Kontinuität der Erscheinungswelt denken. Dem begegnet die Antithesis mit dem Einwand, daß, weil in Raum und Zeit nichts ohne Kausalbegründung sein kann, die unbedingte Notwendigkeit weder in noch außerhalb der erfahrbaren Welt existieren könne. Da auch die Thesis ein außerhalb des Erscheinungszusammenhanges gelegenes notwendiges Dasein für unmöglich hält, wird der kosmologische Begriff der bedingungslosen Notwendigkeit apore-

---

[10] B 487.
[11] B 487.
[12] Vgl. B 485/487.

tisch. Er läßt sich auf Grund des Kausalgesetzes weder in der Sinnenwelt ausmachen, noch kann man infolge eben dieses Gesetzes auf die Frage nach dem notwendigen Grund der dynamischen Veränderungen verzichten. Die Kosmologie darf dieses Problem nicht eliminieren, sondern muß es „unausgemacht"[13] stehen lassen. Wird daher die Frage nach dem notwendigen Wesen kosmologisch gestellt, so reflektiert sie bereits die Aporie dieses Begriffs und damit die problematische, die Kosmologie transzendierende Aussicht, als könnte der Grund der Welt ein von ihr unterschiedenes Wesen sein. Damit verweist die Antinomie auf eine Form der Untersuchung, die die Leistungsfähigkeit einer rein kosmologischen Betrachtung überschreitet und den Versuch nahelegt, aus der ontologischen Struktur des notwendigen Wesens den Beweis seiner Existenz zu führen[14].

Doch ebenso wie der Möglichkeitsbegriff, der dem transzendentalen Ideal zu Grunde liegt, wird auch der für die mit kosmologischen Kategorien operierende Reflexion aporetische Begriff der Notwendigkeit für die Vernunfterkenntnis fruchtbar gemacht. Der Antinomie geht es keineswegs nur um die Unentscheidbarkeit zwischen verschiedenen Antwortmöglichkeiten, die sich auf die Frage nach dem notwendigen Wesen hin anbieten. Vielmehr verfolgt die Vernunft bei der Auflösung dieses Widerstreites das Interesse, die Bedingungen des Denkens um ein Prinzip zu bereichern. Damit soll deutlich werden, daß der terminologische Gebrauch des Begriffs ‚notwendiges Wesen' innerhalb der theoretischen Philosophie nur unter der Voraussetzung dieser Auflösung möglich ist, die sich ihrerseits aus den Erfordernissen des transzendentalen Idealismus notwendig ergibt. Das notwendige Wesen ist als Funktion des Denkens diesem untergeordnet[15].

Die Auflösung der 4. Antinomie besteht somit in der Subjektivierung der absoluten Notwendigkeit; dieser Begriff hat ohne die Beziehung zum subjekthaften Denken keine Gültigkeit. Kant erläutert diesen Sachverhalt aus dem Begriffspaar ‚Bedingung — Bedingtes'. Werden beide als Dinge an sich betrachtet, so ist mit einem Bedingten zugleich auch die vollständige Reihe der Bedingungen und ihre Existenz im Unbedingten objektiv gegeben. Der Begriff des Bedingten impliziert die logische Forderung, daß mit ihm auch alle Glieder in der Reihe der Bedingungen gesetzt seien, die sein Bedingtsein ausmachen. In der Theorie der Er-

[13] B 486.
[14] Vgl. B 482; 486; 594 f.
[15] Vgl. B 490 ff.; 535 ff.

fahrung geht es aber nicht um die logische Notwendigkeit, aus der die objektive eines Wesens folgt, sondern um die empirische Möglichkeit, ob und wie man zu einem gegebenen Bedingten die Bedingungen überhaupt erkennen kann[16]. Diese Fragestellung enthält die kritische Einsicht, daß die Bedingungen, die regressiv von einem Bedingten ausgehen, vollständig niemals aufgefunden, sondern nur in einer unendlichen Annäherung an den absoluten Wert der Bedingungstotalität und des Unbedingten gedacht werden können. Für den diskursiven Verstand bedeutet der möglichst weitgehende empirische Regress eine nicht zu erschöpfende Aufgabe, dem der Inbegriff der Bedingungen lediglich als idealer Leitfaden dient. Aus der methodischen Anweisung, die regressive Analyse der Bedingungen immer weiter zu vervollständigen, den erreichten Stand der Erkenntnis mit der unerreichbaren Idee eines lückenlosen Wissens abzuschließen, um alle Bedingungen ideal zu vergleichen und diese Idee der Bedingungstotalität zum Anlaß zu nehmen, von dem empirischen Suchen nach Gründen und Ursachen nicht abzulassen, darf man nicht folgern, die gesamte Bedingungsreihe sei in dem unbedingt notwendigen Wesen als einem Objekt konstitutiv gegeben, und das Bedingtsein der Dinge sei im Verfahren einer Deduktion aus diesem Objekt bloß abzuleiten. Man würde fälschlicherweise eine R e g e l für den Vernunftgebrauch, den Rückschritt auf Seiten der Bedingungen in Richtung auf ein nur ideal vorausgesetztes Absolut-Notwendiges unablässig voranzutreiben, zu dem konstitutiven kosmologischen Prinzip in der Form eines existierenden notwendigen Wesens hypostasieren. Nimmt die Idee der Vernunft den Charakter eines regulativen Prinzips an, so ergeht an das Denken des Verstandes die Vorschrift, in der Erfahrung nicht beim Schlechthinunbedingten als einem scheinbar empirischen Endpunkt aller Bedingungen stehen zu bleiben, sondern, da in der Erscheinungswelt nichts unbedingt ist, zu einem Bedingten weiter die Ursachen zu suchen; aber es ist nicht erlaubt, der Idee, welche die regressive Tätigkeit des Verstandes nur stimuliert und in ihrem Begriff dem gesamten Bereich der Ursachen und Wirkungen die intelligible Einheit gibt, einen Gegenstand zuzuordnen, dessen Dasein mit der Existenz des notwendigen Wesens identisch wäre[17].

Wie das allerrealste Wesen als Resultat des ontologischen Beweises wird also auch das des kosmologischen in ein Regulativ des kritischen

---

[16] Vgl. B 289.
[17] Vgl. B 525 ff.; B 535 ff.; B 587 ff.

Denkens verwandelt oder darauf zurückgeführt. Die absolute Notwendigkeit verliert ihren Objektcharakter und wird zu einer subjektiven Funktion des Denkens. Aus dem dialektischen Schein, einer Vernunftregel die Bedeutung eines wirklichen Wesens beizumessen, wird der doktrinale Nutzen[18] gezogen, die Notwendigkeit in das System der Vernunft zu integrieren.

Das rationalistische Gegenbild zu den Kantischen Ideen als regulativen Prinzipien der Vernunft sind Allmöglichkeit als allerrealstes Wesen und absolute Notwendigkeit als unbedingt notwendiges Wesen, nicht aber nur die logischen Modalbegriffe. (Möglich ist das, das sich nicht widerspricht; notwendig ist das, dessen Gegenteil unmöglich ist.) Während jedoch der Rationalismus aus den logischen Modalbegriffen in unmittelbarer Verbindung mit einem bestimmten Inbegriff von Realitäten die objektive Gegebenheit eines Wesens ableitet, zerreißt Kant diesen Deduktionszusammenhang mit dem Gegensatz von analytisch und synthetisch. Die analytischen oder logischen Modalbegriffe werden mit den Postulaten des empirischen Denkens als synthetischen Grundsätzen des Verstandes bloß koordiniert[19]; dadurch wird verhindert, daß die logische Möglichkeit im Zusammenhang mit den metaphysischen Möglichkeitsbestimmungen zum Grund des realen Seins wird. Unterscheidet Kant also in der Verstandesanalytik streng zwischen den Seinsbereichen, die durch die logischen Modalbegriffe einerseits und durch die synthetischen andererseits bestimmt werden, und weist er wiederum dem allerrealsten bzw. notwendigen Wesen als Idee einen besonderen systematischen Ort in der transzendentalen Dialektik an, so verweist der Rationalismus diese auf Grund der modalen Gebietskategorien differenzierten ontologischen Ebenen in die nach dem Prinzip der logischen Möglichkeit einheitlich mit sich zusammenhängende metaphysische Kontinuität des Seins. Ganz allgemein kann man daher sagen, daß Kants Kritik an der traditionellen Ontotheologie auf dem neugewonnenen Bewußtsein der Verschiedenheit der Seinsdimensionen und ihrer Seinswerte beruht[20]. Bezieht sich der empirisch orientierte Seinssinn auf die Objektivität des Erfahrbaren, so hat das notwendige und allerrealste Wesen nur einen Sinn von Sein als subjektiviertes Prinzip der Vernunft. Dieser Unterscheidung liegt eine jeweils modifizierte Modaltheorie zu Grunde. Neben

---

[18] Vgl. B 544.
[19] Vgl. den Zusammenhang von B 190 f.; 193 ff.; 264 ff.
[20] Vgl. Martin, Kant 177 ff.; 181 ff., vgl. Martin, 49 ff.

dem spezifisch kritizistischen Möglichkeitsbegriff, der die Voraussetzung objektiv gültiger Erkenntnisse ist, entwickelt Kant einen idealen Begriff von Möglichkeit, die Idee, welche unter den Bedingungen der KdrV dem metaphysischen Sein des Rationalismus entspricht. Diese Unterscheidung muß man bei Kants Kritik der Ontotheologie berücksichtigen. Denn Kant ist nun in der Lage, die rationalistische Gottesbeweistheorie sowohl von der kritizistischen Perspektive wie von der idealen her anzugreifen und beide Linien in der Einheit seines Vernunftsystems zu verbinden. Die Interpretation des ontologischen Beweises durch das transzendentale Ideal und der Aufweis der Aporetik im kosmologischen Begriff des notwendigen Wesens durch den Gedankengang der 4. Antinomie gehen von der kritizistischen Modaltheorie zur Lehre der regulativ-idealen Vernunftgrundsätze fort. Dieser Fortgang ist identisch mit der Destruktion des Beweises aus dem allerrealsten Wesen und der Widerlegung des kosmologischen Arguments, die Existenz des absolut Notwendigen aus dem Rückgang durch die vollständige Reihe welthafter Bedingtheiten zum Unbedingten zu ermitteln.

Bei den Einwendungen gegen den ontologischen Begriff der Notwendigkeit geht Kant den umgekehrten Weg. Hier führt er den Angriff von der Ideenlehre aus. Zu dem Zweck muß er zeigen, daß die vom Rationalismus behauptete Bestimmtheit des göttlichen Wesens als ein notwendiges und metaphysisch objektives Sein nur den Seinssinn einer auf die Vernunft bezogenen Idealität haben kann. Um diesen Nachweis zu führen, deckt er Schwierigkeiten auf, die der Argumentation der traditionellen Ontotheologie selber immanent sind. In Kants Kritik an der theologia rationalis lassen sich demnach ein kritizistisches Element und ein metaphysisches voneinander isolieren; beide stehen in dem Verweisungszusammenhang der theoretischen Philosophie, ohne daß eine der beiden Argumentationsformen an Selbständigkeit einbüßen würde. Die immanente Brüchigkeit der metaphysischen Deduktionen des Daseins Gottes lassen Kant zu dem Schluß kommen, daß Gott immer schon nur als Idee gedacht werden kann. Nun kann er den Schluß umkehren: weil die Vernunft Gott nur im Modus der Idee zu denken vermag, ist es unmöglich, ihm aus reinen Vernunftbegriffen ein objektives Sein zu applizieren. Daher muß es fehlschlagen, im ontologischen Beweis aus dem Begriff der Notwendigkeit die Existenz zu folgern.

Kants Methode der Auseinandersetzung mit der Gottesbeweistheorie der Tradition beschreibt einen Kreis, dessen zweite Hälfte im folgenden untersucht werden soll. Setzen seine Widerlegungen einmal dabei an, aus den prinzipientheoretischen Bedingungen des Kritizismus, die Beweise der Haltlosigkeit zu überführen und von hier aus die Notwendigkeit der Ideenlehre zu legitimieren, so geht er zum anderen von der Ideenlehre, die die Erkenntnis der dem Rationalismus eigenen Unzulänglichkeiten enthält, wieder zurück auf die Legitimation der kritizistischen Einwände. Diesem Gang und seiner Verklammerung mit dem ersten soll nun das Interesse gelten.

2. Der ontologische Begriff des notwendigen Wesens

Die Kosmologie drängt auf eine ontologische Untersuchung des notwendigen Wesens. Innerhalb der kosmologischen Begrifflichkeit läßt sich dieses nur antinomisch darstellen. Die Auflösung der Antinomie durch den transzendentalen Idealismus[1] bereichert zwar die Vernunfterkenntnis um eine Idee, die als subjektive Funktion den Ursache und Wirkung verknüpfenden Verstandeshandlungen eine höchste theoretische Einheit gibt[2], gewährt aber keine Auslegung der ontologischen Struktur des notwendigen Wesens selbst; die kosmologische Dialektik und die sie aufschlüsselnde Deutung durch die kritizistische Verwertung dieses Begriffes als regulatives Prinzip lassen im Dunkeln, was man sich überhaupt unter dem Absolut-Notwendigen zu denken hat, und ob die Vorstellung eines solchen Wesens in einem klaren Gedanken zu fassen ist. Kann es auch auf Grund der antinomischen Gestalt der kosmologischen Erkenntnis zu keinen ontologischen Aussagen über das notwendige Wesen kommen und macht auch die erkenntniskritische Auflösung der Dialektik dieses Wesen von den Bedürfnissen der Vernunft abhängig[3], so ist doch damit nicht schon das Problem eliminiert, was denn unter der absoluten Notwendigkeit an sich selbst zu verstehen sei. Da im Felde kosmologischer Kategorien die Erkenntnis des Unbedingt-Notwendigen in einer Aporie endet, wird die Frage nach seiner ontologischen Immanenzstruktur vielmehr erst akut.

Mit dem einfachen kosmologischen Regress von einem zufällig Existierenden zum Unbedingten scheint der Beweis schon erbracht worden zu

---

[1] Vgl. B 518 ff.
[2] Vgl. B 378 ff.
[3] Vgl. B 631.

sein, daß irgendetwas notwendigerweise ist[4]. Unter den Bedingungen des kritischen Denkens ist es aber nicht erlaubt, bei einem Absolut-Notwendigen stehenzubleiben; andererseits muß man einen notwendigen Anfang in der Ursachenkette denken, um sich die Kausalreihe in ihrer Vollständigkeit vorstellen zu können[5].

Die Verstandesanalytik treibt auf diesen Widerstreit zu, doch ohne daß es ihr gelänge, ihn in ihrem kategorialen Bereich zu schlichten. Die Auflösung der kosmologischen Dialektik kann nur deshalb stattfinden, weil Kant zwischen Verstand und Vernunft unterscheidet[6]. Erscheint in der Perspektive des Verstandes das Verhältnis von Kausalgesetz und notwendigem Wesen als Widerspruch, so wird diese Unvereinbarkeit auf der idealen Vernunftebene in eine dem Kritizismus entsprechende Korrespondenz umgewandelt. Die empirische und ideale Seinssphäre fordern einander, aber gerade das schließt eine rationalistische Verselbständigung des idealen Sektors oder gar dessen Metaphysizierung in der Vernunftwissenschaft aus. Die ontologische Zuordnung von Idee und raum-zeitlicher Erfahrungsgegenständlichkeit macht erst als integrales Gefüge Kants kritische Theorie aus; unter dieser hat man eben nicht nur die restriktive Kategorialität des Verstandes zu verstehen.

Es ist daher bei der Interpretation von Kants Kritik an der traditionellen Ontotheologie unumgänglich, das Ganze seiner Theorie im Auge zu behalten. Allein der Verstand enthält die Bedingungen, unter denen eine Gegenstandserkenntnis möglich ist; diese Bedingungen reichen aber nicht bis in das ideale Gebiet der Vernunft; den Ideen entspricht keine Anschauung[7]; man darf aus ihnen nicht eine Erkenntnis von Objekten ableiten. Dagegen gibt die Vernunft mit ihnen die ideale Synthesis bestimmter in den vier Antinomien kenntlich gemachter Denkhandlungen. Die Idealisierung und Subjektivierung solcher Begriffe wie allerrealstes Wesen und absolute Notwendigkeit setzen also die Analytik voraus und sind ohne diese nicht möglich. Drängt der Verstand auf eine weitergehende ontologische Analyse des notwendigen Wesens, so kann dies demnach nicht heißen, daß die Kantische Ideenlehre, die das Gegenstück zur rationalistischen Theologie nur unter den Bedingungen des transzendentalen Idealismus ist, eine solche enthalte. Kants

---

[4] Vgl. B 612/632/633.
[5] Vgl. B 632/644.
[6] Vgl. Wundt 215 ff./220/21; KW III, 197 ff.
[7] Vgl. Wundt 222.

Begriff von Idee impliziert bereits die Destruktion der Gottesbeweise und reflektiert damit schon den Gesamtzusammenhang der kritischen Erkenntnistheorie[8]. Auf die Frage nach der ontologischen Struktur des notwendigen Wesens wird deshalb im Rahmen der Vernunftlehre, insofern sie unter dem ausschließlichen Gesichtspunkt ihrer systematischen Bindung an die Verstandesanalytik gesehen wird, keine Antwort gesucht, ja diese Antwort wird durch die Idealisierung des Absolut-Notwendigen ausdrücklich verweigert. Kants Ideenbegriff ist gerade das Ergebnis einer Korrektur des unrechtmäßigen Anspruchs der ontologischen Aussagen in der theologia rationalis. Sind die Ideen auch von einem anderen ontologischen Rang als das stofflich Gegebene der Erfahrung, so ist man trotz ihrer anderen Seinsqualität nicht berechtigt, sie zu ontologischen Entitäten zu verobjektivieren. Ihre gegenüber der raum-zeitlichen Gegenständlichkeit bestehende Andersartigkeit besagt nicht, daß das notwendige Wesen von dieser Andersartigkeit sein müsse. Die Identifikation von Idee und einem ihr scheinhaft kongruierenden Gegenstand ist im Gegenteil durch die Aufdeckung der transzendentalen Dialektik verboten.

Somit zerstört der Ideenbegriff auf Grund seiner ontologischen Stellung in der kritischen Theorie die Möglichkeit, zu einer ontologischen Objektbestimmung des notwendigen Wesens innerhalb des Vernunftsystems zu gelangen; denn eine Ontologie, die sich dem Kritizismus nicht beugt oder auf diesen nicht wenigstens hingeordnet ist, kann es nach Kants ausdrücklicher Lehre nicht geben.

---

[8] Es ist also keineswegs so — wie Maier sehr einseitig behauptet — daß bei der Gottesidee aus dem transzendentalen Ideal „die Wendung zum Kritizismus nichts geändert (hat)" (39 f.). Es wird übersehen, daß die Ideenlehre die Analytik voraussetzt und auf diese zugeordnet ist; man darf den systematischen Zusammenhang von Analytik und Dialektik auf keinen Fall auseinanderreißen, wie Maier es tut. „In der Analytik erscheinen (die Begriffe) als Kategorien, d. h. sie werden durch Nachweis ihrer synthetisch-funktionellen Wurzel zu apriorischen Formen des gegenständlichen Denkens, in der Dialektik dagegen, in den Erörterungen über das transzendentale Ideal bleiben sie die alten gegenständlichen Begriffe, in der gegen die Schulphilosophie etwas modifizierten Form" (38). Dieser Ansatz, die Dialektik zu interpretieren, macht es unmöglich, den Umwandlungsprozeß der metaphysischen Ontotheologie in das transzendentale System der Ideen zu verstehen, der um der kritischen Grunderkenntnis willen gerade erst unternommen worden ist.

Dennoch ist es höchst bemerkenswert, daß Kant sich mit diesem Ergebnis nicht zufrieden gegeben hat[9]. Das Problem des notwendigen Wesens scheint trotz allem die kritizistische Synthese von Verstandes- und Vernunftbegriff, auf der der Zusammenbruch der rationalistischen Theologie und zugleich deren idealistische Integration in das Konzept der KdrV beruht, zu transzendieren[10]. Denn es ist ja immerhin denkbar, daß sich, wenn der transzendentale Idealismus hinsichtlich der Aufweisbarkeit der absoluten Notwendigkeit auch negative Konsequenzen zieht, eine andere Begriffsebene findet, auf der man die Frage wenn nicht zu lösen, so doch zu stellen vermag. Diese Ebene kann nur die des Rationalismus selber sein. Man darf hier an Kant nicht einen abstrakten Maßstab von Konsequenz legen, sondern muß vielmehr darauf sehen, was er faktisch getan hat. Wenn auch gilt, daß sich die traditionelle Gottesbeweistheorie in der Konfrontation mit der Vernunftkritik nicht halten läßt, so bleibt für ihn doch immer noch die Frage, inwieweit die theologia rationalis in sich selbst brüchig ist, d. h. ob nicht ihre Begrifflichkeit dazu ausreicht, das notwendige Wesen zumindest als das nicht abzuweisende Problem der ontologischen Substantialität der absoluten Notwendigkeit darzustellen. Dazu müßte sich Kant partiell wieder auf den Boden der rationalistischen Metaphysik stellen.

Dessen ist er sich bewußt gewesen. Das bedeutet aber, daß der Kritizismus für sich genommen der ontologischen Frage, die der Terminus des Absolut-Notwendigen aufwirft, nur bedingt gerecht werden kann; die Umwandlung des notwendigen Wesens in eine Idee besagt ja nicht an sich schon dessen Widerlegung; wohl aber ist diese der Idealisierung vorausgesetzt. Da die KdrV in ihrer erkenntnistheoretischen Valenz hinsichtlich der Gottesbeweise ausschließlich zu einem System transzendentaler Ideen führen kann, bedarf die Widerlegung der alten Ontotheologie einer selbst noch metaphysisch strukturierten Fundierung. So ist nicht schon von vornherein die Position von 1781 für die Zerstörung der spekulativen Theologie maßgebend gewesen, sondern zunächst die im Rahmen der theologia rationalis verbleibenden Erörterungen; erst das Bewußtsein von deren negativem Ergebnis führt zu der positiv kritizistischen Systematik der Ideenlehre. Die Kritik an den Gottesbeweisen umfaßt also das aus den metaphysischen Reflexionen resultierende negative Moment und das für die Vernunftwissenschaft positive Moment

---

[9] Vgl. Schneeberger 106 f.
[10] Vgl. B 612; 4117; 4180; 5373; 6282; 4033; 4039, vgl. auch VM 279 ff.

des Ideenbegriffs, die beide zu einem Ganzen kritischer Theorie komponiert werden. Die in der Kantischen Entwicklungsgeschichte bemerkbare, genetisch sich herausbildende Reihenfolge der Argumente fällt mit dem sachlich-methodischen Aufbau der Widerlegung in ihrer systematischen Ganzheit zusammen: die Einsicht, daß im metaphysischen Bereich die Hoffnungen auf eine ontologische Qualitätsbestimmung des notwendigen Wesens zunichte werden, die seinem Begriff entspricht, hat Kant zu der Transformation des traditionellen Gottesbegriffes in eine Idee veranlaßt. Die metaphysischen Einwände, die auf die Ideenlehre verweisen, bilden mit dieser zugleich die theoretische Einheit der Kritik aller Beweise. Darüber hinaus wird es im Laufe dieser Erörterungen möglich sein, die These zu begründen, daß Kant über die Vermittlung seiner metaphysischen Kritik zu seinem kritizistischen Ansatz allererst gekommen ist.

Man kann demnach in der Kantischen Kritik an den Gottesbeweisen eine Argumentationsschicht herauslösen, die sich vom Kritizismus isolieren läßt. Die von dem transzendentalen Idealismus gesteuerten Einwände gegen die Ontotheologie deuten das notwendige Wesen zwar als Idee um, lassen aber gerade deswegen die Frage nach dessen ontologischer Verfassung bestehen. Denn die Überlegungen, die zur Umdeutung führen, setzen einen irgendwie beschaffenen, zumindest fiktiv angenommenen, qualitätskategorialen Aufbau dieses Wesens voraus, vermögen aber auf Grund der kritizistischen Restriktionen seine an sich seiende Struktur nicht zu reflektieren. Der Idee darf kein Gegenstand korrespondieren, und doch ist ihr Begriff nicht nur im Bewußtsein der historisch vorliegenden sondern auch der systematisch notwendigen Hilfsvorstellung eines an sich existierenden Wesens konstruiert worden[11].

---

[11] Der Gedanke, in dem die ontologische Struktur des notwendigen Wesens gedacht wird, ist nicht identisch mit demjenigen, der die transzendentale Bedeutung dieser Idee zum Ausdruck bringt, wodurch sie objektive Gültigkeit erhält. Die Objektivität der Idee darf man nur als eine zu den Gegenständen der Sinne analoge verstehen. Obwohl der Idee an sich selbst keine Gegenstände entsprechen, arbeitet die Vernunft mit der „heuristischen Fiktion" (B 799; vgl. Wundt 258), als ob mit ihr das Objekt des notwendigen Wesens an sich gegeben wäre, damit ihre logische Funktion als regulatives Prinzip in einem einheitlichen Ganzen vorgestellt werden kann. Die Gegenständlichkeit der Idee wird somit nur analogisch und in Form einer relativen Annahme behauptet, als ob sie zu den Erkenntnisgegenständen

Kant hat sich die Frage nach dem Inhalt dieser Vorstellung nicht erspart, obwohl sie mit der Idealisierung des notwendigen Wesens bereits insoweit entschieden ist, als es seiner erkenntnistheoretischen Konzeption Genüge tut. In einem gewissen Sinn konnte er sie sich auch nicht ersparen. Denn während der kosmologische und ontologische Beweis mit dem Versprechen operieren, — das beide nicht einlösen — einen Beitrag zum Verständnis des notwendigen Wesens zu liefern und während die „natürliche Illusion"[12], welche auf Grund einer transzendentalen Subreption aus regulativen Vernunftprinzipien eine für Objekte konstitutive Erkenntnis macht, ein Wissen davon vorauszusetzen scheint, was das Absolut-Notwendige ist, hebt dessen kritizistische Subjektivierung immerhin die Nötigung ins Bewußtsein, näheres über das ontologische Substrat der Idealisierung dieses Wesens zu erfahren.

Die systematische Unabhängigkeit der metaphysischen Einwände von der erkenntniskritischen Position kann aber nicht Beziehungslosigkeit bedeuten, denn die theoretische Philosophie von 1781 weiß ja immer schon um die problematische Perspektive der Ontologizität des notwendigen Wesens, ohne doch über das skeptizistische Verhältnis zu dieser Aussicht hinauszukommen. Dieses Wissen kommt aus dem Zwang, den die Sachheit des Absolut-Notwendigen dem Philosophen noch innerhalb der von der Analytik geleiteten Transzendentalphilosophie auferlegt. Die Einschränkung des metaphysischen Denkens in der KdrV läßt den Ausblick darauf immer noch offen; und mehr: die Kritik — das werden die folgenden Analysen herausstellen — der rationalistischen Theologie zeigt, daß Kant die Möglichkeit der Metaphysik nicht nur unverbindlich aufgenommen hat, sondern im Aufbau der Argumente zu einem konstitutiven Moment der Widerlegung hat werden lassen. Auf jeden Fall

---

des Verstandes eine reale, an sich seiende Beziehung eingehen würde, um die systematische Einheit, die sie der Sinnenwelt gibt, ganzheitlich zu denken (vgl. Wundt 250 ff.; B 659 ff. und B 697 ff.). Dieser transzendentale Sinn der Idee, der das ihr korrespondierende, theologische Objekt der absoluten Notwendigkeit nur in Analogien zu einem realen Gegenstandsverhältnis verknüpft, identifiziert aber die Idee weder mit ihrem Objekt noch setzt er voraus, die Struktur der Idee enthalte bereits eine Erklärung für die ontologische Struktur der Notwendigkeit. Über dieses Problem gibt die transzendentale Deduktion der Ideen keine Auskunft. Diese Verbindung von Idee und metaphysischem Realgrund hat Wrzecinko im Zusammenhang mit dem Problem des Sittengesetzes deutlich gemacht; vgl. 195 ff.

[12] Vgl. B 353 f

muß auch der Kritizismus die Metaphysik zunächst in dem Maße gelten lassen, als die Frage nach der absoluten Notwendigkeit Raum bedarf. Die Einwände haben zumindest im Sinne einer hypothetischen Vorgabe sich den Voraussetzungen der rationalistischen Beweisgänge anzupassen.

Die Tatsache, daß Kant sie im Horizont behandelt, der der Wolff-schen Schulphilosophie entstammt, erhellt, daß er sich durch die Analytik nicht in einen theoretischen Monismus hat drängen lassen; im Gegenteil: an der Architektur seiner Einwendungen finden sich wesentliche Momente, die von der Sache her notwendig metaphysisch sind. Kant entwickelt seine Gedanken am Leitfaden des ontologischen Beweises und dem Begriff des notwendigen Wesens; er geht dabei aus von den möglichen Bestimmungen der Notwendigkeit, die sich aus den Schluß-formen der Beweise ergeben.

Kant prüft nacheinander die verschiedenen Bedeutungen von Notwendigkeit, die den einzelnen Beweisen zu Grunde liegen. Die Stellung, die dieser Begriff im Zusammenhang der Argumente einnimmt, macht die Struktur des Beweises aus; zugleich kann man aus dem systematischen Ort der Notwendigkeit die Begründung liefern, warum die rationale Theologie scheitert. Ihr Gelingen würde von der Möglichkeit abhängen, ob der Begriff der absoluten Notwendigkeit gefunden werden kann. Das Wesen dieses Begriffs darf dann aber nicht in der Position aufgehen, die er im Argumentationsgefüge der Beweise vertritt. Zu den Haupt-einwänden Kants gehört der Nachweis, daß man im Rationalismus die absolute Notwendigkeit mit der hypothetischen und logischen verwechselt hat; werden die beiden letzten aus der operationellen Form einer bestimmten Schlußweise verständlich, so ist der Sinn der ersten über-haupt fraglich[13].

---

[13] Dem Folgenden seien dazu einige Bemerkungen vorangestellt: Notwendigkeit kann nur relational gedacht werden, wie es die Postulate des empirischen Denkens formulieren. „Da nun keine Existenz der Gegenstände der Sinne völlig apriori erkannt werden kann ... so kann die Notwendigkeit der Existenz, niemals aus Begriffen, sondern jederzeit nur aus der Ver-knüpfung mit demjenigen, was wahrgenommen wird, nach allgemeinen Gesetzen der Erfahrung erkannt werden können" (B 279). Diese reale Notwendigkeit drückt die Notwendigkeit des Daseins eines Gegenstandes im naturgesetzlich bestimmten Verhältnis zu anderen Gegenständen aus, nicht aber die Notwendigkeit des Gegenstandes an sich selbst. „Notwendige Urteile stellen nicht darum den Gegenstand als notwendig vor" (5767). Die

Zwei Gebiete sind es also, in denen sich die metaphysische Darstellung und Kritik des notwendigen Wesens ansiedeln: man hat einmal die Charaktere der hypothetischen und logischen Notwendigkeit aus ihrer der jeweiligen Beweisform untergeordneten Funktionalität zu begreifen. Bei dem absolut-notwendigen Wesen stellt sich zum anderen das Problem

---

Modalität der realen Notwendigkeit — und nur um sie geht es eigentlich in der Kantischen Modaltheorie, wie sie sich in der KdrV findet — liegt also in der durch die Bedingungen der empirischen Erkenntnis spezifizierten Relationalität des Gegenstandes auf sein Eingefügtsein in gesetzlich (kausale) Zusammenhänge. Im Rahmen der Kritik der Ontotheologie beschäftigt sich Kant mit der logischen und hypothetischen Notwendigkeit; beide Formen sind gleichsam systemneutral, denn sie haben allgemein logische Geltung, sowohl in der Metaphysik wie im Kritizismus. Daher können sie auch der realen Notwendigkeit subordiniert werden, die ein Verhältnis der Gegenstände nach Naturgesetzen ausspricht. Auch logische und hypothetische Notwendigkeit sind demnach nur auf Grund ihrer Relationalität verstehbar d. h. aber für ein endliches Denken: „Alle notwendigkeit ist bedingt" (4031; vgl. 5569; 5570; 5571). Somit kann das Dasein eines Absolut-Notwendigen niemals simpliciter apriori erkannt werden (vgl. 5758), dagegen Notwendigkeit immer nur secundum quid apriori. Die Relationalität von Begriff und Anschauung muß gewährleistet bleiben; die genannten Modi der Notwendigkeit sind die für das Denken einzig möglichen; die Formalbedingung der Relationalität ist ihnen gemeinsam. Dagegen zeichnet sich die absolute Notwendigkeit formal dadurch aus, daß ohne Rückgriff auf ein synthetisches Glied das ihr zukommende Dasein erkannt werden muß; sie muß schon als Begriff existieren. Das Denken vermag einen solchen Begriff aber nicht aus sich zu erzeugen noch überhaupt als einen Gedanken zu fassen, der seiner formal in Anspruch genommenen Realität mächtig und folglich durch einen anderen Gedanken nicht mehr zu negieren wäre: „Das ens necessarium ist, dessen Gegentheil schlechterdings unmöglich ist. Der Menschliche Verstand kan aber diese Unmöglichkeit nicht einsehen, ohne dadurch, daß das Nichtseyn seinem Begriff widerspricht. Nun widerspricht das Nichtseyn eines Dinges niemals dem Begriffe des Dinges an sich selbst; also ist der Begriff des entis necessarii für die menschliche Vernunft unerreichlich." (5783; vgl. 5755; 5568; 3771). Den relationalen Charakter der Modalbegriffe hat N. Hartmann hervorgehoben, Möglichkeit und Wirklichkeit 71 ff.; im Anschluß an ihn Schneeberger 5 ff.; 67 ff.; 80 ff. Freilich bekommt Hartmann das metaphysische Problem der absoluten Notwendigkeit weitgehend aus dem Blick wie Schneeberger (2 f.) richtig sieht. Jener läßt die Modalitätskategorien in den einzelnen Seinsbereichen n u r als relationale gelten. Dieser Ansatz bestimmt auch

„ob und wie man sich ein Ding von dieser Art auch nur denken könne"[14].
Diese beiden Problembereiche stehen nicht beziehungslos nebeneinander;
denn will man den Begriff des Absolut-Notwendigen von Verwechslung
freihalten, so muß man bereits die Vorstellung von seiner formalen
Struktur haben; diese läßt es freilich offen, ob das Denken fähig ist, mit
ihr den sinnvollen Gedanken eines existierenden Wesens zu verbinden.

Zur Formalstruktur des Absolut-Notwendigen gehören drei Momente;
1. sein Nichtsein ist unmöglich; 2. als Unbedingtes darf es keinen Bedingungen unterliegen; 3. als Zentralbegriff der Ontotheologie ist es von so
ausgezeichneter Qualität, daß sein Begriff die Existenz enthält[15]. Wenn
jeweils eins dieser formalen Bedingungen nicht erfüllt ist, hat das Denken
die absolute Notwendigkeit nicht erreicht. Wolff und Baumgarten sind
der Überzeugung, mit dem kosmologischen und ontologischen Beweis
allen drei Forderungen zu genügen. In der Analyse der Notwendigkeit
und des Daseins prüft Kant, ob dies tatsächlich der Fall ist. Die Schulphilosophie ist es also immer schon selbst, die den Begriff des Notwendigen mit dem Bewußtsein dieser Kriterien verbindet, und zwar so, daß
sie zugleich überzeugt ist, ihnen gerecht zu werden. Kants Kritik deckt
aber den ungeheuren Bruch zwischen dem formalen Anspruch des Begriffs
vom Absolut-Notwendigen und der in Wahrheit gegebenen Möglichkeit
auf, zu ihm das apriorisch-synthetische Gegenstandskorrelat zu finden, —
des nicht bloß formalen sondern wirklichen Gottes.

Kant konfrontiert diesen formalen Merkmalen den kosmologischen
und den transzendentalen Begriff der Notwendigkeit. Auch wenn man
die kritizistische Idealisierung des Absolut-Notwendigen als positiven Einwand gegen die Behauptung seiner an sich seienden Existenz beiseitestellt,

---

seine Kritik an Kant (110 f.), die sich ausschließlich an die Postulate
des empirischen Denkens der KdrV hält und z. T. mit Argumenten
operiert, die Kant selbst schon entkräftet hat. Mit der Unterscheidung
von Real- und Wesensmöglichkeit oder (logischer) Begriffsmöglichkeit
(vgl. 103 ff.; 277 ff.) rückt Hartmann im übrigen in die Nähe Kants, der
dieser Unterscheidung mit der Differenzierung des Analytischen vom
Synthetischen vorgearbeitet hat. Dort, wo Hartmann doch noch auf das
metaphysische Problem der Notwendigkeit zu sprechen kommt, geschieht
das im Rahmen des kosmologischen Beweises (91 ff.), den er ebenfalls
nicht anders als Kant kritisiert (92).

[14] B 620.
[15] Belege: 3813; 3875; 4588; 4661; Henrich 155; 177 f.; VM 275/280.

darf nicht übersehen werden, daß selbst in rationalistischer Denkweise der Schluß vom kosmologisch Zufälligen auf den Begriff, der die Absolutheit des Notwendigen erfüllt, nicht gezogen werden kann. Denn das im kosmologischen Sinn Notwendige ist nur unter der Bedingung des Bedingten denkbar, das von ihm ausgeht; es ist nicht ohne dieses, als dessen Ursprung die Notwendigkeit um der Existenz dieses Zufälligen willen hinzugedacht werden muß. Diese Notwendigkeit ist daher nur eine necessitas „hypothetica antecedentis"[16]; man kann ihr in Wahrheit den Charakter der Unbedingtheit nicht zusprechen, weil sie als Hypothese zur kosmologischen Welterklärung gebraucht wird. Es ist auch unmöglich aus einer lediglich logisch notwendigen Hypothese[17], die Erkenntnis eines Wesens abzuleiten, zu dessen notwendigem Prädikatbegriff die Existenz gehört. Zwar muß man, wenn etwas existiert, auch annehmen, daß etwas notwendigerweise da ist[18]; aber die Existenz des Notwendigen besteht nur respektiv auf die des Zufälligen. Das auf Grund der hypothetischen Relation gewonnene Dasein ist nicht identisch mit demjenigen, welches im Wissen um den transzendentalen Begriff eines unbedingten Wesens erkannt wird, dessen Struktur die Existenz im Felde seiner begrifflichen Apriorität bei sich führt.

Die absolute Notwendigkeit, in deren Ontologizität das Dasein angetroffen wird, bildet das metaphysische Hauptproblem, auf das für Kant die Gottesbeweise zulaufen und an dem sie scheitern. Nicht nur verursacht die Theorie des Kritizismus diesen Zusammenbruch, sondern die metaphysischen Schwierigkeiten, das Absolut-Notwendige seinem Begriff nach angemessen zu denken, selbst sind es, die das Vertrauen zu den Beweisen untergraben. Diese müssen sich der Forderung stellen, den Gedanken der absoluten Notwendigkeit so zu fassen, das mit ihm apriori das Dasein objektiv gegeben ist; erst dann ist der Beweis vollzogen[19].

Die mit den drei formalen Momenten gegebene Nominaldefinition des Absolut-Notwendigen vermittelt dem Denken also erst die Aufgabe, zu prüfen, ob der formalen Struktur dieses Wesens auch der apriorische Begriff entspricht, der zugleich die Notwendigkeit der Existenz analytisch

---

[16] Vgl. 3712.
[17] In diesem Sinne kann man die hypothetische Notwendigkeit als eine Form der logischen bezeichnen.
[18] Vgl. B 612.
[19] Vgl. 3813; VM 275.

impliziert[20]. Der ontologische Beweis, dem der Begriff omnitudo realitatis zu Grunde liegt, erhebt den Anspruch, diese Aufgabe zu lösen. Vom Kritiker verlangt er daher zunächst die Analyse des allerrealsten Wesens, dessen kritizistische Interpretation bereits im Kapitel über das transzendentale Ideal vorliegt.

Der Kontext des dritten und vierten Abschnittes des 3. Hauptstücks der Dialektik macht deutlich, daß der dem ontologischen Beweis zugehörige Terminus des vollkommensten Wesens sich im Rahmen einer Theorie befindet, die den Begriff des Absolut-Notwendigen erklären soll[21]. Kant argumentiert auf dem Boden des systematischen Zusammenhangs von allerrealstem und absolut-notwendigem Wesen, der den rationalistischen Beweisformen zugrundeliegt. Die Erkenntnis dieses Konnexes wird bei ihm aber zu einem entscheidenden Moment der metaphysischen Kritik selber; ist deren erster Schritt die Untersuchung des Alls der Realitäten, so muß diese infolge der theoretischen Verklammerung mit dem ens necessarium als ein wesentliches Präjudiz für die Beurteilung der absoluten Notwendigkeit verstanden werden (zweiter Schritt). Die Kritik am ontologischen Argument aus der omnitudo realitatis basiert auf der Komposition zweier Einwände[22].

1. Im ersten wird die falsche Anwendung der logischen Notwendigkeit im Bergriffsbereich des allerrealsten Wesens aufgedeckt. Enthält das ens perfectissimum alle Realitäten, zu denen auch die Existenz gezählt wird, dann ist der Beweis, den man aus diesem Begriff führt, nur ein analytischer Schluß kraft logischer Notwendigkeit. Setzt man ein Dreieck, so ist dieser Setzung zugleich der Gedanke an drei Winkel inhärent. Daher muß der Anspruch des Beweises aus dem ens realissimum als petitio principii zurückgewiesen werden[23]. Das Dasein ist vor seiner Deduktion be-

---

[20] Vgl. B 620/621.

[21] Dies hat Henrich herausgestellt (152 ff.). Freilich bedarf es hier vor allem einer methodischen Eingliederung des Zusammenhangs von ens realissimum und ens necessarium in eine den kritizistisch orientierten Einwänden gegenüber selbständige metaphysische Systematik von Argumenten.

[22] Um der Einheit der Kantischen Argumentation willen müssen manche Einwände wiederholt werden, die schon in früheren Überlegungen eine Rolle spielten; dies vor allem deshalb, weil die Einwände nie in derselben Form wiederkehren, sondern dem Kontext entsprechend variiert werden.

[23] Vgl. B 625.

reits dem Begriff analytisch eingegliedert und nicht in einem apriorisch-synthetischen Existenzialsatz festgestellt, der die Unmöglichkeit des Nicht-seins des mit diesem Begriff verbundenen Gegenstandes ausdrückt. Da die Existenz in das nur logische Gefüge der Prädikatenverknüpfung des aller-realsten Wesens gehört, entsteht kein Widerspruch, auch das Gegenteil des göttlichen Daseins und aller Realitäten zu denken. Denn die gedankliche Setzung Gottes mit allen seinen Vollkommenheiten einschließlich seiner Existenz, läßt sich gedanklich ebensogut wieder zurücknehmen. Wenn unter der Voraussetzung des wie auch immer angenommenen Daseins bewiesen wird, daß Gott existiert, so ist dieser Schluß zwar logisch notwendig aber tautologisch, da man nichts über die Bedingungen er-fährt, auf Grund deren sein Nichtsein unmöglich ist. Die logische Not-wendigkeit hat eine den Beweis bestätigende Funktion dort, wo dieser Beweis bereits geschehen ist; sie selbst aber ist nicht fähig, das Gegenteil des göttlichen Daseins auszuschließen. Wird die Existenz Gottes nur auf Grund der vorausgesetzten logischen Struktur seines Begriffes als not-wendig verstanden, so hindert nichts, diese Struktur als ganze zu negieren. Es ist daher unmöglich, die logische Notwendigkeit als absolute auszu-geben. Als Relationskategorie steht sie auf einer anderen Ebene als das formale Kriterium des Absolut-Notwendigen, dessen Vorzüglichkeit darin besteht, daß zugleich mit seinem Begriff das synthetische Element der Existenz unaufhebbar gegeben ist.

2. Der ontologische Beweis operiert mit einer weiteren Prämisse, die schon der emB abwies. Kant gibt dem Einwand, daß Dasein kein Prädikat sei, im Ganzen seiner Kritik aller spekulativen Theologie eine (a) kriti-zistische und eine (b) metaphysische Begründung.

(a) Der Modalbegriff Wirklichkeit dient nicht der ontologischen Quali-fizierung der Objekte, sondern reflektiert deren Beziehung auf das er-kennende Subjekt gemäß den Postulaten des empirischen Denkens über-haupt. Deshalb ist es unmöglich, von der widerspruchslosen Denkbarkeit eines Begriffes schon auf das Dasein zu schließen[24].

(b) Die Prädikate müssen als Allgemeinbegriffe verstanden werden, deren Idealität aber die Behauptung zunichte macht, daß in ihnen eine Durchdringung von Begriff und Wirklichkeit vollzogen sei. Da es mög-lich ist, Allgemeinbegriffe beliebig zu subdividieren, ohne daß sie ihrer Allgemeinheit verlustig gingen, und da auf der anderen Seite kraft der

---

[24] Vgl. B 265 ff./626 ff.

durchgängigen Bestimmung Existierendes als singulär definiert wird[25], ist die Kluft zwischen dem generalisierenden Faktor der Prädikate und der Singularität des Seienden nicht zu überbrücken. Kant weist damit ein Dilemma auf, in das die Schulmetaphysik gerät: Ist die Existenz eines Dinges nur in Verbindung mit dem Bewußtsein seiner Singularität aussagbar, so verhindert gerade die Allgemeinheit der prädikativen Struktur des rationalistischen Begriffs von Dasein die Möglichkeit,etwas als existierendes Einzelnes zu verifizieren. In Wahrheit kann Baumgarten deshalb den Begriff von einer einzelnen Sache gar nicht fassen. Die durchgängige Bestimmung, deren Umkreis das Dasein bestimmt, vermag aus ihrer Allgemeinheit nicht herauszutreten und ist deshalb zur Deduktion von Existenzialsätzen unfähig. Diese Konsequenz hat es Kant notwendig erscheinen lassen, das Dasein als absolute Position der Sache mit allen seinen möglichen Prädikaten in Beziehung auf das Denken und nicht als denkunabhängiges Prädikat selbst zu begreifen. Entwicklungsgeschichtlich wird diese Einsicht, die ja schon der emB geltend macht, der Ausgangspunkt zu dem Daseinsbegriff gewesen sein, der ausschließlich in der kritizistischen Beziehung der Objekte zum erkennenden Ich zu verstehen ist[26]. Kant verwendet das Ergebnis der metaphysischen Kritik am Prädikatbegriff Dasein in der theoretischen Philosophie von 1781 konstruktiv in der Verbindung von Begriff und Anschauung, die den synthetischen Urteilen zu Grunde liegt.

Ebenso wie die aus der Analyse des Existenzbegriffs gezogenen Folgerungen in der von der Analytik entfalteten modaltheoretischen Konzeption der KdrV gipfeln, die alle Ontotheologie unmöglich macht, so führen sie auch im Rahmen der Metaphysik die Destruktion des ontologischen Beweises herbei. Die Widerlegung darf also nicht auf den Einwand restringiert werden, der auf der kritizistisch fundierten Existenzkategorie beruht. Der metaphysische Bestandteil des Einwurfs, daß Dasein kein Prädikat sei, entwickelt nun seine argumentative Kraft gegen den Begriff des allerrealsten Wesens, das durch sich selbst durchgängig bestimmt ist und dem daher von der Tradition die Existenz zugesprochen wird.

Wenn nämlich das Prädikat der Existenz nur eine allgemeine ontologische Bestimmung ist, die in widerspruchsloser Kompossibilität zu den anderen transzendentalen Eigenschaften Gottes wie Möglichkeit, Notwen-

---

[25] Vgl. Cramer 144 ff.
[26] Vgl. Cohen, Die systematischen Begriffe 29 ff.

digkeit, dann Unveränderlichkeit, Ewigkeit, Einfachheit und Einzigkeit[27] steht, zersetzt sich der ontologische Beweis. Denn mag das ens realissimum auch alle Realitäten im höchsten Grade enthalten, ohne daß es wie die zufälligen und abgeleiteten Dinge durch Negationen eingeschränkt wäre, und mag in diesem Besitz aller Prädikate auch seine Einzigkeit begründet sein, so ist auf Grund der Allgemeinheit der Existenz nicht einzusehen, daß es als ein singuläres Wesen existiert. Zwar ist nur e i n Begriff möglich, in dem alle Realitäten uneingeschränkt vorkommen, aber seine Einzigkeit repräsentiert nur die Einheit der höchsten Allgemeinheit, und nicht das individuelle Dasein des göttlichen Wesens. Die höchste Realität, die lediglich als negationsfreie System-Individualität zu denken ist, kann nicht identisch sein mit dem Begriff von einem absolut existierenden Individuum. Sie ist vielmehr Terminus von einem Dinge überhaupt, eine ideelle Einheit[28], die sich durch den Charakter unbegrenzter Allgemeinheit auszeichnet. Nur wenn Existenz wie im emB oder in der KdrV als absolute Position gedacht wird, hat sie singularisierende Funktion; als relative Position im System aller möglichen Realitäten[29] vertritt sie aber nicht das Prinzip, unter dem es notwendig wäre, von dem einzelnen existierenden Wesen Gottes zu sprechen; ihre Allgemeinheit bleibt stets irreal und daher unfähig, mit der singulären Form von Wirklichkeit zu verschmelzen.

Mit diesen Einwänden ist die Voraussetzung gegeben, um die zentrale Schwierigkeit zu erkennen, die dem Gelingen der Gottesbeweise entgegenstehen. Die schulphilosophische Theorie definiert das Absolut-Notwendige formal als ein Wesen, das durch seinen Begriff schon existiert. Diese Definition muß sich inhaltlich bewähren, indem man zeigt, wie ein Begriff von solcher Struktur gedacht werden kann. Für Baumgarten erfordert nicht nur das bereits gesetzte Dasein sein durchgängiges Bestimmtsein, sondern die durchgängige Bestimmung ist selbst die Bedingung seiner realen Möglichkeit[30]. Folglich impliziert der Begriff, der durch sich selbst durchgängig bestimmt ist, auch sein Existieren. Es kann nach Baumgarten aber nur ein einziger Begriff von einem Wesen aufgestellt werden,

---

[27] Vgl. B 607 f.
[28] Mit ‚ideeller Einheit‘ ist hier noch nicht der Begriff ‚Idee‘ aus der KdrV gemeint; in diesem Zusammenhang bezeichnet ‚ideell‘ nur die Begriffs- oder Prädikatenallgemeinheit; vgl. VR 48; 56.
[29] Vgl. Kowalewski 540.
[30] Vgl. Maier 19.

der dieser Voraussetzung entspricht, nämlich das ens realissimum. Mit ihm kann erklärt werden, warum das notwendige Wesen auf Grund seines Begriffes existieren muß. Der Basisbegriff des ontologischen Beweises, die omnitudo realitatis, bestimmt das Absolut-Notwendige dergestalt, daß ein Zweifel an seiner Existenz ausgeschlossen ist[31].

Dieser Gedankengang verkörpert die stringenteste Form, in der der Rationalismus den Gottesbeweis vorgebracht hat. Kant widerlegt ihn mit einer Reihe von Einwänden, die er z. T. schon bei der Besprechung der einzelnen Beweisformen bemüht, die aber nun im Zusammenhang der Vermittlung von allerrealstem und absolut-notwendigem Wesen noch einmal wiederholt werden. Da kein anderer Beweis aus spekulativer Vernunft möglich ist, erhalten sie hier die Funktion zu fragen, in welchem Sinn die theoretische Vernunft die absolute Notwendigkeit überhaupt denken kann.

1. Obwohl der kosmologische Beweis zum Dasein des notwendigen Wesens gelangt, ist er nicht in der Lage, diesen Begriff zu bestimmen. Man muß den ontologischen Terminus des ens realissimum zur Hilfe nehmen, um die dem Begriffe immanente Synthese mit seiner Existenz zu legitimieren. Zwar beginnt er mit dem kosmologischen Element des Kontingenten, vermag aber nur im Bereich der Ontologie — wenn überhaupt — so abgeschlossen zu werden, daß sich mit der absolut-notwendigen Existenz auch ein inhaltlich gefüllter Gedanke verbindet. Die Reduktion des kosmologischen Beweises auf den ontologischen überträgt das Mißlingen von diesem auf jenen. Während der Schluß, welcher vom Kontingenten ausgeht, es zu einer deutlichen Vorstellung des Notwendigen nicht kommen läßt, scheitert der ontologische Beweis an dem Argument, daß Dasein kein Prädikat ist[32].

2. Aus den Vorlesungen über die philosophische Religionslehre kann man einen weiteren Einwand konstruieren, der sich in der KdrV nicht findet. Es scheint hier, als würde Kant gegen die Wolffianer die Einsicht vorbringen, die sich des unendlichen Abstandes von Gott und Welt bewußt ist. Der Rationalismus bezieht den Existenzbegriff unterschiedslos auf das höchste Wesen wie auf die limitierten Dinge der Welt. Als qualitatives Prädikat setzt Existenz sich aus quantitativ meßbaren Graden zusammen, die ihrerseits noch Realitäten sind. Ihre Größe wird nach der

---

[31] Vgl. B 613/631 ff.
[32] Vgl. B 626.

Quantität der Attribute bestimmt, die sie einschließt. So besitzt die Existenz einen Intensitätsgrad, der in Gott aufs höchste gesteigert ist[33].

Auch wenn sich die intensive Größe der Existenz Gottes ihrem quantitativen Maße nach als mathematische Unendlichkeit ausdrücken läßt[34], kommt die Erkenntnis nicht weiter. Denn einmal ist diese Unendlichkeit größer als alle Zahl; ihrem Begriff kann man nicht die Möglichkeit entnehmen, in Maßeinheiten zu differenzieren, nach denen bestimmt werden kann, wie groß das Unendliche sei. Zum anderen wird auch im Hinblick auf Gott die qualitätskategoriale Dimension des Existenzprädikates nicht verlassen. Es hilft kaum aus der Verlegenheit, die mathematische Unendlichkeit mit der metaphysischen zu vertauschen. Diese bestimmt nur Gottes absolute Größe als All der Realitäten, ohne daß es im Quantitätsvergleich mit anderen des Wissens um seine relative Größe bedürfte[35]; aber gerade

---

[33] Unabhängig von der Einteilung der inneren Bestimmung in essentialia und affectiones gibt es im Rationalismus Qualitäten und Quantitäten, wobei die ersteren die Gründe (rationes) der letzteren sind. Während die Qualitäten aus sich begriffen werden können (sine alio assumto), sind die Quantitäten nicht ohne Relation zu anderen inneren Merkmalen verstehbar. Beide Realitätstypen stehen auch insofern in einer Beziehung, als die Qualitäten quantitativ zu bestimmen sind. Es sind demnach mehrere Grade oder intensive Größen im Begriffsumfang der Qualitäten zu unterscheiden. Die quantitativ meßbaren Teile machen zusammen ein qualitatives Ganzes aus.
Dieses Schema kann auch auf die Realität ‚Existenz‘ angewandt werden, da sie alle außerwesentlichen inneren Determinationen umfaßt, die dem Begriff von einem Ding angemessen sind. Es gibt also verschiedene Grade von Existenz, die sich nach dem Maß der Realitäten bestimmen lassen, die in einem Dinge angetroffen werden. Gott kann man deshalb als intensivste Größe unter den ‚Dingen‘ bezeichnen. Es wird im Folgenden für Kant nachgewiesen, daß die Möglichkeit gradueller Steigerung des Existenzbegriffs dessen grundsätzlichen Mangel nicht ausgleicht. In der KdrV gehört die intensive Größe zu den Analogien der Erfahrung; sie bezieht sich auf die Unterschiedlichkeit empirischer Empfindungsqualitäten (vgl. Maier 17; 35 ff.; hier auch die Belege).

[34] Vgl. VR 43.

[35] Gegen die Schulphilosophie ist hier noch Folgendes zu bemerken: Wird der Gottesbegriff als die qualitativ intensivste Konzentration von Realitäten gedacht, so vermag man diesen Gedanken nur im Hinblick auf die Eingeschränktheit der Dinge zu denken. Gott ist dann in seinem allerrealsten Sein immer auch relativ; die Relativität schließt aber die

das graduell indifferente nicht relative und daher absolut genommene Prädikat ‚Existenz' ist auf Vieles beziehbar, nicht allein auf Gott. Auf diese Weise kann man die Konsequenz der qualitativen Nivellierung von göttlichem und welthaftem Sein nicht umgehen.

So müssen auch die Methoden der via negationis und via eminentiae für die Gotteserkenntnis ohne Früchte bleiben. Abstrahiert man nach der ersten bei der Betrachtung des Gottesbegriffs von allen Negationen, die im Bereich des Kontingenten möglich sind, so daß nur noch positive Determinationen übrig bleiben, und werden diese überdies via eminentiae für Gott ins Unendliche gesteigert, so hindern die Schwierigkeiten im Begriff der Unendlichkeit, die Abmessungen göttlicher Realitäten einzusehen und die differentia specifica auszumachen, derzufolge man die Seinsintensität Gottes und der Welt unterscheiden kann. Nun vermag man der Gefahr nicht mehr zu begegnen, Gott das Sein zufälliger Dinge beizulegen.

Aus dem Bedenken gegen das Existenzprädikat hat Kant selbst mit einer positiven Lösung des Problems herausgeführt, die dann besonders in der KdrV entfaltet wird. Als Grund alles Seienden muß Gottes Sein ein anderes sein als das des Begründeten. Daher ist es unmöglich, Gott mit Realitäten zu begreifen, die auch dem Zufälligen zukommen. Ein Begriff von Gott kann nur in einer Analogie gefaßt werden[36], die nicht seine Beschaffenheit im Verhältnis zu dinglichen Qualitäten ausdrückt, sondern sein Grundsein und damit Anderssein ihnen gegenüber. Die Naturkausalität bietet sich hier als gedankliches Modell an: so wie in der Welt die Dinge in Ursachen und Folgen gegliedert sind, so bedarf die Welt im ganzen eines ihr nicht immanenten Grundes. Dies würde allerdings noch die These der 4. Antinomie behaupten. Erst die Auflösung der transzendentalen Dialektik — speziell des 4. Widerstreites — ist an dieser Stelle mit der Lösung identisch, die die Mängel des metaphysischen Existenzbegriffes beseitigt. Denn Gottes gründende Setzung der Welt wird nicht in dem empirischen Sinn eines synthetisch verifizierbaren

---

gleichzeitige Kompräsenz aller Negationen ein, deren Auftreten in den Dingen für ihre Zufälligkeit bezeichnend ist. Deshalb führt der Gedanke der superlativen Intensität der Bestimmungen im Begriff Gottes zu einem Widerspruch; denn aus Gott sind für den Rationalismus per definitionem alle Negationen ausgeschlossen.

[36] Vgl. Martin zum Analogie- bzw. Als-ob-Gedanken, Kant, 225 f.

Faktums verstanden, sondern in dem idealen Sinne, als ob sie dies wäre[37]. Da die menschliche Vernunft in ihrem Vermögen Begrenzungen unterliegt, kann sie den göttlichen Grund nur in Analogie zur raum-zeitlich erfahrbaren Kausalität denken[38].

Der Analogiebegriff, dessen Deduktion sich von den Schwächen der rationalistischen Existenztheorie her aufdrängt, setzt den kritischen Idealismus voraus. Doch wird die Unzulänglichkeit des dem ontologischen Beweise zu Grunde liegenden Seinsbegriffs in diesem Zusammenhang ausschließlich metaphysisch bewiesen. Die Erschütterung, welche die Ontotheologie in Kants Kritik erfährt, fangen Idealisierung und Analogisierung des Gottesbegriffs teilweise wieder auf; aber diese Funktionen verweisen wiederum auf das noch offene metaphysische Problem der gegenstandslogischen Struktur des absolut-notwendigen Wesens[39].

3. Da der Existenzbegriff der traditionellen Metaphysik das Sein des allerrealsten Wesens nicht zu spezifizieren vermag, kann man mit der omnitudo realitatis auch nicht das absolut-notwendige Wesen erklären. Denn zu diesem muß ein Begriff gefunden werden, der durch sich selbst durchgängig bestimmt ist und damit den singularisierenden und existenzbezeichnenden Faktor schon apriori enthält. Die einzige der Metaphysik verbleibende Möglichkeit, einen solchen Begriff mit dem ens realissimum zu definieren, scheitert an den Argumenten, die sich gegen die Realität ‚Dasein' vorbringen lassen. Es können das Sein des Absolut-Notwendigen und das des Kontingenten in der rationalistischen Ontologie in Wahrheit gar nicht unterschieden werden; man kann daher nicht einsehen, warum nicht auch den eingeschränkten Dingen notwendiges Sein zukommen soll[40]. Damit wird aber der Begriff des Absolut-Notwendigen überhaupt hinfällig. Die Vermittlung des ens necessarium und des ens realissimum bricht auseinander. Es ist nun nicht mehr möglich, den ontologischen Beweis aufrechtzuerhalten. Mit ihm entfällt auch die Hoffnung, eine qualitätslogische Bestimmung der Struktur des absolut-notwendigen Wesens innerhalb der Metaphysik zu gewinnen. Die Beweise der spekulativen Theologie tun den formalen Kriterien kein Genüge, an denen die Ontotheo-

---

[37] Vgl. B 644.
[38] Z. B. werden von Kant auch die anderen Seinsqualitäten wie Weisheit, Gerechtigkeit, Güte usw. in Analogie zu den Realitäten, die man von der menschlichen Seele kennt, Gott zugesprochen; vgl. VR 49.
[39] Vgl. VR 37—54.
[40] Vgl. B 616.

logie ja selbst ihre Ergebnisse zu prüfen vorgibt. Aus reiner Vernunft läßt sich kein Begriff bestimmen, der in sich selbst schon apriori das Dasein des ihm kongruierenden Objektes mitbringt. Das Denken gerät damit in eine Aporie; zwar gelingt es ihm leicht, die Nominaldefinition der absoluten Notwendigkeit eines Wesens zu geben, aber es ist ihm nicht möglich, „zu sagen, worauf (dessen) Denkbarkeit beruht"[41]. Würde die Vernunft dennoch zu dem inhaltlichen Äquivalent der Formalerklärung des Notwendigen fähig sein, so wäre der Beweis damit schon erbracht[42].

Unter diesen Umständen kann der metaphysische Gottesbegriff nicht mehr vor dem Verdacht geschützt werden, eine bloße Erdichtung zu sein. Der widerspruchslose Gedanke verpflichtet nicht, ihm ein existierendes Objekt zuzuordnen; man kann sich nicht vorstellen, daß „der Gedanke, der in euch ist, das Ding selber sein" könnte[43]. Es ist im Gegenteil durchaus möglich, diesen Gedanken im Denken wieder aufzuheben, ohne daß sich ein Widerspruch einstellen würde[44]; das Nichtsein des Notwendigen ist deshalb sehr wohl denkbar.

Aus dieser Analyse hat Kant die Konsequenz der modaltheoretischen Bestimmung der Notwendigkeit gezogen. Etwas kann als notwendig nur in Beziehung auf das Erkenntnisvermögen erkannt werden. So schlägt sich im dritten Postulat des empirischen Denkens die Unfähigkeit der Metaphysik nieder, das Absolut-Notwendige auf seinen Begriff zu bringen. Kant hat aber die metaphysischen Versuche insoweit anerkannt, als er darin die Schwäche der menschlichen Vernunft überhaupt sieht, das absolut-notwendige Wesen zu denken. Das Denken ist bei diesem Begriff an sein Ende gekommen; das Scheitern der Metaphysik demonstriert paradigmatisch die Unzulänglichkeit der reinen Vernunfterkenntnis, qualitative Aussagen über das ens necessarium auf Grund eines Begriffes zu machen. Dieses negative Resultat steht hinter dem kritizistischen Argument und vor allem hinter den grundlegenden Einsichten der Analytik, mit denen Kant das Problem der synthetischen Urteile apriori löst.

Blickt man auf die Schlußfolgerungen als Ganzes zurück, so zeichnet sich deutlich die Verflechtung von metaphysischen und kritizistischen Elementen ab. Im methodischen Aufbau stehen beide in einer systematischen Wechselbeziehung, die nun ihrem argumentativen Inhalt nach

---

[41] 6277.
[42] Vgl. 3813; 4588; 4661.
[43] B 625.
[44] Vgl. B 623 f.; vgl. KW III, 640 ff.

zusammenfassend dargestellt werden kann: die metaphysische Ontotheologie scheitert daran, daß sie in ihren Beweisen das Sein Gottes nicht
bestimmen kann; Sein ist weder eine Realität, d. h. nach Kant ein bloßer
Begriff aus reiner Vernunft, noch ist diese Realität fähig, das Gott oder
das dem singulär Kontingenten adäquate Sein auszusagen; sie gewährt
kein Kriterium für die Differenz von absolut-notwendigem oder zufäl-
ligem Sein. Das Bewußtsein, daß Gottesbeweise nicht möglich sind, muß
deshalb schon innerhalb der Metaphysik selbst Platz greifen; ihr Seinsbegriff ist global zu verwerfen und daher prinzipiell zu revidieren.
Dies kann aber nicht mehr im Rahmen der traditionellen Ontologie
geschehen. Es gilt, einen völlig neuen Sinn von Sein zu formulieren.
Der Kritizismus versteht sich als eine Wissenschaft, die ein System
von Bedingungen aufstellt, unter denen objektiv gültige Seinsaussagen
allein möglich sind. Die theoretische Philosophie qualifiziert Existenzialsätze als ausschließlich synthetische Urteile. Das Sein, das zum kategorialen Begriff hinzuzutreten hat, ist restringiert auf die erfahrbare
Dimension der sinnlichen Welt. Damit schließt Kant von vornherein
die Möglichkeit aus, Sein analytisch aus Begriffen zu deduzieren und
Gott ein Sein beizulegen, das mit dem des Kontingenten — kritisch gesprochen, des Sinnlichen — übereinstimmt. Die Aufdeckung dieser zwei
fundamentalen Fehler der Metaphysik legt somit positiv den Grund des
kritischen Vernunftsystems. Unter diesen Voraussetzungen wird vermieden, umstandslos von Gottes Sein zu sprechen. Auf Grund der Idealisierung des Gottesbegriffs in der theoretischen Philosophie ist eine Rede
von Gott nur in Form der analogia relationis erlaubt, — eine Form, die
im nächsten Kapitel behandelt wird[45].

So zieht Kant aus dem Zusammenbruch der metaphysischen Theologie
die Folgerung des Kritizismus, der eine Rückkehr zu den Gottesbeweisen
ausschließt. Weil Sein immer schon auf den Sinn des Empirischen eingeschränkt ist, wird das Denken vor der Gefahr bewahrt, das göttliche Sein
aus endlichen Begriffen ,herauszuvernünfteln'. Die negativen Ergebnisse,
zu denen Kant gegenüber der theologia rationalis kommt, sind von dem
vollen Bewußtsein beherrscht, daß zwischen den Ebenen des Göttlichen
und Menschlichen eine für die reine theoretische Vernuft unüberbrückbare
Kluft besteht.

---

[45] Vgl. B 702.

3. Der Analogiebegriff von Gott

Die metaphysischen Einwände scheinen es nahezulegen, die absolute Notwendigkeit als Unbegriff abzutun. Man muß einräumen, daß die Architektur der Kantischen Widerlegungen jede theoretische Möglichkeit verhindert, mit diesem Begriff einen sinnvollen Gedanken zu verbinden; das absolut-notwendige Wesen droht damit überhaupt zu entgleiten. Diesem Wesen wird zwar formal durchaus legitim die Existenz als der ihm analytisch inhärierende Prädikatbegriff vindiziert; aber der Vernunft steht nichts im Wege, das notwendige Dasein eines höchsten Wesens in Gedanken wieder aufzuheben. Würde es sich wirklich um die absolute Notwendigkeit handeln, so wäre die ihr entsprechende Existenz unaufhebbar. Nun aber muß das Denken einsehen, daß aus ihrem Gegenteil kein Widerspruch entspringt. Deshalb ist die dem Denken zugängliche Struktur des Absolut-Notwendigen für einen Gottesbeweis untauglich.

Könnte man einen solchen Beweis aus dem Begriff der absoluten Notwendigkeit durchführen, wäre die Vermittlung von ens necessarium und ens realissimum überflüssig. Denn es würde sich ganz von selbst ergeben, daß das notwendige Wesen auch alle Realitäten besitzt[1]. Es wäre dann auch nicht mehr nötig, das notwendige Dasein nachträglich mit dem ens realissimum zu legitimieren. Da aber die Demonstration der Existenz aus reinen Begriffen mißlingen muß, ist die Vermittlung zum Zwecke eines Gottesbeweises unmöglich[2].

Wenn aber das Problem des absolut-notwendigen Wesens mit der kritizistischen Idealisierung und den metaphysischen Einwendungen schon bewältigt wäre, würde es kaum noch den „schwindelichten Eindruck... auf das Gemüt" machen[3]. Obwohl Kant so nachdrücklich die metaphysische Theologie und ihre Beweisversuche bekämpft hat, ist bei ihm doch ein sehr deutliches Empfinden zu bemerken, daß die Philosophie

---

[1] „Ein Wesen, was nothwendig da ist, muß alle Realitäten enthalten. (d. i. wenn aus seinem Begriff das Daseyn geschlossen werden kan, denn nur daran kan man die Notwendigkeit erkennen)" (6436).

[2] Vgl. 5779; 5780; 5784.

[3] Vgl. B 641; vgl. auch VR 44. Hier spricht Kant sogar von „Erschütterung", die das Nachdenken über Gott hinterläßt. Konkret meint diese Stelle allerdings den Begriff der (mathematischen) Unendlichkeit und die Möglichkeit einer durch ihn vermittelten Interpretation Gottes.

das ens necessarium nicht auch schon als Problem verleugnen dürfte oder könnte. Denn die Tatsache, daß das Denken bei diesem Begriff an seine Grenze gekommen ist, muß vom Denken selbst noch einmal eingeholt werden. Die Vernunft hat sich zu vergegenwärtigen, was sie leisten müßte, um das notwendige Wesen seiner Formalstruktur gemäß zu denken; mit ihrem Begriff hätte auch das göttliche Dasein präsent zu sein oder anders formuliert: mit der Möglichkeit wäre auch die Wirklichkeit des göttlichen Wesens gesetzt. Hinter Kants Einwänden steht das Bewußtsein, daß es sich bei diesem Begriff immer nur um den der Vernunft eigenen und zugehörigen Begriff handeln kann. Der ontologische Gottesbeweis aber setzt in Kantischer Perspektive voraus, daß die von der Vernunft abhängige Begriffsmöglichkeit Gottes zugleich die reale Möglichkeit seines Daseins vertritt. Wenn Kant zu dem Ergebnis kommt, daß aus Begriffen apriori die Existenz nicht zu erschließen ist, dann bedeutet dies im Hinblick auf die rationale Theologie, daß die Vernunft nicht die Bedingung des göttlichen Existierens sein kann, und daß ihre Kategorien nur zu einer analogen nicht aber direkten Bestimmung des Seins Gottes fähig sind. Diese Erkenntnis verbindet das metaphysische und das erkenntniskritische Element in der Widerlegung der Gottesbeweise trotz der methodologischen Unterschiedenheit in der Argumentation.

Nur für die göttliche Vernunft läßt sich denken, daß sie auch die Bedingung von Sein ist; von einer Bedingung kann man hier aber streng genommen schon nicht mehr sprechen, denn Gottes Vernunft als Inbegriff seiner Möglichkeit ist bereits immer auch seine Wirklichkeit; in Gott und für Gott hat der Unterschied der Seinsmodalitäten keine Geltung. Vielmehr ist diese Differenz konstitutiv für das endliche Denken[4]. Die kritizistische Theorie der Modalitätskategorien systematisiert zwar das Vermögen des Verstandes und die Voraussetzungen, unter denen ein real

---

[4] Vgl. dazu § 76 der Kritik der Urteilskraft (KW V, 518): „Es ist dem menschlichen Verstande unumgänglich notwendig, Möglichkeit und Wirklichkeit der Dinge zu unterscheiden. Der Grund davon liegt im Subjekte und der Natur seiner Erkenntnisvermögen. Denn, wären zu dieser ihrer Ausübung nicht zwei ganz heterogene Stücke, Verstand für Begriffe, und sinnliche Anschauung für Objekte, die ihnen korrespondieren, erforderlich: so würde es keine solche Unterscheidung (zwischen dem Möglichen und Wirklichen) geben. Wäre nämlich unser Verstand anschauend, so hätte er keine Gegenstände als das Wirkliche". Vgl. B 33.

Mögliches von einem nur logisch Möglichen abgehoben werden kann; aber aus sich heraus vermag das Denken diesen Unterschied in Form der Existenzsetzung nicht zu überwinden: Begriffe werden nicht deshalb, nur weil sie gedacht werden können, zu realen Objekten.

Kant hat aber die Möglichkeit einer intellektuell anschauenden Vernunft, in welcher das Gedachte durch das bloße Denken oder durch den Begriff als wirklich ausgewiesen ist, prinzipiell nicht abgewiesen. Die Dialektik schließt es nur aus, von der logischen oder überhaupt einer gedanklichen Möglichkeit zu der Wirklichkeit eines Wesens zu gelangen, verneint aber nicht die logische Möglichkeit selbst[5]. Kant erörtert freilich einen solchen intellectus archetypus nicht näher, weil das die Grenzen der endlichen Vernunft überschreiten würde. Für das Wesen eines Absolut-Notwendigen, „an welchem Möglichkeit und Wirklichkeit gar nicht mehr unterschieden werden sollen"[6], hat das menschliche Denken gar keinen Begriff. Soviel wird aber bei Kant deutlich, daß sich die Struktur des notwendigen Wesens durch seine Indifferenz gegenüber den Modalitätskategorien auszeichnet[7]. Die Seinsmöglichkeit ist in Gott das Sein schon selbst. Im Ansatz findet sich hier bereits das idealistische Modell, daß die Notwendigkeit Möglichkeit und Wirklichkeit unter sich und in sich begreift.

Auch muß das Absolutnotwendige Denken sein, um Begriff und Sein, Möglichkeit und Wirklichkeit in sich apriori zu synthetisieren. Dieser Gedanke ist jedoch nicht das Resultat einer beweisenden Folgerung sondern stellt sich auf Grund einer Analogie ein. Während für den menschlichen Verstand die Geschiedenheit der Begriffe von den existierenden Objekten ein wesentliches Indiz seiner endlichen Struktur ist, wird mit Begriffen, die nur eine göttliche Vernunft zu fassen vermag, auch die Notwendigkeit des ihnen zugehörigen Daseins gesetzt.

Der problematische Begriff des göttlich anschauenden Verstandes ist für Kant gleichsam ein gedanklich konstruierbares Negativ gegenüber

---

[5] Vgl. Martin, Kant 181.

[6] Vgl. § 76 KU = KW V, 519.

[7] Vgl. KW V, 519: „Für einen Verstand, bei dem dieser Unterschied nicht einträte (der Unterschied zwischen den Modalitätskategorien Vf.), würde es heißen: alle Objekte, die ich erkenne, sind (existieren); und die Möglichkeit einiger, die doch nicht existierten, ... also auch die davon zu unterscheidende Notwendigkeit, würde in die Vorstellung eines solchen Wesens gar nicht kommen können."

dem endlichen Denken, dessen Begrenztheit und Endlichkeit im Ange-
wiesensein auf ein je schon vorgegebenes Dasein besteht. Der kategoriale
Aufbau der Kantischen Vernunftkritik wird im wesentlichen durch die
modaltheoretische Konzeption bestimmt, die in Antithese zur traditionellen Begriffstheorie gewonnen wird. Von der kritizistisch eingeschränkten Vernunft her kann man auf den Gedanken kommen, daß ein Denken
existiert, dem diese Schranken nicht anhaften. Weil in seinen Begriffen
das Sein mitgesetzt und weil das göttlich anschauende Denken als Substrat seiner Möglichkeit selbst der Grund der eigenen Seinssetzung ist,
muß es absolut-notwendig sein. Für Kant hat diese Aussicht auf ein
göttliches Wesen lediglich das für dessen Erkenntnis nicht konstitutive
Interesse einer Abhebung gegen die endliche Vernunft. Erst die Kenntnis
der menschlichen Vernunftbeschaffenheit stellt Kriterien bereit, um sich
die Wesensbestimmtheit eines absoluten Denkens wenigstens seiner Denkmöglichkeit nach vorzustellen. Der problematische Begriff des intellectus
archetypus ist das negative Spiegelbild des in der KdrV entworfenen
Verstandes. Gottes Denken wird aus einer — ex negativo erfolgenden —
Analogie zum endlichen Denken gedacht. Es kann nun kein Zweifel
daran bestehen, daß eine spekulative Theologie, deren Gottesbegriff im
Ansatz von der modaltheoretischen Indifferenz oder von der Identität
der Modalitätskategorien in Gott ausgeht, die von der KdrV definierten
Grenzen transzendieren und wieder Metaphysik sein muß. Eine auf diese
Weise ansetzende Gotteslehre hätte keine Umstrukturierung des Kate-
gorien- und damit Vernunftbegriffs zur Folge. Kants Modalbegriffe
selbst aber sind abhängig vom denkenden Subjekt und auf das empirisch
Gegebene bezogen. Die kritizistische und metaphysische Widerlegung des
rationalistischen Daseinsbegriffs zeigen, daß dieser für eine Bestimmung
von Gottes Sein nicht ausreicht. Für eine Qualifikation des göttlichen
Seins bedürfen die Modalbegriffe einer anderen kategorialen Valenz als
sie der Wolffschen Metaphysik möglich war und ebenso als sie vom transzendentalen Idealismus für ‚Existenz‘ in der theoretischen Philosophie
gefordert wird.

Das Wissen um die Notwendigkeit systematischer Umwandlungen in
der Kategorienlehre zum Zwecke eines stringenten spekulativen Gottesbegriffs läßt sich also noch aus Kants Angriffen gegen die rationale Theologie entnehmen. Neue Ansätze in der metaphysischen Gotteslehre müssen
den Insuffizienzen des von Kant kritisierten Daseinsbegriffs Rechnung
tragen, dürfen sich aber zugleich nicht mit dem in der Analytik konzi-
pierten Existenzbegriff begnügen, der auf das raum-zeitlich Erfahrbare

restringiert ist. Die kategoriale Strukturierung und Differenzierung des Seinsbegriffs in einer neuen metaphysischen Theologie haben die Prinzipien des Kritizismus zu überschreiten, können aber Kants metaphysische Kritik der Ontotheologie nicht völlig außer Acht lassen. Die Kantischen Einwände leben fort in dem Bewußtsein der unumgänglichen Aufgabe für die Seinsbestimmung Gottes, ein neues Kategoriensystem zu finden. Die Epoche des deutschen Idealismus greift die metaphysische Untersuchung des absolut-notwendigen Wesens wieder auf und damit die Anregungen Kants, die dieser mit dem problematischen Begriff des intellectus archetypus gegeben hat. Für Hegel und seine Nachfolger liegt hier d. h. in der Kategorie des Absolut-Notwendigen der Anknüpfungs- und Umschlagspunkt von dem aus und zu dem hin im Gang der spekulativen Logik ein neuer Seinsbegriff entfaltet und als die Identität von Begriff und Sein dargestellt wird, eine Identität, die auch eine andere Geltung der Kategorien bereits voraussetzt. Die Restitution der Ontotheologie durch Hegel als Theorie einer Vermittlung von Denken und Wirklichkeit wird aus diesem Horizont zu verstehen sein.

Der Kantische Gottesbegriff ist eine Konstruktion aus Analogien, die Hegel als metaphysische Konstituenten seines Systems verwerten wird. Die Frage nach der Beschaffenheit Gottes an sich, die das Problem des notwendigen Wesens hinterläßt, beantwortet Kant in Konsequenz zur Kritik der spekulativen Theologie dagegen niemals in Kategorien, die die metaphysische Objektivität Gottes ausdrücken, sondern stets auf der Ebene von Analogien die er mit den Erfordernissen der theoretischen und praktischen Vernunft koordiniert. Auf Grund der Idealisierung des Gottesbegriffs vermeidet er objektivierende Seinsaussagen über Gott, die sich mit dessen gegenständlicher Natur befassen würden. In der Idee begreift man Gott, als ob[8] er ein Gegenstand wäre; in Wahrheit aber

---

[8] Der Ausdruck ‚als-ob‘ kommt bei Kant recht häufig vor; er wird hier und im folgenden gleichbedeutend mit ‚Analogie‘ gebraucht (vgl. B 697 ff.). Der relativistische Standpunkt Vaihingers, der Analogie einseitig als ‚Fiktion‘ versteht, muß hier aber zurückgewiesen werden.
‚Fiktion‘ meint im Vaihingerschen Verständnis, daß es zwar nützlich ist, sie im Zusammenhang einer Wissenschaft als formales Prinzip vorauszusetzen, daß ihr aber kein Objekt entsprechen könne (vgl. 584 ff.; 613 ff.). Der Kantische Analogiebegriff — z. B. die Gottesidee — schließt dagegen ausdrücklich den Vorbehalt ein, daß die Unmöglichkeit des Seins Gottes schon mit einer Idealisierung keineswegs als ausgemacht zu gelten hat. Der endlichen Vernunft ist es unmöglich, Gottes Existenz zu beweisen; da-

besteht diese ideale Als-ob-Gegenständlichkeit in einer den raum-zeitlichen Gegenständen abgesehenen, in die Sphäre der Analogie transponierten Nachbildung. Das menschliche Denken kann von etwas, eben auch von einer Idee, nur so sprechen, als sei allem ein homogenes in Existenzialsätzen feststellbares Sein eigen. Wenn es eine Idee in Gedanken faßt, muß es deshalb zugleich die Wissensleistung erbringen, daß das Sein der Ideen mit dem Dasein der Erfahrung nicht identisch ist. Diese Leistung vollzieht es mit dem Bewußtsein, daß die Ideen in ihrem Sein nur analog zu dem Sein gedacht werden können, das dem endlichen Denken nach Kant allein zugänglich ist, dem Denken in Raum und Zeit.

Damit ist aber die Gottesidee nicht gleich jedes ontologischen Ranges beraubt, wenn freilich dieser auch nur ein abgeleiteter ist. Als Idee ist

---

mit ist aber nicht schon die Unmöglichkeit an sich selbst bewiesen. Die Gottesidee ist für Kant eine hypothetische Voraussetzung, die zwar dem Vernunftsystem auch nützlich ist, aber nicht zwischen der absoluten Unmöglichkeit und Möglichkeit im Sinne objektiver Seinsaussagen entscheidet (vgl. B 396 f.). (Übrigens entwickelt Vaihinger selbst diesen Unterschied zwischen Fiktion und Hypothese, vgl. 603 ff.; er läßt die Gottesidee aber nur als Fiktion gelten). Der Als-ob- bzw. Analogiegedanke resultiert aus den Kantischen Kontrapositionen zur Wolffschen Metaphysik, die das Sein des Seienden schon mit seinem Begriff als objektiv gegeben ansah; gegen diese Tendenz verwahrt sich Kant durch die Als-ob-Einschränkung. Zwar ist der Begriff von Gott und Freiheit gegeben bzw. gefordert, aber das Begreifen ihrer Objektivität ist unmöglich, wenn auch diese Objektivität an sich selbst als reines Faktum anerkannt werden muß. Den geistesgeschichtlichen Zusammenhang von Kants Als-ob-Aussagen zur vorkantischen Philosophie hat Vaihinger ganz vernachlässigt.
Auch Adickes kritisiert Vaihingers Fiktionentheorie (vgl. Vorwort 76 ff.), indem er bei Kant einen dreifachen Sinn von Idee herausstellt, der die Kampfstellung des Begriffes ‚Idee‘ zur traditionellen Metaphysik zeigt: „Er (Kant) verfolgt mit seiner Ideenlehre einen dreifachen Zweck. Zunächst dient sie als Grundlage für die drei Wissenschaften der alten transzendentalen Metaphysik, deren Unhaltbarkeit er in der Dialektik nachzuweisen unternimmt. Neben dem Mißbrauch, der in diesen drei Wissenschaften, der rationalen Psychologie, Kosmologie und Theologie, mit den Ideen getrieben wird, gibt es aber in der theoretischen Philosophie auch einen rechtmäßigen Gebrauch, indem man sich ihrer als regulativer Prizipien bedient, um den ‚Verstandesgebrauch im Ganzen der gesamten Erfahrung nach Prinzipien‘ zu bestimmen: sie haben dann nur die Bedeutung von ‚Aufgaben, um die Einheit des Verstandes wo möglich, bis zum

Gott abhängig von der Vernunftsystematik, wie sie in der Dialektik entfaltet wird, und — als Analogie — noch an den Seinsbegriff gebunden, auf den die Analytik das Vermögen des Verstandes einschränkt. Ein Gottesbegriff ist nur möglich, wenn man zuvor die Bedingungen akzeptiert, die die Funktionen des kritischen Denkens gewährleisten. Zwar kann man niemals apriori den Beweis für die objektive Existenz Gottes führen, weil die Kraft des menschlichen Denkens zu den entsprechenden Begriffen nicht zulangt, gleichwohl ist auch unter kritizistischen Voraussetzungen von Gott zu reden noch deshalb erlaubt, weil das Denken ist. Dieser scheinbare Widerspruch löst sich dadurch bald auf, daß der Gottesgedanke lediglich im Rahmen der Vernunftwissenschaft für Kant überhaupt noch sinnvoll sein kann, aber hier als eine jeder ontologischen Objektivität entkleidete, alles menschliche Erkennen nur abschließende Idee. Verknüpft die rationale Theologie Gott mit seinem Begriff als die Bedingung von dessen Sein, so hebt die Kantische Kritik der Ontotheologie nicht jede Form eines ontologischen Verhältnisses zwischen Gott und dem Denken auf. Durch die Idealisierung verbleibt der Gottesbegriff im Erzeugungsbereich der endlichen, auf die Restriktionen der Analytik hinbezogenen Vernunft; das Verhältnis von Gott und dem menschlichen Denken ist diesem selbst immanent. Dies ist nur möglich durch die Angleichung Gottes an die Vernunft in Form ihr gemäßer Begriffe. Denn Kant sieht gegenüber der Tradition die Differenz zwischen den Seinsqualitäten und durchschaut vor allem die Insuffizienz des Denkens, das Sein Gottes an sich selbst d. h. metaphysisch zu be-

---

Unbedingten fortzusetzen', und sind von ,keinem andern Nutzen,... als den Verstand in die Richtung zu bringen, darin sein Gebrauch, indem er aufs Äußerste erweitert, zugleich mit sich selbst durchgehends einstimmig gemacht wird'." (B 378; B 380; zit. bei Adickes 77).

Obwohl der Idee kein Gegenstand korrespondiert, betont Adickes doch andererseits, daß „solche Gegenstände bloß ,in der Idee' vorausgesetzt werden" (86). Auf den folgenden Seiten hebt Adickes sehr schön die metaphysische Reminiszenz im Begriff der Idee hervor (87 ff.). Kant hat freilich von der Als-ob-Gegenständlichkeit, welche der Idee entspricht, nur in Form von Analogien zu reden gewagt (vgl. B 704—707).

Adickes analysiert dann die Stelle B 717: „Gehen wir aber von dieser Restriktion der Idee auf den bloß regulativen Gebrauch ab, so wird die Vernunft auf so mancherlei Weise irre geführt, indem sie alsdann den Boden der Erfahrung, der doch die Merkzeichen ihres Ganges enthalten muß, verläßt, und sich über denselben zu dem Unbegreiflichen und Unerforsch-

greifen. Obwohl auch nach geschehener Einschränkung der reinen Vernunft die metaphysische Frage nach der ontologischen Bestimmtheit Gottes weiter beunruhigt, läßt Kant sie als theoretisch unlösbar stehen und integriert den Gottesbegriff durch die Analogisierung in den Bedingungszusammenhang des menschlichen Erkennens; Aussagen über Gott sind nur noch in Analogien möglich.

Damit entfernen sich aber der in der metaphysischen Frage gemeinte Gott und der als Vernunftidee konzipierte Gottesbegriff unendlich voneinander. Es ist daher kaum noch möglich, einen Unterschied zwischen beiden festzustellen, weil ihnen keine vom menschlichen Denken verantwortbare Gemeinsamkeit zu Grunde liegt, derzufolge man ihr Unterschiedensein verstehen könnte. Dieses manifestiert sich — so ließe es sich formal sagen — als unendliche Seinsdifferenz, ohne daß man freilich zu wissen vermöchte, w a s man denkt, wenn man vom Sein Gottes an sich selbst spricht. Die Gottes i d e e dagegen steht in einer eindeutigen ontologischen Abhängigkeit vom Denken des Menschen; sie hat wie jede Funktion im System des transzendentalen Idealismus nur subjektive Geltung; ohne ihre Beziehung auf das transzendentale Subjekt hat die Idee kein Sein. Die Subjektivierung, der alle ursprünglich metaphysisch

lichen hinwagt, über dessen Höhe sie notwendig schwindlicht wird!" Dazu Adickes: „Die Existenz dieses Unbegreiflichen und Unerforschlichen wird also als selbstverständlich vorausgesetzt; nur darf die Vernunft wegen seiner völligen Unerkennbarkeit (nicht etwa wegen seiner angeblichen Nicht-Existenz!) von seiner Idee keinen konstitutiven Gebrauch machen." (92 Anm. 24). Nach Adickes diskutiert Kant nicht Gottes Existenz und den seine Transzendenz wiedergebenden Begriff, sondern nur die von der Vernunft produzierte Gottesidee. Die Frage, ob Gott auch wirklich als ein transzendentes Wesen existiere, läßt die Vernunftidee zwar unausgemacht, muß aber nach Adickes Auffassung für Kant positiv entschieden werden: Kant läßt „gar keinen Zweifel darüber, ... daß Gott für ihn wirkliche transsubjektive Realität hat, daß also seiner Überzeugung nach der Gottesidee ein transzendentaler Gegenstand entspricht" (92). Freilich muß man nach Adickes eigenen Analysen einschränkend hinzufügen, daß nicht die Idee aus sich heraus zu dieser Entsprechung tauglich ist, sondern daß es der Philosoph ist, der sie mit der transzendenten Existenz Gottes koordiniert (vgl. Adickes 111 ff.; 137). Adickes' Kritik würde auch Cohen gelten (vgl. 512 ff.), der die Bedeutung eines der Idee entsprechenden Gegenstandes in Form eines Dinges an sich stark zugunsten der Idee als Funktionsbegriff reduziert (vgl. auch die gegen Vaihinger gerichtete Schrift von H. Scholz).

verstandenen Begriffe unterworfen werden, qualifiziert von vornherein den Sinn, den sie unter den Bedingungen des Kritizismus allein annehmen können. Der Gottesbegriff ist nicht nur den Bedürfnissen der Vernunft in der theoretischen und praktischen Philosophie untergeordnet, sondern darin strukturell an seinem Modell, dem menschlichen Denken orientiert.

Drei wesentliche Momente sollen hier herausgehoben werden, die die Struktur des durch seine Analogisierung methodisch abgesicherten Begriffs von Gott bestimmen; von Hegel werden sie später zu der metaphysisch-systematischen Einheit des Absoluten umgewandelt. Mit dem (1) absolut-notwendigen Sein Gottes und seinem (2) Sich-selber-Denken oder sein Sein-Denken ist die (3) Freiheit verbunden. Die beiden ersten Momente ergaben sich konkret aus dem sachlichen Zusammenhang der Destruktion aller rationalen Theologie. Die Freiheit Gottes wird hier nicht thematisiert. Gleichwohl gibt dieser Zusammenhang Kriterien an die Hand, die einen gedanklichen Übergang von dem Begriff des notwendigen Wesens in Form der Idee eines intellektuell anschauenden Denkens zu der göttlichen Freiheit nicht nur erlauben, sondern fordern.

Ein solcher Übergang muß folgendermaßen bestimmt werden: Aus der modaltheoretischen Einheit von Begriff und Sein, Möglichkeit und Wirklichkeit in der absoluten Notwendigkeit von Gottes Sein folgt der Gedanke, daß Gott Denken ist. Die Bestimmung des göttlichen Denkens kann wiederum nur in Analogie zu Begriffen erfolgen, die die Struktur des menschlichen definieren. Die allgemeinste Umschreibung dessen, was Denken ist, läßt den sachlichen Zusammenhang mit dem Freiheitsbegriff deutlich hervortreten: Denken ist das Vermögen der Begriffe, die es in einem Akt der Spontaneität erzeugt[9]. Doch muß der Begriff des endlichen Denkens auf Grund der Angewiesenheit des Verstandes auf anschauliches Material notwendig antinomisch ausfallen; die Endlichkeit beruht wesentlich auf der Rezeptivität des Gemüts, Vorstellungen von Gegenständen zu empfangen[10]. Umspannt der einheitliche Begriff des Denkens die beiden divergierenden Vermögen der Rezeptivität und Spontaneität, so müssen sich Bedingungen aufweisen lassen, unter denen es möglich ist, beide zu dieser Einheit menschlichen Erkennens verbinden

---

[9] Vgl. B 74 f.

[10] Es ist einer der wesentlichen Punkte von Heideggers Buch (Kant und das Problem der Metaphysik) aus dem Verhältnis von Spontaneität und Rezeptivität bei Kant die Endlichkeit menschlichen Denkens aufgezeigt zu haben (vgl. 28 ff.; 134 ff.).

zu können. Kant hat die Möglichkeit einer anthropologischen Zusammenstimmung der beiden Grundelemente des Erkenntnisvermögens in der 3. Antinomie untersucht, in deren Auflösung er eine grundsätzliche Antwort anstrebt. Denn die beiden Weisen des menschlichen Denkens weisen auf zwei prinzipielle Weisen des menschlichen Seins überhaupt hin. Im konkreten Deduktionsgang der KdrV wird das antinomisch strukturierte S e i n des Menschen erkenntnistheoretisch aus den sich zueinander antinomisch verhaltenden Grundvermögen des D e n k e n s und seines Erkenntnisvollzuges abgeleitet.

Zum Denken tritt ein zweites Funktionsmoment des menschlichen Seins hinzu, das Handeln. Kant hat Denken und sittliches Handeln mit den Begriffen Rezeptivität und Spontaneität, die den Charakter beider Funktionen grundsätzlich bestimmen, parallel geschaltet und damit methodisch zu der systematischen Einheit der menschlichen Subjektivität überhaupt verflochten, die der theoretischen und praktischen Vernunft zu Grunde liegt. Ist Denken Spontaneität im ontologischen Sinn, indem es den Ermöglichungsgrund wenn auch nicht der Gegenstände, so doch der Begriffe darstellt, die die transzendentale Möglichkeit der Gegenstände ausdrücken, bezeichnet Spontaneität des Handelns ein Vermögen, im kosmologischen Sinne „einen Zustand von selbst anzufangen"[11], der nicht von der Naturkausalität determiniert ist. In beide Grundfunktionen menschlichen Seins, des Denkens und Handelns fließt ein ihrer Spontaneität transzendentes Moment ein, das als Kriterium der Endlichkeit des Menschen gelten muß. Auch wenn das Denken durch seine spontan erzeugten Begriffe der Grund für die transzendentale Konstitution der Gegenstände ist, vermag es in dieser von aller Erfahrung unabhängigen Aktuosität auf das stoffliche Gegebene, das die Sinnlichkeit rezeptiv aufnimmt, nicht zu verzichten. Ebenso entwickelt die freie Handlungskausalität ihre Spontaneität in dem gesetzlich vollständig abgeschlossenen Determinationszusammenhang der Natur und ihrer Stoffe.

Obwohl Kant das Problem der ontologischen Bestimmung der freien Kausalität des denkenden Subjekts nicht so ausdrücklich thematisiert hat wie das des handelnden[12], kann man die Geltung der ontologischen Bedingung für die praktische Freiheit des sittlichen Handelns auch auf das Denken ausdehnen. Die Auflösung der 3. Antinomie beantwortet die

[11] B 561.
[12] Vgl. Martin, Kant 202 ff.

Frage, wie Freiheit möglich ist, mit der Koordinierung zweier Ordnungen, an denen der Mensch in seinem Denken und Tun zugleich teilhat. Sein Eingefügtsein in die E r s c h e i n u n g s w e l t bestimmt ihn als ein von Natur- und Zeitfaktoren abhängiges Wesen, denen es mit seiner Rezeptivität Rechnung trägt. Freiheit ist aber nur möglich, wenn der Mensch gleichzeitig in einer i n t e l l i g i b l e n O r d n u n g g e d a c h t wird, aus der man das noumenale Vermögen einer absolut verursachenden Spontaneität verstehen kann, das den empirischen Kausalverbindungen und ihren Naturnotwendigkeiten nicht unterworfen ist[13]. In diese an sich seiende, intelligible, das Gefüge der dynamisch auseinander resultierenden Kausalreihen nicht berührende Ordnung integriert Kant die transzendentale Idee der Freiheit und leitet sie hieraus ab, auch wenn sie in dem, was ihr intelligibles Sein ausmacht, ontologisch nicht aufgehellt werden kann[14].

Freiheit bildet systematisch den Übergang von theoretischer und praktischer Philosophie. Auf der Möglichkeit und Notwendigkeit, unabhängig von den natürlichen Beweggründen aus der Sinnenwelt zu handeln, beruht ihr praktischer Begriff[15]. Als Schlußstein des Systems der reinen Vernunft bildet er für den Menschen die transzendentale Grundlage, sich als sittliches Wesen zu realisieren. Die Freiheitsidee macht verständlich, daß und inwiefern reine Vernunft zugleich praktisch ist[16].

Das denkende Subjekt erzeugt nicht nur Begriffe, die die reale Möglichkeit erfahrbarer Objekte transzendental gewährleisten, sondern manifestiert in einem spontanen Aktus durch den Gedanken Ich-denke sein eigenes Sein. Freilich ist auch hier wieder die Einschränkung mitzudenken, daß das Dasein der transzendentalen Apperzeption schon gegeben sein muß, ebenso wie dem Einigungsvermögen der Subjektivität das Seiende des Mannigfaltigen durch das rezeptive Vermögen der empirischen Apperzeption[17]. Das Denken erzeugt in seiner Spontaneität nicht das

---

[13] Vgl. auch Martin 257 ff.

[14] Vgl. KW IV 112.

[15] Vgl. B 562.

[16] Vgl. KW IV 107 ff.; Heimsoeth, Kant-Studien 71, 250.

[17] Die transzendentale Deduktion der Kategorien führt auf den Begriff der reinen oder transzendentalen Apperzeption, die sich von der bloß empirischen unterscheidet (vgl. B 139 f.; 152 f.; A 115); in diesem Zusammenhang muß ein Hinweis genügen: die empirische Apperzeption bezieht sich auf das Assoziationsvermögen, im inneren Sinn inhaltliche

Bewußtsein von sich selbst in dem Sinne, als sei in einem reinen Aktvollzug des Sich-Wissens das eigene Sein des Selbstbewußtseins gesetzt. Denken tätigt sich nicht selbst in seinem Sich-selber-Denken, wie später bei Hegel. Die Freiheit des Denkens ist nicht ein von der Subjektivität hervorgebrachtes Konstitutionsmoment der reinen Subjektivität selber, sondern auf diese als einen vorgegebenen Fixpunkt hingeordnet, von dem sie zugleich ausgeht. Freiheit kann nicht verursachen, was das transzendentale Ich in seiner ontologischen Verfassung an sich selbst ist; in ihrem An-sich ist Freiheit ja selbst eine Unbekannte; daher kann sie nur als Idee gedacht werden. Das Ich ist auf Grund seiner Freiheit nicht Grund seines Seins. Freiheit und Spontaneität sind mit der Subjektivität vorfindlich da, ohne daß aber Kant Ich wiederum als Idee bestimmen würde. Als Bedingung von Funktionen, die Erscheinungen ermöglichen, ist Ich nicht selbst Erscheinung. Das Ich hat einen gegenüber den Erscheinungen und Ideen selbständigen Ort, den Kant nicht näher bestimmt[18]. Aber soviel ist deutlich, daß die transzendentale Subjektivität kein notwendiges Wesen ist, das als Begriffe fassendes Tun der reinen Apperzeption im Tätigen von Ich-Gedanken auch sein Sein erschaffen würde. Die reine Akttätigkeit der transzendentalen Apperzeption erschafft nicht einmal das empirisch-assoziative Material des vollständig gegebenen inneren Sinnes oder die Vorstellungsinhalte, in denen das Ich sich in seiner Ich-Anschauung verobjektiviert. Wäre das Ich ein notwendiges Wesen, so wäre das Sein des Denkens diesem nicht nur als gleichursprünglich zugehöriges Moment seiner reinen an sich seienden Intellektualität vorgegeben, sondern der reine Aktus hätte das Sein bereits stets aus sich produziert und wäre in seinem Sich-Erzeugen zugleich das Sein des Erzeugens. Aber das unmittelbar transzendentale Spontaneitätsbewußtsein ist ohne seine aus ihm selbst nicht erklärbare, objektiv gegebene Vorfindlichkeit nicht denkbar, auch wenn die KdrV keinen ontologischen Rahmen dieser Gegebenheit angibt. Deshalb ist das Denken der endlichen

---

Vorstellungen zu verbinden, während die transzendentale das Vermögen der Einheit bezeichnet, das Mannigfaltige der Vorstellungen in einem Prinzip (vgl. A 117 f.) oder in dem Begriff von einem Gegenstand überhaupt (= Kategorie vgl. B 128) zu vereinen; dieses Vermögen gründet in dem „einigen Selbstbewußtsein" (A 117/118 Anmerkung) des Ich-denke.

[18] Heidegger meint, Kant sei vor dem Ich (der transzendentalen Einbildungskraft als Ursprung der synthetischen Urteile), „dieser unbekannten Wurzel zurückgewichen" (147).

Intelligenzen nicht die intellektuelle Anschauung ihrer selbst, die allein einem notwendigen Wesen zukommt, das in der Freiheit des Sich-selbst-Begreifens sein Selbstsein ermöglicht. Entsprechend zur Spontaneität der Begriffe ist im praktischen Bereich das ursprünglich spontane Vermögen, aus Freiheit sittlich zu handeln, nicht auch die vollständige Bedingung des sittlichen Endzustandes des Menschen und seines wahren Seins im höchsten Gut, sondern wird eingeschränkt durch die sinnlich-materiellen Motive, welche die mit dem moralischen Gesetz zusammenbestehende freie Willensbestimmung immer zusätzlich beeinflussen. Auch hier ist die Möglichkeit der Kausalität aus Freiheit nicht schon die realisierte Wirklichkeit des vollendeten sittlichen Endzwecks.

Die kritizistische Theorie der Modalitätskategorien, deren wesentlicher Kern in der Differenzierung der Begriffsebene von der Seinsebene besteht, ist aufs Ganze gesehen somit konstitutiv für die Theorie der Erkenntnis, des Selbstbewußtseins und für die praktische Philosophie, insofern in allen Disziplinen das charakteristisch Endliche menschlichen Denkens und Handelns offenbar wird[19]. Zwar partizipiert der Mensch gerade auch in seiner Endlichkeit und Angwiesenheit auf die natürlichen unter das Kausalgesetz subsumierten Determinationen auf Grund seines intelligiblen Charakters an der aus seiner Freiheit hervorscheinenden Absolutheit; und ebenso hat er durch Freiheit, deren Sein nur in der Sphäre des Dings an sich gedacht werden kann, seinen Grund im Göttlichen; denn er ist selbst partiell von einer ontologischen Wesenheit, die auch Gott eignet, aber niemals entspringt seinem Denken die absolute Notwendigkeit oder die absolute Freiheit.

Hier muß noch einmal an die Verklammerung von Kritizismus und Metaphysik in den Einwendungen gegen die Ontotheologie erinnert werden. Kant läßt den Gottesbegriff im Vernunftsystem als Idee gelten; er hat die Möglichkeit bzw. Unmöglichkeit eines ihr korrespondierenden metaphysischen Objekts sowie die Kenntnis von dessen ontologischer Bestimmtheit als für die Vernunft unlösbare Fragen beiseitegestellt. Die Ideenlehre verweist, wie gezeigt wurde, zumindest auf die metaphysische Problematik des an sich göttlichen Seins. Obwohl die Vernunft nicht

---

[19] Die Modalbegriffe stehen zwar in funktioneller Dependenz von der Subjektivität, bestimmen aber als Repräsentationskategorien der Eingeschränktheit und Begrenztheit des Erkenntnisvermögens die Aktmöglichkeiten des denkenden Subjektes: in diesem Sinne muß hier „konstitutiv" verstanden werden.

einmal die Möglichkeit eines solchen ihr Vermögen transzendierenden Seins begreifen kann — freilich ist sie auch nicht imstande, die Unmöglichkeit eines an sich seienden göttlichen Wesens aufzuweisen, weshalb seine logische Möglichkeit prinzipiell nicht geleugnet werden kann — scheint doch von der Idee der Freiheit her eine weitere Aussage über das metaphysische Sein Gottes vertretbar zu sein.

In der Freiheit hat der Mensch ein an sich seiendes, intelligibles Sein, das man als das Sein der Freiheit bezeichnen kann. Weil dieses Sein ontologisch aber völlig unbegreiflich ist[20], vermag Kant die Freiheit nur als Idee bzw. als Postulat anzusehen; gleichwohl bleibt von ihrem metaphysischen An-sich-Charakter dem endlichen Denken immerhin so viel einzusehen, daß man es wagen kann, ihre wie auch immer aufzufassende metaphysische Faktizität festzustellen. Das Ansichsein der Freiheit ist im menschlichen Denkbereich nur noch in der Aussage gegenwärtig, die es als reines apriorisches Faktum bestimmt[21].

Dies gilt auch von allen anderen Inhalten der Metaphysik, die im Kritizismus als Ideen wiederkehren. Den Ideen entspricht zwar kein Gegenstand, dafür aber die ontologisch nicht zu begreifende metaphysische Gegenständlichkeit als reines Faktum. Kant reduziert den Inhalt

---

[20] Vgl. KW IV 112.
[21] Vgl. KW IV, 108 ff.; 139 ff.; 161 ff.
In der theoretischen Philosophie haben Gott und Freiheit als Ideen nur subjektive Realität, weil sie vom Vernunftinteresse abhängen. (Auch hier müssen Andeutungen genügen). Die praktische Philosophie räumt ihnen objektiv-praktische Realität ein. „Freiheit und unbedingtes praktisches Gesetz weisen ... wechselweise auf einander zurück" (KW IV, 139) und bilden ein „Faktum der Vernunft" (KW IV, 141), aus dem als in einer objektiven Realität Möglichkeit und Notwendigkeit sittlichen Handelns ihren Grund haben. Dieses Handeln richtet sich letztlich auf den Endzweck, in dem Glückseligkeit und Würdigkeit übereinstimmen. Diese Übereinstimmung setzt eine Koordinierung naturkausaler, die der Glückseligkeit dienen, und sittlicher Zweckreihen voraus, die empirisch niemals aufgefunden, wohl aber unter einem höchsten Prinzip von objektiver Realität d. h. Gott gedacht werden können; Freiheit und Gott als objektiv reale Bedingungen des Endzwecks, des höchsten Gutes, konstituieren den systematischen Zusammenhang, innerhalb dessen menschliches Handeln als sittlich definiert werden kann und muß (vgl. KW IV, 264 ff.; 267 ff.; 279 f.). Als praktische Postulate haben Gott und Freiheit objektive Realität; daraus läßt sich aber kein Gottesbeweis konstruieren (vgl. KW IV, 256), weil diese Realität aus einem für moralische Wesen d. h. subjektiv hinreichen-

‚Freiheit' auf eine den Vernunftfunktionen angehörende ideelle Form
und ihre ursprünglich metaphysische Realität auf die bloße Inhaltlichkeit.
Daher kann er zu den lediglich formalen, konstatierenden Aussagen
kommen, daß Freiheit an sich ist, d. h. daß den Ideen der Freiheit eine
reine an sich seiende Objektivität zu Grunde liegt.

Das Sein Gottes an sich selbst kann im gleichen Sinne faktisch genannt
werden, wie das ontologische Substrat der Freiheitsidee; von ihm läßt
sich dieselbe Faktizität behaupten, ohne daß man aber ihre Struktur
näher bestimmen könnte. Die Annahme der Ding-an-sich-Struktur als
ontologischer Grundlage der Ideen setzt somit auch noch unter den Bedingungen des Kritizismus eine metaphysische, für Kant nicht näher
definierbare Seinskategorie voraus; diese Kategorie bezeichnet objektive
Realität oder die den Dingen an sich eignende Unabhängigkeit vom
denkenden Subjekt. Mehr als die bloße Faktizität, das reine, freilich
objektiv zu verstehende Daß ist von diesem Sein nicht auszusagen[22].

Unter den Bedingungen der KdrV ist es also nicht möglich, theoretisch
aufzuschlüsseln, was dieses Sein in sich selbst ist. An dieser Stelle hat
Kant immer wieder auf die Grenzen menschlichen Verstehens hingewiesen.
Doch ist die Auseinanderlegung der Begriffe von Gott und Freiheit in
ein subjektiv-ideelles und ein der Metaphysik zugehöriges objektives und
an sich seiendes Moment von größter systematischer Bedeutung für das
Ganze der Kantischen Philosophie. Denn die Vereinigung des subjektiven
und objektiven Elements, die in diesen Begriffen vollzogen wird, begründet methodisch die Verklammerung von theoretischer und praktischer
Philosophie. Man muß hier bedenken, daß Kant dem objektiv an sich
seienden Bestandteil des Freiheits- und Gottesbegriffs nicht im Interesse
einer nun doch wieder spekulativen Ontotheologie Geltung verschafft,
sondern um das Gebäude der p r a k t i s c h - d o g m a t i s c h e n Me-
t a p h y s i k zu errichten[23]. So erklärt es sich, daß der Objektivitäts- und
Realitätsanspruch, den die überkommene Ontologie den Kategorien zu-

---

den Argument folgt. Gott und Freiheit sind als Faktum objektiv; dies
ist der metaphysische Rest, auf dem ihre Subjektivierung in den Funktionen praktischen Handelns beruht (vgl. KW V, 567 ff.; 508 ff.; 590 ff.; 606;
dann auch Henrich, Der Begriff der sittlichen Einsicht und Kants Lehre
vom Faktum der Vernunft 77 f.; Wundt 322 ff.). Zum Faktum der Freiheit vgl. Wrzecionko 150 ff. Zum moralischen Gottesbeweis Brandenstein
178; vgl. auch Krüger 192 ff.

[22] Vgl. Martin, 268 f.; 270.
[23] Vgl. Heimsoeth, Kant-Studien 71, 250.

erkennt, in die Grundlagen der praktischen Philosophie erneut einwandern können. Im Kantischen System wird der alten Metaphysik in den Bedingungszusammenhängen der praktischen Vernunft wieder ein Platz eingeräumt[24]; dies geschieht aber wiederum nicht in der Weise, als würde die KdrV das Problem der an sich seienden ontologischen Substanz von Gott und Freiheit lösen wollen, dessen Beantwortung die theoretische Vernunft aufgeben mußte. Vielmehr wird der Wolffschen Schulontologie lediglich der Gedanke einer kategorial objektiven Realität entnommen und auf die Begriffe Gott und Freiheit angewandt, um den Notwendigkeitscharakter des sittlichen Handelns zu untermauern[25].

Die Realität der Ideen ist also nur in praktischer Hinsicht objektiv[26]. Diese Objektivität überschreitet die Möglichkeiten theoretischen Begreifens; sie läßt sich lediglich postulativ mit den Bedürfnissen der praktisch-sittlichen Vernunft verbinden. Für die theoretische Vernunft bleiben die Ideen bloße, wenn auch subjektiv notwendige Hypothesen[27], die erst mit Hilfe von Analogien Gestalt gewinnen. Nachdem in der Freiheitsidee die Verklammerung eines subjektiv-theoretischen und eines objektiv (metaphysisch) praktischen Elementes eingesehen werden konnte, ist der Analogiebegriff von Gott hinreichend zu bestimmen.

Der Gedanke der Freiheit Gottes läßt sich zunächst aus seiner Notwendigkeit deduzieren. Dieser Schritt ergab sich schon aus der systematischen Beziehung von Denken und notwendigem Wesen. Kant hat im Anschluß an die Kritik des endlichen Denkens den Analogiebegriff von Gott konzipiert und als Idee in die Vernunftsystematik eingeholt. Die Restriktionen, die für das endliche Denkvermögen gelten, werden auf der Ebene der Analogie für Gott abgebaut und entschränkt. Die Struktur des absolut-notwendigen Wesens fällt mit derjenigen eines intellektuell anschauenden Denkens zusammen.

Denken ist ohne Freiheit nicht möglich. Das göttliche Denken kann die rezeptiven Funktionen des endlichen Verstandes entbehren; es ist die absolute Spontaneität. Die Freiheit des Menschen begreift die theoretische Dimension des Erkennens und die praktische des sittlichen Handelns unter ein Prinzip; die endlichen Denk- und Handlungsvorgänge sind aber trotz des intelligiblen Substrats der Freiheit stets an die Notwendigkeit rezep-

---

[24] Vgl. KW IV, 109.
[25] Vgl. KW IV, 264; 267 ff.; 279 f.
[26] Vgl. KW IV, 267.
[27] Vgl. KW IV, 276.

tiven Erleidens gekettet. Gott dagegen ist absolute Freiheit, sowohl im Denken wie im Handeln. In der Freiheit kulminieren daher die theoretischen und praktischen Konstituentien des Analogiebegriffs von Gott: absolute Notwendigkeit, Denken und Wille. Die beiden Prädikate Gottes Verstand und Wille[28] haben in der Freiheit ihre Einheit; in ihr sind das Denken und Wollen nicht mehr zu trennen. Die Analogiestruktur des Kantischen Gottesbegriffs ist damit in der Hauptsache gegeben[29].

---

[28] Vgl. KW IV, 270.
Es kommt hier nur auf die modaltheoretisch deduzierbaren Eigenschaften Gottes an, die systematisch in seiner Freiheit zusammengefaßt sind. Weniger systematisch wird über die göttlichen Eigenschaften durchgängig in den Vorlesungen zur philosophischen Religionslehre gehandelt, die Pölitz herausgegeben hat (vgl. VR 110; 128 ff.; 184 ff.). Ohne weiteres Konstruieren sind Verstand und Freiheit des höchsten Wesens auch in der KdrV assoziiert (vgl. B 660 f.).

[29] Methodisch äußert sich die Endlichkeit der menschlichen Freiheit in ihrer für die 3. Antinomie charakteristischen Gegenüberstellung zur kausalen Notwendigkeit in mechanisch-dynamischen Zusammenhängen. Mit starkem Vorbehalt hinsichtlich Kants liegt es aber schon im Blick auf Hegel nahe, daß in Gott Notwendigkeit und Freiheit identisch sind, die für den endlichen Menschen stets auseinanderfallen müssen und nur durch die Voraussetzung einer intelligiblen und einer empirischen Ordnung aufeinander bezogen werden können. Gottes Sein in absoluter Notwendigkeit ist eins mit dem Sein, das er sich auf Grund seiner Freiheit selber gibt; es ist nicht nur im Sinne der Unaufhebbarkeit absolut notwendig, sondern zugleich Folge seines in Freiheit geschehenen Sich-Selbst-Setzens. Daher kann in Gott das Problem der 3. Antinomie von vornherein nicht entstehen. Freilich muß man hier bedenken, daß Kant schon in vorkritischer Zeit den Gedanken der causa-sui als unsinnig abgelehnt hat, da etwas nicht Ursache und Folge zugleich sein kann (vgl. KW I, 431 ff.; Heimsoeth, Kant-Studien 71, 33 f.; 81 ff.). Es ist für ihn auch nicht einmal der Analogie nach möglich, daß die Notwendigkeit der Selbstverursachung in Gott nach dem Vorbild einer kausal-dynamischen Beziehung gedacht werden könnte. In den Pölitz-Vorlesungen gibt es zwar einen Abschnitt „Von Gott nach seiner Causalität" (VR 175 ff.); hier wird aber jede spinozistische Tendenz ausdrücklich zurückgewiesen. Gottes Kausalität bezieht sich immer nur auf die ihm subordinierte Welt und ihre Geschöpfe, d. h. auf das, was möglich ist, und dessen Zusammenhang als relativ notwendig bezeichnet werden muß; niemals aber konstruiert

Die Analogisierung ist ein Akt der denkenden Subjektivität; der durch sie gewonnene Gottesbegriff bleibt daher ontologisch abhängig vom subjektiven Vernunftbedürfnis und der Vorstellungskraft des Menschen, der

Kant daraus einen für Gott zutreffenden causa-sui-Gedanken, in dessen Konsequenz jedes von Gott verursachte — nicht nur das eigene — Sein ein absolut-notwendiges Element im göttlichen Selbstverwirklichungsprozeß ist. Der Begriff des intellectus archetypus (oder der von Gottes Sein nach dem Vorbild des transzendentalen Ideals) bezieht sich immer auf nur welthaft Seiendes, dem niemals absolute Notwendigkeit zukommt. Nirgends aber erschafft die intellektuelle Anschauung das Sein ihres Selbstbewußtseins, durch dessen Vermittlung erst das Sein alles Möglichen besteht, sondern n u r das Sein des möglichen Zufälligen der Welt. Energisch hat Hegel, um dessentwillen diese Bemerkungen hier schon eingeführt werden, den Weg des causa-sui-Gedankens in der Logik beschritten. Systematisch entwickelt er die absolute Freiheit aus dem Dependenzverhältnis der kosmologisch-zufälligen Weltelemente in der Kategorie der relativen Notwendigkeit. Hegel kombiniert somit die Antithese der 3. Antinomie — die Freiheit wird auf Gott übertragen — mit der Möglichkeit eines notwendigen Wesens außerhalb der Welt und synthetisiert im Absoluten Freiheit und Notwendigkeit. Es liegt auch in der methodologischen Struktur des Analogiebegriffs begründet, daß Kant es vermeiden mußte, die Kausalität Gottes anders als in Beziehung auf die Welt zu denken. Formal definiert Kant die Erkenntnis nach Analogien als eine Weise, nicht „eine unvollkommene Ähnlichkeit zweener Dinge, sondern eine vollkommne Ähnlichkeit zweener Verhältnisse zwischen ganz unähnlichen Dingen" herzustellen (KW III, 233). Kant vergleicht das Verhältnis Gottes als oberster Ursache zur Welt mit dem Verhältnis, das die menschliche Vernunft zu einem ihrer Kunstwerke einnimmt (vgl. ebda 236; vgl. auch KW V, 594). „Dabei bleibt mir die Natur der obersten Ursache selbst unbekannt" (KW III, 236 Anm.), d. h. der Gedanke einer causa-sui in Gott läßt sich nicht ausweisen. Die Analogie beider Verhältnisse erfordert, 1. daß die wesentlichen Eigenschaften Gottes als höchster Ursache Verstand und Freiheit (freier Wille) sein müssen, damit in der von Gott verursachten Welt alles vernunftgemäß zugeht und damit erklärt wird, woher die Welt ihrem Dasein nach abstammt. Die Analogie verhindert, 2. daß die Eigenschaften Gottes Natur an sich selbst bestimmen und somit einen unstatthaften Anthropomorphismus hervorrufen. So wie das Verhältnis des Menschen zur Welt von Verstand und Wille geleitet sein muß, so hat man auch das Verhältnis Gottes zur Welt zu denken, d. h. die Beschaffenheit der Eigenschaften Gottes ist nach der Natur der menschlichen auszurichten. Man vermeidet dadurch den dogmatischen Anthropomorphismus und gewährt

sich auf Grund der Kenntnis der Voraussetzungen seines Denkens und Handelns einen Begriff von Gott macht. Damit scheint aber die Freiheit Gottes nur ein theoretisches Konstrukt der Vernunft zu sein; Freiheit des notwendigen Wesens meint demgegenüber sachlich doch gerade die substantielle Freiheit Gottes in sich selbst, die von keinem endlichen Begreifen berührt wird.

Die absolute Spontaneität, durch die der intendierte Denk- und Handlungsgegenstand immer schon als ein wirklicher gegeben ist, entzieht sich aber grundsätzlich menschlichen mit der Rezeptivität belasteten Begriffen. Die göttliche Freiheit ist über ihre bloß formale und analoge Bestimmung hinaus, die lediglich die der menschlichen Freiheit anhaftenden Grenzen beiseite läßt, einer weiteren Deutung nicht zugänglich. Würde ein endliches Subjekt sie vollständig begreifen, so müßte es selbst diese Freiheit sein, aus der sie und das All des Seins entsteht, denn sie kann dann gar nicht anders begriffen werden, als daß sie sich in ihrem Begreifen zugleich als das vollzieht, was sie ist: sie ist absolute Notwendigkeit, die zugleich das Sein des Erzeugens erzeugt. Das menschliche Selbstbewußtsein kann aber niemals zugleich als absolute Verwirklichung seiner selbst oder aller nur möglichen Realitäten auftreten. Denn das Sein seiner kategorialen Konstitution erschafft es sich nicht selbst im Akte des Denkens, sondern ist ihm mit dem Seienden als Bedingung rezeptiven Erleidens vorgegeben. Es ist also undenkbar, daß die Freiheit Gottes in sich selbst in ihrem objektiven, ohnehin unzugänglichen Begriff von der menschlichen Vernunft abhängig wäre.

An die Stelle des der Vernunft unerreichbaren, metaphysischen An-sich-selbst-Seins Gottes tritt der dem endlichen Denken angeglichene Analogiebegriff. Dieser hat im Vernunftsystem seinen Ort als regulative Erkenntnisfunktion der Einheit; es liegt in den genuin philosophischen Intentionen Kants, Gott durch Idealisierung und Analogisierung vom Vernunftgebrauch ontologisch zu verabhängigen. Für das System der theoretischen und praktischen Vernunft haben der ideelle und der objektiv-praktische Gottesbegriff konstitutive Bedeutung. Von philosophischem Interesse ist

---

lediglich einen symbolischen (vgl. KW III, 233). Für die praktische Philosophie läßt sich der Analogiegedanke so formulieren: ebenso wie der Mensch die kausal-dynamisch gebundenen Naturzwecke seinen eigenen Zwecken unterordnet, so verwirklicht Gott in der Natur seinen Zweck d. h. den Endzweck. Auch hier setzt die Kausalität Gottes Verstand und Wille voraus.

Gott nur noch, insofern er den Erfordernissen des transzendentalen Idealismus und der praktischen Philosophie genügt, denen er damit untergeordnet ist; der Gott der überkommenen Metaphysik wird bei Kant dem System integriert und dessen Bedingungen angepaßt. Aber von hier aus ist ein Ansatz für den Begriff der göttlichen Freiheit möglich. Denn dieser Gottesbegriff ist gleichzeitig Produkt eines Kritizismus, der das Bewußtsein der Endlichkeit des Denkens enthält. Die Gottesidee impliziert das Eingeständnis, daß die kritisierte Vernunft nicht anders als in Analogien von Gott zu reden vermag[30]. Kants destruierende Analyse der Wolffschen Ontotheologie erhellt gerade die Unangemessenheit eines jeden Seinsbegriffs für Gott aus spekulativer Vernunft. Das analysierende Begreifen vollzieht sich mit dem Bewußtsein der eigenen Endlichkeit, das alle Aussagen über Gott begleitet. Daher kann die Analogiefunktion des Denkens in der Reflexion auf sein analogisierendes Tun noch das seine Eingeschränktheit und Begrenztheit transzendierende Moment des Seins Gottes enthalten. Dieses Moment reflektiert der Mensch aber nicht unmittelbar gegenständlich, sondern auf der Ebene des Bezogenseins seiner selbst als eines endlichen Wesens auf ein ihm schlechthin unbegreifliches und daher problematisches Objekt. Nur so vermag er dem Fehler des Dogmatismus zu entgehen, sich Gott objektiv vorzustellen, ohne die Möglichkeit einer solchen Vergegenständlichung mit den möglichen Bedingungen seines Denkens verglichen zu haben. Das endliche Subjekt muß seine Endlichkeit in die Rede von Gott stets mit hineinnehmen; dieser Forderung will der Analogiebegriff gerecht werden; er kann daher als eine unter den Bedingungen des Kritizismus mögliche, die Endlichkeit des Menschen und die Eigenschaften Gottes vereinende Konstruktion angesehen werden.

Als Idee steht Gott also einerseits in ontologischer und funktionaler Dependenz von der menschlichen Vernunft; diese scheint die göttliche Freiheit zu relativieren. Andererseits reflektiert gerade die aus Analogien

---

[30] Die Kopplung von Idee und Analogie sieht man sehr schön an der Stelle KW III, 234/35; die Gottesidee bringt in den Vernunftgebrauch hinsichtlich der vom Verstand ausgewiesenen Möglichkeit von Erfahrung 1. das **Prinzip höchster Einheit.** 2. Da dieses Prinzip kosmologisch die kausalen Verknüpfungen der Welt bestimmt und zugleich ontologisch die Totalität der Elemente aller möglichen Verknüpfungen enthält, muß es als höchste Vernunftursache gedacht werden, eine Leistung, die der Analogiebegriff erbringt. Übrigens liegt hier auch wieder der Gedanke vor, daß die göttliche Vernunft Notwendigkeit und Allmöglichkeit umschließt.

zusammengesetzte Gottesidee die Endlichkeit und Insuffizienz des Denkvermögens, dem Sein Gottes objektiv zu entsprechen. Nur in dieser Reflexion kann man den Begriff von Gottes Sein so fassen, daß unter den
subjektiven Bedingungen, die dem Denken gesetzt sind, der Gedanke der
göttlichen Freiheit bewahrt wird.

Kant hat den Analogiebegriff von Gott in seinen Hauptwerken nie in
stringenter Form entwickelt; das Problem der Freiheit Gottes steht nicht
im Mittelpunkt seiner Bemühungen; ihm kommt es mehr darauf an, zu
ermitteln, welche Funktionsbedeutung ein Gottesbegriff für das System
der Vernunft haben kann. Gott hat einen funktionalen und sehr allgemeinen Stellenwert im Zusammenhang von Vernunftwissenschaft und
Ethik nur durch die Vermittlung der Gottesidee als regulativen Prinzips
und als Postulat; dieser Idee entsprechen die göttlichen Eigenschaften Verstand und Wille, die für die reine und praktische Vernunft von primärer
Wichtigkeit sind. Zwar ist Freiheit das Prinzip dieser Eigenschaften, aber
dieses kann erst in einem weiteren Gedankengang sekundär abgeleitet
werden. Die Kantischen Deduktionen erlauben Querverbindungen, die die
Konstruktion eines auf Gott bezogenen und aus seiner absoluten Notwendigkeit verstehbaren Freiheitsbegriffs möglich machen.

Erst bei Hegel und in der von ihm abhängigen Epoche des deutschen
Idealismus ist aus diesem für Kant noch peripheren Problem ein zentrales
geworden. Der methodische Ansatz, es zu lösen, wird sich dabei der von
Kant vorgegebenen Begrifflichkeit bedienen. Hier ist auch der Ansatz für
die systematischen Veränderungen zu suchen, die sich aus dem metaphysischen Rest in der Kantischen Ideenlehre zu einer neuen Ontotheologie
herausentwickeln. Die Modalitätskategorien, die in einer Theorie der
Freiheit als absoluter Subjektivität gipfeln, in der Freiheit und Notwendigkeit sich versöhnen, sind das Feld, auf dem diese Wendung in der
Hegelschen Philosophie geschieht.

B. HEGEL

I. Formen des Absoluten

1. Das Problem der Existenz Gottes

Die KdrV, welche die ontotheologischen Argumente der alten Metaphysik zerstört, versteht sich selbst als Propädeutik zu einer Metaphysik, die als Metaphysik des Praktischen in die Philosophie Eingang finden soll[1]. Das, was alte und neue Metaphysik verbindet, ist mehr als eine bloße Äquivokation; beide beschäftigen sich mit einem Inhalt von ausgezeichneter Qualität: Gott. Kant ist weit davon entfernt, mit seiner Kritik an den Gottesbeweisen diesen Inhalt selbst aus dem Bereich philosophischen Denkens zu eliminieren. Er stellt vielmehr der Tradition die Frage, ob es ihr in ihren Beweisen auch wirklich gelingen kann, Gott dem Begriff seines notwendigen Seins entsprechend zu denken. Kants negative Antwort geht nicht so sehr aus einer erneuten Prüfung der vorliegenden Argumente hervor, sondern vor allem aus der Kritik des menschlichen Denkvermögens, die ihrerseits eine die Struktur dieses Vermögens bestimmende metaphysische Implikation enthält. Die Endlichkeit des durch das sinnlich zu rezipierende Anschauungsmaterial bedingten Denkens[2] ist die metaphysische Voraussetzung für die Theorie der Modalitätskategorien, welche das kritizistische Element in der Destruktion der Gottesbeweise ausmachen; die Endlichkeit ist es auch, die die auf metaphysischer Ebene erfolgenden Einwände motiviert. Das Sein Gottes ist ein für dieses Denken nicht angemessener Gegenstand. Für Kant ist ja auch das metaphysische Denken der Tradition eines, das im Grunde nach den Gesetzen der kritisierten Vernunft denken müßte, wenn es sich in seiner Wahrheit d. h. seiner Endlichkeit begreifen würde. Nur dieses Bewußtsein ermöglicht es ihm überhaupt, die vom System des transzendentalen Idealismus dirigierte transzendentale Dialektik mit der überkommenen Ontotheo-

---

[1] Vgl. KW III, 240 f.; B 869.
[2] Vgl. Krüger 242.

logie zu konfrontieren. Der noch mögliche Seinsbegriff, von dem die
theoretische Vernunft objektive Realität auszusagen in der Lage ist, ist
der an Raum und Zeit gebundene. Aber gerade dieser Begriff von Sein
schließt die notwendige Konsequenz ein, daß sich seine Dimension eben
nicht auch bis in den metaphysischen Seinsbereich Gottes erstrecken kann.
Da das synthetische Vermögen der theoretischen Vernunft immer auf das
Sein möglicher Erfahrung bezogen bleibt, sind die von ihr inaugurierten
Gottesbeweise ihrem Beweisgegenstand von vornherein nicht adäquat.
Die kritischen Einschränkungen des Erkenntnisvermögens wahren deshalb
immerhin den Ausblick auf die freilich unerreichbare Metaphysizität von
Gottes Sein.

Daraus hat Kant nicht nur die destruktive Folgerung der Unerkennbarkeit des Absolut-Notwendigen gezogen, die identisch ist mit der Einsicht,
daß Gottesbeweise aus spekulativer Vernunft überhaupt unmöglich sind,
sondern vor allem die positive eines den Gedanken von Gott als Idee
und Analogie begreifenden systematischen Entwurfes; das negative und
positive Element gehören zusammen und verweisen aufeinander. Erst
ihr Zusammenhang, der in der KdrV der von Analytik und Dialektik
ist, vermag zu erklären, warum aus der Destruktion der Beweise eine
für die theoretische und praktische Vernunft in gleicher Weise verbindliche
Gotteslehre erwachsen kann. Kant geht sogar so weit, aus der prinzipiell
problematisierten, metaphysischen Sphäre der göttlichen Natur den Gedanken ihrer objektiven Realität herauszulösen und in die Prämissen der
praktischen Philosophie einzuarbeiten. Denn hier muß Gott als die Bedingung des Endzwecks objektiv-real sein, weil eine Übereinstimmung von
Glückseligkeit und Würdigkeit, wie die von dynamisch bedingten Zweckreihen und dem höchsten sittlichen Zweck nur von einer allwissenden
und allgütigen Vernunft herrühren kann, deren Unabhängigkeit von
der menschlichen Subjektivität außer jedem Zweifel steht. Auch wenn
Gott im Rahmen der Ethik, insofern es sich bei ihr um eine von Menschen konzipierte Wissenschaft handelt, letztlich doch wieder nur subjektiv verstanden wird d. h. auf Vernunftbedürfnisse hingeordnet bleibt,
hat Kant den Gedanken der für Gott notwendigen objektiven Realität
mit aller Schärfe gesehen und für die reine Vernunft in ihrer praktischen
Bedeutung festgehalten.

Es ist notwendig, sich diese Gedankengänge in Erinnerung zu rufen,
wenn man das Verhältnis Hegels zu Kant und die methodologischen Um-
schichtungen betrachtet, die die Restitution der Ontotheologie durch Hegel
voraussetzt. Denn dieser macht Kant fälschlicherweise den Vorwurf, er

habe mit seiner Kritik das Sein Gottes und das Sein des empirisch Erfahrbaren unter den einen Nenner der funktional von der endlichen Subjektivität abhängigen Kategorie der Existenz gebracht, die allein in synthetischen Urteilen Objektivität begründet[3]. Es sei daher, meint Hegel, nicht verwunderlich, daß die Gottesbeweise in der Kantischen Philosophie scheitern müßten. Denn es sei leicht einzusehen, daß eine ontologische Differenz zwischen dem Sein Gottes und dem Sein des Empirischen bestehe[4]. Wer beide Seinsweisen zusammenwerfe, indem er in der Kritik von der Kategorie der raum-zeitlichen Existenz ausgehe und deren Erkennbarkeit zum Maßstab auch für diejenige des Seins Gottes anlege, dürfe keinen Anspruch darauf erheben, von der Unmöglichkeit der Beweise zu überzeugen. Ganz unerlaubt sei es von diesem Ansatz aus, den ontologischen Gottesbegriff als eine willkürlich erdachte Vorstellung zu bezeichnen, aus dem niemals das Sein folgen könne, nur weil der geforderte Begriff der ihm zugehörigen Existenz mit den begrifflichen Bedingungen von Existenz in möglichen Erfahrungen nicht übereinstimme. Außerdem könnten die das gegenständliche Erkennen begründenden Verstandeskategorien nur subjektive Geltung beanspruchen, da sie in Dependenz von ihrem Gedachtsein stehen und Funktionen der denkenden Subjektivität seien.

Hegel bestreitet hier überhaupt den Objektivitätsanspruch der Kantischen Objekterkenntnis, da deren kategoriale Bedingungen nur subjektive seien. Nach Hegels Meinung ist mit der Kantischen Kritik am ontologischen Argument nicht allein der Fehler einer unsachgemäßen Koordinierung der göttlichen Existenz mit derjenigen in Raum und Zeit geschehen, sondern zugleich der zweite einer Subjektivierung des Existenzbegriffs überhaupt. Um diese Fehler zu vermeiden, bedürfe es eines Seinsbegriffs, der die Objektivität alles Seins umspanne, ein Sein, das auf alle Realitäten in gleicher Weise anwendbar sei, gleichzeitig aber

---

[3] Diese Auffassung ist in der Hegelliteratur oft reproduziert worden. Als Beispiel sei nur E. Schmidt genannt. Dabei operieren Schmidt wie Hegel mehr mit Verdikten als mit Argumenten: „Kant verbaut sich das Verständnis des ... Beweises von vornherein dadurch, daß er formal und material sich von der gegenständlichen Welt nicht zu lösen vermag." 128 Anm. 30; vgl. auch 129. Schmidt spricht das Diktum Hegels über das Kantische Beispiel von den 100 Talern einfach nach (132 ff.), obwohl Hegel an dieser Stelle den Einwand, daß Dasein kein Prädikat ist, selbst mit Kant geteilt hat.

[4] Vgl. Log II, 355.

in sich die Möglichkeit enthalte, zwischen den verschiedenen Realitäts-
bereichen zu unterscheiden und diesen kategorial gerecht zu werden[5].

Zwar ist es richtig, daß die von Kant gegenüber dem Rationalismus
modaltheoretisch vollzogene Wendung und Einschränkung der Existenzkategorie transzendentale Funktion des Denkens bleibt; aber bei Kant ist
das denkende Subjekt als letzter Grund für Aussagen mit objektiver
Realitätsgeltung nur das eine; das andere: der Beziehungsbereich der
transzendentalen Bedingungen möglicher Objektivität wird methodologisch gerade streng von der metaphysischen Seinssphäre geschieden, —
eben auf Grund der Transzendentalität der Bedingungen empirischer
Seinsverifikation. Für Kant gibt es zwei Weisen der objektiven Realität,
die des metaphysischen Seins oder der Dinge-an-sich, die den Erscheinungen zu Grunde liegt[6] und die theoretisch aus dem transzendentalen
Subjekt begründete der Erscheinungen selbst. Das Sein Gottes kann sich
der Mensch nur subjektiv in Ideen und Analogien begreiflich machen,
gleichwohl besteht an der Metaphysizität des an sich seienden Substrats dieser Analogien gar kein Zweifel. Die vom transzendentalen
Idealismus aufgedeckte Unerkennbarkeit des notwendigen Wesens an
sich selbst indiziert dessen Unabhängigkeit vom Subjekt und damit eine
Objektivität, — die ontologisch von anderer Qualität ist als die von
der Transzendentalphilosophie konstruierte — auf die die Geltung der
kritizistischen Existenzkategorie gar nicht übergreifen kann; das Sein
des Absolut-Notwendigen wäre im gegenteiligen Falle nicht mehr uner-
kennbar.

Zusammenfassend läßt sich die Divergenz von Kant und Hegel so
formulieren: das endliche Denken ist auf Grund der modaltheoretisch-kri-
tizistischen Restriktion der Existenzkategorie nicht fähig, das Sein Gottes
nach der Forderung seines notwendigen Begriffs zu denken. Die subjektiven Konstituentien der Erkenntnis ermöglichen lediglich die Objektivität des Empirischen, nicht aber die Objektivität des Intelligiblen;
diese wird von der reinen Vernunft so weit sie als praktische möglich
ist, postulativ vindiziert und in ihrem spezifischen Ansichsein reflektiert,
jedoch nicht schlechtweg geleugnet. Hegel unterstellt Kant, er habe den
ontologischen Beweis zurückgewiesen, weil die theoretischen Bedingungen
des transzendentalen Idealismus das Sein Gottes im Seinsgebiet möglicher

---

[5] Summarische Äußerungen Hegels über den ontologischen Beweis Kants finden
sich im „System der Philosophie" 150 ff.
[6] Vgl. Martin 15 ff.; 258 ff.

Erfahrung nicht verantworten könnten. Alles, was nicht in das kategoriale Feld der Möglichkeit des Erfahrbaren gehöre, sei die bloße Gedankenfiktion einer ungezügelten Vernunft; auch der ontologische Gottesbegriff sei daher eine willkürliche Vorstellung, aus der man das Sein nicht ‚herausklauben' könnte.

Die kritisierte Existenzkategorie ist aber gerade nicht aus d e m Grunde die Voraussetzung für Kants Ablehnung der Gottesbeweise, weil unter ihrer Geltung das Sein Gottes nicht fällt, das man dieser Kategorie als Kriterium seiner Möglichkeit bzw. Unmöglichkeit vorher subsumiert hat; vielmehr ist Existenz eine wesentliche Repräsentationsform für die Einschränkung des menschlichen Erkenntnisvermögens und für das Finden seiner Identität als endlichen Denkens. Die in der KdrV vollzogene Selbstreflexion der Vernunft auf ihre endliche Apriorität schließt von vornherein die Fähigkeit aus, das Sein Gottes ineins mit seinem absolut-notwendigen Begriff zu fassen. Erst das Selbstbewußtsein dessen, was das Denken seiner Endlichkeit nach ist, legt den Grund für die Anerkennung der die Begrenztheit transzendierenden aber nicht aufhebenden Metaphysizität des göttlichen Seins und für dessen dem Endlichkeitsbewußtsein des transzendentalen Idealismus angepaßten Transposition in die Ideen- und Analogiekonstruktion. Weil die Modalitätskategorie ‚Existenz' methodisch ein konstitutives Moment der Möglichkeit für die Einsicht der Eingeschränktheit des menschlichen Denkens ist, kann sie auch Element der Destruktion der Gottesbeweise sein.

Hegels Fehldeutungen aber sind für das Selbstverständnis seiner Philosophie bestimmend geworden. Philosophiegeschichtlich bedeutet es eine Ironie, daß er trotzdem den Kantischen Ansatzpunkten thematisch folgte. Im Zentrum seiner Ontotheologie steht der Begriff des Absolut-Notwendigen, jener Begriff also, an dem für Kant die Vernunft scheitern muß. Hegel arbeitet in das ontologische Argument aus dem notwendigen Wesen mit Hilfe seiner Theorie des absoluten Begriffs den ontologischen Gottesbegriff als Grund aller Realitäten ein. In der Logik begreift sich das Absolute als absolute Notwendigkeit und zugleich als Allmöglichkeit. Dabei setzt er zunächst bei der Kategorie der metaphysischen Objektivität Gottes, dem absoluten Sein an, das Kant als ein für die Vernunft unlösbares Problem liegen ließ[7].

---

[7] Die sachliche Kontinuität zu Kant läßt sich auch in folgendem Gedankengang darstellen: Hegel wendet gegen Kant ein, daß die eingeschränkte Vernunft zugleich das Subjekt der Restriktionen sein muß, denen die Ver-

Diese Objektivität muß zugleich den Charakter der absoluten Subjektivität haben, da den Begriff von Gott, soll mit ihm notwendig das Sein gesetzt sein, nur eine absolute Vernunft denken kann. Auch hier nimmt Hegel Ansätze auf und entwickelt Tendenzen weiter, die mit Kants Begriff einer intellektuellen Anschauung bereits implizit vorlagen[8].

---

nunft unterworfen ist. Es ist also die Vernunft immer schon selbst, die sich begrenzt. Als Bedingung der Selbstbegrenzung ist sie aber je schon über ihre Grenze hinaus — ein Überschritt, den Kant nicht mehr vollzog, weil er seinen Begriff von Objektivität gesprengt hätte. Nur die bereits eingeschränkte Vernunft ist Ausgang von Objektivitätserkenntnis. Wäre dem Denken bewußt, zugleich die Ermöglichung seiner Grenze zu sein, wird es sich selbst in einer Weise objektiv sein müssen, die das Kategorialsystem des transzendentalen Idealismus nicht reflektieren kann; Denken wäre, um mit Hegel zu sprechen, bereits absolutes Selbstbewußtsein, dessen Subjektivität das Sein durchdringt. Dieser Gedanke Hegels, daß die Vernunft, um sich zu begrenzen, immer schon Voraussetzung ihrer Restriktionen ist, führt in der Tat den Kritizismus an sein Ende. Gleichwohl darf man nicht übersehen, daß Kant, obwohl er die Position der absoluten Subjektivität nicht erreichte, auf der man nach Hegels Verständnis allein Gott zu denken vermag, keineswegs ohne Legitimation von Gott zu reden wagte. Es ist der transzendentale Idealismus selber, der sich dem Bewußtsein der Endlichkeit der Vernunft fügt und die Metaphysizität Gottes (sein Ansichsein) nur als Analogie zur Sprache bringt. Die Reduktion auf die analoge Explikation trägt dem Gottesproblem gerade auch insoweit Rechnung, als mit ihr das Ansichsein Gottes nicht ausgeschlossen wird. Die Vernunft macht im Akt der Selbstbescheidung aber Halt vor dem Versuch, das, was sie nicht ausschließt, in Begriffen denken zu wollen, die auf Grund eigener Einsicht ihr Vermögen übersteigen. Dies muß man mit berücksichtigen, wenn man die an sich berechtigte Kritik Hegels an Kant betrachtet; Rohrmoser (66 f.) und Görland (19 ff.) haben nur den positiven Aspekt der Hegelschen Kritik hervorgehoben.

[8] Den Begriff der intellektuellen Anschauung, die die Objekte produziert, indem sie sie anschaut, hat Kant — wie gezeigt wurde — ex contrario aus der Struktur der endlichen Subjektivität gewonnen. Wenn Hegel an diesem Begriff kritisch und weiterführend anknüpft, muß er deshalb Kants Selbstbewußtseinstheorie mitbedenken. Es läßt sich zeigen, daß er dies auch immer wieder getan hat. Er entwickelt seine Theorie des Begriffs aus der synthetisierenden Aktuosität der Apperzeption, die der transzendentalen Deduktion der Kategorien vorausliegt (vgl. Log II, 221 f.). Diese Verbindung hat sehr eindrücklich Marcuse (24 ff.) gezogen.
An der Weiterentwicklung der intellektuellen Anschauung Kants durch

Man muß freilich beachten, daß das Denken des intellectus archetypus bei Kant nur ein Sein tätigt, das welthaft und nicht das Sein dieser Anschauung selbst ist. Hegel dagegen versucht, die Möglichkeit alles Seienden in das Sein des Absoluten selbst zurückzuführen und dort festzumachen; das Selbstsein Gottes, zu dem er sich in seinem notwendigen Begriff entschließt, enthält auch das Sein alles Möglichen. Das absolute Denken ist nicht nur die Bedingung seines eigenen Seins, sondern auch diejenige des Seins alles Seienden. Umschließt bei Kant der Analogiebegriff vom notwendigen Wesen notwendig auch einen Begriff göttlichen Denkens, so synthetisiert er damit schon das Selbst-Denken und das sein Sein-Denken des Absoluten[9]. Hegel aber hat die erkenntnistheoretischen und metaphysischen Prämissen des Kantischen Analogiebegriffs von Gott beiseitegeschoben und dessen synthetische Struktur auf die metaphysische Ebene seiner Logik gestellt, ohne die Vorbehalte zu berücksichtigen, die der Gotteslehre Kants und ihren Voraussetzungen angehören. Der ontologische Begriff des notwendigen Wesens als intellektueller Anschauung

---

Hegel setzt Iljins intuitionistischer Ansatz an. Das Selbstbewußtsein des göttlichen Begriffs bestehe darin, im Sichdenken zugleich zur Anschauung seines Denkens und zum Begreifen der Anschauung zu kommen (vgl. 90 ff.). Im Prozeß des begreifenden Anschauens und anschauenden Denkens „schafft" (91) sich der spekulative Begriff (vgl. auch 182 ff.). Ähnlich geht Betty Heimann (45 ff.) vor: für ‚Anschauung' steht hier „Innerlichkeit des Gefühls" (45). Analog zu der Verbindung Begriff und Anschauung synthetisiert Heimann das Gefühl mit dem vollendeten Begriff, „der ... selber die Einheit von unendlicher Mannigfaltigkeit ist, der den gesamten Erfahrungsinhalt in den Punkt des Ich, die reine Form des Denkens aufgenommen hat" (45). Man muß hierzu sagen, daß Hegel sich sehr früh von den Romantizismen abgewandt hat, die mit dem Begriff der Anschauung verbunden waren. Die Anschauung der Romantiker wird vollständig ins Denken aufgehoben. (Gegen die romantizistischen Auslegungen Hegels hat sich recht energisch Croce (5 ff.) gewandt.) Die Parallelisierung von intellektueller Anschauung und dem absoluten Begriff Hegels kritisiert Steinbüchel (103, 104; 125). Im übrigen unterstellt Steinbüchel das Problem des ontologischen Argumentes der Frage nach dem Verhältnis von Besonderheit und Allgemeinheit, die er als Grundproblematik der Hegelschen Philosophie zu sehen glaubt (1 ff.). Der Begriff sei dessen mächtig, als allgemeiner Besonderheit zu erzeugen. Das ontologische Argument ist hier auf die kategoriale Ebene der Triade ‚Begriff — Urteil — Schluß' gehoben worden (vgl. Log II, 239 ff.).

[9] Diese Synthese liegt jedoch nicht in Kants Absicht. Sie läßt sich nur aus der Konsequenz seines Gedankengangs erheben, der zum Analogiebegriff führt.

ist das von Kant auf Hegel gekommene metaphysische Motiv für die
Theorie des Absoluten als absoluter Synthese von Subjekt und Objekt.

Noch ein anderer Grund, der zwar nicht von der Problematik des ontologischen Arguments herrührt aber auf dieses wieder zurücklenkt, läßt
es Hegel notwendig erscheinen, die Subjekt-Objekt-Struktur des Absoluten energisch herauszuarbeiten. Dabei geht er von dem Ergebnis der
KdrV aus, daß der Bruch zwischen kategorialer Geltung und vorgege-
bener Objektsphäre im Denken nicht mehr zu schließen ist, ja in der
Reflexion der transzendentalen Erkenntnisbedingungen allererst seine
Manifestation erfährt. Kant hat das Sein des transzendentalen Subjekts
gegenüber der kategorialen Auffächerung des Feldes möglicher Erfahrung konstitutionell unbestimmt gelassen; die Bedingungen für die Möglichkeit des empirisch Erfahrbaren sind nicht auch die Bedingungen des
Erfahrung tätigenden Subjekts. Für dieses werden keine Kategorien
entwickelt, denen es konstitutionsanalytisch unterliegt; die denkende
Subjektivität ist von einem Sein, das keine Erscheinung und deshalb
selbst auch nicht den Bestimmungen unterworfen ist, die erst als die von
ihr derivierten Funktionen auftreten können. Neben den metaphysischen
Prädikaten, Spontaneität, Freiheit, Endlichkeit gibt es bei Kant keine
qualitätskategoriale Systematik, in das die denkende Subjektivität zur
Definition dessen, was sie ist, eingespannt wäre.

An dieser Stelle führt Hegel über Kant hinaus. Denn die spekulative
Logik versucht einen Seinsbegriff zu entfalten, welcher das Denken des
endlichen Subjekts überschreitet und diesem zugleich als kategoriale
und ontologische Bedingung zu Grunde liegt. Damit akzeptiert Hegel
aber zunächst den Kantischen Bruch zwischen den unter den reinen Verstandesbegriffen stehenden Seinsgedanken des transzendentalen Ich und
dem Gegebenen, auf das diese Gedanken sich nach den Regeln der synthetischen Grundsätze beziehen. Fragt man aber nach den Bedingungen
dieses Subjekts, so gilt diese Frage gleichzeitig den Bedingungen des auf
es hingeordneten Seienden. Das System der letztbegründenden Formen
alles dessen, was überhaupt ist, hat notwendig die ontologische Möglichkeit des Subjektiven und Objektiven, in einem beide Momente inte-
grierenden Seinsbegriff zu umgreifen. Hegel entwickelt diese Momente
als die Momente des Seinsbegriffs selber, der in allen Realitäten das
Sein des Seienden meint und daher in allem, was ist und sein kann, mit
sich identisch ist. So liegt von hier aus schon die programmatisch zu
umreißende Grundstruktur des ontologischen Beweises in Hegelscher
Gestalt vor; das absolute Subjekt-Objekt hat sich als das All der Reali-

täten herauszustellen; als Denken ist es das Sein, das sich in dem Begriff von sich und auf Grund desselben als das Sein des Absolut-Notwendigen setzt. Der Kantische Chorismos zwischen Denken und Sein ist in dieser Theorie des sich selbst als Subjekt-Objekt setzenden Absoluten geschlossen. Das ontologische Argument aus der omnitudo realitatis und das aus dem ens necessarium werden in die einheitliche Konzeption der Hegelschen Philosophie des Absoluten eingeschmolzen.

Beide Ansätze sollen vorerst aber in der Interpretation einiger dafür in Frage kommender Abschnitte aus der Logik getrennt bleiben, um ihre Zusammensetzung im System der Ontotheologie besser zu verstehen. Man muß sich bewußt sein, daß zwischen beiden Vermittlungen walten, die der differenzierenden Analyse immer schon vorausliegen. In diesen Vermittlungen offenbart sich die Geschlossenheit des Systems; wo es nötig ist, z. B. bei der durchgängig modaltheoretischen Fundierung der kategorialen Übergänge, werden sie expliziert. Es kommt darauf an, die Struktur des Absoluten in einigen seiner Modifikationen festzulegen, und sie als Lehre von der logischen Gestalt Gottes und seiner Eigenschaften zu verstehen. Ziel der Untersuchung ist der aus den ontologischen Ansätzen wie aus deren methodologischen Implikationen resultierende und diese als Logik des Absoluten abschließende Begriff der göttlichen Freiheit; in ihr wird die Kontinuität zur Gotteslehre Kants gewahrt.

Die Kategorie ‚Sein‘ bezeichnet das, was allem Seienden ontologisch gemeinsam ist, daß es ist. Sein bindet sich deshalb nicht an ein einzelnes Seiendes, sondern kehrt in allen Realitäten wieder; es ist das Sein, das in allen Realitäten sich selbst gleich ist, das Sein aller Realitäten. Als abstrakte Anfangskategorie drückt es aber zunächst nur die einfache Beziehung seiner auf sich selbst aus[10]; isoliert genommen, meint es eben nur diese allem Seienden zu Grunde liegende, objektive Selbstbeziehung und Sichselbstgleichheit. Doch spricht dieser Satz bereits mehr aus, als er vorerst sagen will, denn Sein ist die Beziehung auf sich in dem ihm anderen Momente dessen, was als Mannigfaltiges ist, und es holt sich aus diesem seinem Anderen in die eigene Identität ein. Das abstrakte Aufsichbezogensein des Seins ist also ein vermitteltes: das objektive Ansich des Seins dringt durch die seiende Mannigfaltigkeit hindurch und kommt auf sich als Fürsichsein zurück. Das, was als Erkenntnis- und Abstraktionsprozeß erscheint, der aus dem Seienden die ontologische

---

[10] Vgl. zum Folgenden N. Hartmann 196 ff.; und Dulckheit 72 ff.

Grundform des Seins herauslöst, ist „die Bewegung des Seins selbst"[11], das in allem, was ist, in sich geht und in der „Erinnerung"[12] seiner selbst für sich wird. Nun besteht die Beziehung Sein-Seiendes im Seienden selbst, aber hier als das insichgegangene Sein, in welches die Sichselbstgleichheit des anfänglich abstrakten Seins eingegangen ist. Durch diese das Sein als Kategorie konstituierende Wiederkunft aus dem, was ist, wird es zum Wesen[13]. Das Wesen ist An- und Fürsichsein oder die Einheitsstruktur von objektivem Ansich und subjektivem Fürsich; es hat somit den ontologischen Charakter einer letztbestimmten kategorialen Synthese von Subjektivität und Objektivität, die sich als Wesen noch auf der Stufe der Objektivität oder des Ansichseins befindet. Erst der Begriff repräsentiert die für sich gewordene Subjektivität, in der er die Objektivität seines Seins zum freien Selbstbewußtsein erhoben hat. In dieser logischen Bewegung ist das Sein sein eigenes Wesen und das Wesen das Wesen seines Seins. Das Wesen des Seins und das Sein des Wesens haben sich im Wesen zu ihrer kategorialen Einheit vermittelt.

Die Skizze des Übergangs von Sein in Wesen soll nicht in eine Erläuterung der Logik um ihrer selbst willen einleiten. Es soll vielmehr die Methode verständlich werden, in der Hegel die Ontotheologie erneuert. Auf der Dialektik von Sein und Wesen basiert seine Konzeption vom

---

[11] Log II, 3.

[12] Log II, 3.

[13] Der Unterschied von Seins- und Wesenslogik besteht nach Hegels Verständnis in der Verschiedenartigkeit des Überganges ihrer Kategorien. Im Sein geht Seiendes zu anderem Seiendem über, Etwas in anderes Etwas. Hegel gebraucht für die Seinslogik ausdrücklich den Terminus ‚Übergang'; die Seienden verhalten sich im und nach dem Übergang wie Etwas und Anderes. Dagegen: „Im Wesen findet kein Übergehen mehr statt, sondern nur Beziehung" (System der Philosophie 259). Im Wesen sind die Unterschiedenen Momente einer Einheit, die sich in ihnen zu sich selbst verhält. „Das Übergehen des Wesens ist also zugleich kein Übergehen; denn beim Übergehen des Verschiedenen in Verschiedenes verschwindet das Verschiedene nicht, sondern die Verschiedenen bleiben in ihrer Beziehung." (260). Die Widersprüche, die im Wesen an ihm selbst gesetzt sind, sind im Sein nur an sich vorhanden. Die Andersheit des Seienden im Sein löst sich im Bereich des Wesens in Relativität auf (vgl. auch Marcuse 79 ff.). Für den Begriff gilt wiederum die Aufhebung dieser Relativität: „In dem Begriff (ist) jedes der Momente das Ganze, das er ist." (353). Mit der Analyse der Dialektik in B III, 3 vorliegender Arbeit wird freilich auch der Ausweis dieser Unterscheidung von Seins- und Wesenslogik geprüft werden müssen.

ontologischen Argument aus der omnitudo realitatis, das Kant als transzendentales Ideal in sein Vernunftsystem kritisch gereinigt wieder eingefügt hat. Denn das von allem Seienden losgelöste und daher absolute
Sein und das durch alles Seiende hindurchgegangene und daher zugleich
wesentliche Sein erweist sich als der Hegelsche Begriff vom allerrealsten
Wesen. Der Fortgang des ontologischen Arguments besteht darin, daß
dieses sich aus seiner subjektiv-objektiven Einheit zum absoluten Sein
bestimmt.

Das Argument aus dem ens necessarium muß sich aus dem Begriff der
absoluten Notwendigkeit ergeben, in den Hegels Theorie der Modalitätskategorien terminiert. Das durchgängige Vermitteltsein aller Kategorien miteinander schließt die Vermittlung der Modalbegriffe, die die
höchsten der Wesenslogik sind, und aus deren Dialektik das Absolute
resultiert, schon in der Selbstbestimmung des Wesens zur Existenz ein.
Die Entwicklung des allerrealsten Wesens zu sich selbst wird deshalb
bereits modaltheoretisch zu explizieren sein. Die Möglichkeit der Explikation ist die methodische Einlösung für Hegels Theorie, daß die
Selbstentfaltung des Absolut-Notwendigen zur Wirklichkeit sich in der
logischen Bewegung antizipiert, die das Wesen zu seiner Existenz durchläuft. Die beiden für die Philosophie der Neuzeit charakteristischen Argumente sind im Absoluten eins und laufen hier auf die Struktur des
Begriffs zu. Damit greift Hegel einen Gedanken Kants auf, in dem drei
Momente zusammenhängen. Kant wandte gegen den kosmologischen
Beweis aus dem ens necessarium ein, dieser müßte ontologisch geführt
werden. Obwohl Hegel Kant unterstellt, er habe Gottes Sein den Kriterien seines Kritizismus subsumieren wollen, setzt er doch bei der Frage
ein, von der auch Kant meinte, daß sich mit ihr das Schicksal der Ontotheologie entscheiden müßte: wie läßt sich der Begriff des Absolut-Notwendigen finden, in dem apriori Begriff und Sein synthetisiert sind?
Die Antwort, daß doch der kosmologische Beweis auf den Begriff des
notwendigen Wesens zuläuft, wird für Kant mit der Gewißheit fragwürdig, daß dieser Begriff für das menschliche Denken unmöglich sei.
An drei Punkten wahrt Hegel die Kontinuität zu den Kantischen Reflexionen über die rationale Theologie; hier finden sich zugleich alle
wesentlichen Momente des eigenen Neuansatzes.

Der Ontotheologie von Wolff und Baumgarten liegt eine Methodologie der Modalbegriffe zu Grunde. Kant hat eingesehen, daß ihre Kritik
deshalb auch bei den Modalbegriffen ansetzen muß. Begründen sie in
der traditionellen Metaphysik den ontologischen und kosmologischen

Beweis, so sind sie in der KdrV lediglich Weisen, wie sich die Gedanken des endlichen Verstandes auf Gegenstände in möglichen Erfahrungen beziehen. Die Modalitätskategorien repräsentieren methodologisch die Endlichkeit des menschlichen Denkens. Bei Hegel werden sie wieder zu Grundbegriffen für die Konstituierung der Ontotheologie. Sie sind jetzt nicht mehr formale Bestimmungen gedanklicher Beziehungen des Subjekts auf erfahrbares Sein, sondern Modifikationen des Seins überhaupt, das sich in ihnen dialektisch entfaltet[14]. Das ontologische Argument aus dem notwendigen Wesen hat das gleiche Ziel wie dasjenige aus dem allerrealsten Wesen selbst; beide können bei Hegel durcheinander interpretiert werden.

Wird das Argument ontologisch d. h. aus dem Begriff geführt, so verliert es die Gestalt eines Schlusses und vollzieht sich schon in dem Begriff des höchstnotwendigen Wesens[15]. Die Umwandlung des Arguments von der Schlußform in die Begriffsform erklärt sich aus der Struktur des Absolut-Notwendigen, dessen Begriff das Sein fordert und aus der Konsequenz, daß das höchste Wesen absolute Vernunft sein muß, um die Möglichkeit einer sich in Notwendigkeit vollziehenden Verbindung von Begriff und Sein herauszustellen.

Hegel hat diese bei Kant verstreut und in der Analogiegestalt auftretenden Anregungen zur Theorie des Begriffes systematisiert. Die argumentative Bewegung, die dem Schluß in den Stationen ‚Obersatz, Untersatz, Konklusion' eignet, wird bei Hegel zur dialektischen Bewegung des Begriffs selbst[16]. Die causa-sui-Struktur, die Kant schon in der nova dilucidatio verwarf, bildet bei Hegel die formale Grundgestalt der Ontotheologie.

Die Theorie des absoluten Begriffs ist identisch mit dem Begriff der göttlichen Freiheit, die im konkreten Deduktionsgang der Logik aus der absoluten Notwendigkeit und deren modalitätskategorialer Systematik hervorgeht. Von ihr hängen für Hegel Form und Möglichkeit der Lösung zweier grundlegenden Probleme ab: einmal, das der Wirklichkeit

---

[14] Dies bedeutet jedoch nicht, daß Hegel den Rationalismus restituiert. Vgl. Log I, 1812, Vorrede III ff.; 139 ff.

[15] Vgl. 3813; Henrich 177.

[16] V. d. Meulen expliziert die Grundform des kategorialen Fortschrittes als Schluß (15 ff.). Der ontologische Beweis kann daher — im Hegelschen Sinne — auch weiterhin als Schluß bzw. Argument bezeichnet werden. An dieser Terminologie wird im Folgenden teilweise auch festgehalten.

Gottes; zum anderen ist die modale Dialektik Grundlage für die Vermittlung des menschlichen und göttlichen Geistes, die bei Hegel auf
Identifikation hinausläuft. Eine Kritik an dieser Vermittlung muß auf
ihre Bedingung, die dialektische Methode zurückgehen. Doch muß zuvor
die Dialektik des Wesens und der absoluten Notwendigkeit dargestellt
werden, um den Boden für eine Auseinandersetzung zu gewinnen.
Die Darstellung gliedert sich gemäß der Einteilung von ens realissimum
und ens necessarium in die Bewegung der Selbstbestimmung des Wesens
zur Existenz und in diejenige der Selbstverwirklichung der absoluten
Notwendigkeit. Die Vermittlung beider Teile zur Ontologie des Begriffs
soll zusammen mit dem Versuch einer Kritik in einem dritten Gang erörtert werden.

2. Die Dialektik des Wesens als Reflexion

Die nächsten Kapitel beschäftigen sich mit der Dialektik des Wesens, die
in die Dialektik der Reflexion und des Grundes aufgegliedert werden
soll. Zwar ist hier nicht der vollständige Zusammenhang aufzurollen, in
dem Hegel die Wesenslehre entfaltet hat[1]; die kategorialen Stufen sind
freilich soweit zu verfolgen als sie die Bewegung des Wesens zur Existenz
deutlich machen.

Das Wesen, so wurde gesagt, stellt die absolute Einheit von Subjekt
und Objekt dar. Schon der Kantische Begriff des höchstnotwendigen
Wesens erlaubte die Folgerung, daß seine Form die Einheit der ihr Sein
selbst denkenden und produzierenden Vernunft sein muß. In diesem
‚Müssen‘ liegt eben die Notwendigkeit, daß die absolute Notwendigkeit
von dieser Struktur ist. Setzt dieses Wesen sein Sein, so setzt es dies als
wesentliches Sein und somit wieder als die absolute Einheit ihrer Subjektivität und Objektivität. Es kommt in seinem Setzen auf sich als das
Subjekt-Objekt zurück. Gott bleibt in seinem von ihm in sich selbst
gesetzten Sein absolut bei sich.

In seinem Sein-Setzen ist Gott sich als Sein immer schon voraus. Sein

---

[1] Vgl. dazu N. Hartmann 230. Hartmann behandelt den Begriff des Wesens
unabhängig vom ontotheologischen Problem. Die Kapitel über die Logik
(ab 196 ff.) sind für ihn vor allem Demonstrationen der Dialektik. Dies
tun übrigens die meisten Untersuchungen über Hegel. Wenn auch vom Absoluten die Rede ist, so wird doch dessen Sachzusammenhang mit der ontotheologischen Tradition nicht reflektiert.

Setzen ist Voraussetzen; beide Begriffe kann man auch mit Verwirklichen und Ermöglichen wiedergeben. In seiner Möglichkeit ist Gott wirklich; es gibt in ihm kein Vorher und kein Nachher. Da die Logik in ihrer Gesamtheit die Entfaltung dessen meint, was Gott seinem Begriff nach ist, können die die Wesenslogik abschließenden Modalitätskategorien Interpretamente vorhergehender Kategorienbewegungen sein. Diese Möglichkeit wird durch den Charakter des Seins Gottes, der in allen seinen logischen Voraussetzungen schon das ist, was er als Begriff ist, selbst bestimmt. Die Methode der Auslegung des Absoluten reflektiert die dem Absoluten eigentümliche Selbstauslegung; diese geschieht in jedem Übergang des kategorialen Prozesses. Der sukzessiv darstellenden Explikation des Absoluten geht dessen je schon geschehene Selbstvollendung voraus. ‚Existenz‘, deren kategorialer Ort zu der Beziehung gehört, in der das Wesen sich seinen Grund gibt, und ‚Wirklichkeit‘, die sich den Modalbegriffen einreiht, enthalten den gesamten logischen Prozeß des sich in seinen Voraussetzungen verwirklichenden Gottes.

Die Darstellung der Logik muß daher als Gottes eigener Akt verstanden werden. Als Geist weiß Gott sich in seinen logischen Momenten, dem Negativen, als der, der er ist, und als der, der sich als Inbegriff dieser Momente selbst setzt. Die Momentbewegung ist ihm nicht äußerlich, sondern sein eigenes Tun; in ihr koinzidieren Selbstauslegung und Selbstverwirklichung, Denken und Sein. Die Voraussetzung des Absoluten erfordert daher seine Deduktion als Begriff, zu dem es sich selbst als Einheit seiner Möglichkeit und Wirklichkeit produziert. Daß Hegel den Begriff des Absoluten schon dessen darstellender Entwicklung voraussetzt, bezeichnet das Wesen des Absoluten, das in der Methode seines Expliziertwerdens die eigene Identität expliziert.

Das Wesen ist der Grund der Existenz. Die Analyse dieses Satzes ist Thema des Folgenden, wobei die Begriffe ‚Wesen‘, ‚Grund‘ und ‚Existenz‘ der Reihe nach betrachtet werden sollen. Ihre Dialektik bereitet den Begriff der absoluten Wirklichkeit vor, der im darauffolgenden Abschnitt thematisiert wird. Erst hier kann ein näheres Eingehen auf die Modalitätskategorien erfolgen.

Um den Ausdruck „das Wesen als Grund der Existenz"[2] recht zu verstehen, soll zunächst die Dialektik des Wesens als Dialektik der Reflexion erhellt werden. Das Wesen ist selbst die Reflexion, insofern sie dem Sein, der abstrakten Anfangskategorie für das Bestimmungslose und einfach

---

[2] Vgl. Enzykl § 115.

Unmittelbare gegenübersteht. Dem Unterschied von Sein und Wesen, das dem Sein im Gegensatz als Reflexion entgegentritt, korrespondiert derjenige von Denken und Sein, Subjektivität und Objektivität. Der Gegensatz ist ein dem Wesen immanenter und, wie sich bereits zeigte, macht er das Wesen selbst aus.

Die Momente dieses Gegensatzes sind vermittelt; deshalb „scheint" das Wesen dem Sein nur gegenüberzustehen[3]. Das Wesen ist das Sein im Medium des Wissens, das gewußte und wißbare Sein. Das im Wissen erscheinende Sein ist das wesentliche Sein; das bedeutet, daß Sein für sich selbst genommen, das Unwesentliche ist. Als Unwesentliches oder als „Schein"[4] verweist es auf das Wesen, das immer nur des Seins eigenes Wesen, die eigene Gestalt in der Form des Wissens sein kann. Sein ist daher vom Wesen kein diesem äußerliches und isoliert entgegengesetztes Element; denn auch das Wesen i s t, und insofern tritt es mit Sein in Vermittlung; wie überhaupt in allen logischen Bestimmungen reproduziert sich die Kategorie Sein im Wesen.

Die Wesenslogik diagnostiziert die wesentlichen Reflexionsformen des Seins. Deshalb nimmt sie im Hegelschen System die Stelle der Metaphysik ein; die Kategorienlehre ist Ontologie oder Wissenschaft v o m Sein und zugleich Ontotheologie. Die Kategorien des Wesens gehen vom Sein als ihrem Anfang aus[5], von dem zunächst nichts weiter gesagt werden

---

[3] Log II, 7.
[4] Vgl. Log II, 7.
[5] Zur Problematik des Anfangs: vgl. Henrich, Anfang und Methode der Logik 21 ff. (vgl. v. d. Meulen 45 ff.; Trendelenburg, Log. Unters. I, 40 ff.; Guzzoni 32 ff.). Henrich (Anfang und Methode der Logik) reflektiert die Dialektik von Sein und Nichts als die Frage, ob ein Anfang der spekulativen Logik überhaupt möglich ist. Sein und Nichts sind als Bestimmungen schon nicht mehr die unmittelbaren Formen als die sie von Hegel genannt sind. Mögen sie auch „unbestimmte Unmittelbarkeit" ausdrücken, so setzt der Ausdruck der bestimmungslosen Bestimmtheit bereits die Bestimmung der Bestimmungslosigkeit voraus. Damit geht in die Beziehung von Sein und Nichts aber schon die Reflektiertheit jener Denkformen ein, in die die Unmittelbarkeit der Anfangskategorien allererst einleiten sollte. Sein und Nichts können nun nicht mehr im Gegenzug zu den in sich reflektierten Gedankenbestimmungen definiert werden, die aus Sein und Nichts folgen. Dieses Argument ist schon sehr früh von den Nachhegelianern entwickelt worden, ohne daß es nun aber gelungen wäre, den Grund der Logik als Prinzip zu interpretieren, das ihre Gesetzlichkeit verständlich macht und nicht schon in

kann; er fällt daher mit Nichts zusammen, dem absolut Unwesentlichen, das noch nicht ins Wissen getreten ist. Dieser Anfang soll aber wesentlich werden, d. h. er soll gedacht werden. ‚Nichts' bezeichnet aber gleichzeitig den abstrakten Wesenszug des Seins, das in allem Seienden als das ihnen Gemeinsame herausgezogen ist; dieses dem Seienden gemeinschaftliche Substrat ist selbst nichts Seiendes; es ist Nichts. ‚Nichts' aber ist Denkform und bestimmt schon das Sein, vor allem, weil aus der Dialektik von Sein und Nichts die Deduktionen der das Sein fortschreitend detaillierter bestimmenden Seinslogik folgen. In diesem Prozeß der kategorialen Zergliederung des Seins reichert sich das Wissen von ihm stetig an; der logische Duktus hebt das Sein ins Wissen. War von ihm am Anfang als dem Bestimmungslosen nichts zu sagen, so ist es gerade das Nichts, das dem Sein in der dialektischen Vermittlung die Fülle gibt. Der Anfang der Logik, das Sein, welches sich als die dialektische Beziehung des Seins und des Nichts darbietet, deren Momente die Vermittlungen der weiteren Momentverhältnisse enthalten, konzentriert schon am Anfang das All der Formbestimmungen. Das Sein als das absolut Bestimmungslose, die allerärmste Kategorie ist zugleich das absolut Bestimmte und die reichste Form, in der die Logik in ihrer Gesamtheit Platz hat. Sein impliziert immer schon die kategorialen Wissensformen, in denen es sein Wesen und seinen Begriff findet[6]. Wesens- und Begriffs-

---

sich enthält (27 ff.). Dies würde bedeuten, den Anfang aus sich heraus zu verstehen und nicht — was für die Seinslogik gilt — aus der Vermittlung mit der Negation der Reflexionskategorien. Zu den Anfangskategorien Mc Taggert 15 ff. Lakebrink z. B. bringt, wie es der Sachlage entspricht, von vornherein das Reflexionsmoment in die Seinslogik (53 ff., 100 ff.). So auch Haering II, 94 ff.; Mure 132 f.; Garaudy 318 ff.; W. Marx 63 ff.; Koch 78 ff. Für Kroner (II, 442 ff.) ist Sein das Ist der Copula, aus der Hegel die gesamte Logik entfaltet. Als Grundlage dient die Aussage: ‚das Sein ist das Nichts'. „Die Logik ist das Nichts" (II, 441). Diese Auffassung hat schon Erdmann (Grundriß der Logik und Metaphysik § 29) vertreten. Dazu vgl. auch Trendelenburg, Log. Unters. I, 116 f.

[6] Das Verständnis Hegels ist hier allerdings ein anderes. Er interpretiert die Kategorien der Seinslogik in striktem Gegensatz zur Reflexionslogik. Freilich sind die Schwierigkeiten unüberwindbar, innerhalb der spekulativen Logik einen ‚Übergang' zu denken und zugleich auf die Reflexionsform zu verzichten. Daß Sein gar nicht im Gegensatz zur Reflexionslogik und ohne diese bestimmt werden kann, zeigen z. B. Kroner (II, 438 ff.) und Haering (II, 93 ff.).

logik greifen deshalb bereits in die ursprünglichen Verhältnisse der Seinslogik ein und sammeln sich in der im Anfang schon präsenten freien
Selbstgewißheit des Absoluten. Dieses ist schon stets in seiner anfänglichen Objektivität, seinem Sein g e w e s e n. Mit dem Sein als ursprünglicher Objektivität ist das Wesen als gleichursprüngliche Subjektivität in
der einen logischen Gegenwart des Absoluten geeint[7]. Im Sein setzt sich
das Wesen selbst voraus und setzt sich in seiner Voraussetzung als absolute Synthese von Sein und Wesen. Das ontologische Argument ist am
Anfang des Seins als Selbsterweis Gottes vollendet.

Diese Bemerkungen, die nur aphoristisch bleiben können, markieren
drei wesentliche Punkte, die man für das Folgende stets im Auge behalten muß: Hegels Theorie der Dialektik, auf die kritisch noch eingegangen wird; die Identität von Denken und Sein, Subjektivität und Objektivität; der dem Absoluten eigentümliche Charakter der Selbstvoraus-
setzung. Alle drei Punkte gehören in die sachliche Einheit der Hegelschen
Ontotheologie. Deshalb müssen in ihrem Bereich auch der Existenzbegriff, die Modaltheorie und der Begriff des Absoluten eine Klärung
finden. Die aufgezählten Problemgebiete bezeichnen verschiedene Betrach-
tungsweisen, in deren systematischem Zusammenschluß versucht wird,
das Ganze von Hegels Gotteslehre im Sinne einer spezifisch theologischen
Aufgabenstellung in den Griff zu bekommen. Obwohl die Kategorien
des Wesens auf die Freiheit des Absoluten hinzielen, wird an Hegel die
Frage zu stellen sein, ob unter den Bedingungen der Logik göttliche Freiheit, in der das Absolute erst wahrhaft absolut ist, überhaupt möglich
sein kann.

Die Schwierigkeit der Untersuchung liegt darin, daß die sachliche Bewegung des Absoluten zu sich durch die Kategorien der Logik sich gleichsam in einem Nu vollzieht, ihre Analyse aber sukzessiv sein muß. Diese
hat sich daher einerseits mit der abstrakten, vermittlungslosen Elementarstruktur der kategorialen Einzelqualitäten zu befassen; erst dadurch
wird die Einsicht möglich, daß die Denkformen in ihrer qualitativen
Vereinzelung Bestandteile von Vermittlungen sind, die den Teilen als
Bedingungen ihrer Form vorausliegen. Andererseits bilden diese Vermittlungen bereits den Totalzusammenhang des Absoluten; daher hat die
diskursive Darstellung, die in Einzelschritten einen Begriff vom Ganzen
zu geben versucht, dem Sachverhalt Rechnung zu tragen, daß am Anfang, während sie sich selbst noch an den Gegenstand einer singulären

---

[7] Vgl. Marcuse 154 f.

Kategorie fixiert, in dieser die Dialektik des Absoluten im vorhinein geschehen ist. Denkt man das Wesen ohne die Vermittlung mit dem Sein, so besteht es in isolierter Gleichgültigkeit gegen andere Momente als einfache Unmittelbarkeit und Gleichheit mit sich, die eben das Sein ausdrücken. Denn Sein bezeichnet bloß die unmittelbare Beziehung eines Seienden oder einer Form auf sich selbst. „Sein hat sich im Wesen erhalten . . ., hierdurch ist das Wesen selbst das Sein"[8]. Vermittlungslosigkeit ist ohne Vermittlung daher gar nicht möglich. Das identifizierende Isolieren einer Kategorie hat die Identität bereits überschritten. Der diskursiven Analyse wird somit auch in ihrer vereinseitigenden Betrachtung das Gesetz der Sache aufgezwungen. Damit wird sie zum Moment des Absoluten. In zwei Schritten läßt sich das weiter verdeutlichen. Die vom analysierenden Bewußtsein verobjektivierten Denkformen setzen das Absolute voraus. Mit der singularisierten Kategorie wird auch das Absolute zum Objekt. Die analysierende Tätigkeit bedarf selbst der in der Logik festgelegten Kategorien. In ihrem scheinbar endlichen und diskursiven Tun trifft Kategorie auf Kategorie und darin das Absolute auf das Absolute. Das führt auf die Konsequenz, daß das Absolute sich in der vom menschlichen Verstand ins Werk gesetzten Analyse selbst vergegenständlicht. Die Endlichkeit dieses Verstandes, dessen Reflektieren die Flüssigkeit der logischen Bewegung zu fixen Objekten gerinnen läßt, wird durch seine kategoriale Gebundenheit in die Beziehung des Absoluten zu sich aufgehoben. Er verliert deshalb seine Endlichkeit; sein einseitiges Reflektieren, das die Bewegung nicht einfangen kann, erweist sich als absolutes Sichselbstsetzen. Als endliches Denken hebt der Verstand sich im Absoluten auf. Diese für Hegel eigentümliche Vermittlung soll in einer späteren, genaueren Betrachtung des Verhältnisses von endlichem und absolutem Geist noch einmal aufgegriffen werden. Vorläufig genügt der Aufweis, daß das isolierende Vergegenständlichen des Seins die Aussagesätze einschließt: das Sein ist das Wesen und das Wesen ist das Sein. Daher ist der Ausdruck „das Sein hat sich im Wesen erhalten"[9] in einem doppelten Sinne zu verstehen. Die Duplizität dieses Sinnes macht die isolierten Qualitäten als in sich reflektierte Bestimmungen namhaft, die in ihrem Gegenteil mit ihrer Identität zusammengehen. Die abstrakte Identität löst sich zugleich in eine vermittelte auf, in der ihr Unterschied mitgesetzt ist. Sein und Wesen sind

---

[8] Log II, 11.
[9] Log II, 11.

sich nun gegenseitig Moment und jedes von ihnen ist in sich selbst ein Ganzes, das beide Momente enthält. Sind Sein und Wesen, so sind sie in ihrer Singularität das Ganze oder je für sich als Einheit von Sein und Wesen. Alle Momente spiegeln in sich die Relationen zu ihren komplementären Gegenteilen unendlich wieder. Der Spiegel als die Reflexion ist selbst kategoriales Moment und somit notwendige Bedingung für die ontologische Konstitution dessen, was jede Kategorie an sich selbst ist[10]. Nicht wird durch die Reflexion die einzelne logische Inhaltsbestimmung nur gedacht, d. h. im Sinne des Verstandes nur fixiert, sondern diese ist in der Beziehung auf den Spiegel, den sie in sich hat, in ihrem Sein begründet, das absolutes Sein ist. Denken und Sein sind konstitutiv füreinander, das Denken für das Sein des Seins und das Sein für das Sein des Denkens.

Die gedoppelte Einheit als Einheit der Momente und als diejenige, die jedes Moment im Vorgriff auf die reflektiert vollzogene Vermittlung mit dem je Anderen schon ist, ergibt das formale Modell der Dialektik; sie ist gekennzeichnet durch die Einheit der Einheit und des Unterschieds, die in jeder Form für jede Form gültig ist. Es lassen sich in den Kategorien Identität und Unterschied, die auf jede andere Form anwendbar sind, zwei Ebenen des Identisch-Seins und der Unterschiedenheit differenzieren. Der Einheit in jedem Moment liegt die Unterschiedenheit seiner selbst von dem ihm anderen voraus, auf Grund deren das Moment sich in sich selbst mit seinem Gegenteil vermittelt und zur Einheit fähig ist; die Dialektik ist ein in das Innere der Momente gekehrtes Verhältnis, das zugleich ein nach außen gewendetes ist und die Momente untereinander verbindet oder unterscheidet. Die letzte Beziehung setzt wiederum Einheit und Identität der einzelnen Kategorie voraus, die ihrerseits verbindende oder trennende Verhältnisse ermöglicht. Identität und Unterschied, die je ihre Vermittlung schon sind, ehe sie zeitlos ihre Vermittlung begründen, sind sich einander in sich und in ihrer Beziehung voraus. Die inneren und äußeren Korrelationen fallen zusammen[11].

---

[10] Vgl. Log II, 13.

[11] Zur Darstellung der Dialektik vgl. Trendelenburg, Log. Unters. I, 36 ff; Haering II, 93 ff.; Croce 14 ff.; Mure 131 ff.; Marcuse 45 ff.; Flach 60 ff.; Gadamer 176 ff.; 182 ff.; Litt 40 ff.; 66; Kroner (II, 272; 282 ff.) deutet die Dialektik als Irrationalismus Hegels (272); zugleich ist sie ihm Ausdruck

Sein und Wesen begegnen sich in ihrer Identität und ihrem Unterschied.
Sie reflektieren einander und sich ineinander. Sie sind sich in einem gegenseitig Reflexionskategorie und Konstitutionskategorie. Die Repräsentationsform ,als' bezeichnet das negative Moment der Reflexion, wodurch
Sein seine Identität ex negativo gewinnt. Sein a l s Sein ist nicht mehr
unmittelbare und abstrakte Identität, sondern Identität in der Einheit
mit ihrem Unterschied d. h. wesentliche Identität. Die Negativität des
Seins als seine Reflexion hat die Bestimmung, ihren bloß negativen
Charakter zu verlieren. Das Wesen hebt seine gegenüber dem Sein bestehende Negativität auf, indem es als Reflexion des Seins in dessen vermittelte Identität konstitutiv eingeht.

Die Beziehung von Sein und Wesen legt als Reflexionsbeziehung im
Durchgang durch Negativität und Identität die Struktur des Wesens, seine
Einheit und Unterschied setzende Funktion frei, die für alle kategorialen
Übergänge gültig ist. Repräsentiert es in sich die Form des dialektischen
Umschlags überhaupt, so hat dieses Insichsein gleichzeitig die Bedeutung
einer Geltungskategorie, die die Bedingung für die dialektische Organisation der anderen Denkform ist, in deren Gefüge sie konstitutionell
einwandert. Jede Kategorie hat Geltungsfunktionen für jede. Es besteht
zwischen ihnen kein Unterschied hinsichtlich ihres ontologischen Rangs
oder graduell bezüglich ihres Geltungswertes[12]. Die von Kant aufgerissene
Kluft zwischen dem Kategoriengebiet und den funktionell diesem zu
subsumierenden Daten der sinnlichen Wahrnehmung erfährt bei Hegel
in der Logik eine doppelte Überwindung: 1. Kategoriale Geltung bezieht sich auf Seinsform und Funktionsweise des kategorialen Feldes.
Die Bestimmung der Denkformen wird von ihnen selbst geleistet. Die
Möglichkeit der Selbstbestimmung resultiert aus dem Sachverhalt, daß
jede Inhaltsbestimmung der Logik sich in der anderen vorwegnimmt und

---

für die „Unruhe des Lebens" (282). Auf dem Lebensbegriff baut auch Marcuse
sein Buch auf (6 ff.).
Vgl. auch Cohn 40 ff.; Martin 312 ff.
Auf die Problematik der Dialektik als Methode, Unterschied und Einheit
aus einem Prinzip zu entwickeln, geht der Abschnitt B III, 3 vorliegender
Arbeit ein.

[12] Zwar weist Hegel selbst immer wieder auf die ontologische Differenz von
Sein und Wesen hin (vgl. Log I, 21; 80). Aber schon die Problematik des
Anfangs der Logik nährt den Zweifel, ob diese Differenz möglich ist. Im
Folgenden wird diese Frage in den Mittelpunkt rücken und in ihrer Bedeu-
tung für den Gottesbegriff betrachtet werden müssen.

schon dort präterital vollendet hat. Die unter die Geltung gebrachte
Kategorie ist mit der Struktur der sie scheinbar bedingenden logischen
Geltungsmächtigkeit identisch. Von hier aus läßt sich ohne weiteres die
Folgerung ziehen: das Absolute bestimmt sich selbst, weil es als das Bestimmte zugleich das Bestimmende ist. 2. Jede Kategorie ist ein Seiendes,
eine abgegrenzte Form und Inhaltsbestimmung, in der das Sein als Wesen
präsent ist. Seiend sind aber auch z. B. ein Haus oder ein Baum. Die
wesentliche Form des empirisch Mannigfaltigen, so wie es Kant verstanden
hat, und diejenige der Seins- und Wesensformen selbst werden dadurch
identisch. Die Logik hat den Bruch zwischen intelligibler und raum-zeitlicher Sphäre in sich aufgesogen[13].

---

[13] Hegel hat Raum und Zeit zwar ausdrücklich ausgeschlossen, aber er scheint
sich selbst nicht an die Konsequenzen zu halten, die die Ausschließung mit
sich bringt.
Litt hat darauf aufmerksam gemacht, daß Hegel logische und real-philoso-
phische Kategorien in der Logik parallelisiert und „vermengt" (248 ff.). Dies
ist möglich, weil das Logosprinzip alle Disziplinen spekulativer Philosophie
durchdringt. Da das Prinzip in der Logik identisch ist mit dem Prinzipiierten (vgl. die Dialektik von ‚Grund‘ und ‚Begründetem‘) kann das Prin-
zipiierte zugleich Prinzip des Prinzipes sein. So können auch die in die
Logik aufgenommenen Realkategorien (z. B. Chemismus; Mechanismus) die
Stelle eines solchen Prinzipes einnehmen. Es hängt nun alles von der Möglichkeit ab, innerhalb der Logik Logisches und Reales zu unterscheiden, will
man eine säuberliche Trennung der Disziplinen erreichen. Man wird aber
zu fragen haben, ob aus dem logischen Absoluten diese Trennung verständlich wird. Es ist daher ein doppeltes gefordert: Das Absolute hat sich logisch
zu differenzieren und in diesem Akt der Unterscheidung von dem real-
kategorialen Bereich abzuheben, den es außerdem in ihm selber aufzuglie-
dern hat (vgl. Litt 253 ff.; McTaggert 7 ff.). Zu Litt ist zu sagen, daß die
mangelnde Unterscheidbarkeit von Logik und den konkreten Wissenschaften
auf die der Logik immanente Schwierigkeit zurückzuführen ist, die es zweifelhaft erscheinen läßt, ob mit dem Aufweis der Differenz auch die Möglichkeit ihrer Präsenz bzw. Anwendung in den verschiedenen Schichten der
Philosophie einleuchten kann. Die Möglichkeit der Differenz muß im Absoluten die Möglichkeit schichtenspezifischer Differenzierungen einschließen,
denn jede Differenz ist nur die Differenz einer bestimmten Sphäre. Hier
ist als Beispiel eins der dunkelsten Stücke der Hegelschen Philosophie zu
nennen: Mag die Differenz von Idee und Natur an sich auch klar sein, so
bleibt noch die Erklärung aus, die eine spekulative Logik unbedingt schuldig
ist: wie sich nämlich in der Idee die Möglichkeit legitimiert, zunächst ein

Hieraus entstehen aber Schwierigkeiten, die auf die Problematik der Dialektik überhaupt hinweisen. Wenn die Kategorialformen seiend sind, und sich unter ihnen das Sein selbst befindet, so kann man von der „Zwei-dimensionalität"[14], die zwischen der Ebene des Daseins und derjenigen seiner Form waltet, nicht mehr sprechen. Seiendes ist selbst Kategorie und steht daher auf der gleichen ontologischen Stufe wie Sein und Wesen. Erst hierauf beruht die Möglichkeit der Vermittlung von Seiendem und Sein in der Weise, daß Sein im Durchgang durch die seiende Andersheit sich selbst als Wesen gewinnt. Hegel reflektiert aber nicht die Frage, ob überhaupt eine Gleichheit der ontologischen Ebene besteht, auf der Seiendes und Sein Gegensätze und daher vermittlungsfähig sein können. Die Logik koordiniert jede Form mit jeder; die Verhältnisse, die sie herstellt, gehorchen dem allgemeinen Schema, das die Bewegung von Identität, Unterschied und deren Einheit auf jede Kategorie überträgt. Mit der Vereinheitlichung einer jeden Beziehung ist aber die Möglichkeit ausgeschlossen, Gegensätze und Übergänge aus der spezifischen Eigenart des jeweiligen Gebietes und seiner ontologischen Bestimmtheit zu konstruieren. So bemüht sich noch Kant, die Besonderheiten des Denkens und seiner Funktionen in ihnen selbst zu ermitteln, um von hier aus die Begriffsbestimmung dessen leisten zu können, was das Eigentümliche der Objekte in Beziehung auf die Möglichkeiten der Erkenntnis darstellt. Die Gebiete der Subjekt- und Objektsphäre sind sich gegensätzlich, weil sie in der ihnen jeweils immanenten Spezifik gesehen und gewürdigt werden; erst hierdurch stehen methodisch die Wege offen, um die komplizierten Wechselverhältnisse zwischen den ontologisch differierenden Bereichen zu verfolgen. Ihre Ebenen werden von Kant sorgfältig voneinander abgegrenzt; auf keinen Fall sind sie im vorhinein in einer begrifflichen Einheit aufgehoben, unter deren Voraussetzung ihre Unterschiede spekulativ deduziert werden. Eben diese Einheit geht bei Hegel durch alle Bereiche des Seins hindurch und erlaubt es nicht mehr, daß die Denkformen Möglichkeiten sind, um die besondere Befindlichkeit und Gestalthaftigkeit verschiedener Seinsbezirke zu begreifen. Denn die Ka-

---

Außerlogisches und sodann in dieser Reihenfolge die Natur aus sich zu entlassen. Diese Problematik bleibt im Folgenden auf die Gottesfrage eingeschränkt.
Die Einwände Litts sind bereits von Trendelenburg (Log. Unters. I, 77 ff.) vorgetragen worden.
[14] Marcuse 79; vgl. 80 ff.

tegorien sind vorgängig in der abgeschlossenen Totalitätsbeziehung des Seins des Absoluten vereinigt, in dem alle Unterschiede dadurch aufgehoben sind, daß sie von der absoluten Einheit selbst gesetzt werden; sie durchdringen alle Seinsbezüge, indem sie sie in ihrem Wesen transparent machen. Aber die Struktur der wesentlichen Formtransparenz ist nicht nur die Struktur kategorialer Anwendung auf ein gegebenes Anderes, sondern als Absolutes dieses Andere setzend ist sie dieses Andere selbst. Wie jede Bestimmung ist das Andere ein kategorial Gesetztes; alle nur möglichen Seinsinhalte und die Zusammenhänge solcher Inhalte sind als Kategorien gesetzt und insofern dem Absoluten immanent. Es gibt kein Sein, das nicht logisch bestimmt wäre. Sein umfaßt alles Seiende, alles Reale, und als Absolutes setzt es alles Seiende. In dieser Kategorialisierung durch das Absolute ist das Seiende selbst das Absolute. Das Seiende, die einzelne kontingente Bestimmtheit ist immer schon die vorgängige Einheit selbst, durch die sie bestimmt wird; es nimmt in sich den gesamten logischen Prozeß vorweg.

Aus diesen Sachverhalten sollen nur einige Konsequenzen gezogen werden, die wieder auf das Thema der Hegelschen Ontotheologie zurücklenken; es kann sich hier nicht darum handeln, die Problematik der Logik unter erkenntnistheoretischen Gesichtspunkten kritisch zu beleuchten oder darum, einzelne Deduktionen aus der Standortbezogenheit eines modernen logischen Systems zu prüfen. Die Probleme, die aus der dialektisch konstruierten Philosophie des Absoluten folgen, sollen auf die Frage hingeordnet bleiben, ob und wie es möglich ist, unter den theoretischen Voraussetzungen des Hegelschen Systems Gottes Freiheit ihrem Begriffe entsprechend zu denken. Mit dieser Frage ist die allgemeinere verbunden, ob nicht die Logik hinter dem eigenen Anspruch, das Absolute auf den Begriff zu bringen, zurückbleibt und notwendig zurückbleiben muß. Die Kritik soll also durchaus immanent geführt werden und nicht von einem Hegel äußerlichen Konzept erfolgen, obwohl sie doch schließlich auf eine das System transzendierende Position führt, die die Hegelsche Begrifflichkeit und Methodologie nicht mehr auffangen und in sich hineinziehen kann; und zwar deshalb nicht, weil die Logik selbst die Bedingungen gerade für die Verhinderung enthält, den Ort des göttlichen Denkens und der Freiheit in sich auszumachen. Dies muß sich allerdings noch erweisen. Sollte der Aufweis gelingen, dann ist damit nichts mehr und nichts weniger gesagt, als daß die methodologischen Grundlagen von Hegels Gotteslehre die Voraussetzungen für die Zerstörung eben dessen sind, was gegenüber Kant mit der Restitution der Ontotheologie bewiesen werden sollte: dem Sein Gottes in sich selbst als dem Sein der absoluten Notwendigkeit im Begreifen seiner Selbstbewegung auf dem Fundament des vom Philosophen systematisch erreichbaren absoluten Gottesbegriffs die Gestalt des göttlichen Selbstbeweises zu geben. Es müssen also die Verpflichtungen, die in dem Ansatz des ontologischen Arguments stecken, zu Gottes Sein und Denken einen entsprechenden Begriff zu finden, der den Akt der absoluten Selbstsetzung vollzieht, mit den Möglichkeiten des Systems konfrontiert werden.

Es wurde gesagt, daß alles was ist ein aus und von der absoluten Einheit kategorial gesetzter Unterschied ist, der in sich selbst die Bewegung des Absoluten reproduziert. Das vom Absoluten unterschiedene Moment ist selbst das Absolute; dieses setzt sich in jenem voraus. Der Unterschied wird somit in die Identität zurückgenommen und ist zeitlos immer schon in ihr aufgehoben worden. Die gesetzten Momente, die in ihrer vom Absoluten entbundenen Gegenständlichkeit als das All der Unterschiede gesetzt werden, sind ewig vor ihrem Unterschiedensein in dem Abgrund dieses Absoluten hineingezogen worden und haben sich in dessen Identität aufgelöst. Auf diese Weise entstehen zwei fundamentale Schwierigkeiten:

1. Die Momente können gegeneinander in ihrem individuellen, gegenüber dem anderen Moment differenten Sein nicht mehr abgehoben werden. Sie lösen sich nicht nur in der von Hegel bestimmten nächsthöheren triadischen Einheit auf, sondern zugleich immer schon in der totalen Einheit des Absoluten selbst. Die Unterschiede können sich an sich selbst nicht mehr in ihrem spezifischen Sein halten, sondern verschwinden in der vorgängigen Identität. Da jedes Moment durch jedes andere bestimmt werden kann, sind alle Momente zugleich mit allen identisch. Damit aber vergeht zum einen die Möglichkeit, die allgemeine Kategorie des Unterschieds ontologisch zu begründen, sodann, die besonderen, spezifisch-inhaltlichen Merkmale verschiedener Seinsgebiete qualitativ zu differenzieren. Die Möglichkeit der Differenz ist damit überhaupt in Frage gestellt.

2. Auch das Absolute vermag sich in seinem Unterschiedensein gegenüber anderem nicht zu behaupten. Es ist mit seinen Unterschieden, die es setzt, zugleich eins. Hegels dialektische Logik kann nicht verständlich machen, auf welche Weise das Absolute sich selbst in seiner gegen die Momente unverwechselbaren Identität herausheben kann. Es fehlt ihm die Macht der Differenz; man kann dies in drei Nebenpunkten aufführen.

a) Die unterschiedlich benannten Kategorien gehen sachlich ineinander unter; ihre Unterschiedlichkeit ist nur noch eine des Namens und der verbalen Bezeichnung. Da alle in allen als absolute Einheit gegenwärtig sind, sind alle nur diese Totalität und nicht verschiedene, einander gegensätzliche Elemente.

b) Es besteht kein Unterschied zwischen dem Absoluten und seinem Gesetzten. Da dieses in die vorgängige Identität des Absoluten immer schon zurückgegangen ist, wird unverständlich, wie sich aus der Einheit überhaupt kategorial Unterschiedenes herausentwickeln kann. Damit wird aber die Legitimationsbasis der gesamten Kategorienlehre problematisiert. Denn läßt sich das Prinzip, aus dem Unterschiede möglich sein sollen, nicht so herausarbeiten, daß aus ihm der Übergang von sich zum Unterschied erklärt wird, dann ist aus ihm auch nicht die innere Notwendigkeit für die die Qualitäten bestimmende Namenbezeichnung der einzelnen Kategorien zu deduzieren. Die Logik gibt in der Tat nirgends Kriterien an, warum aus den kategorialen Triaden nun ausgerechnet diejenigen Triaden folgen, die Hegel anführt. Daß Hegel in seinen logischen Übergängen weitgehend der vorkantischen Schulphilosophie[15] folgt und in der gesamten subjektiven Logik noch der Kantischen Kategorienlehre kann nicht die Schlüssigkeit dieser Übergänge schon beweisen. Denn er beansprucht gerade, die Denkformen in dem notwendigen Deduktionsgange aus einem Prinzip hervorgehen zu lassen.

c) Dieses Prinzip löst sich aber selbst auf. Denn das Verhältnis des Absoluten zu sich ist nach Hegel ein Selbstverhältnis im spekulativen Durchgang durch die Totalität seiner Momente; aus dieser holt es sich in sich zurück. Aber die Momente sind im vorhinein in der absoluten Einheit verschwunden. Es bleibt nur die Struktur des sich setzenden und voraussetzenden Absoluten übrig; dieses ist lediglich bei sich; sein Anderes ist es selbst immer schon. Die Unterschiede versinken in der durch die Selbstsetzung des Absoluten in Wahrheit vollzogenen Tautologie: das Absolute ist das Absolute. Wie ist aber unter diesen Voraussetzungen die Selbstabhebung von sich selbst im Denken — und sei es das absolute Denken — zu verantworten? Das Absolute verschwindet in sich selbst. Die Möglichkeit und die aktuell geschehene Leistung seiner Differenzierung, die Hegel behauptet, ist ja durch die Struktur des Begriffs immer

---

[15] Vgl. Erdmann 289. Er weist darauf hin, „daß kaum eine einzige Kategorie in Hegels Logik sich findet, die Wolff in seiner Ontologie nicht — freilich nach seiner Weise — erörtert hätte, und daß sich auch hier, eben nicht zur Schande beider Philosophen eine Continuität der Entwicklung (selbst historisch) nachweisen ließe".

auch schon wieder zurückgenommen worden. Kategorial kann man die
Differenz in dem sich selbst verobjektivierenden absoluten Selbstbewußtsein gar nicht eruieren, denn die Kategorien repräsentieren in der zeitlos
dialektischen Allvermittlung selbst dieses Selbstbewußtsein. Wenn sich
die Differenz kategorial nicht fassen läßt, dann ist die Möglichkeit ihrer
Denkbarkeit im Hegelschen System nicht mehr gegeben. Die Dialektik,
die als Methode der Anwendung der Denkbestimmungen zugleich die
jedem Seienden immanente Bewegung zu vollziehen beansprucht, und
die ontologisch in der Selbstdifferenzierung des Absoluten begründet ist,
muß ihre Überzeugungskraft verlieren, wenn die absolute Differenz sich
in der Logik nicht demonstrieren, sondern allenfalls als eine nicht weiter
logifizierbare Art von Urteilung postulieren läßt. Kann man auch den
Gedanken nicht zurückweisen, daß Gott sich in seinem Selbstbewußtsein
selbst setzt und selbst beweist, so ist doch die Möglichkeit seiner Begriffs-
gebung im Sinne Hegels zu bestreiten. Der ontologische Grund der
Dialektik ist nur als schon dialektisch angelegter dieser Grund. Stellt
sich aber heraus, daß sich die dialektische Struktur des Absoluten in den
dialektischen Operationen der kategorialen Übergänge nicht halten kann
und sich dort als Bedingung notwendig auseinander folgender Unterschiede nicht bewahrheitet, — weil in ihm nämlich der Unterschied zu
Grunde geht und durchaus kein Prinzip vorhanden ist, das zeigte, wie
im Zugrundegehen der Unterschiede d. h. der Einheit, sich Unterschiede
neu restituieren, — muß man annehmen: Dialektik, führt man sie aus,
löst sich auf. Dieser Sachverhalt soll im Folgenden weiter erörtert werden.
Es verschärft sich die immanent gestellte Frage, ob die methodologischen
Grundlagen der spekulativen Logik tragfähig genug sind, daß im Begriff
des absoluten Begriffs die sich selbst produzierende Einheit von göttlichem Denken und Sein denkbar wird.

3. Die Dialektik des Wesens als Grund

Es ist aber nun genau Hegels Absicht, aus dem Zugrundegehen der Unterschiede und Momente in der absoluten Einheit die Möglichkeit der
Unterschiede zu deduzieren. Paradigmatisch sei dies an der Dialektik
des Grundes demonstriert[1]. In ihr wird der Gang des Wesens zur Exi-

---

[1] Vgl. N. Hartmann 237 ff.; v. d. Meulen 53 ff.; McTaggert 120 ff.; Garaudy
337 ff.; Lakebrink 153 ff.; Guzzoni 28 ff.; 76 ff. Vgl. auch die Dissertation

stenz entfaltet, der sich systematisch nach dem Vorbild des ontologischen Arguments richtet.

Existenz ist eine Kategorie der Wesenslogik. Das absolute Wesen, das alle Kategorien in sich eingeholt hat, nimmt auch die Existenz in seine Identität zurück. Diese Identität ist der Boden, von dem Hegel seine Theorie der Ontotheologie aufbauen will. Soll dieses Unternehmen gelingen, so muß er zeigen, wie aus dem alle Unterschiede vernichtenden Abgrund des Wesens der kategoriale Unterschied der Existenz folgt. Das Wesen hat sich also einmal als der Abgrund seiner Momente darzustellen, zum anderen als Grund, aus dem sie wieder als von seiner Einheit unterschiedene Inhalts- und Formbestimmungen hervorgehen. Diese Bewegung will die Dialektik des Grundes aufschlüsseln, die die Kategorie ‚Grund‘ selbst ist. Sie repräsentiert für Hegel eine Interpretationsform des ontologischen Arguments, so wie die Dialektik des Wesens als Reflexion eine andere; die Modalitätskategorien werden das Argument wiederum in einer anderen Form darbringen. Aus dem Bisherigen ist leicht zu entnehmen, daß alle Deutungsformen, in denen Hegel das System der Ontotheologie ausbreitet, unter einem Prinzip stehen. Darauf ist später zurückzukommen. Vorher muß sich die Untersuchung mit den in der Logik wichtigen Stationen des dialektischen Prozesses befassen, die für die Konzeption des Gottesbegriffes, so wie ihn eben Hegel ausgestaltet wissen wollte, in den verschiedenen Varianten kategorialer Vermittlung bezeichnend sind.

Die Analyse der Hegelschen Deduktion von Existenz verfolgt auch das Ziel, die Frage zu klären, welcher Begriff von Sein Gott im Idealismus zugeordnet wird. Für Kant lag hierin noch eins der wesentlichen Probleme, mit denen sich jede Ontotheologie auseinanderzusetzen hatte, deren Lösung er aber der spekulativen Vernunft nicht zutraute. Deshalb hat er in der KdrV versucht, einen Existenzbegriff zu finden, der von den menschlichen Erkenntnismöglichkeiten her zu vertreten ist; aber dieser kann nicht der Begriff sein, den ein Gottesbeweis benötigt. Auch Hegel hat sehr deutlich gesehen, daß das Sein Gottes besonderer Reflexionen bedarf. Er unterliegt aber in seinem Verhältnis zu Kant dem Irrtum, dieser habe mit dem transzendentalphilosophischen Begriff ‚Existenz‘ Existenz überhaupt gemeint, eine Kategorie, die sich demnach auch auf Gott übertragen ließe. Obwohl Hegel von diesem Verständnis her Kant

---

von Becker, der dem Ansatz folgt, den Adorno in seiner „Negativen Dialektik" entfaltet hat.

heftig angreift, steht er doch in sachlicher Kontinuität zu ihm; denn gerade Kant ist es gewesen, der gegen den Rationalismus immer wieder geltend macht, daß es zu den grundlegenden Aufgaben der spekulativen Theologie gehört, das Sein Gottes zu spezifizieren. Hegel handelt daher durchaus im Sinne Kants, wenn er darauf insistiert, Existenz als Wesensform aus der Erfahrung begründenden Transzendentalphilosophie herauszunehmen und sie jenseits ihrer nur subjektiven Bedingungen anzusiedeln. Kategorie ist Existenz für Kant lediglich im Rahmen der Analytik; das Sein des Analogiebegriffes von Gott kann daher auf diese Bezeichnung keinen Anspruch erheben. Hegel kategorialisiert in der für ihn charakteristischen Absetzung gegen Kant gerade das Sein als die Form von Existenz, die der Metaphysizität Gottes entspricht. Er hält sich gegenüber Kant zugute, daß er die Wendung aus der Subjektivität des Existenzbegriffs in die Objektivität vollzogen hat, welche gleichzeitig das Subjekt-Objekt-Sein Gottes zu umgreifen imstande ist. Dies scheint ihm zu gelingen, weil er Existenz als Kategorie in die Selbstbewegung Gottes zu sich integriert und ihr damit die Legitimation verschafft, der metaphysischen Ebene des göttlichen Seins adäquat zu sein. Haben für Kant die Kategorien in Gestalt transzendentalanalytischer Gesetze die subjektiv-funktionelle Bedeutung von Existenz als realer Möglichkeit empirisch zu verifizieren, so sind sie für Hegel Größen, die als Entäußerungsmodi des absoluten Grundes in diesem fundiert sind. Als Kategorie gehört Existenz in den ontologischen Begründungszusammenhang, der Kategorialität allererst ermöglicht. Die Selbstbegründung des absoluten Wesens in der Existenz vollzieht sich in der Dialektik der Kategorie ‚Grund‘.

Es ist nun auf die Hegelsche Theorie dieser Dialektik einzugehen[2]. ‚Grund‘ ist ganz formal zunächst die Kategorie, die erklärt, von welchem Prinzip die Kategorien sind. Sie gibt Antwort auf die Frage, welches Sein den Bestimmungen der Logik zukommt oder aus welchem Prinzip des Seins sie zu verstehen sind. Die Antwort kann aus dem Vorherigen schnell gegeben werden; sie soll hier in gegenüber früheren Überlegungen abgewandelter Form Erwähnung finden, damit deutlich wird, wie unmittelbar bei Hegel sich die Konzeption der Logik mit derjenigen der Ontotheologie berührt. Die dialektische Kategorienlehre enthält nicht nur alle Prinzipien des Seins und der Erkenntnis, die gleichsam außertheologisch von der allgemeinen Menschenvernunft anerkannt werden

---

[2] Vgl. Log II, 63 ff.

müssen, weil diese den Prinzipien immer schon unterliegt, sondern verkörpert mit der ontologischen Verfassung jeder Realität gleichzeitig das Sein des absoluten Gottes. Welterkenntnis und Gotteserkenntnis werden als Seinserkenntnis synthetisiert; diese Synthese erweist sich als das absolute Sein selber, das sich zu sich selbst und zu allem Seienden, sei es subjektiver oder objektiver Natur, differenziert. Es kommt für Hegel alles darauf an, nicht nur den ontologischen Ort, sondern auch die Möglichkeit dieser Differenz in diesem Ort aufzuzeigen. Das führt wieder auf die grundlegende Frage nach der Differenz, die auch für diesen Zusammenhang entscheidendes Gewicht hat. Denn es muß sich schließlich ausmachen lassen, wo der Unterschied zwischen Welt und Gott liegt, und wo man das Prinzip dieses Unterschiedes sowohl in der Sphäre des Seins wie in derjenigen der Erkenntnis zu suchen hat. Gerade nach dem Selbstverständnis der Hegelschen Dialektik ist die Logik nicht nur eine, sondern schlechthin d i e Bedingung, welche jede nur mögliche Form der Differenz unter sich begreift. Es war durchaus nicht Hegels Absicht, Gott und Welt durcheinander zu mengen; eben die Dialektik des Absoluten soll dies verhindern. Man kann Hegel auch zunächst noch nicht vorwerfen, daß er das Sein Gottes und das der Welt in einen beide Seinsbereiche umgreifenden ontologischen Zusammenhang eingefügt hat. Denn die umgreifende Ordnung ist es gerade, die sich als das Absolute differenziert und die Welt als die Ordnung des endlichen Seienden aus sich herausdifferenziert. Erst in der Ordnung der vom Absoluten ausgehenden Differenzen und ihrer Ebenen ist von einem kontinuierlichen Zusammenhang des Seins zu reden. Die von den Kategorien hergestellten Aufgliederungen des gesamten Seins hält die absolute Einheit zusammen, indem sie sich in ihnen wiederholt. Hegel will auf diese Weise nicht nur eine Erklärung dafür geben, wie Einheit und Unterschied logisch verbunden werden können, sondern vor allem eine ontologische Deutung für die Frage liefern, woher die Unterschiede im Mannigfaltigen wie in allem Sein überhaupt herkommen und in welchem Prinzip sie gründen[3].

Die Dialektik des Wesens als Grund läßt diese Deutung im Sinne Hegels gegenständlich werden. Die Kategorien sind in jeder Unterschiedenheit des Seins gegenwärtig und machen diese in ihrem spezifischen Unterschiedensein kenntlich. Sie sind gleichermaßen in Gott und in der Welt, im Unendlichen wie Endlichen. Damit ist die wichtige Vorentscheidung der kategorialen Allgegenwart schon gefallen, ohne daß sie

---

[3] Vgl. Marcuse 43 ff.

begründet wäre. Hegel tut nun den weiteren Schritt dieser Begründung. Die Kategorien sind von einem Prinzip, das ihnen ihre Kategorialität in der Weise zuweist, überhaupt bestimmende Funktionen zu sein und als je und je bestimmte und bestimmende Funktionen aufzutreten. Sie sind aber nicht nur Funktionen, sondern Konstitutionen des Seins; auch dies hat in dem Prinzip ihrer Kategorialität seinen Grund. Dieser Grund ist selbst das Prinzip, das sich als absoluter Grund im vorhinein die Gestalt des dialektisch-kategorialen Seins gibt. Im Grund sind die Kategorien die Bedingungen ihrer Kategorialität, einmal im funktionalen Sinne, weil sie das Sein bestimmende Formen der absoluten Erkenntnis sind, zum anderen im konstitutionellen Sinne, weil sie die aus dem Absoluten hervorgehenden, differenten Seinsinhalte selbst darstellen. Da die logischen Formen die Unterschiede in allem Sein betreffen, ist jedes Seiende in seiner nur ihm zukommenden Eigentümlichkeit und Unterschiedenheit im ‚Grunde‘ aufgehoben. Diese Universalisierung des Kategorienbegriffs ermöglicht es Hegel, die ontologische Verfassung so völlig verschiedener Seinsgebiete wie Gott und Welt, Gottesgeist und Menschengeist methodisch in derselben Systematik abzuhandeln. Diese Systematik ist für ihn die des sich entfaltenden und aufschlüsselnden Grundes selber. Die Selbstbegründung des Absoluten ist identisch mit der Bewegung der absoluten Vernunft, die alles Sein konstituierend bestimmt; in der Logik wird sie vollzogen. Es liegt im Ansatz dieser Logik, daß Gotteserkenntnis und Vernunfterkenntnis in einem Prinzip vereinigt sind und aus ihm begriffen werden können. Hier finden sich daher die Wurzeln für den charakteristischen Zug der spekulativen Theorie, die das göttliche Wesen des menschlichen Denkens behaupten, und die deshalb das Eindringen ins Ich mit dem Eindringen in das Sein und Wesen Gottes identifizieren kann. Die Ineinssetzung von Ichbewußtsein und Gottesbewußtsein basiert auf den methodologischen Fundamenten der Hegelschen Logik[4].

Der Selbstbeweis Gottes in der Grundbeziehung ist daher ein auch der allgemeinen Menschenvernunft zugänglicher Akt, ja ein dieser Vernunft immanenter Akt selbst, in dem sie sich als Vernunft verwirklicht. So synthetisiert die Hegelsche Theorie der Ontotheologie die von Kant noch sorgsam getrennten Disziplinen der Metaphysik: Erkenntnistheorie, Ontologie und metaphysische Theologie. Die Kategorien, die als Funktionen des Denkens Seiendes bestimmen und schon die Konstituentien des Seienden selbst sind, vermitteln sich zugleich zum Gang der Selbst-

---

[4] Vgl. z. B. Rothe Ethik I, 69 ff.

bewegung des Absoluten. Das Wesen gibt sich Grund in seiner Existenz. Diese Variante des ontologischen Arguments gilt es nun darzustellen.

Hegel deduziert Existenz aus den Kategorien ‚Grund' und ‚Bedingung'. Der Grund ist setzende Reflexion, die sich selbst als Reflexion vergegenständlicht; der Grund hat sich hierin zum Gesetzten gemacht; er setzt sich als absolute Subjektivität seinem Gesetztsein oder seiner Verobjektivierung als setzender (reflektierender) gegenüber und bewahrt sich zugleich als voraussetzende Reflexion. Die Bewegung iteriert ins Unendliche.

Das Wesen bestimmt sich als der unendliche Prozeß der sich selbst reflektierenden Reflexion. In der Relation des Wesens zu sich als absoluter Negativität[5] reproduziert es sich zur Kategorie ‚Grund'. Es hebt sich in der eigenen Reflexionsbewegung auf und geht — um das Wortspiel Hegels zu gebrauchen — in seinem Grund zu Grunde. Denn in dieser sich aufhebenden und in der Aufhebung sich erhaltenden Reflexionsbeziehung erscheint das Wesen als sein eigener Grund. Es vergeht in seinem Entstehen und entsteht in seinem Vergehen. In der Aufhebung erhält es sich, in der Selbsterhaltung negiert es sich. Die Einheit der Identität und des Unterschiedes bringt es im Sich-selbst-Setzen und der darin vollzogenen Negation hervor. Das Wesen bestimmt sich somit selbst als Grund; in dieser Tätigkeit „kommt das Wesen ... nur aus sich her"[6]. Die Grundbeziehung ist die Reflexion des Wesens in sich selbst oder die reine Vermittlung des Wesens mit sich.

In der Iteration der sich unendlich reflektierenden Reflexion hat der Grund eine wesentliche Voraussetzung: das Moment ‚Sein'. Sein ist noch das Voraussetzende einer jeden Voraussetzung; es muß deshalb im passivischen Sinne einer jeden Voraussetzung vorausgesetzt werden. Hegel nennt dieses Moment das „Unmittelbare" oder „Bedingung"[7], auf die sich der Grund in dem Prozeß des Sichgründens bezieht.

Es liegen die Momente ‚Bedingung' und ‚Grund' vor. Die Bedingung vertritt vorerst noch das nur auf sich bezogene, daher unvermittelte Sein. In der kategorialen Form ‚Bedingung' steht das Sein zunächst noch außerhalb der Beziehung zum Grund; es ist grundlos. Diese Abwesenheit des Grundes qualifiziert die Bedingung; im Hinblick auf den Grund ist sie das Unbedingte. Der Hinblick impliziert noch keine Vermittlung;

---

[5] Vgl. Log II, 63.
[6] Log II, 64.
[7] Vgl. Log II, 91/92.

dies schlägt sich in der negativen Ausdrucksform ‚Unbedingtes‘ nieder. Der die Vermittlung ausschließende Hinblick ist nötig, damit der Seins- und Unmittelbarkeitscharakter in der Momentdefinition ‚Bedingung‘ zum Vorschein kommt. Diese die Einzelbestimmungen aus dem Vermittlungsfüge heraushebenden und fixierenden Definitionen tragen der Kantischen Unvermitteltheit von Denken und Sein Rechnung, die im dialektischen Prozeß verflüssigt werden soll. Denn der Grund ist ja vorerst nichts anderes als setzende und voraussetzende Reflexion. Reflexion ist aber ohne das Sein nicht zu denken, worauf sie reflektiert. Das Sein in Ansehung des Reflexionscharakters des Grundes ist das Unbedingte, das zunächst nur einfach da ist. Die Bedingung als das Unbedingte und der Grund als nur in sich gekehrte Reflexion stehen sich im Sinne des Hinblicks beziehungslos gegenüber.

Beziehungslosigkeit ist aber nicht das Fehlen jeglicher Beziehung, sondern Ausdruck für die Negation einer vorangegangenen Beziehung. Negation ist Negation ‚von‘. ‚Von‘ meint, daß ‚Beziehung‘ Moment der Negation von Beziehung ist, oder daß die Negation der Beziehung wiederum Moment der Beziehung ist. Das Beziehungsmoment ‚Grund‘ ist noch in der Negation der Beziehung ‚Bedingung — Grund‘ Moment. Die Dialektik macht es möglich, daß ‚Grund‘ gerade in seiner Negation positives Moment der Bedingung bleibt, d. h. daß die Bedingung zugleich durch den Grund als aufgehobenen definiert wird. Der aus der Bedingung entfernte Grund ist die grundlose Bedingung; damit ist sie aber schon f ü r den Grund oder, wie Hegel es formuliert, das „r e l a - t i v Undedingte“[8].

Die Bedingung tritt aus ihrer Unmittelbarkeit in die negative Momentbeziehung zum Grund, der ihr Anderes oder ihr Wesen ist. Daher hat sie den Charakter des Seins bzw. Ansichseins für den Grund. Grund und Bedingung verhalten sich wie Wesen und Sein und gehen die entsprechende Dialektik ein. Diese Vermittlung, aus der Hegel den Begriff ‚Existenz‘ gewinnt, hat zwei Seiten. Grund meint die sich negierende Negativität der in der unendlichen Iteration sich reflektierenden Reflexion. Sie enthält die Einheit ihrer selbst als Reflexion und kommt in ihrem Sichsetzen und Sichaufheben auf sich als Sein zurück. Denn ihr ständiges Sichselbstreflektieren ist ein ständiges Sichselbstnegieren. Sie streift sich gleichsam von sich selbst ab und bringt sich auf das abstrakte

---

[8] Log II, 91 ff.

Sein herunter. In dem, was sie tut, ist sie nicht nur ein Sichselbstbestätigen, sondern darin ein Sichselbstaufheben. Gerade im Akt ihres Reflektierens, der sie sich gewinnen läßt, verliert sie sich unendlich wieder und zerstört die eigene Qualität ,Reflexion' zum qualitätslosen Sein.

Das Moment ,Sein', die Bedingung und vorerst das Unmittelbare, steht gleichzeitig in Vermittlung mit der Selbstaufhebung des Grundes als Reflexion. Die Konstitution der Bedingung wird in der Beziehung zu dem sich im Reflektieren negierenden Grunde hergestellt. ,Bedingung' ist nun das vermittelte Unmittelbare.

Damit hat sich das Reflexionsverhältnis des Grundes in der Kategorie ,Bedingung' wiederholt. ,Sein', in der Momentgestalt ,Bedingung', vermittelt sich mit der sich aufhebenden Reflexion des Grundes. Momente sind nun auf der Seite des Seins die Bedingung, auf der Seite des Wesens der Grund als negierter und sich selbst negierender. Beide Momente verweisen aufeinander und verinnerlichen in ihrem Verwiesensein den Verweisungszusammenhang. Die Grundlosigkeit des Grundes reproduziert sich in seiner Bedingung als Grund derselben. Denn der sich negierende Grund geht als Reflexionskategorie dialektisch in das Identitätsverhältnis der Bedingung zu sich selbst ein. Ihr Unterschied, der zur Identität notwendig ist, liegt in dem Moment ,Negation des Grundes', die dieser an sich selbst vornimmt und daher in ihr immer noch er selbst als Grund bleibt. Das Tun des Grundes als Tun der absoluten Negativität der Reflexion, die sich in ein setzendes und ein gesetztes Moment auseinanderreißt und darin in sich verharrt, wiederholt sich in der Bedingung. In ihr ist das setzende Moment des sich aufhebenden Grundes als die sich aus dem Unterschied konstituierende Kategorie und das Moment des gesetzten Seins, das die Bedingung in der Form der unbedingten Unmittelbarkeit selbst ist. Somit enthält auch die Bedingung ein setzendes und ein gesetztes, ein subjektives und ein objektives Moment. Da ,Bedingung' als Unmittelbares das Fehlen des Grundes ausdrücken sollte, kann man auch sagen, daß die Grundlosigkeit des Grundes im dialektischen Verhältnis mit der Bedingung identisch ist mit der Kategorie ,Grund'. Damit wird nichts weiter ausgedrückt, als daß der Grund im Sichgründen wie im Sichaufheben fortbesteht. Dieses Überdauern seiner selbst in der Negation geschieht aber nun im Momentbereich der Bedingung, die ursprünglich als das Andere des Grundes gesetzt war. Die reflektierende Selbstvermittlung des Grundes vermittelt sich mit sich selbst in der absoluten Negation dieser Vermittlung, die mit dem Seinsmoment ,Bedingung' indiziert ist.

Der Grund hat sich mit sich selbst in der Bedingung zusammengeschlossen; er ist hier absolut bei sich. Die voraussetzende Reflexion des Grundes versetzt den Grund selbst in die Anfänglichkeit des Seins zurück. In dessen Unmittelbarkeit hat nun die Selbstaufhebung des Grundes einen Platz als Momentposition inne. Im Voraussetzen seiner Bedingung als des eigenen Seins holt sich der Grund in die Beziehung zu sich selbst zurück. Das sich im Grunde begründende Wesen erhält seine Selbstbewegung als Fortgehen von sich zu sich in dem ihm absolut Unterschiedenen. „Diese durch Grund und Bedingung vermittelte und durch Aufheben der Vermittlung mit sich identische Unmittelbarkeit ist die Existenz"[9].

Existenz fixiert den Vermittlungsprozeß von Grund und Bedingung. In beiden Momenten ist sie schon als diese Vermittlung vorhanden, weil sie dasjenige Sein darstellt, das in der Beziehung zu der Negativität des Grundes das vermittelte Sein geworden ist. Als vermittelte Unmittelbarkeit ist sie im Grunde wie in der Bedingung präsent, die beide in sich ihre Momentbeziehung antizipieren. „Dies ist also die Wiederherstellung der Unmittelbarkeit oder des Seins, aber des Seins, insofern es durch das Aufheben der Vermittlung vermittelt ist; — die Existenz"[10]. Hegel legt in diesem Zusammenhang Wert auf den Begriff der Unmittelbarkeit — dies vor allem im Hinblick auf Kant, wie sich noch zeigen wird. Existenz ist eine Gestalt des Seins, die in ihrer Unmittelbarkeit die Bedingung-Grundbeziehung aufgenommen hat. Existenz ist das Sein, insofern dessen Unmittelbarkeit von der Vermittlung und ihrer Aufhebung durchbrochen ist. In der Enzyklopädie bringt Hegel diese Struktur ganz formal auf das dialektische Schema: „Die Existenz ist die unmittelbare Einheit der Reflexion-in-sich und der Reflexion-in-Anderes"[11]. Bedingung und Grund können jeweils Reflexion-in-sich und Reflexion-in-Anderes sein; ihr kategoriales Bestehen impliziert ihre Einheit als Existenz. In der Grundbeziehung gibt sich das Wesen selbst die Existenz[12]. Ganz unverkennbar handelt es sich hier um eine Formulierung des ontologischen Argumentes.

Aber erst ein Blick auf Kant kann lehren, daß Hegel mit dieser Deduktion der Existenz den Kritizismus in seine Theorie der Ontotheologie einarbeiten wollte. Rein äußerlich fällt bereits auf, daß die Existenz-

---

[9] Log II, 100.
[10] Enzykl § 122.
[11] Enzykl § 123.
[12] Vgl. Log II, 105.

kategorie auf den zweiten Abschnitt der Wesenslogik führt[13], der mit
„Die Erscheinung"[14] überschrieben ist, und in diesem noch einmal im
Verhältnis zu Kant reflektiert wird. Hegel hat bekanntlich die Kantische
Erkenntnistheorie positiv aufgenommen, allerdings mit der Absicht, diese
zu überschreiten. In dem angegebenen Abschnitt versucht er über sie
hinauszugehen und ihre, wie er meint, auf der Ebene des räsonnierenden
Verstandes[15] verbleibenden Ergebnisse konstruktiv in die dialektische
Logik einzubauen[16]. Die Art seines Vorgehens soll hier nur hinsichtlich
der Selbsterzeugung des Absoluten betrachtet werden. Es wird sich zeigen, daß Hegel die Scheidung zwischen der kategorialen Funktionalität
des Denkens und dem seinshaft Vorgegebenen, auf die Kant die Kritik
der menschlichen Vernunft aufbaut, zwar anerkennt, sie aber mit einem
dialektischen Kunstgriff wieder zudeckt. Die Kantische Differenz von
Denken und Sein erfährt durch die Hegelsche Kategorie ‚Unterschied'
ihre Würdigung und zugleich ihre Integration in den Prozeß.

Grund und Bedingung verhalten sich zueinander wie Denken und
Sein; in ihnen wird Kants Abhebung der kategorialen Ebenen des reflektierenden Verstandes von dem vorfindlichen Seienden rekonstruiert.
Kant hat mit der kritischen Grundunterscheidung zwischen Verstand und
Sinnlichkeit, Spontaneität und Rezeptivität die Unmöglichkeit einer Ableitung von Existenzialsätzen aus reinen Begriffen dargelegt und von
hier aus die Unmöglichkeit des ontologischen Arguments aus dem spekulativen Begriff des höchstnotwendigen Wesens für die menschliche Vernunft begründet. Nur einer göttlichen Vernunft mag es möglich sein,
im Denken des Seins das Sein auch zu setzen; für sie gelten nicht die
kritizistischen Restriktionen, denen menschliches Denken unterworfen ist.
Hegels Beziehung von Grund und Bedingung will diese Seinssetzung der
absoluten Vernunft begreifen, dies aber so, daß der Kantische Gegensatz von Subjekt und Objekt in dem auf sich selbst bezogenen Tätig-
werden des Absoluten versöhnt wird. Die Notwendigkeit einer solchen
Versöhnung empfiehlt sich Hegel allerdings nicht, insofern man unter
dem Absoluten zunächst nur einseitig Denken und Sein Gottes versteht. Denn auch für Kant war es kein gedankliches Problem mehr, daß
Gott im Fassen des Begriffs der Urheber alles Seins ist. Der Gegensatz

---

[13] Vgl. Log II, 97 ff.
[14] Log II, 100 ff.
[15] Vgl. Gadamer 189 ff.
[16] Vgl. Log I, Einleitung von 1812.

kann schon nach seinem Verständnis lediglich vom menschlichen Verstand nicht übersprungen werden. Hegel sieht deshalb seine Aufgabe darin, Versöhnung gerade im Hinblick auf das Denken endlicher Menschen zu erreichen. Bereits in seinen ersten Druckschriften[17] versteht er unter einem endlichen Denken vornehmlich die Kantische Philosophie und die von ihr abhängigen Entwürfe. Endlich ist dieses Denken darum, weil es immer nur in seinen Vergegenständlichungen verharrt und sich niemals mit seinem Objekt zusammenfinden kann; abgekürzt gesprochen: ihm ist die Rückführung des Objekts in das Subjekt und die Einführung des Subjekts ins Objekt verschlossen[18]. Um aber die Subjekt-Objektintegration herstellen zu können, muß das endliche Denken unendliches, absolutes Denken werden. Das Hegelsche Absolute versöhnt nicht nur Denken und Sein, sondern mit sich selbst auch das den eigenen Fixierungen verhaftete endliche Denken; erst dieser Zusammenhang offenbart das Absolute als das wahrhaft Absolute. Hegel sucht Kant demnach in der Weise zu überwinden, daß er die schon bei Kant wenn nicht ausgeführte so doch angelegte Struktur des absoluten Wesens mit den Bestimmtheiten des endlichen Verstandes dialektisch verbindet und dieser Verbindung die Gestalt des in der Logik sich selbst explizierenden Absoluten gibt. Das Endliche hebt sich auf im Unendlichen und nimmt dessen Qualitäten an. So ist es dem Denken, das für Hegel dank der zeitlos kategorialen Vermittlung immer schon im Absoluten Eingang gefunden hat, nun möglich, die aus dem objektsetzenden Reflektieren entstehenden Gegensätze in die Flüssigkeit des spekulativen Subjekt-Objektaustausches aufzulösen.

Dieser Vorgang setzt aber vorerst den Gegensatz noch voraus; die Dialektik bedarf seiner, um die durch ihn als in der Kategorie ‚Unterschied' hindurchgegangene versöhnte Identität zu gewinnen. Das Endliche, das hier in der Form des kritizistischen Standpunktes erscheint und daher den Gegensatz repräsentiert, ist eine konstitutive Position, welche die Momentbeziehung nicht entbehren kann. Eine nur äußerliche Polemik gegen die Kantische Verstandesphilosophie würde wiederum sich selbst als Äußerlichkeit setzen und daher den Gegensatz reproduzieren. Deshalb hat das den Gegensatz überwindende Denken den vom Gegensatz beherrschten endlichen Verstand in sich aufzunehmen und

---

[17] Z. B. GluW 14.
[18] Vgl. Görland 25 ff.

in sich zu überschreiten. So verstanden ist es das absolute Denken selbst, das in sich seine Endlichkeit transzendiert und aus seiner verobjektivierten Befindlichkeit in die lebendige Selbstbegründung eingeht.

Es ist nun leicht, die Hegelsche Verarbeitung von Kants Erkenntniskritik in der Beziehung von Grund und Bedingung wiederzufinden. Freilich darf man die Gewaltsamkeit dieses Verfahrens nicht übersehen. Hegel kommt es nicht so sehr auf eine historische und auch nicht primär auf eine streng sachliche Reproduktion der kritischen Theorie an, sondern vor allem auf eine prinzipielle Überwindung dessen, was er als den Verstandes- oder Reflexionsstandpunkt ansah, der seiner Meinung nach den kantianisierenden Strömungen der zeitgenössischen Philosophie zu Grunde lag.

Die den Kritizismus mit Hilfe der Grundbeziehung in das System der Logik integrierende Rekonstruktion erfolgt in drei Schritten:

1. In Beziehung auf die Bedingung, die das noch subjektlose Sein vor der Vermittlung darstellt, ist der Grund als auf sich selbst bezogene Reflexion negiert. Das unvermittelte Sein ist zunächst nur das, worauf die Denkeinwirkungen des Subjektes und seiner Reflexion keinen Einfluß haben. Beim Grunde sind zwei Ebenen der Negation zu unterscheiden. Der Grund ist nicht als solcher überhaupt negiert; wohl negiert er s i c h und stellt sich in seiner Negation oder Vergegenständlichung wieder her. Dies ist die erste Ebene der Negation und ihrer dialektischen Aufhebung, welche lediglich im Medium des Grundes stattfindet. Die zweite muß unter dem Aspekt der noch unvermittelten und deshalb nur hinsichtlichen Beziehung Bedingung-Grund gesehen werden: der Grund, die in sich gewandte Reflexion, ist n i c h t Bedingung; er hat mit dem Sein vorerst nichts zu tun. Grund und die Form des Seins als Bedingung sind bloße Gegensätze. Hier spiegelt sich in abstraktesten Umrissen die Kantische Dualität von Denken und Sein wieder.

2. Im weiteren Verlauf des dialektischen Prozesses zeigt sich, daß die zweite Ebene der Negation des Grundes mit der ersten identisch ist. Grund ist die sich selbst negierende Reflexion, oder anders ausgedrückt: als Denken weiß der Grund von sich, daß er nicht das Sein ist. Daher vollzieht er im Hinblick auf das Sein, das seine Bedingung ausmacht, die Negation seiner selbst. Nun hat er sich zum Sein negativ oder als Gegensatz gesetzt. In seiner auf sich angewandten negierenden Reflexion läßt er das Sein in dessen vom Denken noch nicht angetasteten Fremdsphäre bestehen. Auch hier rekonstruiert Hegel Kants Theorie, daß die denkende Subjektivität in den ihr zugehörigen Gedanken weiß, daß sie das seins-

haft Gegebene nur rezeptiv aufnehmen kann. Sie vermag ohne diese
Beziehung auf ‚Sein‘ aus ihrer reinen Apriorität keine synthetischen
Urteile zu tätigen.

3. Für Kant ist die Bedingung der Erkenntnis zunächst die Anerkennung der ichtranszendenten Objektivität des Seienden; dies schließt die
Begrenzung des Erkennens auf seine Subjektivität ein; erst dieser Akt
setzt Objektivität frei und die weiteren Schritte zur denkenden Durchdringung und Aneignung des Seienden durch das Erkenntnisvermögen.
Die Freisetzung der Objektivität bedeutet für Kant aber nicht deren
Setzung. Hier geht Hegel über Kant hinaus. Er verlegt die Selbstbegrenzung des Subjekts und die damit simultan geschehene Freisetzung des
Seins in den Grund des Wesens. In ihm wird die Freisetzung der Objektivität als das Geltenlassen ihrer Subjekttranszendenz mit der Setzung
synthetisiert. Denn im Grund soll die vom Subjekt selbst aufgerissene
Kluft zwischen sich und dem Objekt in die versöhnte Einheit beider
zurückgeführt werden. Das Subjekt setzt im Aufheben seiner selbst das
Objekt; es setzt sich selbst als Objekt und stellt sich als geeinigtes Subjekt-Objekt wieder her. Der Grund vollzieht diesen Gedankengang als
Bewegung an sich selbst. Er erzeugt in der Selbstnegation die Polarität
zwischen sich und dem Sein. Die Selbstaufhebung ist deshalb zugleich
die Setzung des Seins in seiner reflexionslosen Unmittelbarkeit. Daß Sein
ist, hat es dem Sichnegieren des Grundes zu verdanken. An dieser Stelle
verläßt Hegel Kantischen Boden. Denn er konstruiert aus der Negation
des Grundes als Selbstnegation und der seinshaften Vorgegebenheit in der
kategorialen Form ‚Bedingung‘ eine dialektische Momentbeziehung. Das
Sichaufheben des Grundes ist nicht nur die sich im Negieren restituieren-
de Reflexion und damit wieder die Setzung seiner selbst, — er weiß von
sich als Reflexion, die das Sein nicht ist — sondern zugleich die Setzung
des Seins als das auf i h n Bezogene und i h m Vorgegebene. Er bezieht
Sein im Akt der Selbstaufhebung auf sich. Dieses Aufsichbeziehen konstituiert das Sein als Sein und als Sein für den Grund; Sein ist nun die
Bedingung des Grundes geworden. Die sich als Sichnegieren vollziehende
Gewißheit des Grundes, nicht das Sein zu sein, vermittelt Sein zur Identität mit sich selbst. Die Negativität des Grundes ist als Moment des
Seins dessen Unterschied, aus dem es als das Sein gesetzt wird. Somit
ist Sein für den Grund nicht nur Bedingung als notwendiger Richtungs-
punkt seiner Bezogenheit und Voraussetzung seiner Selbstbeziehung, sondern Sein kommt durch die sich negierende Aktivität des Grundes aus
dem Grunde her. Es ist, wie gezeigt wurde, des Grundes eigenes Sein,

das durch ihn gesetzt wird. Dieses Sein ist die Existenz des absoluten Wesens[19].

Denken, dessen kritizistische Einschränkung bei Kant es ausschließt, aus der reinen Apriorität des Begriffs die Setzung des Seins zu ermöglichen, hat durch die Fähigkeit des Sichaufhebens bei Hegel wieder die Macht, aus dem Begriff das Sein folgen zu lassen. Dieser Begriff ist der Begriff des Denkens von sich selbst, der sich als seinssetzender (seinsbegründender) und seinsvoraussetzender (Sein als Bedingung) Grund erwiesen hat. Hegel verwendet den für Kant typischen Gedanken der sich in seiner Gegensätzlichkeit zum Seienden bewußten Subjektivität gerade für die Erneuerung einer Theorie, die Kant damit abwehren wollte. Denn für diesen war mit der Endlichkeit des menschlichen Vernunftvermögens der Beweis erbracht, daß weder das synthetische Element des empirisch Seienden noch das des Seins Gottes aus den vom Subjekt notwendig abhängigen Begriffen zu erzeugen sei. Darüber hinaus folgt für Kant, daß dem endlichen Denken das göttliche Sein in seinem wahrhaften ontologischen Charakter gar nicht entsprechen könne. Auf diesem Gedanken beruht die kritizistische Widerlegung des ontologischen Arguments.

Bei Hegel ist Denken aber niemals nur endliches, sondern immer schon absolutes Denken. Daher kann er die für Kant unmögliche Folgerung ziehen, Begriff und Sein apriori zu verbinden, eine Synthese, die dieser nur für den höchst problematischen Begriff der intellektuell anschauenden Vernunft zuließ. Aus dem Grunde des Denkens, welcher der Grund des

---

[19] Hegel hat übrigens Kants Einwand, daß Dasein kein Prädikat sei, positiv aufgenommen; das Wesen, das sich im Grund selbst zur Existenz bestimmt, ist ihr nicht äußerlich: „So ist die Existenz hier nicht als ein Prädikat oder als Bestimmung des Wesens zu nehmen, daß ein Satz davon hieße: Das Wesen existiert, oder hat Existenz; — sondern das Wesen ist in die Existenz übergegangen; die Existenz ist seine absolute Entäußerung, jenseits deren es nicht zurückgeblieben ist. Der Satz also hieße: Das Wesen ist die Existenz; es ist nicht von seiner Existenz unterschieden. — Das Wesen ist in die Existenz übergegangen, insofern das Wesen als Grund sich von sich als dem Begründeten nicht mehr unterscheidet, oder jener Grund sich aufgehoben hat. Aber diese Negation ist ebenso wesentlich seine Position, oder schlechthin positive Kontinuität mit sich selbst; die Existenz ist die Reflexion des Grundes in sich, seine in seiner Negation zustande gekommene Identität mit sich selbst, also die Vermittlung, die sich mit sich identisch gesetzt hat und dadurch Unmittelbarkeit ist." (Log II, 105).

absoluten Wesens ist, geht nicht nur das Sein aller Realitäten hervor, sondern ineins das Sein Gottes. Es ist das Sein Gottes selbst, das sich im Grunde setzt und als versubjektiviertes Objekt wieder zurücknimmt. Die Selbstnegierung des Grundes als Nicht-Sein oder die in dieser Aufhebung bei sich bleibende Reflexion ist nur Durchgangsstadium; sie volviert die freigesetzte Objektivität und Subjektfremdheit des Seins lediglich als Moment ihrer dialektischen Bewegung. Dieses Moment repräsentiert für Hegel das der Endlichkeit und das des kritizistischen Standpunktes. Dieser hebt sich auf, insofern sich die Objektivität des Seins dialektisch aufhebt und in der Setzung durch den Grund zugleich den Charakter der Subjektivität gewinnt. Der Gegensatz, bei dem Kant stehen blieb, ist der Gegensatz im Wesen selbst (Scheinen-in-sich). Aus ihm holt sich das Wesen absolut in sich zurück. Hegel hat den ontologischen Beweis nicht nur g e g e n Kant erneuert, sondern seine Einwände formalisiert und zu produktiven Bestandteilen der eigenen Ontotheologie gemacht. Der Kritizismus, für Kant noch Bedingung der Zerstörung der Gottesbeweistheorie, wird bei Hegel als Moment der Dialektik konstitutiv für deren Erneuerung.

II. Das System der Modalbegriffe

1. Die Modalität des Absoluten

Aus Grund und Bedingung, in die sich das Wesen differenziert, geht die Existenz hervor. Das Wesen hat sich selbst die Existenz gegeben. Diese Einheit des Wesens mit seiner Existenz ist die absolute Wirklichkeit[1]. Das Absolute ist nun gesetzt, in einer bestimmten „Art und Weise"[2] zu sein. Das existierende Wesen ist vorerst in der „Modalität"[3] der Wirklichkeit. Bevor Hegel die einzelnen Modalbegriffe deduziert, gibt er eine Deduktion ihrer Grundform, der Modalität des Absoluten in sich.

Denkt man den Ausdrücken „Art und Weise" und „Modalität" nach, die Hegel in dem dritten Abschnitt der Wesenslogik „Die Wirklichkeit" verwendet[4], so können zwei Bezugsdimensionen unterschieden werden: 1. Zunächst meint Modalität nur die Art und Weise des Seins des Absoluten als solchen; 2. sodann zielt dieser Begriff ab auf die so und so bestimmte, qualitätskategorial angebbare Spezifizität der sich modalisierenden Gestalt dieses Seins. Aus dieser vom Begriff ‚Modalität' nahegelegten Zwiefältigkeit soll der weitere, methodische Gang der Untersuchung eruiert werden.

Die formelle nur auf ihre unvermittelte Identität reduzierte Abstraktion ‚Sein' besagt noch nichts; Sein ist identisch mit Nichts. Aber Sein ist immer schon darauf angelegt, in Bestimmtheiten auseinanderzufallen und sich Bestimmungen zu geben. Sein Grundcharakter ist der, daß sich im Bereich seiner Kategorialität Unterschiede zeigen lassen; diese Unterschiede sind schon die bestimmten Arten und Weisen des Seins. Das Prinzip, die ontologische Bedingung der Möglichkeit der differenten Seinsweisen ist das Sein selbst, das sich in ihnen als absolute Identität durchhält. Da von diesem Prinzip die Unterschiede als seine Modifika-

---

[1] Vgl. Log II, 156.
[2] Log II, 162/169.
[3] Ebda.
[4] Vgl. Log II, 156 ff.; vgl. zu den Modalbegriffen Trendelenburg II, 221 ff. der Log. Unters. Vgl. auch Kuno Fischers (Hegel I, 517 ff.) Wiedergabe dieses Abschnittes der Logik.

tionen abgeleitet sind, muß in ihm selbst eine Anlage zu Unterschieden vorhanden sein; die Anlage zur Modalisierung des Seins in sich selbst nennt Hegel die „bloße Art und Weise" oder „Modalität" im bereits angezeigten Sinn[5]. Es handelt sich aber um die Modalität des Absoluten, nicht nur um die des Seins. Doch diese hat sich schon als Absolutes erwiesen: Das Sein des Seins ist das Sein des Seienden oder der seienden Modifikation. In der Rückkunft zu sich aus dem reflektierten Verhältnis zum Seienden nimmt Sein, wie gezeigt wurde, die Gestalt des absoluten Wesens an. Wesen ist die Einheit seiner selbst mit dem Sein; es existiert; als Einheit seiner selbst mit der Existenz ist es absolute Wirklichkeit. Das Prinzip der Modalität des Wesens hat sich jetzt in die bestimmte Seinsweise der Wirklichkeit differenziert.

Bevor aber dieser Übergang vom Prinzip zu den bestimmten Modi, den Modalitätskategorien des Absoluten stattfinden kann, muß sich das Absolute erst selbst als das Prinzip ‚Modalität' gefunden haben. Dieses Sichfinden in seiner Einheit als das Sein seiner ‚Art udn Weise überhaupt' geht der Dialektik des sich in seinen Modi Verlierens und des aus ihnen sich wieder Zurückbringens vorher. Im Gegensatz zu seiner Jenenser Zeit entfaltet Hegel die Dialektik des Absoluten hier in einer dreifachen Dimension[6].

Es ist zunächst die absolute Einheit selbst, die ursprünglich nur sich differenziert und die Selbstgewißheit ihrer Priorität vor allen Unterschieden und deren Mitten begründet.

Erst dann beginnt der Prozeß, in dem sie sich in Momente zergliedert und sich im Medium dieser Differenzen als deren wesentliche Totalität begreift.

Auf diesem Standpunkt kann eingesehen werden, daß die Momente die Totalität der absoluten Einheit bereits selbst in sich reflektieren, die ihrer kontingenten Unterschiedenheit zu Grunde liegt.

---

[5] Log II, 169.

[6] Vgl. Habermas, Arbeit und Interaktion, 9 ff.; Habermas weist nach, daß Hegel in der Jenenser Zeit einen anderen Begriff von Vermittlung und Einheit hat als zur Zeit der Großen Logik. In Jena konstituiert sich Einheit ausschließlich aus der Beziehung heterogener Momente. Die Logik setzt Einheit den Momenten voraus, reflektiert sie für sich und läßt sie in einem weiteren Gedankengang aus der Momentvermittlung hervorgehen. Nun erst kommt man zu dem Gedanken der Verschränkung der ‚Einheit für sich' mit der Einheit, die aus der Momentdialektik resultiert.

In der Konzeption dieser mehrschichtigen Dialektik ist Einheit immer mehr und über das hinaus, was sich als Integration der Unterschiede medial zusammenfügt[7]. Absolute Einheit ist nicht nur, insofern Unterschiede sind, in deren Wechselverhältnis sie bloß die versöhnende und sammelnde Mitte ausmacht; sie ist zugleich der Grund und das Fundament derjenigen Einheit, die als die die Momente vereinigende Mediatisierung konstituiert wird, in der sich die Unterschiede als ihrer durch ihre Polarität geschaffenen Mitte treffen. Ein genaueres Hinsehen lehrt

---

[7] Die Momentgegensätze können also immer nur innerhalb und unter Voraussetzung der Einheit auftreten; es ist gleichgültig, ob ,Einheit' hier Einheit einer bestimmten Kategorientriade oder diejenige der Totalität der Kategorien meint. Denn auch die untergeordneten Einheiten können als Gegensätze nur unter der Bedingung der totalen Einheit des Absoluten sein. Es taucht hier in jedem Fall die von Haering — einem Hegelianer — gesehene Schwierigkeit auf (vgl. II, 93 ff.), daß die Differenz von Gegenstand und Verschiedenheit zu verschwinden droht. Die Kategorie ,Gegensatz' (Log II, 40 ff.) deutet das Verhältnis — A gegenüber + A. Das Dritte, in dem beide als Gegensätze möglich sind, ist die Bezogenheit von — A und + A; diese Bezogenheit ist identisch mit der dialektischen Einheit der Momente. ,Verschiedenheit' (vgl. Log II, 39 ff.) deutet das Verhältnis A gegenüber Non-A, also das in Hinsicht auf A überhaupt Andere. Sind im Totalitätssystem als umfassender Einheit die Momente auf einander bezogen, so kann es ,Verschiedenheit' im strengen Sinne nicht mehr geben, sondern nur Gegensätze. Denn ein zu A völlig unbezogenes Anderes (Non-A) ist für die totale Logik vorauszusetzen unzulässig. Haering hat sich nun damit geholfen, die Beziehung A zu Non-A mit der Beziehung Logisch-Real zu illustrieren. Dieses Beispiel wird von Hegel selbst aber ständig unterlaufen, denn er nimmt (vor allem ab Log II, 359 ff.) Realbestimmungen in die Logik auf. Es zeigt sich hier der Totalitätscharakter des Systems und der Primat der Einheit vor jeder Form des Unterschiedes. Im Folgenden wird diese Tendenz der Hegelschen Philosophie noch stärker hervortreten. Vor der in der Hegelliteratur so häufig zu beobachtenden Euphorie, die die von Hegel schon in den Jugendschriften volvierte Theorie der Versöhnung und Aufhebung der Entzweiten als den Gipfel seiner Philosophie rühmt, muß im Hinblick auf die Logik von 1812 gewarnt werden. Denn was hat es mit einer Versöhnung auf sich, die als absolute Einheit die ,Versöhnten' in sich erdrückt? In dieselbe Richtung geht Kochs Einwand (115 ff.), wenn er fragt, wie es möglich ist, ,Einheit' als das die Momente Verbindende von den Momenten als Verbundenen abzuheben. Die Einheit manifestiert sich ja schon in den Momenten und als die Momente selbst; so scheint sie über die von ihr vereinigten Widersprüche nicht erhaben oder gar von den Vereinigten zu trennen zu sein.

nämlich, daß diese Einheit von den Unterschieden nur deshalb produziert werden kann, weil sie sich in einer vorgängig schon abgelaufenen Dialektik zu den Unterschieden entschlossen hat, aus denen sie sich erst dann zurückholt, wenn die konkret bestimmte Momentdialektik in Bewegung ist, — dies nun nicht in einer von den Unterschieden sich wieder absetzenden Bewegung, sondern in einem in ihnen als ihrer Mitte Bleiben.

Die dreifache Dimensionalität der Einheit und ihrer Dialektik will die Prävalenz der Einheit vor dem Unterschied hervorheben; diesem Sachverhalt hat die Analyse methodisch zu folgen. Die Dreistufendialektik, in der das Absolute sich zu seiner Einheit bestimmt, entfaltet sich inhaltlich gemäß den drei bereits indizierten Schritten. Das Absolute ist Prinzip der aus seiner Einheit resultierenden Modifikationen. Als dieses Prinzip hat es sich aber erst selbst zu manifestieren. Die eigene Manifestation verifiziert sich das Absolute im „Zeigen seiner selbst"[8]. Es ist die bloße Modalität, die es sich im Verlauf seiner Setzung und als diese Setzung offenbar macht; sie ist die formale Antizipation der modalen Dialektik, in der sich die Einheit des Absoluten der prinzipiierenden Macht seiner Selbstauslegung für die modaltheoretisch bestimmten, inhaltlichen Differenzen vergewissert. Die Modalität als die prästabilierte Form der Selbstauslegung der ‚Einheit in sich' erzeugt das modalitätskategoriale Unterschiedensein des Absoluten in sich und durch sich selbst. Es entsteht das System der Modalbegriffe, das die Inhaltsbestimmungen zusammenfaßt, in denen das Absolute sich auseinanderlegt. Systematisch ist das die Stelle, an der Hegel die Ontotheologie durch die modaltheoretische Fundierung der Synthese von Substanz, Subjekt und absoluter Freiheit auf die begrifflich reichste und dem ontologischen Range nach höchste Form der Explikation bringt. Die noch formale Einheit der Selbstauslegung und die inhaltsbestimmte vermitteln sich; die Einheit der formalen, prinzipiierenden Antizipation und diejenige der inhaltlichen, prinzipiierten Explikation der modalen dialektischen Selbstbewegung des Absoluten erkennen jede sich in der anderen. Zuletzt besteht allein die Form-Inhalt-Einheit des sich in seiner Totalität begreifenden Absoluten — dies wiederum in dreifacher Hinsicht, die hier nur angedeutet sein soll: (a) Das vollständig zu sich gekommene Absolute erhält sich in der Einheit seiner selbst. (b) Es erhält sich als die ihre Inhaltsbestimmungen in sich verschränkende Mitte oder als die komplementäre

---

[8] Log II, 163.

Übereinkunft der unterschiedenen Momente. (c) Es reproduziert sich seine Totalität in den differenten Einzelbestimmungen und identifiziert sie als mit sich selbst.

Das Absolute stellt sich heraus, als bloße Art und Weise zu sein; dieses Sich-Herausstellen ist aber sein formales Zu-sich-selbst-Gekommensein als sich erzeugende und durch sich erzeugte Einheit, deren logische Genesis noch in die Klarheit der Selbstauslegung und in das „Zeigen dessen, was es ist"[9] treten muß. Es ist möglich, sich hier kurz zu fassen, weil die Strukturform der absoluten Selbstmanifestation bereits in der Beziehung von Grund und Bedingung offenbar wurde. Die Modalität des Absoluten als solche zeigt aber noch keine irgendwie bestimmten Momente; vorerst ist sie reine lediglich sich zu sich differenzierende Einheit; diese hat sie für sich zu werden. Wenn sie das in sich selbst zurückgekommene An- und Fürsichsein geworden ist, hebt die von ihr ausgehende modal-theoretisch bestimmte Momentdialektik an.

Denkt man darüber nach, was das Absolute ist, so reflektiert man es gegenständlich als „einfache gediegene Identität"[10]. Dieses Nachdenken verhält sich zum Absoluten wie eine Reflexion, die ihrem Objekte äußerlich ist; sie ist daher „äußere Reflexion"[11], die mit „leichter Mühe die mancherlei Bestimmungen hieher und dorther aufgreift"[12] und dem Absoluten anheftet. So kann man es als Sein, Wesen oder Existenz bezeichnen; mit allen Bestimmungen fixiert die äußere Reflexion, nur e i n e Art und Weise des Absoluten zu sein. Es hat sich aber nun gezeigt, daß die Momentgegensätze aus ihrer formellen und positionellen Identität heraustreten und die Totalität der dialektischen Gesamtbewegung reflektieren[13]. Die fixierte Gegensätzlichkeit der Unterschiede hat sich als „Schein"[14] erwiesen, der sich in der Flüssigkeit des Wesens auflöst[15]. Der Schein wird durchsichtig, d. h. die Gegensätze vermitteln sich als Momente und werden zum Ganzen des logischen Prozesses, in dem das Absolute zu sich selbst kommt. „Schein" ist daher wesentlich ein Scheinen der Gegensätze ineinander. Dadurch hebt sich der Schein als eine aus der Totalität

---

[9] Log II, 157.
[10] Ebda.
[11] Ebda.
[12] Ebda.
[13] Vgl. Log II, 158.
[14] Log II, 9 ff.
[15] Vgl. Log II, 11; 12.

herausgebrochene und dem Absoluten gegenüber abstrakt isolierte Bestimmung auf. Die Gegensätze verhalten sich nicht mehr nur äußerlich gegeneinander, so wie sie die äußere Reflexion verobjektivierend setzt, sondern gehen ineinander über und bilden den Schein, der sich negiert, „insofern das Absolute in ihm scheint"[16]. Sie sind im Absoluten als im Grunde untergegangen[17]. Das vergegenständlichende Zusammenzählen der Bestimmungen, das die äußere Reflexion betreibt, um sich einen Begriff vom Absoluten zu machen, ist lediglich eine „negative Auslegung"[18] desselben. Denn nicht nur verharren die einzelnen Reflexionsbestimmungen in unvermittelter Isolation und stehen sich negativ gegenüber; auch die äußere Reflexion selbst ist der eigenen Unterschiedenheit verhaftet. Doch gehört sie ebenso zu den Momenten[19], deren Negativität und formelles Ansichsein bestimmt ist, im An- und Fürsich des Absoluten zu verschwinden.

Hegel hat an der Dialektik von äußerer Reflexion und Absolutem die Formalstruktur der in dessen Einheit sich vollziehenden Auslegung demonstriert. Wie jede Kategorie, so kann sich auch die äußere Reflexion im Status eines Moments gegenüber dem Absoluten nicht abstrakt behaupten; ihre Gegensätzlichkeit und bloße Unterschiedenheit zum Grund ist nur Schein. Sie wird als Schein offenbar, indem das Absolute selbst es ist, das diesen Schein, worin es scheint, setzt. Die Reflexion wird in ihrer Scheinhaftigkeit d. h. ihrer verobjektierten Isoliertheit und Unvermitteltheit wesentlich darin erkannt, daß sie ein vom Absoluten gesetzter Schein ist. Der Schein ist nur Schein im Felde einer Bezogenheit, die im Absoluten ihren Ursprung hat. Hegel hat das Wort ‚Schein' mit Bedacht gewählt; in ihm schwingt nicht nur der Sinn einer Abspiegelung mit, sondern auch die Bedeutung des Falschen und Irrtümlichen oder im allgemeinen des Endlichen. Die Reflexion, die sich dem Absoluten gegenüber positionell fixiert, um es gleichsam auf der Ebene gedanklicher Gegenständlichkeit begrifflich abzuspiegeln, ist in ihrer Verselbständigung nicht in ihrer Wahrheit und ihrem Wesen und kann deshalb auch nicht Wahrheit und Wesen des Absoluten reflektieren. Ihre gegen den absoluten Grund abstrakt verharrende Äußerlichkeit ist Index ihrer

---

[16] Log II, 159.
[17] Vgl. Log II, 104; 158.
[18] Log II, 159.
[19] Vgl. Log II, 13 ff.; 17 ff.

Endlichkeit; es ist aber unmöglich, daß ein Endliches das Unendliche erfassen kann. Die Inadäquation des Endlichen zum Absoluten, die Unwahrheit und Scheinhaftigkeit der Reflexion müssen notwendigerweise den Seinssinn des Absoluten verfehlen.

Es sei angemerkt, daß Hegel an dieser Stelle Kant im Blick hat. Für ihn bezeichnet die äußere Reflexion den Standpunkt der Kantischen Philosophie überhaupt. Die KdrV kommt zu dem Resultat, daß die sorgfältige Trennung von Subjekt und Objekt noch die Bedingung jeder Erkenntnis sei. Dabei bedarf es der genauen Abgrenzungen des kategorialen Gebietes subjektiver Denkvollzüge auf der einen Seite von der Bestimmung dessen, was andererseits unter der Voraussetzung der Transzendentalfunktion Objektivität genannt werden kann. Hegel war der Meinung, daß diese Abgrenzungen bei Kant im Stadium gegenständlicher Fixiertheit bleiben, ohne in die Lebendigkeit eines sich in ihnen bewegenden Prinzips zurückzugehen. Kant sehe nicht die Gemeinsamkeit und Einheit des Seinsursprungs von Subjektivität und Objektivität. Auch die Gotteserkenntnis falle dem unversöhnten Auseinanderbrechen von Denken und Sein zum Opfer. Denn es sei völlig klar, daß der nur verobjektivierte, endliche Verstand, der sich darüberhinaus lediglich dem sinnlich wahrnehmbaren Material zuwende, zu einer Negation des Gottesbeweises kommen müsse. Seine Wiederherstellung besteht für Hegel in der Versöhnung von Denken und Sein im Absoluten und seiner alle Seinsstufen umgreifenden Einheit.

Wie bereits gezeigt wurde, hat der Aufweis der Endlichkeit des Denkens durch Kant für das Verhältnis zur Ontotheologie gerade die Konsequenz, daß dem Menschen ein dem Gottesbegriff angemessenes Erkennen versagt bleibt; es muß auf Analogien ausweichen. Bleibt für Kant das Denken apriori immer ein endliches Denken und prinzipell ohne die Möglichkeit des Transzendierens in eine göttliche und absolute Dimension, so ist dieses in der KdrV begründete Kantische Diktum für Hegel nur Ausdruck eines unvermittelten, vordergründigen, ja geradezu unwahren Begriffs von Denken, bei dem die Philosophie nicht ihr Genüge finden darf. Obwohl Kant mit seiner Theorie des endlichen Denkens gerade die Eigengesetzlichkeit des Göttlichen wahren will, und obwohl der Kritizismus in seinen theoretischen Grundlagen wesentliche Anstöße von dem Bewußtsein dieser Eigengesetzlichkeit erhalten hat, unterstellt Hegel, Kant habe dieses Bewußtsein überhaupt vernichten wollen. Das Kantische System könne seiner Natur entsprechend nur zu einer Destruktion der Ontotheologie vordringen. Die äußere Reflexion müsse ihrem eigenen beschränkten und scheinhaften Sein gemäß folgerichtig auch das Absolute verendlichen d. h. den Gottesbeweisen eine Absage erteilen. Dieses Ergebnis liegt für Hegel aber nicht in der Überzeugungskraft der Kantischen Argumente, sondern in der Konsequenz des von vornherein auf Vergegenständlichungen und Endlichkeiten angelegten Systems des transzendentalen Idealismus. Es ist unmöglich, daß die ausschließlich an endliche Subjekte gebundenen Denkfunktionen sich auf die Stufe des Absoluten erheben können. Die Kritik der Gottesbeweise ist deshalb eine bloße Trivialität.

Es ist hier nicht noch einmal die Legitimation der Hegelschen Angriffe zu prüfen. Hegel hat die Position der Endlichkeit, unter der er hauptsächlich die abstrakte Scheidung von Subjekt und Objekt versteht, in der Dialektik von äußerer bzw. endlicher Reflexion und Absolutem überwinden wollen. Bleibt die Reflexion auf ihrem äußerlichen Standpunkt stehen, so kann sie niemals in eine denkende Entsprechung zum Absoluten treten. Hegel hat Kant aber so weit recht gegeben, daß unter der Voraussetzung der nicht überschreitbaren Endlichkeit der Erkenntnis, Gottesbeweise in der Tat unmöglich seien. Damit akzeptiert er zunächst das Resultat der KdrV, daß ein eingeschränktes, rezeptiv immer nur an unvermittelte Objektivitäten orientiertes Denken konsequent auch das Scheitern der Beweise aus spekulativer Vernunft behaupten müsse. Aber die Reflexion darf nicht in ihrer Äußerlichkeit verharren; sie hat notwendig über ihre fixierte und sich gegenüber dem Absoluten fixierende Bestimmtheit hinauszugehen. Dies ist freilich ein Prozeß, den sie in ihrer endlichen Befindlichkeit nicht selbst zu leisten vermag, obwohl ihr, wie Kant zeigt, das Selbstbewußtsein ihrer Endlichkeit durchaus möglich ist. Denn in der KdrV erkennt die Vernunft selbst ihre Beschränkungen. Nach Hegel wäre sie in diesem Bewußtsein ihrer Grenze schon über ihre Grenze hinaus. Es ist Hegels Vorwurf gegen Kant, daß dieser die Möglichkeit des Hinausgehens, das bei jenem die Gestalt des dialektischen Transzendierens der Endlichkeit annimmt, nicht ergriffen hat. Denn das Endliche zeigt an sich selbst die Tendenz des Übersichhinausgehens; es geht im Ziel dieser Bewegung unter, in dem es ein Anderes, ein Unendliches wird. Das Endliche hat für sich gar kein Bestehen; sein Ansichsein enthält vielmehr die Antizipation eines Ortes, in dem es die Aufhebung seiner Vordergründigkeit und Beschränktheit als in seinem Fürsichsein erfährt. Dieser Ort hat gegenüber dem Endlichen sachliche d. h. logische Priorität. Die Bewegung seines Untergehens und die in diesem Negieren sich vollziehende Synthese mit seiner Wesentlichkeit, in der es zur Ruhe kommt, hat seinen Ausgang in dem im Ansichsein des Endlichen dialektisch vorweggenommenen Gegenteil, dem Absoluten.

Um den Begriff des Absoluten zu finden, muß man vom Absoluten selbst her denken. Die Frage kann nicht lauten, wie ist unter der Bedingung der äußeren Reflexion das Absolute zu bestimmen, — dieser Weg muß notwendig zu den Kantischen Destruktionen führen, — sondern sie muß sich als Problem einer Standortbestimmung dieser Reflexion aus dem Absoluten und von ihm her stellen. Das dem Terminus ,Reflexion' koordinierte Adjektiv ,äußere' oder ,äußerlich' bzw. ,endlich' drückt diese dem Absoluten vorgängig zugeordnete Beziehung aus: die Reflexion ist eine d e m A b s o l u t e n äußerliche. Insofern ihr Sein a l s Schein, eben als Schein des Absoluten definiert werden kann, ist sie auf den Begriff einer vom Absoluten selbst veräußerlichten Kategorie gebracht. Von hier her treibt die Dialektik weiter zu dem Differenzierungsprozeß der absoluten Einheit in sich[20].

---

[20] Man kann Koch daher nicht zustimmen, der gegen Hegel einwendet, daß die Gebundenheit des Denkens an seine vergegenständlichende Funktion die Reflexionsbewegung des absoluten Wesens in sich selbst zu einem Objekt d. h. zum Dasein „verkehrt" (134). Denken habe, wenn es denkt, immer nur Gegenstände, auch wenn es sich zum Gegenstand seiner selbst erhebt. Die Bewegung des Selbstbewußtseins des Absoluten müsse daher gerinnen. Koch, dessen Hauptgedanke in diesem Einwand besteht (vgl. 64 f.; 66 ff.; 119 ff.; 125 ff.; 144; 156 f.; 170), bringt, wo er seine Argumentation entwickelt, unvermittelt den Begriff ,unseres Denkens' (64) (oder er spricht einfach von „Wir", 70) ins Spiel. Es scheint ihm ausgemacht, daß der Hegelsche Begriff des Denkens identisch ist mit Denken überhaupt und daß es unumstößlich zu seinen Eigenschaften gehört, lediglich das fixe Resultat seiner Objektivationen zu erhalten, niemals aber einen Begriff vom Selbstvollzug seiner Bewegung. Hier ist Kochs Kritik nicht mehr immanent, was seinem eigenen Programm widerspricht (24). Denn sein Begriff des endlichen Denkens bleibt ohne ontologischen Ausweis; er setzt das Argument, daß das Denken von seinen Objektivationen nicht loskomme, nur geradezu voraus. Anders Hegel: er begründet die äußere Reflexion in der Selbstvermittlungsstruktur des Absoluten. Der Einwand gegen diese Dialektik kann nicht lauten, daß Denken überhaupt nur zur Gegenständlichkeit fähig sei, und daß deshalb überall, wo vom Denken — auch vom absoluten Denken — die Rede ist, dieses nur endlich sein könne, sondern, daß die absolute Reflexion die endliche gar nicht aus sich heraussetzen kann, weil sie als höchste Einheit auch ihre Entäußerungen und Momente absolut umgreift. Daher sind die Momente selbst absolute. Endlichkeit ist

Diese Einheit ist also eine schon von der Dialektik von Reflexion und
Absolutem vorausgesetzte. Die Reflexion als äußere ist unmächtig, die
Einheit zu reflektieren, und damit den ihr eigenen Auftrag zu erfüllen,
wird sie nicht selbst auf diese ihre Voraussetzung als ihren Ursprung
bezogen. Das Absolute ist es, das die Reflexion als Moment aus sich bezieht und in dieser Bezogenheit, die das differenzierende Tun des Absoluten ist, die Selbstbeziehung produziert. Das Absolute setzt die Reflexion; es setzt die äußere Reflexion oder die eigene Innerlichkeit als
Äußerlichkeit[21]. Auf diese Weise wird der Satz verständlich: „Das
Absolute ist die Einheit des Innern und Äußern"[22].

Im Spannungsbereich zwischen Innerem und Äußerem, dem Absoluten und seiner Reflexion, bewegt sich die der Grund-Bedingung-Be-
ziehung analoge Dialektik, welche in ihrem Vollzug die Manifestation
der sich in sich reflektierenden Einheit ist. In ihrer logischen Bewegtheit
repräsentiert diese die eigene Modalität, die Art und Weise des Sich-
verhaltens; die Einheit ist an und für sich selbst ein absolutes Sich-zu-
sich-Verhalten. Die Bedingung für diese Bewegung des Absoluten zu sich
ist der Charakter seiner Reflexion als sich negierender Negativität, als

---

immer schon aufgesogen. Kochs Kritik nimmt Hegels Absolutes nicht radikal genug; der Einwand, daß nur endliches Denken sein kann, muß
immer schon in Richtung auf das Absolute hinterschritten werden. Ein
endliches Denken, isoliert für sich genommen, gibt es bei Hegel nur als
unwahres bzw. letztlich gar nicht. Daher ist Kochs einwand nicht immanent, sondern auf einer vom System abgesetzten Position. So wendet
sich sein Votum gegen ihn selbst: „Gegen Hegel schlicht die Endlichkeit
ins Feld zu führen, erweist sich rasch als wenig Erfolg versprechend" (23).
Ähnlich wie Koch argumentiert v. d. Meulen. Die Einheit der einzelnen
kategorialen Momente als deren Mitte fällt im Laufe des Prozesses immer wieder in Objektivität zurück, aus der sie sich wieder zu einer neuen
Bewegung bis zur absoluten Idee heraushebt. Die Idee selbst hat aber
jede Bestimmtheit und Negativität verlassen, in der sie noch als objektive
faßbar wäre (vgl. 334). Das Absolute ist reine selbstbewußte Selbstbewegung, in der sich keine Inhaltsbestimmung als isolierte halten kann.
V. d. Meulen reproduziert Hegels Lehre (47), wenn er meint, daß es das
Absolute sei, daß sich seine Bestimmtheiten und Objektivierungen gebe.
Auf dem Boden dieses, Hegel folgenden Gedankens ist z. B. Kochs Einwand
nicht mehr möglich.
[21] Vgl. Log II, 162.
[22] Log II, 169.

welche der allgemeine Begriff ‚Reflexion' in der Logik[23] überhaupt vorgestellt wurde. Dem Absoluten hängt die Reflexion nicht äußerlich an,
noch trifft deren Intentionalität von außen auf es auf; sondern als
Absolutes ist es selbst und im Hinblick auf sich Reflexion; es konstituiert
sich d. h. seine Wirklichkeit im Prozeß des Sich-Reflektierens. Die Bewegung seiner Reflexion ist identisch mit der Bewegtheit der Wirklichkeit
des Absoluten in sich. In seiner auf sich bezogenen Prozeßhaftigkeit volviert das Absolute sein eigenes Sein zugleich als die Art und Weise dieses seines Seins zu sein.

Gemäß der Struktur der Reflexion läßt sich diese Art und Weise nun
näher bestimmen. Schon oft begegnete in der Untersuchung die die Reflexion eigentümlich ausmachende Dialektik von Setzen und dieses Setzen ineins wieder aufhebende oder negierende Setzen. Das unendliche
Übergehen der Momente zu ihren negativen Gegenmomenten, die ihrerseits die positiven zu negativen verwandeln, so daß die Totalität des
Seienden in ihrer Lebendigkeit aus sich aufhebenden und in diesem
Aufheben sich setzenden Beziehungen besteht, diese „Bewegung des
Nichts zu Nichts"[24], in der das Ganze des Seins sich aus allem Gegen-
sätzlichen zusammenschließt, wird der allgemein kategorialen Form der
Reflexion unterstellt. Die Reflexion ist daher das in allem Negativen
sich Gleichbleibende; sie verhält sich zu sich selbst, als „insichbleibende,
sich auf sich beziehende Negativität"[25]. Man muß diese Struktur der
Reflexion als eine Vermittlung prozeßhaften Negierens und Sichnegie-
rens mit dem aus dieser Bewegung resultierenden Sicherhalten und Sich-
zu-sich-Verhalten im Auge haben, um die bloße Modalität des Absoluten
zu sein erkennen zu können.

Das Absolute, das im Medium seiner selbst, der eigenen Reflexion sich
vergegenständlicht und in ihr seine Auslegung gewinnt, vollzieht diese
Beziehung, in der es sich verwirklicht, als eine im Sichnegieren sich
setzende Manifestation. Denn die Reflexion, die das Absolute selbst
schon ist, insofern es sich in ihr als Moment seiner selbst setzt, tritt gemäß ihres Charakters ein in die Eigenbewegung der sich aufhebenden
Negativität. Die sich zu sich nur negativ verhaltende Negativität der
Reflexion erhält als Reflexion des Absoluten für dieses die Bedeutung
einer Konstitutionskategorie, sie wird a b s o l u t e Reflexion. In ihr

[23] Vgl. Log II, 14 ff.
[24] Log II, 14.
[25] Log II, 15.

negiert sich das Absolute selbst und holt sich vermittels der reflektierenden und aufhebenden Bewegung seines Momentes ‚Reflexion' ein in die
Identität seines Seins. Das Sein umfaßt nun den gesamten Prozeß des
aus seiner Negativität zurückkehrenden Absoluten. Es verhält sich zu
sich selbst wie sich Grund und Bedingung zueinander verhalten. Es
kommt in sein Sein, indem es sich als Reflexion zunächst negiert; es vermittelt sich auf der folgenden Stufe mit dieser Negativität der Reflexion
oder es vermittelt sich mit seiner eigenen Selbstaufhebung; diese ist nun
Moment am Absoluten geworden. Seine Manifestation gründet auf der
dialektischen Integration dieses Momentes in seiner Einheit. Die Bewegung, in der das Absolute auf sich zugeht und sich in seinem Sein ergreift,
schreitet über die totale Selbstpreisgabe seiner selbst in der Reflexion
hinweg und verwirklicht sein Leben im Tode der absoluten Verneinung.
Nur im Tod, den sich das Absolute im Momentstatus seiner Reflexion
selbst zufügt, gewinnt es seine das Leben wie den Tod umspannende
Manifestation. Die Dialektik, die hiermit ausgesprochen wird, ist die
bloße Art und Weise des absoluten Seins als ein durch seine Reflexion
hindurchgehendes Sichverhalten, seine Modalität als solche; in ihr hat
sich das Absolute ‚Wirklichkeit' gegeben. Wirklichkeit ist also nicht nur
die Behauptung des absoluten Seins in seiner Negativität, sondern ihre
Leben wie Tod umgreifende, lebendige Einheit.

Mit der Kategorie ‚Wirklichkeit' ist die Ebene erreicht, auf der sich
der weitere Verlauf der modaltheoretischen Dialektik als absolute Selbstexplikation darstellen muß. Wirklichkeit ist zugleich die Exposition der
„absoluten Form"[26] des Absoluten; ihre Struktur gibt Einblick in die
schon in sich bewegte Einheit der bloßen Modalität. Mit ihr ist bereits
das methodologische Modell entwickelt, nach dem der Selbstbeweis des
Absoluten als Selbstverwirklichung seinen Fortgang nimmt. Doch wie
schon angedeutet, verschachtelt Hegel nach ein und demselben Gesetz der
Dialektik mehrere Dimensionen ineinander, die nicht nur in sich auf
dialektischen Momentbeziehungen aufgebaut sind, sondern die auch im
Verhältnis zueinander Beziehungen dieser Art eingehen. Es ist auch
immer wieder das Absolute, das diese Dimensionen durchdringt und
der Gegenseitigkeit ihrer Verhältnisweisen das bestimmende und konstituierende Prinzip bereitstellt. Die von Hegel zunächst nur noch als
formal verstandene 1. Grunddimension der absoluten Einheit und ihrer
Immanenzbewegung als die durch die Reflexion sich wiederherstellende

---

[26] Log II, 169.

Manifestation seiner Wirklichkeit erfährt ihre Kontinuierung und Konkretisierung durch die inhaltsbestimmte Auffächerung dieser Wirklichkeit in der 2. Dimension der einzelnen Modalbegriffe und ihrer Dialektik; hier ist die Einheit mit den verschiedenen, konkreten Weisen der modalen Gestaltungen inhaltlich vermittelt. Sie ist die k o n k r e t e Einheit von Wirklichkeit, Möglichkeit und Notwendigkeit. 3. Jedes dieser Momente zieht antizipativ bereits die gesamte Bewegung in sich hinein. Das Einzelmoment als Kulminationsort der gesamten Einheit und ihrer kategorialen Durchgänge nimmt die Modalgestalt der absoluten Notwendigkeit an.

Hatte sich als erste Dimension die eigentümliche Art und Weise des formalen Vermittlungsgefüges der Einheit ergeben, so reflektiert die zweite die Selbstverwirklichung des Absoluten in der formellen[27] und relativen[28] Verfassung seiner modalen Momente. Die dritte, die der absoluten Notwendigkeit, faßt die gesamte Dialektik in ihrer abgestuften Dimensioniertheit zusammen und legt die Grundlage für den Umschlag der Notwendigkeit in Freiheit. Erst hier ist für Hegel der Boden für den Begriff der göttlichen Freiheit erreicht.

2. Formelle Notwendigkeit und Zufälligkeit

Die Modalität des Absoluten als solche bildet zugleich die erste Stufe der konkreten Dialektik, die sich in die einzelnen Modalbegriffe auseinanderlegt; die Art und Weise ist die formelle Wirklichkeit; aus ihr entwickelt Hegel das formale Verhältnis der ‚Notwendigkeit' und ‚Zufälligkeit'[1]. Dies sind die Begriffe, um die es der neuzeitlichen Ontotheo-

---

[27] Vgl. Log II, 171.
[28] Vgl. Log II, 175 ff.
[1] Philosophen wie Lask (115 ff.), N. Hartmann (253 ff.; 267), Cohn (41 f.), die alle in der Tradition der Hegelkritik seit Trendelenburg stehen (vgl. Log. Unters. I, 78 ff.), haben die Auffassung vertreten, daß der Zufall in Hegels System gar nicht möglich sei, weil der absolute Begriff die Wirklichkeit des Zufälligen voll in sich aufnehme, indem er es total rationalisiere. Dies hat auch der philosophische Zeitgenosse Hegels Krug gemeint und Hegel aufgefordert, aus dem System seine Schreibfeder zu deduzieren. Dagegen meint Henrich (Hegels Theorie über den Zufall) in neuester Zeit, daß diese Übersteigerung wohl in der Konsequenz des Systems des frühen Hegel liegen könnte, nicht aber mehr aus dem System der Logik von 1814

logie so entscheidend geht; an ihrer Ausbildung hängt das Gelingen des kosmologischen und ontologischen Arguments. Die zwei folgenden Kapitel werden zeigen, daß Hegel in der Ontologie des Absoluten eine Synthese beider Argumente anstrebt. Diese Synthese ist die systematische Basis für den Begriff der absoluten Freiheit. Die Abstraktheit der die Einzelschritte des Hegelschen Gedankenganges nachzeichnenden Analyse darf nicht gescheut werden, da es sowohl darum geht, die eigentümliche Verschränkung von Kosmo- und Ontotheologie und ihre Terminierung im Begriff der Notwendigkeit zu sehen, wie die für die Konzeption der Freiheit Gottes konstitutive Bedeutung eben dieser synthetischen Konstruktion. Die Untersuchung muß in den beiden folgenden Kapiteln demnach induktiv verfahren: sie geht methodisch den Einzelschritten nach und rekonstruiert aus ihnen den Aufbau der onto-kosmo-theologischen Synthese, in der Hegel die endgültige theoretische Lösung des alten Problems der absoluten Notwendigkeit sah; hiermit soll sich gleichzeitig der systematische Bedingungscharakter des Zentralbegriffs der alten Ontotheologie ‚Notwendigkeit' für die Struktur der absoluten Freiheit erweisen. Die unter III. erfolgenden Erörterungen verfahren dagegen

---

folge, die eine ausgebildete Theorie des absoluten Zufalls vorlege (135). Hier löse sich das Zufällige nicht mehr in dem totalen Rationalismus auf, sondern es wird das Eigenrecht seiner Besonderheit und Endlichkeit anerkannt. Dies sei möglich, weil es die Notwendigkeit selbst sei, die die Zufälligen setzt und als solche gewähren läßt, auch wenn diese der Idee ihres notwendigen Ursprungs nicht entsprechen. Wird man auch den oben genannten Forschern nicht darin zustimmen können, Hegel habe gemeint, aus dem Begriff, Krugs Schreibfeder deduzieren zu können, so ist Henrichs Darlegung ebensowenig überzeugend. Denn es ist bei Hegel die Notwendigkeit, die s i c h als Zufälliges setzt (vgl. Log II, 179 ff.), so daß dieses selbst als Notwendiges bestimmt werden muß. Es ist auch hier wieder nicht möglich, die Momente von ihrer Einheit zu lösen. Die Notwendigkeit entläßt Zufälliges aus sich als identisch mit sich. Cohns, Hartmanns und Lasks Einwände können deshalb nicht verfangen, weil Notwendigkeit nur als die Bedingung der M ö g l i c h k e i t des Zufälligen zu verstehen ist und nicht als die Bedingung allen Zufalls. Gegen Henrich ist zu sagen, daß diese Möglichkeit mit der Notwendigkeit im Absoluten konvergiert. Daher wird nicht einsichtig, wie unter den Voraussetzungen der Logik ‚Notwendigkeit' den konkreten Zufall frei gewähren lassen kann. Einleuchtender werden Henrichs Überlegungen beim Aufweis der Bedeutung des Zufalls für Hegels Ethik. (140 ff.) Im Rahmen des kosmologischen Beweises vgl. zum Zufall auch Domke 38 ff.; Albrecht 47.

deduktiv: die absolute Einheit entfaltet die je spezifischen, einzelnen Weisen des ontologischen und kosmologischen Arguments als die Modifikationen ihrer Selbstauslegung. Betrachtungen, die auf eine Kritik am Hegelschen Ansatz hinauslaufen, und die sich vor allem um die bereits angeschnittene Differenzproblematik gruppieren, sollen in II. anklingen. Die Homogeneität der Gedankenführung, die sich aus dem für alle Momentbewegungen einheitlichen Modell der dialektischen Methode herleitet, erlaubt eine Vereinheitlichung der kritischen Auseinandersetzung, die ausgehend vom Differenzproblem vor allem im Spannungsfeld von göttlicher und menschlicher Freiheit ihren Sinn erhalten soll. Die Frage nach der Freiheit Gottes wird sich in III. grundsätzlich stellen; daher werden auch hier die Schwerpunkte für den Versuch einer Kritik gesetzt werden müssen.

Formell[2] ist diese Wirklichkeit vorerst nur, insofern sie als abstrakte und unvermittelte Formbestimmung auftritt. Doch ist sie gleichzeitig mit ihrem reflektierten Ansichsein vermittelt, welches die wesentliche Identität der Wirklichkeit herstellt. Dieses Moment des Ansichseins ist die Möglichkeit. Möglichkeit besteht a n der Wirklichkeit (Ansichsein) als die die Wirklichkeit reflektierende Bestimmung. Deshalb ist die Möglichkeit an sich selbst die reflektierte Wirklichkeit. Aus dieser Vermittlung resultiert der Satz: „Was wirklich ist, ist möglich"[3]. Möglichkeit und Wirklichkeit bilden eine Formeinheit; in ihrer Beziehung ist das

---

[2] Der Sinn von ‚formell' ist nicht ganz einheitlich, fügt sich aber recht gut in den Gedankengang. ‚Formell' ist einmal lediglich ein Äquivalent für ‚logisch'; in dieser Hinsicht hat es die größte Bedeutungsweite. Es meint ‚logisch' freilich nicht nur im allgemeinen Sinne, sondern in konkretem Gegensatz zu ‚real'. So treten neben die formellen Modalbegriffe, die realen (vgl. Log II, 175 ff.). Die Realkategorien sind natürlich auch ‚logisch'; insofern haben sie eine formelle Seite, die Hegel an ihnen auch herausstellt. Außerdem kann ‚formell' ein Moment in seiner Abstraktheit, seiner Unvermitteltheit oder der unmittelbaren Beziehung auf sich bezeichnen; hier bildet den Gegensatz von ‚formell' der Ausdruck ‚wesentlich' oder ‚vermittelt'. Diese verschiedenen Sinnbezüge wechseln bei Hegel ab, ohne daß ihre Übergänge markiert wären. Der Kontext gestattet aber jeweils eine genaue Bestimmung. In dem Kapitel „Zufälligkeit oder formelle Wirklichkeit ..." (Log II, 171 ff.) steht ‚formell' hauptsächlich in der Gegenbeziehung zu ‚wesentlich'. Wie sich zeigen wird, ist das formelle Element selbst immer schon wesentlich: Unmittelbarkeit verlangt Vermittlung.

[3] Log II, 171.

formelle Moment ein wesentliches und die Formbestimmung ‚Wirklichkeit' ein Ganzes d. h. Totalität der Form geworden.

Der formelle Charakter kommt somit auch der Möglichkeit als in sich reflektierter Wirklichkeit zu. Durch die Möglichkeit ist Wirklichkeit wesentlich geworden; Möglichkeit hat als Ansichsein der Wirklichkeit diese in sich vorweggenommen; sie ist die reflektierte, vorweggenommene Wirklichkeit.

Das Reflektiertsein der Wirklichkeit als Möglichkeit steht zunächst ebenfalls auf der Stufe des Seins oder ist bloß formell. Man muß daher an der Möglichkeit zwei Momente unterscheiden, ein positives und ein negatives. Die Positivität meint die reine Beziehung der Möglichkeit auf sich, das Reflektiertsein-in-sich. Das Gesetztsein der Positivität impliziert das negative Moment, das gegen jene bestimmt ist. Gesetztsein der einen enthält das Gesetztsein der anderen Bestimmung.

Die positive Seite der Möglichkeit abstrahiert von ihrer Vermittlung mit der Wirklichkeit. Das Gesetztsein dieser Abstraktion verweist aber auf das, wovon abstrahiert worden ist. In dieser abstrakten Hinsicht hat die positive Identität der Möglichkeit mit sich negative Bedeutung; darin liegt, „daß die Möglichkeit ein Mangelhaftes ist, auf ein Anderes, die Wirklichkeit hinweist und an dieser sich ergänzt"[4]. Ist auch die formelle Bestimmung eine Bestimmung des Seins, so ist Sein nicht ohne Wesen. Die reine Selbstbezogenheit der formellen Identität verlangt die Ergänzung durch das wesentliche Moment.

In der Form der positiven Identität drückt Möglichkeit den Satz der Identität aus: „alles (ist) möglich, was sich nicht widerspricht"[5]. Aber in dieser abstrakten Identität kann Möglichkeit sich nicht halten. Unvermittelte Identität ist unmöglich; Identität kann sie nur sein, insofern sie ihren Widerspruch als aufgehoben in sich reflektiert; erst die der Identität immanente Aufhebung des Widerspruchs bzw. Unterschieds konstituiert sie als Identität. Sie ist nun in Einheit mit sich selbst und ihrem reflektierten Anderssein.

Das, was möglich ist, ist möglich nur, insofern auch sein Anderes möglich ist. Das Mögliche ist in seiner Möglichkeit zugleich gegen sein Anderes bestimmt; in dieser Beziehung ist erst die Möglichkeit des Möglichen. Somit gilt auch der Satz: alles ist möglich, was sich widerspricht. „Daher ist alles ebensosehr ein Widersprechendes und daher Unmögli-

---

[4] Log II, 171.
[5] Log II, 171.

ches"[6]. Ist A möglich (A = A), so ist auch sein Gegenteil — A (— A = — A) möglich. Das Gemeinsame von A und — A ist ihre Möglichkeit. Möglichkeit verifiziert sich an den beiden Inhaltsbestimmungen A und — A, die nur im Hinblick aufeinander bestehen. Die Möglichkeit des möglichen A erfordert die Möglichkeit des möglichen — A; sie ist die „vergleichende Beziehung"[7] dieser beiden Inhaltsbestimmungen; in ihnen kehrt sie in sich zurück oder reflektiert sich in sich; sie ist deshalb das „In-sich-reflektiertsein"[8].

Man muß also die Formbestimmung ‚Möglichkeit' und die Inhaltsbestimmung ‚das Mögliche' (A bzw. — A) zunächst unterscheiden. Die Beziehung von Form und Inhalt wird bei den relativen Modalitätskategorien noch genauer in den Blick kommen.

Mögliches ist möglich auf Grund der Formbestimmung ‚Möglichkeit', die ihren Grund in der Relation A/—A hat. A ist möglich, weil es durch — A bestimmt ist. Der Grund ‚Möglichkeit' gründet in dem Grund, den die Relation des möglichen A und des möglichen — A ausmacht. Möglichkeit ist als Grund aus dem Möglichen, das sich in A und — A notwendig differenziert. In dem Möglichen ist Möglichkeit zugleich aber ganz aus sich, weil sie als vergleichende Beziehung das Prinzip, der Ausgang, des sich in A und — A differenzierenden Möglichen ist. Ist Mögliches seinem Begriff entsprechend möglich, so ist es aus dem vergleichenden Prinzip ‚Möglichkeit', das sich im Vergleich von A und — A in beiden als In-sich-Reflektiertsein durchhält. Das In-sich-Reflektiertsein erhält sich im Möglichen, das A und — A sein kann oder das als ein positives und ein negatives Moment reflektiert ist. Hegel nennt daher das Mögliche das „reflektierte In-sich-reflektiertsein"[9].

Die Formbestimmung ‚Möglichkeit' und die Inhaltsbestimmung ‚Mögliches' erweisen sich als identisch; denn auch Mögliches besteht ja nur als ein an seinem Gegenteil Reflektiertes: es vereinigt in sich schon selbst die Beziehung von sich auf das ihm Andere. Hierin ist es nun wie die Formbestimmung ‚Möglichkeit' vergleichende Beziehung.

Zugleich schlägt Möglichkeit in Wirklichkeit um; aus der umschlagenden Bewegung folgt die Kategorie ‚Zufälligkeit'. Mögliches ist von dem Prinzip ‚Möglichkeit', auf Grund dessen auch anderes möglich ist. Da

---

[6] Log II, 171.
[7] Log II, 172.
[8] Log II, 172.
[9] Log II, 172.

die Formbestimmung ‚Möglichkeit' A wie — A umgreift, enthält sie einen Widerspruch, in dem sie sich aufhebt. Als dieser Widerspruch ist ‚Möglichkeit' ineins gesetzt mit ‚Unmöglichkeit'[10].

Wenn die Gleichung A = A gilt, dann muß auch die Gleichung — A = — A gelten, die nach Maßgabe der Dialektik in die erste als begründender Faktor bereits eingegangen ist. Der Widerspruch ist also für die Identität von A bzw. — A konstitutiv. A ist immer schon durch — A Reflektiertes und umgekehrt. Erst als solche sind A bzw. — A wahre Identitäten, die in dem ruhigen, nur auf sich bezogenen Zustand des Seins zurückgekehrt sind. Das Reflektierte fällt also zurück in die einfache Form der Unmittelbarkeit oder des Seins. Möglichkeit ist identisch mit der Wirklichkeit des A bzw. — A. A und — A sind ihrerseits Wirklichkeiten; ihre dialektische Beziehung ist die Form der Wirklichkeit schlechthin. Ihre Grundgestalt besteht in dem Gegeneinander gegensätzlicher Elemente, die sich im Kampf miteinander aufreiben und als Einheiten neu formieren. Die Gleichungspaare A = A und — A = — A sowie deren Verknüpfung bilden den abstraktesten Formausdruck der sich in der Selbstzerstörung ihrer Bestandteile bewahrenden und sich in der Bewahrung wieder in Widersprüche auflösenden Beziehungstotalität ‚Wirklichkeit'.

Es wurde gezeigt, daß Möglichkeit in ihrem Begriff alle heterogenen Modalbeziehungen des Seins enthält; sie umfaßt alles, was sein könnte und was nicht sein könnte oder wahrhaft nicht ist. Damit erstreckt sich ihr Begriff auf die Totalität des Seins überhaupt; ihre Indifferenz gegen Sein und Nichtsein, A und — A, ist die Indifferenz des absoluten Seins selbst, das erst die Differenz von Negativität und Positivität aus sich erzeugt. Als solches Sein ist Möglichkeit zugleich Wirklichkeit.

Die ganze Beziehung kann 1. als Vermittlung oder 2. als „unvermitteltes Umschlagen"[11] interpretiert werden. 1. In dem ausgeführten Verhältnis ist die Wirklichkeit „gesetzt als Einheit ihrer selbst und der Möglichkeit"[12]. Der Selbstwiderspruch führt die vermittelte Identität mit der Wirklichkeit herbei. Diese Wirklichkeit ist nicht mehr die bloß unreflektierte, sondern ihr Sein ist durch den Selbstwiderspruch, in den die Möglichkeit mit sich selbst zerfallen ist, vermittelt und wesentlich geworden.

---

[10] Vgl. Log II, 172.
[11] Log II, 174.
[12] Log II, 173.

2. Wie sich ergeben hat, schlagen Möglichkeit und Wirklichkeit unvermittelt ineinander um; beide Kategorien können als Ausdruck ein und derselben Sache verstanden werden. Dieses Umschlagen führt nun auf die Kategorie ‚Zufälligkeit‘; es qualifiziert Wirklichkeit als Nur-Möglichkeit. Alle Wirklichkeit kann sein und kann nicht sein; unter diesem Aspekt ist Wirkliches lediglich möglich; es hat die Bestimmung, n u r ein Mögliches zu sein. Wirkliches aber, das nur möglich ist, ist zufällig. Zufälliges ist das, was sein aber auch nicht sein kann. Zufälligkeit stellt den Begriff, in dem Möglichkeit und Wirklichkeit unmittelbar geeinigt sind.

Damit ist schon die Ausgangsposition gefunden, von der Hegel das ontologische und kosmologische Argument verstanden wissen will. Für Kant scheitert der Beweis aus der Möglichkeit noch daran, daß der Begriff eines Möglichen nicht auch die Wirklichkeit setzen kann. Über alle systematischen Divergenzen zwischen ihm und Kant hinweg, bindet Hegel mittels dialektischer Verklammerungen beide Begriffe ontologisch so zusammen, daß der Begriff der Möglichkeit den der Wirklichkeit gleichursprünglich fordert. Derselbe Sachverhalt begrifflicher Konvergenz zeigt sich an dem Argument aus der Notwendigkeit. Die kosmologische Bestimmung des Zufälligen wird sich in Notwendigkeit aufheben. Daran zeigt sich, daß Hegel von vornherein der Erkenntnis Kants, der kosmologische Beweis sei im Grunde der ontologische, gefolgt ist und auf sie die Begriffsdialektik von Notwendigkeit und Zufälligkeit aufbaut. Man muß freilich immer bedenken, daß der hier hergestellte Zusammenhang mit den traditionellen Argumenten der Ontotheologie nur möglich ist, weil die Begriffe ‚Möglichkeit‘, ‚Wirklichkeit‘, ‚Zufälligkeit‘ und ‚Notwendigkeit‘ auf der selbstbegründenden Dialektik des Absoluten aufruhen und Weisen seiner Entfaltungen sind. An dieser Stelle ist wieder zu berücksichtigen, daß es Hegel nicht um eine Schlußkonstruktion gegangen ist, an deren Verbesserung sich seine Vorgänger bis einschließlich noch Kant abmühten, sondern um die deduktiv-dialektische Zuordnung des von den alten Beweisen dargebotenen Kategorienmaterials. So transponiert er den beweisenden Fortgang von Zufälligkeit und Notwendigkeit, dem sich Kant noch in der 4. Antinomie widmet, in eine der Logik eigentümliche Begriffsvermittlung. Die zuletzt genannten Momente sollen nun im Medium ihrer formellen oder logischen Bezugssystematik betrachtet werden.

Auch am Zufälligen lassen sich wieder Vermittlungslosigkeit oder unvermitteltes Umschlagen und Vermittlung beobachten. Aus diesem

Wechsel entsteht Notwendigkeit. Da am Zufälligen in unvermittelter, formeller Einheit Wirklichkeit und Möglichkeit konvergieren, hat es kein Moment, das es reflektiert; es hat keinen Grund; es ist daher das grundlos Wirkliche, das sein aber auch nicht sein kann. In dieser Unmittelbarkeit bewahrt sich seine nur mögliche d. h. zufällige Qualität. Zum anderen erscheint Zufälliges als Gesetztes oder Reflektiertes; in diesem Gesetztsein ist es das Wirkliche als das Nur-Mögliche. Nur-Möglichkeit erfordert das unvermittelte Umschlagen der Wirklichkeit und Möglichkeit ineinander. Darin sind sie aber zugleich gegeneinander bestimmt[13] und reflektieren sich als Momente; insofern hat Zufälliges andererseits einen Grund. „Das Zufällige hat also darum keinen Grund, weil es zufällig ist; und ebensowohl hat es einen Grund, darum weil es zufällig ist"[14]. Es reproduziert sich am Zufälligen die Dialektik des Formellen und Wesentlichen. In der einseitig verstandenen formellen Bestimmung hat Zufälliges keinen Grund, weil Wirkliches und Mögliches vermittlungslos in ihre Identität umschlagen; zugleich ist Zufälliges im reflektierten Bestimmtsein der Wirklichkeit gegen die Möglichkeit wesentlich geworden. Das formelle und das wesentliche Moment sind ohne einander nicht möglich.

Beide sind vielmehr n o t w e n d i g aufeinander verwiesen. Die Kategorie ‚Zufälligkeit' erscheint am Wirklichen, das nur-möglich ist. Sind die Momente, das, was sie sind, n u r in dieser Beziehung, so ist diese für sie notwendig. Die Momente enthalten schon selbst diese Beziehung, weil sie ineinander übergehen und sich durcheinander konstituieren; sie sind mit dem beziehenden Übergang identisch und nur durch diesen, das, was sie sind. Ihr Sein ist von der Qualität ‚Zufälligkeit' und von der Qualität ‚Notwendigkeit' zugleich. „Diese absolute Unruhe des Werdens dieser beiden Bestimmungen (‚Wirklichkeit' und ‚Möglichkeit' Vf.) ist die Zufälligkeit. Aber darum weil jede unmittelbar in die entgegengesetzte umschlägt, so geht sie in dieser ebenso schlechthin mit sich selbst zusammen, und diese Identität derselben, einer in der anderen ist die Notwendigkeit"[15].

Die Reflexionsstruktur der Zufälligkeit erhellt, daß nur durch sie Wirklichkeit als solche in ihrem Sein gewährleistet ist; daß beide in ihrem jeweils Anderen identisch sind und n u r im Unterschiedenen diese

---

[13] Vgl. Log II, 174.
[14] Log II, 174.
[15] Log II, 174.

Identität mit sich gewinnen, qualifiziert das Sein der Identität als ihr notwendiges Sein oder das Sein ihrer Notwendigkeit.

Das als Notwendiges mögliche Sein ist das in der Form ‚Notwendigkeit' modifizierte Sein. Es scheint einen Widerspruch zu ergeben, wenn man vom möglichen Notwendigen spricht oder von einer Notwendigkeit, die mit Zufälligkeit identisch ist. Doch beide Kategorien sind Vermittlungsergebnisse aus der Beziehung zwischen Wirklichkeit und Möglichkeit; der Widerspruch ist der Motor der Dialektik. Ihr Sinn läßt sich wiederum aus der dem ontologischen Argument eigenen Problematik entnehmen; die Struktur, die Möglichkeit und Wirklichkeit vereint, zeichnet die begriffliche Weise der Notwendigkeit aus. Ist diese Struktur auf einen Begriff zu bringen, so kann man das ontologische Argument aus der Notwendigkeit als gelungen ansehen. Der Horizont der Ontotheologie dient auch hier wieder als Motivation der so formalistisch anmutenden Konstruktionen. Der Sinn der scheinbar künstlichen Operationen, in denen sowohl Zufälligkeit wie Notwendigkeit aus der Dialektik von ‚wirklich' und ‚möglich' deduziert werden, wird sich im Bereich der realen Modalitätskategorien einstellen. Denn als Ausgangsbegriff des kosmologischen Beweises erfährt Zufälliges seine Einarbeitung in die Ontologie der absoluten Notwendigkeit. Die methodologische Grundlegung für die Synthese der Kosmo- und Ontotheologie ist mit der für Zufälligkeit und Notwendigkeit gleichen Herkunftsbeziehung von ‚wirklich' und ‚möglich' gegeben.

Hegel exponiert an diesen Stellen nicht ausdrücklich diesen Zusammenhang, sondern lediglich den dialektischen Inversionscharakter, der den maßgebenden Begriffen der alten Gottesbeweistheorien anhaftet. Die in ihrer Geschichte so häufig mit dem Scheitern der Beweise konfrontierte Philosophie rechtfertigt den Aufwand der komplizierten Begriffsanalysen der Logik, die die Termini der Ontotheologie in eine Dimension überführt, wo sie selbst nichts anders sind als Entäußerungsweisen eben des absoluten Zieles, dessen sich Philosophie bisher vergeblich zu bemächtigen suchte. Philosophie ist in ihrer logischen Grundgestalt selbst die Systematik der Begriffe, die nach dem zentralen Gesetz des dialektischen Fortschritts verläuft, aus dem der ontologisch notwendige Gott folgt; sie tritt deshalb mit dem Begriffe ihrer selbst an die Stelle dessen, was als Explikation des ontologischen Arguments gelten muß.

3. Relative, absolute Notwendigkeit und Freiheit

Hegel entwickelt die Struktur der absoluten Notwendigkeit, die die Modalitätskategorien spekulativ aus dem formellen und dem relativen Sein der Notwendigkeit zusammenfaßt. Das Absolute soll sich als die absolute Reflexion von logischer Form und realem Inhalt herausstellen. Die Notwendigkeit muß, soll sie absolut sein, in der Relativität der realen Notwendigkeit oder der notwendigen Zufälligkeit mit sich identisch werden. Der Gedankengang, der die Notwendigkeit des Zufalls expliziert, ist die Reflexion der absoluten Notwendigkeit in sich; er wird nun mit den Schwierigkeiten, die sich aus ihm ergeben, skizziert.

Möglichkeit und Wirklichkeit beziehen sich auf einen realen Inhalt, der dem Unterschied der modalen Formbestimmungen gegenüber gleichgültig bleibt. Ein Inhalt kann ein real Mögliches oder ein real Wirkliches sein. Die Möglichkeit seines je und je Bestimmtseins bezieht sich nur auf die Verschiedenheit der modalen Qualifikation, widerspricht aber nicht der Notwendigkeit, daß der Inhalt überhaupt bestimmt sein muß. Inhalt ist also nicht ohne Form, wohl aber ohne die Verbindlichkeit, in einer besonderen Weise von Form gedacht zu werden; er mag möglich oder wirklich, zufällig oder notwendig sein; gegenüber einer formalen Spezifizierung bleibt er indifferente Identität.

Ist ein Inhalt, so gibt es Anderes, das von der Beschaffenheit ‚Inhalt‘ ist. Ein real Wirkliches steht in dem dynamischen Zusammenhang der existierenden Welt; es bringt Wirkungen hervor, die seine Kennzeichen und Manifestationen sind; sein Verhältnis zu Anderem bestimmt es, indem es auf Anderes wirkt[1]. Ein Inhalt sei als real wirklich bestimmt; mit der Formbestimmung ‚Wirklichkeit‘ setzt er einerseits die Reflexion der formellen Modalitätskategorien voraus. In der realen Sphäre dynamischer Kausal- und Wechselbeziehung ist ein real Wirkliches andererseits zugleich ein real Mögliches, insofern es Möglichkeit für Anderes ist. Real Wirkliches ermöglicht anderes real Wirkliche, dieses wieder anderes. Zwar sind Möglichkeit und Wirklichkeit an dem Inhalt eines real Wirklichen schon in formeller Identität, aber im realen Wirkungsverhältnis, ist das Wirkliche noch nicht seine e i g e n e reale Möglichkeit geworden. Real Wirkliches ist noch g e g e n seine reale Möglichkeit bestimmt. Die Deduktion der realen Notwendigkeit besteht nun darin, die Identität

---

[1] Vgl. Log II, 176.

beider Bestimmungen zu setzen und ineinander zurückgehen zu lassen. Hat sich die modale Dialektik formell d. h. logisch schon vollendet, so steht sie als Vermittlung im Bereich der realen Notwendigkeit noch aus.

Ein Wirkliches, das bloß möglich ist, existiert zufälligerweise. Im Begriff ‚Zufälligkeit' bestimmt ‚Möglichkeit' das Wirkliche; aber auch Wirklichkeit ist bestimmend für seine Möglichkeit. Denn hat sich irgendeine Wirklichkeit aus ihrer Möglichkeit verwirklicht, so ist sie eins mit ihrer Bedingtheit wirklich geworden. Um die Verwirklichung des Möglichen verständlich zu machen, benutzt Hegel hier für es den Terminus ‚Bedingung'[2]. Bedingungen einer Sache sind ihre spezifischen Umstände und Bestimmungen, aus denen man ihre reale Möglichkeit folgert: „Wenn alle Bedingungen einer Sache vollständig vorhanden sind, so tritt sie in Wirklichkeit; — die Vollständigkeit der Bedingungen ist die Totalität als am Inhalte und die Sache selbst ist dieser Inhalt"[3]. Auf Grund der realen Bedingungstotalität kann die Sache nicht etwas anderes sein, als das, was sie ist; sie ist in sich notwendig. Der Inbegriff der Bedingungen als realer Möglichkeiten konvergiert mit der Wirklichkeit in der Totalität der Sache. Auf diesem Bedingungsniveau ist die Sache reale Notwendigkeit; sie ist Wirklichkeit in Gestalt eines sachlichen Ordnungszusammenhangs und als solche nicht mehr nur die Möglichkeit für Anderes, sondern sie hat ihre eigene Möglichkeit durch ihr Dasein als Grund ihrer Verwirklichung wirklich gesetzt. Das, was sich selbst Grund für sich ist, ist notwendig.

Indem die Sache Bedingungen voraussetzt, die sie konstituieren, steht sie ihrerseits im Bedingtheitshorizont anderer Totalitäten; sie gehört selbst zum Bereich zerstreuter Bedingungen und ist insofern zufällig. Da sie als Einheit die vollständig geschlossene Systematik ihrer Bedingungen und Möglichkeiten umfaßt, ist sie in sich selbst zwar notwendig; sie setzt in sich einen bestimmten Umfang speziell auf die eigene Wirklichkeit hingeordneter Bedingungen voraus, aufgrund deren sie in ihrem Sosein fixiert ist und von diesem nicht abrücken kann. Andererseits versteht sich aus dem Bedingtheitscharakter ihrer jeweils konkret definierbaren Sachtotalität der Modus ‚Zufälligkeit'; als dieses Ganze ist die Sache kraft ihrer Verwiesenheit zu anderen sachlichen Ganzheiten nur bedingt oder relativ notwendig. Untersteht sie also einerseits als Glied im Koordinatensystem anderer Totalitäten der Bestimmung ‚Möglichkeit' oder

---

[2] Vgl. Enzykl § 146; Log II, 98 ff.; 177.
[3] Log II, 177.

‚Zufälligkeit', so fordert andererseits der ihren Abmessungen vollständig entsprechende Inbegriff realer Möglichkeiten die Kategorie ‚Notwendigkeit'.

Hegel deduziert nicht die Notwendigkeit irgendeines Zufälligen, sondern die Notwendigkeit der Zufälligkeit für den realen Kausalzusammenhang der Welt. Da auch die Bedingungen ‚Wirklichkeiten' sind, die wiederum Bedingungen haben, reproduziert sich die Sache und ihre Totalität in den Bedingungen. Die Sache setzt sich in ihren Bedingungen voraus; dafür kann Hegel auch sagen: „Die Sache ist, eh' sie existiert"[4].

Die reale Notwendigkeit kann noch nicht die absolute sein weil sie sich auf das Zufällige als ihren Ausgangspunkt und die Weise ihres Seins bezieht[5]. „Das real Notwendige ist deswegen irgendeine beschränkte Wirklichkeit, die um dieser Beschränktheit willen in anderer Rücksicht auch nur ein Zufälliges ist"[6].

Für das Verständnis der absoluten Notwendigkeit ist es wichtig zu sehen, daß der zu anderen Elementen zwar relative, immanent aber schlüssige und absolute Existenzkreis eines real Notwendigen die Differenz von Form und Inhalt bereits in sich aufgehoben hat. An der Form-Inhalt-Dialektik läßt sich der Umschlag von relativer und absoluter Notwendigkeit ablesen. In der bestimmten und abgegrenzten Umfänglichkeit eines kontingenten Inhalts kulminieren die modaltheoretisch möglichen Inhaltsbestimmungen mit den Formbestimmungen in vermittelter Identität: ein zufälliger Inhalt ist zugleich wirklich, möglich und notwendig; ein wirklicher Inhalt zugleich möglich und notwendig usw. Doch bezeichnet die Relativität der real Notwendigen auf der anderen Seite auch noch das Gegenüberstehen von Form und Inhalt; denn eine inhaltliche Einheit mag in realen Zusammenhängen nur möglich oder zufällig sein, während gleichzeitig seine ihm heterogenen Korrespondenzeinheiten der Modalitätskategorie ‚Wirklichkeit' unterstellt sein können. Daher sind nicht nur die Inhalte zueinander relativ, sondern auch die Formen, eine Relativität, die mit der von Form und Inhalt überhaupt identisch ist. Denn Möglichkeit und Wirklichkeit stehen sich in Gestalt verschiedener Inhalte noch als Bezogene gegenüber und gehen noch nicht vollständig, sondern nur vorläufig d. h. nur in den kontingenten Totalitäten der realen Sachverhalte in sich selbst zurück.

---

[4] Log II, 99.
[5] Vgl. Log II, 179.
[6] Log II, 179 f.

Somit ist zwar der Formunterschied von Zufälligkeit und Notwendigkeit für die Singularität einer durch ihre Bedingungen immanent abgeschlossenen Sachgröße bereits aufgehoben; denn die Sache ist, als einzelne betrachtet, zufällig und notwendig zugleich. Aber zwischen den Totalitäten selbst bleibt auf der Stufe der Realkategorien der Bruch von
Form und Inhalt noch unüberwunden.

Die Demonstration der Sinnbeziehung dieser Ableitungen zur spekulativen Gotteslehre leistet der Begriff der absoluten Notwendigkeit aus
sich; er erhebt sich über die Formalität und Relativität der Modalitätskategorien und bindet sie zu der einigenden Einheit des Absoluten
zusammen. Die Totalität aller Totalitäten ist das Ganze dessen, was
überhaupt als seiend gedacht werden kann; sie ist der Inbegriff des Seins
und die höchste Synthese seiner modalen Manifestationen. Die Sachtotalitäten haben im Verhältnis zu der sie umgreifenden Einheit den
Momentstatus von Möglichkeiten; sie bilden mit ihrer Synthese den
modaltheoretischen Zusammenschluß von Möglichkeit und Wirklichkeit.
Die Einigung der Möglichkeiten in dem dialektisch organisierten Zustande ihres Inbegriffs überstellt sie auf die Modalitätsebene ihrer Kom-
plementärkategorie ‚Wirklichkeit‘. Die absolute Wirklichkeit verwandelt
im logischen Prozeß des Auf-sich-Beziehens aller Totalitäten ihre Möglichkeiten in die Art und Weise ihrer selbst: das All der Möglichkeiten
ist Wirklichkeit schlechthin; Möglichkeit ist mit ihrer Wirklichkeit absolut geworden. In dieser nun absoluten Umkehrbarkeit beider Kategorien entsteht der Begriff der absoluten Notwendigkeit. Die Inhalte,
die je für sich genommen von der Weise ‚Zufälligkeit‘ oder ‚relativer
Notwendigkeit‘ sind, bilden in ihrer Totalität die Absolutheit der Notwendigkeit, die die Modalbegriffe in vermittelter Identität zusammen-
hält.

Die Totalität der absoluten Notwendigkeit ist zugleich der absolute
Inhalt und die absolute Form. Waren Form und Inhalt in der Relativität der Sachen noch als andere aufeinander bezogen, so ist der Inhalt
aller Inhalte, das absolut Umgreifende aller Sachtotalitäten, zugleich die
alle Modalbegriffe als absolute Einheit reflektierende Form. In dieser
Figur, die die Beziehung aller Beziehungen auf das Grundmodell einer
die Momente dialektisch voneinander abstoßenden und ihre spekulative
Koinzidenz wiederherstellenden Bewegtheit bringt, hat sich die Form
realisiert und der Inhalt formalisiert[7].

---

[7] Vgl. Log II, 182.

Die modale Dialektik hat im Medium ihres Momentprozesses die Weise der höchsten Einheit erreicht, als die sie in der reinen Modalität von ihrer kategorialen Entäußerung sich bereits formell vollendete[8]. Absolute Notwendigkeit ist die Einheit, die sich in ihre Unterschiede und Modalitäten differenziert und in ihnen sich einigt. Das Zufällige und Nur-Mögliche erhält in der Bezogenheit zu ihr seinen absolut notwendigen Charakter. Die aus ihren Modi sich einigende Einheit der Notwendigkeit ist zugleich die Macht des diese Modi Setzens und des Sich-als-diese-Modi-Setzens. Die absolute Notwendigkeit bestimmt sich selbst zur Zufälligkeit als Modifikation ihres Seins. Die Absolutheit holt sich ein in der Relativität und setzt sich mit ihr als spekulative Identität. Ist Notwendigkeit in ihren Modalitäten identisch mit sich, dann ist sie Grund ihrer selbst, absolute causa-sui oder absolute Substanz in ihrem Anderssein[9]. Die Substanz differenziert sich in ihre Modi und ist in diesem Tun Ursprung der modalen Dialektik. In ihrem im Medium ihrer Modalitäten prozedierenden Sich-Bestimmen ist sie das, was sie ist, und hat ihr Sein bis zur Rückkunft in sich selbst durchdrungen. Die Modalbegriffe sind die logischen Stationen der eigenen Auslegung des Absoluten; sie sind die Bewegung der Substanz in sich selbst zu sich selbst und bilden in sich schon vor der komplementären Verschränkung ihrer modal sich schließenden Momentdimension den Kreis absoluter Selbstvermittlung.

Damit ist Hegels Theorie der absoluten Notwendigkeit in den Grundzügen gegeben. Die Aktuosität ihrer Reflexion liefert den Evidenzbeweis ihres Seins aus sich selbst. „Das schlechthin Notwendige ist nur, weil es ist; es hat sonst keine Bedingung noch Grund"[10].

Die Dialektik der absoluten Notwendigkeit ist die ontologische Basis für den Begriff der absoluten Freiheit. Wie schon in der Phänomenologie des Geistes deutet Hegel auch in der Logik den Übergang von Notwendigkeit zu Freiheit in dem systematischen Zusammenhang, der zwischen Substanz und Subjektivität waltet. Methodologisch markiert dieser Überschritt den Eintritt von der Wesenslogik in die Logik des Begriffs als Grundlegung einer Theorie der absoluten Subjektivität. Am Anfang der Begriffslogik steht die Definition der Freiheit. Freiheit ist die ontologische Bedingung für die Selbstfindung des Ich und seiner Identität

---

[8] Vgl. Log II, 169.
[9] Vgl. Log II, 184.
[10] Log II, 182.

in der Selbstreflexion der Subjektivität[11]. Als Bedingung dieses ich-im-
manenten Prozesses gehört Freiheit selbst in die Systematik des wirklichen Selbstbewußtseins und konstituiert mit dem Begriff ihrer selbst
Möglichkeit und Wirklichkeit der Ich-Identität. Sie ist daher identisch
mit dem Begriff von Subjektivität überhaupt oder ist der Begriff des
Begriffs[12]. Läßt sich schon bei Kant die Verbindung des spekulativen
Begriffs von dem höchst notwendigen Wesen mit der der Transzendentalität des Subjekts eigentümlichen Kategorie ‚Freiheit' bruchlos, wenn
auch nur durch eine Kombination verschiedener Analogiebereiche herstellen, so daß der Charakter des ens necessarium als Subjektivität außer
Zweifel steht, treibt für Hegel die prozessuale Kategorialität des Absolut-
Notwendigen selbst darauf, sich in Freiheit zu verklären[13]. Die Hegelsche
Ontotheologie, die das ontologische Argument als eine Konstruktion der
absoluten Selbstbewegung restituiert, hat im Aufweis der auf Grund von
Freiheit konzipierbaren Subjektivität dieses Selbstbeweises ihren Höhe-
punkt erreicht.

Die konkrete Deduktion der Freiheit erfolgt aus den Herkunftsbe-
ziehungen der Notwendigkeit. Die zueinander als nicht-identisch sich
verhaltenden Sachen oder zufälligen Inhalte reflektieren in sich Möglichkeit und Wirklichkeit; in dieser Reflexion besteht, wie gezeigt wurde,
ihre Notwendigkeit; strukturell sind relative und absolute Notwendigkeit identisch; beider Verfassung ist die ontologische Konvergenz des
Möglichen und Wirklichen. Als Inbegriff aller Totalitäten hat sich die
absolute Notwendigkeit ergeben. Obwohl die zufälligen Wirklichkeiten

---

[11] Vgl. Ritter (vor allem 26 ff.). Ritter hat die Bedeutung des Freiheitsbegriffs
für Hegels gesamte Philosophie herausgestellt. In der Freiheit sah Hegel
das Prinzip der französischen Revolution, das zum Prinzip seiner Philosophie wurde. Die Vermittlung von Freiheit und Notwendigkeit hat demnach
seinen historischen Hintergrund in Hegels Analysen der französischen Revolution. Die notwendig fortschreitende Geschichte als Manifestation des
Absoluten gewinnt ihr Selbstbewußtsein erst in der sich als Freiheit wissenden Subjektivität des Menschen. Nun entsteht die Möglichkeit, daß in die
Blindheit der Notwendigkeit das Licht der Freiheit eingeht. Dieser Ansatz
wird freilich die am Schluß der Arbeit vorgetragene These erhärten, daß
die Freiheit Gottes bei Hegel in die Freiheit des autonomen Menschen ein-
mündet. Vgl. auch den Aufsatz von Habermas, Hegels Kritik der französischen Revolution, 89 ff.
[12] Vgl. Log II, 244.
[13] Vgl. Log II, 183 ff.; 203 ff.; 214 ff.

in sich die Struktur dieser Notwendigkeit schon angenommen haben, sind sie in der Bezogenheit zueinander noch im Verhältnis äußerlicher Berührung. Die Notwendigkeit ist im Sein der Unterschiede noch verschlossen[14] und hat sich in die Mannigfaltigkeit der Totalitäten verloren, ohne daß die Gemeinsamkeit ihrer Wesen in allem Wirklichen offenbar geworden wäre. „Die absolute Notwendigkeit ist daher blind"[15]. An sich ist ihre Gegenwart in allem Seienden bereits lebendig; ihr Sein ist in allem Unterschiedenen auf sich als gleichbleibende, sich in sich bewegende Einheit zurückgekommen. Doch muß dieses Ansichsein noch in Fürsichsein übergehen und das sich selbst noch verborgene Sein in die Durchsichtigkeit seines Wesens. Die Blindheit der nur erst an sich vorhandenen absoluten Notwendigkeit kehrt ein in das Sich-Wissen der Freiheit. Die an allen Inhalten gemeinsam auftretende modale Dialektik, die den einigenden Prozeß der Substanz oder der absolut notwendigen Objektivität des sich seiner selbst noch nicht bewußten Seins ausmacht, erfährt in der Freiheit und im Sich-Wissen die Aufhebung ihrer im unterschiedenen Zufälligen noch eingebundenen Verschlossenheit. Die Totalitäten, die das Wissen um die Gleichheit ihres Seins und seiner Modalitäten im Gegeneinander ihrer Relativität und Negativität abriegeln, lassen die Wand ihrer Blindheit zwischen sich fallen und vereinen sich in der absoluten Subjektivität des freien Selbsterkennens. Die Substanz ist Subjekt geworden und Notwendigkeit Freiheit. Alle Zufälligen stehen im Licht dieses Erkennens und dieser Freiheit; die Freiheit des absoluten Selbstbewußtseins setzt sich im Zufälligen und erkennt sich darin. Die Kontingenz der vom Ganzen abgespaltenen Inhalte ist von diesem sich im Selbsterkennen einigenden Ganzen selbst gesetzt und wird insofern in dessen absolute Dimension zurückgeführt. Als vom Absoluten gesetztes Zufälliges, in welchem das Absolute sich setzt, erhält das Kontingente den ontologischen Rang eines Mediums der Selbstreflexion des Absoluten in sich. Innerhalb der dialektischen Prozedur des mit sich mediatisierenden Absolut-Notwendigen ist das Zufällige selbst absolut geworden. Zufälliges ist Chiffre für den medialen Durchgang des absoluten Erkennens zu dem absoluten Sein dieses Erkennens als dem sich in sich erkennenden Selbstsein. Das Absolute hat sein Sein in dem auf sich

---

[14] Vgl. Log II, 183.
[15] Log II, 183.

bezogenen Wesen seines Sich-Denkens gewonnen. Mit der Freiheit ist Hegels Theorie der sich selbst vollziehenden Einheit von absoluter Objektivität und Subjektivität vollendet.

III. Das Sein Gottes als absolute Subjektivität und die Aporie ihrer dialektischen Begründung

1. Die Hegelsche Theorie der Subjektivität als Grundlegung einer Theorie der Ontotheologie

Die Objektivität und Subjektivität absolut als Begriff des Begriffs einigende Einheit ist identisch mit dem synthetischen System der Kosmo- und Ontotheologie. Es ist nun leicht zu sehen, wie die Hegelsche Interpretation das kosmologische Argument mit dem ontologischen verbindet; beide verhalten sich zueinander wie Notwendigkeit und Freiheit. Im kosmologischen Zusammenhang nicht-identischer Totalitäten herrscht die Notwendigkeit, welche den Selbstbeweis ihres Seins in der Relativität und Negativität der divergierenden Sachen noch unter dem Verschluß ihrer Selbstverborgenheit führt. Der aus der Blindheit der Notwendigkeit sich erhebenden Freiheit korrespondiert das ontologische Argument: dem Begriff einer sich in sich durchsichtigen Subjektivität entspricht der Begriff eines Denkens, das im Selbstvollzuge sich hervorbringendes Sein ist. Im absoluten Begriff versichert sich das als Freiheit setzende Selbstbewußtsein des selbstgewissen Grundes seines Seins. Am Leitfaden der Systematik von Notwendigkeit und Freiheit führt Hegel das kosmologische Argument auf das ontologische zurück; darin folgt er wieder dem Vorbild Kants. Freilich hatte Kant nicht so sehr die Rückführung im Auge, sondern mehr die Notwendigkeit, daß das kosmologische Argument überhaupt ontologisch geführt werden müsse. Auch dieser Forderung wird Hegel mit den Mitteln dialektischer Methodologie gerecht. Denn die hieraus sich ergebende Ontologisierung der Notwendigkeit ist je schon erfolgt, insofern eben der Begriff der Notwendigkeit, die Stelle des ehemals kosmologischen Beweises einnimmt. In die ontologischen Vermittlungsfiguren der Notwendigkeit sind von Hegel die aus den kosmologischen Bezügen verstehbare Relativität der Modalbegriffe eingearbeitet und von vornherein der logischen Kategorialität untergeordnet worden. Das kosmologische Argument ist in seiner vorliegenden Explikation apriori ein im Hegelschen Sinne ontologisches. Der konkrete, in der Logik sich darbietende Gang von relativer Notwendigkeit über absolute Notwendigkeit zu Freiheit zeigt, daß Hegel sich bemüht, die kosmologische Bezugssystematik der Ontotheologie nicht nur regressiv durch dialektische Inversion in eine rein ontologische Ordnung zurückzuführen, sondern auch die Relativität kosmologischer Elementarbeziehungen deduktiv in die Absolutheit einer solchen Ordnung zu transzendieren.

Hegels Theorie ist es also, die Dialektik von Freiheit und Notwendigkeit, die er als Selbstbewußtsein konstruiert, mit jener Einheit zu identifizieren, die als bloße Modalität des Absoluten den spekulativen Ausgangspunkt und den Ort der vermittelten Rückkehr der modaltheoretischen Deduktionen bildet. Die Interpretation der Gottesbeweise vermag innerhalb der Theorie und ihrer systematischen Voraussetzungen an die Stelle dieser Deduktionen zu treten. Jeder Modalbegriff expliziert in sich das ontologische Argument. Das Hegelsche Verständnis der Beweise fügt diese in die Selbstauslegung des Absoluten als Momente ein. In dieser Bezugsordnung verlieren sie den verselbständigten Charakter von Entäußerungen einer mit ihrem Gegenstand noch unvermittelten Subjektivität, die sich im Beweisenwollen gegen den ihr immer schon vorausliegenden, sich als Subjekt-Objekt-Einheit konstituierenden Ursprung abstrakt behauptet.

An dieser Stelle steht Hegel im Gegensatz zu Kant. Die Hegelsche Kritik an Kants Theorie der Subjektivität, läßt sich zugleich als Angriff wenden gegen das Verständnis der Ontotheologie, das von der transzendentalphilosophisch destruierten Möglichkeit subjektiven Beweisens vorausgesetzt wird. Der Begriff des Begriffs will den Kantischen Subjektivismus einer Reflexion überwinden, deren Transzendentalität den Bruch zwischen sich und der Gegenständlichkeit impliziert. Konnte Kant aus der auf ihre transzendentalen Bedingungen restringierten Subjektivität des endlichen Selbstbewußtseins die kritizistischen Destruktionen der Gottesbeweise ableiten, so negiert Hegel nicht völlig die Legitimität dieser Argumentation. Indem er die von der endlichen Subjektivität geleisteten Beweise methodologisch als Funktionen einer ihrem Gegenstand äußerlichen Reflexion fixiert, nimmt er das Unvermögen dieses Subjektes ernst, aus subjekthaften Begriffen Gottes Dasein zu demonstrieren[1]. In-

---

[1] Hegel ist allerdings nicht der Meinung, daß der Aufweis dieses Unvermögens in der Absicht Kants gelegen habe, sondern Zeichen der am Kritizismus ablesbaren, diesem selbst aber verborgenen Geständigkeit des Prinzips der Subjektivität ist. Diesen Gedanken hat Hegel schon in GluW 13 geäußert. Die Insuffizienzen des endlichen Subjekts zu Gottesbeweisen liegen

dem er aber andererseits die äußere Reflexion als Bedingung traditio-
neller Beweisformen in die Dialektik des absoluten Grundes zurückführt,
aus der sie als Ausdrucksweise eben dieses Grundes wieder hervorgeht,
integriert er die transzendentale Subjektivität in eine ontologische Ordnung, deren Vorgängigkeit bereits die Form einer vollendeten ontotheologischen Systematik angenommen hat und den Kantischen Begriff des
Selbstbewußtseins seinerseits aus sich als Moment entläßt. Hat diese
Ordnung darüberhinaus den Charakter der absoluten Subjektivität-
Objektivität selber, die den Begriff des endlichen Subjekts mit umgreift,
wird sichtbar, daß die Hegelsche Restitution der Ontotheologie methodologisch über den Weg einer neuen Theorie des Selbstbewußtseins gewonnen wurde.

Dieser Weg ist konsequent. Denn war das Kernstück des Kritizismus
das transzendentale Ich als Voraussetzung für die Demonstration des
Scheiterns aller Beweise, so mußte ihre Wiederherstellung durch die Vermittlung einer Neufassung des Subjektivitätsbegriffs geleistet werden.
Dieser Ansatz wird von der Begriffslogik ausgeführt.

Von hier aus ist es verständlich, daß Hegel den Begriff des Begriffs
in Auseinandersetzung mit Kant erstellt[2]. Steht am Ende der KdrV die
Identität des Ich als Erkenntnisbedingung dem Objektivitätscharakter
der erscheinenden Welt gegenüber, so daß die subjektiven Funktionen des
Ich Objektivität allererst konstituieren, setzt Hegel an den Anfang seiner
Theorie des Begriffs die Subjektivität und Objektivität simultan umgreifende Einheit. Es ist Hegel selbst gewesen, der schon in seinen ersten
Druckschriften[3] den von Kant intendierten Konstitutionszusammenhang
von transzendentaler Subjektivität und erscheinender Objektivität als
Hauptresultat der kritischen Erkenntnistheorie angesehen hat. Demgegenüber hat er an dem Prinzip derjenigen Deduktionen, die zu diesem
Resultat führen, nämlich der ursprünglich-synthetischen Einheit der Apperzeption als ausbaufähiger Legitimationsbasis des eigenen Ansatzes
festgehalten. Hegel rühmt diese ursprünglich-synthetische Einheit als eine
„wahrhaft spekulative Idee"[4] an Kant, die dieser selbst „durch die Flach-

---

für Hegel also nicht in der theoretischen Intention Kants, sondern in der
diesem Subjekt objektiv anhaftenden Mangelhaftigkeit, welche die Kantische Philosophie nach Hegels Auffassung überhaupt bestimmt.
[2] Vgl. auch den Aufsatz von G. Rohrmoser, Die theologische Bedeutung, 99 ff.
[3] Vgl. GluW 14 ff.
[4] GluW 17.

heit der Deduktion der Kategorien"[5], aus der der Verstandesgegensatz von Subjekt und Objekt schließlich doch wieder folgt, preisgegeben habe. Diese Wertschätzung des Prinzips der Apperzeption hat Hegel noch in der Logik beibehalten[6]. Seine Interpretation des Kantischen Begriffs der synthetischen Einheit des Selbstbewußtseins fällt mit der eigenen Konzeption des Selbstbewußtseins als Wesen des Begriffs[7] zusammen.

Hegel geht von der Kantischen Definition des Objektes aus: „Objekt ... ist das, in dessen Begriff das Mannigfaltige einer gegebenen Anschauung vereinigt ist"[8]. Dieser Begriff von Objekt ist mit der ursprünglich-synthetischen Einheit des Selbstbewußtseins selbst gegeben. Daher, so heißt es bei Kant weiter, „erfordert ... alle Vereinigung der Vorstellungen Einheit des Bewußtseins in der Synthesis derselben"[9]. Die Einheit objektiven Seins, so interpretiert Hegel, ist nur möglich, weil das Ich den Gegenstand „durchdringt und ihn in seine eigene Form (die Form des Ich, Vf.) ... bringt"[10].

Dieser Prozeß der Einigung des Ich mit dem Gegenstand ist wiederum nur möglich auf Grund der ursprünglichen ontologischen Verfassung des Ich als synthetischer Identität des Selbstbewußtseins. Ich könnte sich nicht mit seinem Objekt einigen und es begreifen, wenn es nicht selbst schon von der logisch-synthetischen Struktur dieser Einigung wäre. Vor dem einigenden Begreifen des Seins eines Seienden in den konkreten Erkenntnisprozessen des Subjektes steht sachlich dessen Einheit mit der Objektivität des eigenen Seins. Das Sein des Ich ist diesem nicht äußerlich, sondern Moment seiner Subjektivität selber.

Das Ich hinterschreitet zugleich seine Subjektivität auf die Objektivität seines Gegebenseins hin, in dem es s i c h gegeben ist. Es ist so ursprünglich synthetische Einheit, deren Sein als Objektivität der Subjektivität es im einigenden Prozeß des Selbstseins vollzieht. Die bloß objektive Gegebenheit, in der das Ich in Konfrontation zu sich selbst steht, gewinnt es durch das tätige Ergreifen der sich zu sich bestimmenden Aktivität seiner Subjektivität. Die ursprüngliche Synthesis des Ich ist identisch mit dem Geschehen seiner Einigung, in der es sich mit seiner Objektivität als seiner

---

[5] GluW 16.
[6] Vgl. Log II, 221 ff.
[7] Vgl. Marcuse 23 ff.; Fischer, Hegel I, 529 ff.
[8] B 137; bei Hegel Log II, 221.
[9] B 137.
[10] Log II, 222.

Subjektivität zusammenschließt. Das Ich produziert sich selbst zu dem, was es ist. Sein Sein tritt aus der bloß objektiven Selbstgegebenheit heraus und wird das Selbstbewußtsein, das zugleich das Sein des sich als Subjekt und Objekt differenzierenden Ich ist. Die ursprünglich synthetische Einheit von Subjektivität und Objektivität, die das Sein des absoluten Begriffs auszeichnet, ist in Form einer Ontologie des Geschehens dieser Einheit als prozeßhafter Einigung konzipiert.

Während bei Kant der Aktus der Spontaneität zwar die subjektive Bedingung von Erkenntnisvollzügen darstellt, die die Objektivität der Erscheinungen verbürgen, ist doch diese Spontaneität nicht zugleich der Garant der Objektivität des eigenen Daseins. Die Gegebenheit der Subjektivität als das notwendige Ich-denke ist auch bei Kant als die „objektive" Einheit[11] des Ich-Seins festgehalten worden; diese Objektivität des eigenen Seins ist aber der Spontaneitätsdimension des transzendentalen Subjekts nicht mehr transparent und verfügbar; sie kann daher auch nicht ein mit dem Akt des Selbstbewußtseins vermitteltes Resultat des Sich-selber-Denkens der Subjektivität sein. Hält Kant mit dem Begriff des ursprünglich-synthetischen Seins der transzendentalen Apperzeption die metaphysische Dimension in der Erkenntnistheorie noch offen, so schließt Hegel sie mit der Theorie der selbstbewußten Einigung der Subjektivität, die sich in einem aller endlichen Reflexion vorgängigen, absoluten Prozeß zu der Objektivität ihres Selbstseins entschließt.

Zusammenfassend läßt sich folgendes sagen: Hegel kommt im Verhältnis zu Kant von zwei Seiten auf die Vermittlung von Denken und Sein, Begriff und Objektivität als dem Prinzip einer Neubegründung der Ontotheologie.

1. Er kritisiert den empiristisch verengten Existenzbegriff Kants, der seiner Meinung nach apriori nicht fähig sein kann, das Sein Gottes zu fassen. Die hieraus sich ergebenden Kantischen Angriffe gegen die Gottesbeweise seien daher eine bloße Trivialität. Er bedenkt freilich nicht, daß es gerade ein wesentliches Motiv für die Ausbildung des raum-zeitlich orientierten Begriffs der Existenz als Erscheinung gewesen ist, das Sein Gottes aus den vordergründigen Implikationen des an die Sinnlichkeit gebundenen Denkens herauszulösen und anderen Ebenen der Explikation vorzubehalten. Kant entwickelt die sich auf die transzendentale Dialektik stützende Systematik von Analogiebegriffen, um den Bruch zwischen der Endlichkeit des Denkens und der Sphäre des göttlichen Seins mit

---

[11] Vgl. B 139 f.

Hilfe vernünftig noch ausweisbarer Aussagen zu kompensieren. Für Hegel sind aber diese Verkürzungen in seinem Kant-Verständnis bestimmend geworden. Die Seins- und Wesenslogik wollen den Kantischen Existenzbegriff korrigieren, indem sie den Terminus ‚Sein' als absolutes Sein begreifen, das sich im Prozeß seiner kategorialen Stufen zum Selbstbewußtsein oder Fürsichsein seines Ansich entwickelt. Damit ist ein für Gott adäquater Seinsbegriff gefunden, dessen Entfaltung die logische Exposition der Philosophie selber ist. Sein treibt in der Seins- und Wesenslogik auf den Begriff des Begriffs oder den Begriff des selbstbewußten Seins zu. Innerhalb der von Sein und Wesen abgesteckten kategorialen Ordnung wird das ontologische Argument als Selbstauslegung des absoluten Seins verstanden, deren höchste Form, die modaltheoretische Dialektik, die historisch relevanten Weisen der Ontotheologie logisch zentriert.

2. Die Logik des Begriffs setzt nicht beim Seins- oder Existenzbegriff ein, sondern bei Kants Theorie der Subjektivität. Die Struktur der ursprünglich-synthetischen Einheit der Apperzeption bietet den sachlichen Anhalt, das Ich sich in der Spontaneität seiner Selbstreflexion auf die Objektivität seines Seins befragen zu lassen. Ich differenziert sich selbst in Subjektivität und Objektivität, ein Geschehen, in dem Ich sich die ontologische Konstitution seines prozeßhaften Sich-mit-sich-selber-Vermittelns selbst erzeugt. Dieses Ich ist das Selbstbewußtsein des Absoluten. Der ontologische Beweis in der bei Hegel vorliegenden Form verbalisiert dieses Selbstbewußtsein. Die Rückkehr der Subjektivität aus ihrem bloß vorfindlichen Gegebensein, der Transzendenz ihrer selbst, in die diese Objektivität selbst produzierende Identität ihres Selbstbewußtseins ist identisch mit der absoluten Vermittlung von Denken und Sein.

Die beiden konträr verlaufenden, mit ‚Sein-Wesen' einerseits und ‚Begriff'[12] andererseits indizierten Richtungen, deren kategoriale Elemente

---

[12] Seins- und Wesenslogik führen erst auf den ‚Begriff an sich' oder auf das Selbstbewußtsein als solches. Erst die Begriffslogik entfaltet die Bewegung von ‚an sich seiendem Begriff' zum ‚Begriff für sich' oder zu dem sich wissenden Selbstbewußtsein, das als Idee (vgl. Log II, 408 ff.) erscheint. ‚Idee' ist die höchste Kategorie der Logik überhaupt und bezeichnet das Selbstbewußtsein des absolut durch alle Formen der Objektivität hindurchgegangenen Wissens. Mit dem Begriff ist aber die Grundstruktur der Hegelschen Theorie der Subjektivität gegeben, so daß auf die weitere Erörterung der Logik bis zur Idee verzichtet werden kann.

das ontologische Argument in sich je schon implizieren, terminieren zugleich in diesem, und verschränken sich zu ihrer systematischen Einheit, aus der sie immer schon herkommen, dem Selbstbewußtsein Gottes. In der Begriffslogik ist dieses Selbstbewußtsein durch einen Rückstieg in die Seinsverfassung der endlichen Subjektivität gewonnen worden, die sich Hegel mit der Kantischen Apperzeption paradigmatisch anbot. Das der endlichen Reflexion vorausliegende Sein ist die in sich lebendige Einheit von absoluter Subjektivität und Objektivität und als Grund von Differenz überhaupt zugleich Grund allen endlichen Denkens. Ist die Konstitution des endlichen Subjekts historisch und genetisch sachliche Bedingung für die Ausarbeitung des absoluten Selbstbewußtseins gewesen, so erhebt sich dieses nun seit seiner Entdeckung zur ontologischen Bedingung des Ich der menschlichen Subjektivität und seiner Funktionen. Gemäß der Dialektik von Absolutem und äußerer Reflexion sind diese Funktionen identisch mit den Modi des Absoluten selber. Im Folgenden sollen die Konsequenzen dieses Ansatzes für die Religionsphilosophie erörtert werden.

2. Der Ansatz der Religionsphilosophie: die Vermittlung des göttlichen Geistes mit dem menschlichen

Das Verhältnis von Gott und Mensch, Unendlichem und Endlichem, das die Religionsphilosophie thematisiert, gründet auf der Kategorie ‚Geist‘. Die Modalvermittlung von Zufälligkeit und Notwendigkeit erweist sich als das für die Dialektik des Geistes verbindliche logische Vorbild[1]. Hegel überträgt die Kategorie ‚Zufälligkeit‘ bzw. ‚Endlichkeit‘ auf eine Weise des endlichen Denkens, den Beweis für das Dasein Gottes. Die Religionsphilosophie formuliert die „Erhebung des Menschengeistes zu Gott“[2]. Zu den wesentlichen Formen der Erhebung gehört neben Ge-

---

[1] E. Schmidt meint (107, Anm. 22), Hegel sei in der Religionsphilosophie dem Ansatz der Logik nicht treu geblieben. Diese Meinung wird man nicht teilen können. Die Selbstvermittlung des Begriffs ist in der Religionsphilosophie voll durchgehalten (vgl. z. B. N. Hartmann, 378 f.). Schmidt widerlegt sich im übrigen selbst bei der Besprechung des kosmologischen (117 ff.) und des ontologischen Beweises (122 ff.).

[2] Vorl GB 13.

fühl und religiöser Vorstellung das Denken. Dieses „wird sich als das zeigen, was man ... Beweise für das Dasein Gottes genannt hat"[3].

Das Beweisen ist eine Tätigkeit des endlichen Denkens, welches in die modaltheoretische Dialektik von Substanz und freier Subjektivität zurückgeführt wird. Die Interpretation des beweisenden Denkens als Modus des Absoluten erlaubt es Hegel, alle Formen endlicher Verständigkeit unterschiedslos diesem Modus zu subsumieren. Im Hegelschen Bezugssystem ist der ontologische Ort einer Erkenntnis, zu deren wissenschaftlichem Selbstverständnis die Beweise noch gehören, mit derjenigen einer transzendentalen Subjektivität identisch, die sich des Dogmatismus des Beweisens entledigt. Obwohl Kant die Destruktion der Ontotheologie unter den Bedingungen seiner Theorie begründet, steht für Hegel dessen Kritik in der Systematik des Absoluten mit dem an den Gottesbeweisen noch festhaltenden Denken auf einer Stufe. Damit weicht Hegel von der Selbstreflexion des Kritizismus noch nicht einmal sehr weit ab. Denn das kritische Bewußtsein der transzendentalen Bedingungen einer Vernunftwissenschaft, die die Argumente unvoreingenommen prüft, macht sich den Standpunkt der beweisenden Erkenntnis zunächst ja selbst zu eigen, um auf der Basis einer fiktiven Identifikation mit den Methoden der traditionellen Ontotheologie deren Unzulänglichkeit zu demonstrieren. Diese hypothetisch angesetzte Identifikation mit einer kontroversen Theorie wird im Kritizismus apriori von einer Subjektivität geleistet, deren transzendentale Verfassung von der scheinbar anfänglichen Übereinstimmung mit den gegnerischen Positionen notwendig auf eine Destruktion der zur Prüfung vorliegenden Argumente zutreibt. Erweist sich die Unvoreingenommenheit des prüfenden Ich auch als Schein, da es kraft seiner ontologischen Struktur die herkömmlichen Gottesbeweistheorien gar nicht akzeptieren kann, so ist für Hegel der methodische Ausgang der Reflexion des die Argumente negierenden wie des sie behauptenden

---

[3] Relphil I,1. 68. Obwohl man immer schon gesehen hat, daß das Hegelsche System nach dem Modell des ontologischen Beweises aufgebaut ist (vgl. z. B. Flügge, 120 f.), ist Hegel selbst auf die einzelnen von der Tradition überkommenen Argumente eingegangen. Vgl. dazu die Arbeiten von Domke (33 ff.) und Ogiermann.
Die Untersuchung von Albrecht liefert eine Interpretation der Gottesbeweise an Hand von Analysen der Hegelschen Urteilstheorie, 68 ff. Guzzoni sieht den ontologischen Beweis richtig als den Prozeß des Sich-Gründens des Absoluten, 56 f.

Subjekts derselbe. Denn beide Subjekte — Hegel ist mit Kant darin einig, daß die Beweise auch im Selbstverständnis der Wolffschen Schule nur subjektive Funktionen eines wie auch immer verstandenen Ich sein können[4], — haben das Dasein Gottes außer sich. Diese Auffassung von der ihre Inhaltsbestimmungen äußerlich reflektierenden rationalen Theologie besteht aber nur, wenn man wie Hegel die vorkantische Metaphysik unter das Subjektivitätsprinzip einordnet. Die Divergenz der Ergebnisse, die zwischen Kant und der ihm vorliegenden Metaphysik besteht, ist nach Hegel angesichts der methodologischen Reduktion der Beweise auf das menschliche Subjekt für den ontologischen Ort der Ontotheologie gleichgültig.

Ist auch diese Gleichgültigkeit gegenüber den Resultaten ein der Methode der KdrV selbst noch notwendig inhärierender Schein, da die indifferente Transzendenz des Gegenstandes, das Außer-sich, gegenüber der Kategorialität des Subjekts konstitutiv ist für dessen Erkenntnis, so ist das Wissen um die transzendentale Struktur des denkenden Ich im Hinblick auf die Gottesbeweise zugleich die Auflösung dieses Scheins. Denn stützt sich das Nachdenken über Gottes Existenz auf die der Subjektivität immanenten Erkenntnismöglichkeiten, die für Kant und für Hegel in gleicher Weise nur den beschränkten Charakter der Endlichkeit haben können, ist es unmöglich, das göttliche Dasein in einem Gottesbeweis zu legitimieren.

Es sei daran erinnert, daß Kant die traditionelle Ontotheologie nur deshalb so entscheidend treffen konnte, weil er ihr das eigene Prinzip der Transzendentalphilosophie unterschob. Wie jede Denktätigkeit, so können auch die Beweise allein von der das Denken im Ganzen bestimmenden Subjektivität verantwortet sein. Simuliert diese mit dem methodischen Vorsatz unvoreingenommener Prüfung noch die Möglichkeit eines Gelingens der Argumente, so weiß sie doch bereits mehr als sie sich eingestehen darf; die kritische Selbstreflexion der Vernunft auf ihre transzendentalen Bedingungen, die einem Begriff empirischer Erfahrungen korrespondieren, verwirft den Überzeugungsanspruch schon vor der hypothetisch angenommenen Neutralität gegenüber den Evidenzbehauptungen der zur Prüfung anstehenden Schlüsse. Es ist hier nicht zu untersuchen, ob Kant mit diesem Verfahren seinen Vorgängern Recht getan hat. Seine Methode, alles Denken, auch das der Metaphysik und

---

[4] Vgl. Relphil I, 1. 8.

ihrer Beweise, in Richtung auf die Transzendentalität des Bewußtseins zu hinterfragen, ist bis auf Hegel verbindlich geblieben. Kants Kritik kann deshalb so vernichtend ausfallen, weil die Metaphysik in der Bezugsordnung der KdrV die Beweise unter den Bedingungen der kritizistisch geläuterten Subjektivität behauptet. Diese Bezugsordnung, in der Kant die Metaphysik einstellt ist zugleich das Falsifikationskriterium für deren Behauptungen, ja läßt die Beweise als unbegründbare Behauptungen allererst erscheinen.

Hegel hat die Bedeutung der Subjektivität und ihrer transzendentalen Verfassung für die Kritik an der rationalistischen Gotteslehre erkannt. Er akzeptiert auch den Kantischen Ansatz, den Schlüssen der metaphysischen Theologie das Ich als Bedingung zu unterlegen. Dieses Ich ist bei ihm aber nicht ausschließlich durch den Kantischen Begriff des transzendentalen Selbstbewußtseins qualifiziert, sondern umgreift den weiteren Horizont aller äußeren Reflexion überhaupt, in welchen er die Subjektivitätstheorie unter anderem einfügt. Hegels Konzeption der endlichen Reflexion kann daher sowohl Kants transzendentales Ich wie auch das Subjekt umgreifen, welches in den vorkantischen Gottesbeweisen das schließende ist. Die ontologische Fundierung der äußeren Reflexion in der modaltheoretisch begriffenen Selbstauslegung des Absoluten stellt den Boden her, auf dem Hegel sowohl den traditionellen Fortgang der metaphysischen Beweise wie auch die auf der Transzendentalphilosophie aufruhenden Destruktionssystematik kritisieren kann. Es leuchtet ein, daß die zwischen der Wolffschen Schule und Kant aufbrechenden Divergenzen in den ontotheologischen Überlegungen für Hegel gleichgültig sein können; angesichts des Absoluten sind die hier bestehenden Unterschiedenheiten unerheblich. Sowohl der Wolffsche Ansatz wie die Kantischen Einwände müssen vor dem Problem des Seins Gottes nach Hegel versagen. Er hat das Paradoxe vermocht, die Ontotheologie der rationalistischen Metaphysik und ihre Kritik im transzendentalen Idealismus in ein Prinzip zusammenzubinden und beide aus ihm einheitlich in Frage zu stellen. Den Kantischen Begriff der Subjektivität hebt er in einer ihr vorausliegenden absoluten Subjekt-Objekt-Einheit auf. Es ist am Beispiel des kosmologischen Beweises nun zu zeigen, daß in dem Begründungszusammenhang des Absoluten auch das schließende Subjekt der auf Kant überkommenen Ontotheologie eingeht.

Der kosmologische Beweis schließt: „Wenn eine zufällige Welt ist, so ist auch ein absolut Notwendiges", oder: es ist eine zufällige Welt; „also

ist ein absolut Notwendiges"[5]. „,Also' drückt die Vermittlung durch
anderes aus"[6], nämlich die Vermittlung durch das schließende Ich. Der
Schluß kommt in einer Funktion des Denkens zustande; dieses Denken
ist das Ich der äußeren oder endlichen Reflexion, die den Inhaltsbestimmungen ‚Zufälligkeit' und ‚Notwendigkeit' sowie der sie verbindenden
Konklusion äußerlich bleibt. Diese Äußerlichkeit hebt sich aber in die
innere Bewegung der Sache selbst auf, die mit den Kategorien der Zufälligkeit und Notwendigkeit begriffen wird. Das Tun des schließenden
Ich konvergiert mit dem in der Sache geschehenen kategorialen Tun.
Stellt man die Sätze: ‚das Zufällige ist' und ‚das Notwendige ist', nebeneinander, so ist „Sein die gemeinschaftliche und e i n e Bestimmung in
beiden Sätzen"[7]. Gemäß der modaltheoretischen Dialektik „reinigt sich
das Sein von dem ihm unangemessenen Prädikate der Zufälligkeit"[8]
und schlägt in Notwendigkeit um. Dieser Umschlag erfolgt in der Kategorie ‚Notwendigkeit' selber. Wird im Schluß der Übergang zum Absolut-
Notwendigen durch die Vermittlung des „Anderen", des schließenden
Subjekts hergestellt, so ist dieser in der kategorialen Sachbewegung
bereits selbst untergegangen; es besteht nur noch die Notwendigkeit der
sich selbst auslegenden Absolutheit. Auf dieser Höhe der Selbstbewegung
ist Notwendigkeit imstande, Zufälligkeit wieder aus sich herauszu-
setzen, nicht nur das bestimmte Zufällige des endlichen Ich oder eines
kosmologischen Elements, sondern Zufälligkeit überhaupt. Das Subjekt
der rationalistischen Beweise, dessen Form sich in bestimmten Weisen
des Schließens vorstellt, erfährt wie die Subjektivität des transzendentalen Ich seine Integration in die absolute Subjekt-Objekt-Einheit. Diese
integrierende Rückführung in den sich mit sich vermittelnden Ursprung
alles Seins repräsentiert gleichzeitig Hegels Kritik an der Borniertheit
des das Absolute von sich verabhängigenden und schließenden Ich der
metaphysischen Beweise einerseits, wie andererseits an der vom Absoluten
autonom sich überhaupt absondernden Subjektivität, die den Argumenten der rationalen Theologie die Basis entzieht.

Diese von der Logik diktierte Konstruktion hat zugleich bestimmende
Folgen für die Stellung der Gottesbeweise in der Systematik der Religionsphilosophie. Es wurde gezeigt, daß die Dialektik der Modalitäts-

---

[5] Vorl GB 104.
[6] Vorl GB 105.
[7] Ebda.
[8] Ebda.

kategorien die theoretische Fundierung für die Rückführung der allgemeinen Form subjektiven Denkens in den Grund des Absoluten leistet. Damit will Hegel auch die religionsphilosophische Aufgabe bewältigen, die Erhebung des menschlichen Geistes zu Gott auf den Begriff zu bringen. Dieser Begriff bedeutet gleichzeitig die ontologische Ordnung des Prinzipienzusammenhangs, in der der Vorgang der menschlichen Zuwendung zu Gott gedacht werden muß.

Die Erhebung oder Zuwendung geschieht in einer Form der Erhebung des Gedankens[9], der der schließenden Gestalt des Gottesbeweises im Felde endlichen Denkens Ausdruck verschafft. Wenn der Beweis im Modus der Dialektik des endlichen Geistes gedacht werden kann, dann wird sich auch der Prozeß der Erhebung, den die Religionsphilosophie thematisiert, modaltheoretisch begreifen lassen. Es wird sich zeigen, daß die religionsphilosophische Geisteslehre in dieser Verbindung ihre systematische Begründung hat.

Da der Zusammenhang von Erhebung und Selbstvermittlung des Absoluten am Leitfaden der Modalitätskategorien bestimmt wird, resultiert aus ihnen die Konzeption des kosmologischen und ontologischen Beweises; die Beweise „stellen das Wissen von Gott dar"[10], indem der Mensch sich zu Gott erhebt. Dieses Wissen ist endlich. Das Endliche hat die Bestimmung, sich aufzugeben[11]; seine Wahrheit liegt nicht in ihm. „Der Ausgangspunkt ist das Endliche; die nächste Bestimmung ist, daß dies kein Wahrhaftes ist, kein wahrhaftes Sein hat, negativ ist. Das Dritte ist, daß diese Negation des Endlichen selbst Affirmation und damit unendliches, absolutes Sein ist"[12]. An der Dialektik des Zufälligen, an die hier noch einmal kurz erinnert werden soll, und derjenigen des Endlichen, soll dieser Sachverhalt dargestellt werden.

Das Zufällige hat die Bestimmung zu ‚fallen‘. Seine Wahrheit und sein Wesen liegen nicht in ihm selber, sondern in seinem Anderen; es vereinigt die Möglichkeit des Seins und des Nichtseins[13], also Wirklichkeit und Möglichkeit. Die in der absoluten Notwendigkeit synthetisierten Modalbegriffe binden die Momente ‚Zufälliges‘ und ‚Notwendiges‘, die im kosmologischen Schluß einander nur äußerlich entsprechen, in die Bewe-

---

9 Vgl. Vorl GB 13.
10 Relphil I, 1. 207.
11 Vgl. Relphil I, 1. 134 ff.
12 Relphil I, 1. 212.
13 Vgl. Vorl GB 92 ff.

gung der sich selbst differenzierenden Substanz. Es besteht in Wahrheit
kein Verhältnis von Zufälligkeit und Notwendigkeit, sondern nur ein
Verhältnis der Substanz zu sich selbst, die sich in ihren Momenten absoluter Grund ist. Das kosmologische Problem wird in der ontologischen
Dialektik der Modalbegriffe gelöst. Die Schlüssigkeit des Arguments besteht nicht in einer noch einmal verfeinerten Organisation von Prämisse
und Konsequenz, sondern in der dialektischen Integration unter ein Prinzip, das sich in seinen Kategorien selbst verwirklicht.

In analoger Form entwickelt sich die Dialektik des Endlichen bzw.
Unendlichen. Der Schluß repräsentiert im Gottesbeweis die Endlichkeit
des Wissens. Für die endliche Erkenntnis besteht allerdings die subjektive
Notwendigkeit, vom Endlichen auszugehen, um zum Unendlichen fort-
zuschreiten. Dies gilt sowohl für die Endlichkeit des Wissens und seiner
Begriffe, die der ontologische Beweis voraussetzen muß, wie für die
Endlichkeit des Elements, von dem der kosmologische Beweis auszu-
gehen hat.

Im Beweisen entsteht nun der Schein, als sei das Endliche der Grund
des Unendlichen. Es scheint, daß die Endlichkeit des Ausgangs der Argumentation zugleich konstitutiv ist für das darauf gegründete Unendliche. Dieser Schein kann aber nur unter den Bedingungen des Schließens
aufkommen; er ist nicht zu vermeiden, weil die in dem Schluß auftretende Bedingung des endlichen Ausgangs, die Einsicht in das Sein des
Unendlichen vermittelt. Die Form des Schließens erlaubt es nicht, das
Sein des Unendlichen von dieser Vermittlung mit dem Ausgang des
Beweises abzusondern und aus der Abhängigkeit zum Endlichen herauszunehmen. Als Ausgang scheint das Endliche das Sein des Unendlichen
selbst erst hervorzubringen. Damit hebt sich aber der Charakter des
absoluten Unendlichen auf.

Hegel kann diese Schwierigkeiten, die in der Natur des Schließens
liegen, mit Hilfe der ontologischen Dialektik lösen, auf die er das ontologische und kosmologische Argument zurückführt. Denn in Wahrheit
ist die Sachbewegung, die zwischen den Begriffen des Endlichen und
Unendlichen verläuft gerade umgekehrt, als sie sich im Schluß darstellt. Das Endliche reflektiert die Manifestation des Absoluten, das die
Endlichkeit als eine solche erst enthüllen soll. Die Negation, welche das
Endliche in seiner Nichtigkeit an sich selbst vollzieht, ist identisch mit
der Position des absoluten Unendlichen. Der endliche Schluß, der Zufälliges und Notwendiges auf derselben Argumentationsebene als gleichwer-
tige Bestimmungen verknüpft und damit dem Endlichen eine gegenüber

dem Absoluten scheinbar selbständige Stellung zugesteht, ohne auf den qualitativen Unterschied zu sehen, vergeht als eine spezifische Form des Endlichen mit der Selbstaufhebung aller Endlichkeit überhaupt.

Das Endliche streift den Charakter einer isolierten und abstrakten Bestimmung von sich ab, und verschwindet im Unendlichen[14]. Das Unendliche entledigt sich ebenfalls seiner Abstraktheit und setzt sich als Einheit der Einheit seiner selbst und seines Anderen, des Endlichen. In dieser Gedankenbewegung ist es, im Gegensatz zum schließenden Beweis, das Absolute, welches in sachlicher Priorität das Endliche setzt und sich als Ausgang ausweist.

Das Absolute findet seine Einheit mit sich selbst in dem Nicht-Absoluten, dem Zufälligen, und ist somit die Macht, das Verhältnis zu sich selbst in seiner Negation herzustellen; es überwindet die Negation und schließt sich mit ihr zu der Einheit seiner selbst zusammen. Es zeigt sich die bekannte modaltheoretische Struktur: Notwendigkeit bestimmt sich als Zufälligkeit und ist in dieser absolut sie selbst[15]. Die Möglichkeit und Notwendigkeit des Absoluten für sich zu sein und seine Einheit als Selbstvermittlung zu produzieren gibt dieses sich selbst im Medium der ihm negativen und untergeordneten Kategorie ‚Zufälligkeit'. Hegel geht zwar in der Religionsphilosophie so weit zu sagen: „Wenn wir Gott als das Unendliche setzen, so kann er, um Gott zu sein, des Endlichen nicht entbehren . . . . Ohne Welt ist Gott nicht Gott"[16]. Aber ohne die Aktuosität der Vermittlung Gottes, von der auf dem Standpunkt des Absoluten gewußt wird, daß sie n u r von Gott ausgeht, ist die Beziehung zwischen Gott und Welt nicht möglich. Nicht allein diese Beziehung, das Sein der Welt selbst wäre nicht möglich, würde aus Gott diese Bewegung nicht hervorgehen.

In der Beziehung des Menschen zu Gott vermitteln sich demnach die zwei Seiten: die Erhebung zu Gott, als endliches Wissen und die Selbstvermittlung Gottes in sich selbst, welche die gedankliche Form des von sich wissenden Begriffs, der Idee, hat. Die religiöse Erhebung des Menschen kann ohne die Selbstvermittlung des sich wissenden Absoluten nicht bestehen. Die Gottesbeweise, die als Modifikationen der Erhebung bestimmt sind, zeigen, daß die Möglichkeit des Menschengeistes, sich Gott zuzuwenden nicht in ihm selbst liegt, sondern in der Bewegung des

---

[14] Vgl. Relphil I, 1. 211 ff.
[15] Vgl. Log II, 181.
[16] Relphil I, 1. 146/148.

Absoluten zu sich. Sind die Beweise philosophischer Ausdruck der Möglichkeit einer menschlichen Hinwendung zu Gott, so transzendieren sie
doch zugleich diese Möglichkeit, indem sie ihren Grund nicht in ihr, sondern aus dem Absoluten haben, das sich selbst in ihnen Möglichkeit ist.
Die Gottesbeweise sind als Formen des Denkens aus dem absoluten
Grund zu verstehen; ihre Legitimation erhalten sie aus der Sache, die sie
‚beweisen‘ wollen, nicht aus der endlichen Vernunft, die mit ihnen scheinbar instrumentell operiert.

Aus der modalen Dialektik erhält Hegel nicht nur den Ansatz, die
Argumentationstruktur der Beweise zu begreifen, sondern darüber
hinaus das Prinzip ihrer Funktion in einer Hermeneutik des Geistes
festzumachen, die die Philosophie der Religion im Ganzen bestimmt.
Will der Terminus ‚Geist‘, dessen Entfaltung als Geist Gottes das Wesen
der Religionsphilosophie ausmacht, deren Spezifisches definieren, muß er
das Wissen der Religion von dem Wissen der Vernunft abgrenzen. Um
diesen Unterschied treffen zu können, geht Hegel von dem aus, was
Philosophie und Religionsphilosophie gemeinsam haben. „Die Vernunft
ist der Boden, auf dem allein die Religion zuhause sein kann"[17].

‚Vernunft‘ oder das ‚Spekulative‘[18] sind der allgemeinste Ausdruck des
Denkens, den sich die Philosophie in der Logik gibt, die in der Idee des
sich selbst wissenden Begriffs gipfelt. Diese Idee stellt die Logik in der
dialektischen Systematik der Totalität aller nur möglichen Gedanken
und ihrer Vermittlungen dar. Daher ist die Logik das Gemeinsame der
bestimmten Gestaltungen alles natürlichen und geistigen Seins, weil in
ihnen — wie z. B. Natur oder Kunst und Wissenschaft[19] — sich die Idee
verleiblicht[20]. Sie ist deshalb auch der gedankliche Grund im Begriff
Gottes. Das sich selbst wissende Absolute oder die Idee, in der die Logik
ihren höchsten Ausdruck findet, bedeutet ja selbst nichts anderes als der
Begriff Gottes, aber eben nur noch in der abstrakten Gestalt des logischen
Substrates, das ihm als sein allgemeinstes Gedankengerüst inhäriert. Da
das Absolute von sich als der höchsten Rekapitulation alles Seins im
Selbstbewußtsein des Begriffs weiß, ist es zugleich der logische Begriff
des sich wissenden Anfangs und Endes in allem Sein. In ihm sind die
logischen Grundstrukturen für alles Seiende erschöpft; in ihm ist daher

---

[17] Relphil I, 1. 149.
[18] Vgl. ebda.
[19] Vgl. Relphil I, 1. 32.
[20] Vgl. ebda.

Denken in seiner Wesentlichkeit und seinem begrifflichen Selbstbewußtsein als Idee vollendet.

Wie die Religion, die das Wissen von Gott meint, hat die spekulative Philosophie deshalb in der Totalität ihres von sich selbst wissenden Begriffs Gott zum Inhalt. In Gott denkt sich das Denken der Logik in vollkommener Selbstdurchsichtigkeit[21]. „So fällt Religion und Philosophie in eins zusammen. Die Philosophie ist in der Tat selbst Gottesdienst"[22].

Doch wie in jeder konkreten Wissenschaft, so ist die reine Vernunftwissenschaft nur „das Erste im Begriff der Religion" oder das „rein Allgemeine"[23]. Die Konkretheit des religiösen Wissens von Gott macht den Unterschied zu den Abstraktionen logischer Gedankenbewegungen aus, die nur den reinen Begriff des Denkens überhaupt aus allem an Anschaulichkeiten und Vorstellungen gebundenen Wissen herausziehen. Die Religionsphilosophie hat es aber mit Gott nicht als der Idee oder mit der „endliche(n) Weise ihrer Verleiblichungen"[24] zu tun, sondern spezifisch mit Gott als dem Geiste, der in der vielfältigen Objektivität seiner Offenbarungen, Erscheinungen und Manifestationen sich selbst Subjekt geworden ist. Ist der logische Begriff das rein Allgemeine und das Erste im Begriff der Religion überhaupt, so baut sich in der religiösen Entwicklung des Geistes auf dieser primären logischen Einheit der Idee der Stufenbau seiner Manifestationen auf. In ihnen verleiblicht und verobjektiviert sich der Geist selbst und ist im phänomenologischen Durchgang durch die Stufen der Religionen am Ende das sich wissende Subjekt des absoluten Geistes. Diese Bewegung ist nach dem Modell derjenigen konstruiert, in der die Subjektivität des Absoluten sich in der Objektivität ihres eigenen Seins selbst ergreift und im Medium der Kategorien ihr ansichseiendes Gegebensein in das sich transparente Selbstsein umwandelt. Die Selbstauslegung des Absoluten schließt den Begriff der Religion ab, dessen volle Dimension sich durch die Negation seiner Objektivität in das sich wissende Selbstbewußtsein als Idee ausspannt[25]. Dieser in sich reflektierte Begriff ist identisch mit der Religion als Erscheinung des

---

[21] Vgl. Relphil I, 1. 154.
[22] Relphil I, 1. 29.
[23] Relphil I, 1. 154.
[24] Relphil I, 1. 32.
[25] Vgl. Relphil I, 1. 65.

Geistes überhaupt[26]. Das Wissen der Religion von Gott muß daher als Tätigkeit des Geistes bestimmt werden, der in sich den Gedankenprozeß des logischen Gottes immer schon voraussetzt. Der Geist kommt im Wissen der Religion auf sich selbst zurück; er geht gleichsam in sich und hat auf diesem Wege selbst die Form des Wissens. Wissen bedeutet aber wesentlich das Verhältnis von sich zu seinem Gegenstand; in diesem Verhältnis ist der Geist noch im Modus des religiösen Bewußtseins oder in der Form des subjektiven Geistes, der sich im Hinblick auf Gott als einen Gegenstand noch nicht aus seiner eigenen Verselbständigung herausgeholt hat. Auf dieser noch vorläufigen Ebene des subjektiven Geistes befindet sich in der Religionsphilosophie der systematische Ort der Gottesbeweise. Doch weiß man auf dem Standpunkt des Geistes bereits, daß es der göttliche Geist selbst ist, der sich im religiösen Bewußtsein die Gestalt einer endlichen Subjektivität gegeben hat, die im wissenden Verhältnis zu ihrem Gegenstand sich als einseitiges Abstraktum aufhebt und sich mit ihrem Objekt ‚Gott' vereinigt. „Denn so ist der Geist als der Wissende das Gewußte oder der absolute Geist selbst, und die Religion ... die Idee des Geistes, der sich zu sich selbst verhält, das Selbstbewußtsein des absoluten Geistes"[27]. Der absolute Geist hat das im Felde vergegenständlichenden Wissens verbleibende Verhältnis von subjektivem und objektivem Geist in sich aufgesogen und sich als die in sich vermittelte Identität der Momente gesetzt. Wie in der Logik das Absolute so ist in der Religionsphilosophie der Geist die Macht der Einheit und der Differenz, die den Reflexbogen des selbsttätigen Sich-Hervorbringens im Bereich der Einheit des göttlichen Selbstbewußtseins definiert.

3. Die Aporien der Dialektik in der Differenzproblematik

Als die höchste Form wesenslogischer Dialektik hat sich die modaltheoretisch angelegte Selbstvermittlung des Absoluten ergeben. Das Absolute setzt sich in allen seinen kategorialen Modifikationen voraus; in ihnen und ihren Vermittlungen ist es immer schon gegenwärtig. Daher muß sich auch seine Modalstruktur in den den höchsten Kategorien der Wesenslogik vorhergehenden Momentstufen erkennen lassen. Es zeigt sich auch, daß Hegels Theorie der Ontotheologie sich in jedem logischen

---

[26] Vgl. Relphil I, 1. 150.
[27] Relphil I, 1. 150.

Übergang manifestiert. Gelingt es, an der Hegelschen Philosophie des modaltheoretisch entwickelten Absoluten begründete Kritik zu üben, dann würden sich die ergebenden Folgerungen auf das gesamte System erstrecken, das spekulative Logik und spekulative Theologie vereinigt.

Die Konsequenzen sind methodologischer, formaler und inhaltlicher Natur; Methodologie und Inhaltlichkeit befinden sich im Begriff des Absoluten in sachlicher Verschränkung. Die dialektische Methode bestimmt die Weise des logischen Fortschritts; sie ist ihrerseits rückgebunden an das dem Absoluten eigentümliche Sichverhalten. Dialektik ist nur möglich auf Grund von Differenz; die Momente Einheit und Differenz, zwischen denen sich das Grundgeschehen der Dialektik abspielt, setzen Differenz bereits voraus. Die logischen Formen können sich eine aus der anderen differenzieren, weil Differenz die ausgezeichnete Möglichkeit des Absoluten ist, ja die absolute Notwendigkeit seines in die Einheit kommenden Prozesses definiert. Die Methode der Dialektik basiert ontologisch auf dem selbstauslegenden Tun des Absoluten, das aus sich Differenz in Gestalt differenzierter Momente erzeugt. Die Identität der Methode mit dem Gang der absoluten Selbstdarstellung des logischen Gottes bringt zugleich dessen absolute Inhaltlichkeit hervor. Gottes Tun ist sein Sein, das in der Bewegung von der Einheit in die Differenz und aus der Differenz in die Einheit die Weisen der logischen Repräsentation seines Seins als absolutes Selbstbewußtsein vorstellt. Ohne das Vermögen des Absoluten zur Differenz wäre diese seine Selbsterzeugung und damit die Möglichkeit seines Seins nicht möglich. Es kommt also darauf an, diese Möglichkeit ontologisch zu begründen.

Es scheint nun ein Kreis zu entstehen, denn das Absolute steht in dem Begründungszusammenhang seiner eigenen Seinsmöglichkeit, in dem es sich immer schon als Wirklichkeit konstituiert hat. Mit dem Begriff des Absoluten ist die Frage nach seinem ontologischen Grund bereits erschöpfend beantwortet. Die Logik ist nichts anderes als die Demonstration der absoluten Selbstbegründung. Hegel hat sich aber nie damit begnügt, diesen Sachverhalt geradezu nur festzustellen. Es hätte nicht der gewaltigen Anstrengung der Logik bedurft, um lediglich die in der Philosophie der Neuzeit bekannte Wahrheit zu wiederholen, daß das Absolute sich differenziere, sich zu sich bestimme oder in einem Akt unvordenklicher Freiheit sich Wirklichkeit gebe. Selbst über Kant hätte Hegel keinen entscheidenden Schritt hinausgetan, denn Kants Idee von der absoluten Notwendigkeit impliziert bereits den Gedanken der Freiheit des Sich-zu-sich-Bestimmens. Auch wenn Kant diesen Gedanken aus Gründen

seiner strengen Bindungen an die transzendentalen Gesetze des Erkennens nicht in allen seinen Implikationen verfolgte, kann man den Analogiebegriff von Gott doch bruchlos aus dem Zusammenhang der transzendentalen Dialektik konstruieren. Es hat sich sogar gezeigt, daß bei
Kant selbst das Element der absoluten Subjektivität sich mit der Idee
des notwendigen Wesens systematisch verbinden läßt. Hegel sieht freilich
nur, daß das kritizistische Prinzip des transzendentalen Selbstbewußtseins die Zerstörung der Ontotheologie, und zwar nicht nur derjenigen
der alten Metaphysik, sondern überhaupt jeder Ontotheologie zur Folge
haben muß. Die Kantische Ideenlehre und Analogiekonstruktionen beachtet er nicht. Das Material und die Konzeptionen, die hier aber gerade
verborgen liegen, hätten Hegel in bewußter Kontinuität zu Kant und
nicht in der faktisch erfolgten polemischen Absetzung gegen ihn zum
Überschreiten des transzendental beschränkten Subjektivitätsbegriffs und
des empiristisch restringierten Seinsbegriffs führen können. Hegel leistet
diesen Überschritt aber nicht historisch in der Anknüpfung und als modifizierte Wiederaufnahme der Kantischen Ideenlehre, sondern aus den
sachlichen Bedingungen der eigenen Philosophie des Absoluten, dessen Begriff als Subjekt-Objekt-Einheit sich in produktiver Kritik lediglich zu
Kants analytischer Subjektivitätstheorie verhält.

Obwohl Hegel den ontologischen Rückschritt von der äußeren Reflexion, mit der er vor allem Kants transzendentales Ich meint, in die
absolute Reflexion des Grundes unter Nichtbeachtung der Kantischen
Idee des notwendigen Wesens vollzieht, hat er innerhalb der absoluten
Dimension der Logik einen auch über Kants transzendentale Dialektik
und deren Perspektiven weit hinausreichenden Versuch einer Neubegründung der absoluten Notwendigkeit unternommen. Das Neue seines Ansatzes besteht darin, daß er die Immanenzbewegung des Absoluten in
ihren einzelnen kategorialen Abläufen genau spezifiziert. Das Faktum
der absoluten Selbstdifferenzierung wird nicht nur postulativ an den
Anfang der Logik gestellt, sondern in den Weisen eines präzise festgelegten Prozesses entfaltet. Diese Weisen ergeben sich kraft absoluter
Notwendigkeit notwendigerweise. Die Logik enthält nicht nur den Anspruch, Notwendigkeit und Differenz mit dem daraus resultierenden
Prozeß überhaupt darzulegen, sondern zugleich die Notwendigkeit der
vorliegenden Formenreihenfolge und ihrer qualitativ so und nicht anders
spezifizierten logischen Elemente und Vermittlungsfiguren zu beweisen.
Dieser Anspruch und der Beweis seiner Notwendigkeit hat sich selbst
aus dem Grunde des Absoluten zu legitimieren. Aus ihm müssen sich die

Differenz und die einzelnen namhaft gemachten Formbegriffe in ihrer prozessual determinierten Ordnung ausweisen lassen. Prüfung und Kritik dieses Anspruches können nur immanent verfahren; sie müssen sich bereits auf dem Standpunkt des Absoluten befinden.

Nach Hegels Auffassung ist auf diesem Standpunkt das Absolute und die vorliegende Gestalt seines logischen Ausdrucks in seiner Totalität schon gegeben. Die Möglichkeit der Kritik würde damit dahinfallen. Aber eben dies ist zu bestreiten. Die vorzubringenden Zweifel sind nicht Produkte einer sich vom Absoluten abstrakt verselbständigenden Skepsis. Hegels Kritik an der äußeren Reflexion und deren apriori geschehenden Reintegration in die Dialektik des Absoluten würden den Erfolg skeptischer Bedenken in der Tat vereiteln. Es muß vielmehr gezeigt werden, daß in der Philosophie des Absoluten selber Konsequenzen möglich sind, die die Notwendigkeit des von der Logik repräsentierten kategorialen Ablaufs und die Notwendigkeit des qualitativ-namhaften Bestimmtseins der Formbegriffe in Frage stellen.

Die anzuschließenden, kritischen Überlegungen sollen bei dem Thema ‚Differenz' ansetzen und Folgerungen für die genannten Probleme ziehen. Aus diesem Frageansatz lassen sich in allen Dimensionen des Hegelschen Systems kritische Aspekte gewinnen. Die Differenzproblematik wird zunächst an dem Kategorienpaar ‚Identität' und ‚Unterschied' erörtert. Die Auswirkungen der hier aufbrechenden Schwierigkeiten werden in zwei weiteren Gängen mit Hegels ontotheologischer Theorie des kosmologischen und ontologischen Arguments konfrontiert. Abschließend wird die Lehre von der göttlichen Freiheit Gegenstand einer kritischen Beleuchtung.

Man kann die Modalstruktur an den Kategorien ‚Identität' und ‚Unterschied' deutlich erkennen. Die Möglichkeit der Identität liegt im Unterschied, diejenige des Unterschieds in der Identität. Das Bestehen oder die Wirklichkeit beider Kategorien ist vom Wesen ihrer dialektischen Vermittlung; ihre Möglichkeit und Wirklichkeit ist die Möglichket und Wirklichkeit der jeweils anderen. Die dialektische Geschlossenheit dieses Kreises ist für die kategoriale Konstitution von Identität und Unterschied notwendig. Dies gilt für alle Momente der Logik. Jedes Moment ist die Einheit der Identität seiner selbst als Möglichkeit oder als Wirklichkeit und seines Unterschiedes, der ebenfalls in die Differenz der Modalbegriffe eintritt. Wie Möglichkeit und Wirklichkeit sich in sich selbst vorwegnehmen, so sind sie beide in den Kategorien ‚Identität' und ‚Unterschied' immer schon vorausgesetzt. Möglichkeit und Wirklichkeit reflek-

tieren sich notwendigerweise in allen Vermittlungsbereichen. Es entsteht
die Kategorie, Notwendigkeit'. In der Logik ist jede Kategorie Moment
dieser Notwendigkeit, die sich als der Begriff des Absoluten erwiesen hat.
Die dialektische Methode läßt sich methodologisch somit modaltheoretisch aufschlüsseln. Inhaltlich bedeutet dies nach der Absicht der Hegelschen Konzeption, daß das Absolute seine logische Priorität in seinen
Entäußerungen behauptet. Die Modalbegriffe können deshalb als Aus-
legungsmomente vorausgegangener logischer Stufen verstanden werden.
Sie werden in allen Kategorien antizipiert und schon ständig wiederholt,
bevor die Logik sich explizit ihrer Bewegung annimmt. Möglichkeit,
Wirklichkeit und Notwendigkeit vollenden das Kategorialsystem der
objektiven Logik und erhellen an diesem Ende zugleich ihre absolute Re-
versibilität in den Anfang ihrer Entwicklung. Die Kategorien, die der einheitliche Begriff des Absoluten systematisch zusammenbindet, sind Formen
und Prinzipien ihrer eigenen Auslegung; sie legen sich selbst in Formen aus,
die sie je schon sind und unter denen sich diese Auslegung je schon vollzieht. Die Theorie des spekulativen Rückschlusses des Absoluten in sich
ist die Explikation und Grundlegung ihrer selbst als Wissenschaft, die
zugleich mit dem Prinzip ihrer Letztbegründung identisch ist.

Gegen diese Lehre erheben sich jedoch schwerwiegende Bedenken.
Setzen sich die Momente jedes sich im anderen voraus, so bedarf es einer
Grenze, die das eine als das eine und das andere als das andere zu identifizieren erlaubt. Der totale Rückgang der Kategorien ineinander verhindert aber eine solche Grenzziehung, die allein geeignet ist, den Unterschied zwischen den Momenten aufrechtzuerhalten. In der dialektischen
Vermittlung lösen sich die Formen ineinander auf; alle sind durch alle
bestimmt. A kann zugleich als — A bestimmt werden. Das kategoriale
Ineinanderaufgehen und Durcheinanderbestimmtsein bezieht sich aber
nicht nur auf die einzelnen triadisch strukturierten Momentübergänge,
sondern auch auf das Verhältnis von individueller Form und logischer
Gesamtheit. In jedem Moment reflektiert sich das Ganze. Wird ein
singuläres Moment als A bestimmt und die Totalität, in der es steht, als
— A, so lassen sich diese Bestimmtheitsweisen miteinander austauschen.
Das Moment ist bereits die Totalität des logischen Gesamtzusammen-
hanges; dieser ist vollständig in jedem seiner Momente gegenwärtig.
Damit geht aber nicht nur die Identität der Momente verloren; die
Übergänge und Beziehungen verschwinden zugleich selbst in den Mo-
menten. A enthält das Ganze der möglichen logischen Spezifikationen
als auch deren Beziehung, die sich auf Grund dialektischer Vermittlung

in B, C, D usw. reproduzieren. Weder ist nun die Differenz von A und B oder A und — A möglich, noch auch die Differenz zwischen A und seinen möglichen Übergängen. Die von Hegel als gegliederte Einheit vorgestellte Totalität nivelliert in der ihr zugesprochenen Immanenzbewegung selber diese Gliederung zu einem unterschiedslosen Dunkel. Weder lassen sich die Momente voneinander unterscheiden, noch von ihren jeweils nächst höher festgelegten Einheiten, noch letztlich von der alles umgreifenden Einheit des Absoluten selber[1].

Hegel erhebt aber den Anspruch, sowohl Differenz überhaupt wie die als singuläre Einheiten modifizierten Differenzen der Selbstbewegung des Absoluten zu entnehmen. Diese absolute Auslegung vollzieht sich aber immer schon unter der Voraussetzung eben dieser Formen. Dieser Sachverhalt sollte den Selbstbegründungscharakter des Absoluten beweisen. Doch ist mit dieser Voraussetzung der Formen nicht zugleich die Legitimation ihrer ontologischen Herkunft aus dem Absoluten gegeben. Freilich müssen sich die kategorialen Momente, wenn überhaupt, deduktiv aus dem Absoluten ableiten lassen. Diese Deduktion ist aber bereits selbst

---

[1] Dieser und die folgenden Einwände sind schon sehr früh gegen Hegels Dialektik erhoben worden; vgl. Trendelenburg, Log. Unters. I, 36 ff.; 58 ff. Dazu auch das wichtige Buch von E. v. Hartmann über die dialektische Methode 36 ff.; 41 ff.; 70 ff.; 103 ff. Die hier vorliegende Kritik hat bis in die neueste Hegelforschung bestimmenden Einfluß ausgeübt: vgl. Cramer, Das Absolute und das Kontingente, 80 ff.; vgl. auch Cramer 14.
Ist Differenz nicht möglich oder zumindest systematisch nicht ableitbar, so steht auch die Möglichkeit der Individuation in Frage. Dies ist Grundtenor von Adornos Einwänden gegen Hegel, die für eine Gesellschaftskritik fruchtbar gemacht werden: vgl. Negative Dialektik, 142 ff.; 230; 333 ff.; 341 f.; vgl. auch Drei Studien zu Hegel, 39 f.; 48 f.; 151 ff. Im Anschluß an Adorno vgl. die Arbeit von Becker. Ähnlich auch Bloch, 137 ff. Vgl. die sehr gewaltsame Hegelinterpretation von H. Wagner 117 ff.; 122.
Unzählige Hegelinterpretationen begnügen sich mit einer positivistischen oder mystifizierenden Reproduktion der Dialektik; als Beispiel sei nur die von Purpus gegen E. v. Hartmann gerichtete Schrift genannt, vgl. 111: „Angesichts des Freunden und Feinden gleicherweise als Tatsache geltenden Vorurteils, daß dem System das Prinzip der Individuation abgehe, muß mit aller Entschiedenheit hervorgehoben werden, daß die Individuation, die Vereinzelung der Allgemeinheit, gerade das eigentliche G e h e i m n i s (!) ist, dessen Erfassen allein den Gradmesser für das Verständnis der Hegelschen Lehre abzugeben hat".

der Gang, den die absolute Logik darstellt, und der nur unter der Voraussetzung der Formen und ihres dialektischen Fortganges geschehen kann. Wenn eine Ableitung der Kategorien aus dem Absoluten gegeben werden kann, so muß sie sich als die Deduktion dieser Voraussetzung begreifen lassen. Diese Voraussetzung ist aber identisch mit dem Absoluten und seinen von Hegel in Anschlag gebrachten Formbestimmungen. Eine Deduktion der Voraussetzung ist in Wahrheit gar nicht möglich, weil die Voraussetzung als das Absolute immer schon feststeht und jede nur denkbare Deduktion unter der Voraussetzung des Absoluten erscheinen muß. Dieses zieht den Gedankenablauf des Deduzierens in seinen Grund und manifestiert sich nur als sich selbst in seiner alle Unterschiede vernichtenden Einheit.

Es ist also nicht möglich, die von Hegel gegliederte Gestalt des Absoluten deduktiv anders zu legitimieren als eben unter der Voraussetzung dieses Absoluten, das mit seinen Formen und Bewegungen in gleichursprünglicher Gleichzeitigkeit auftritt. Die Formbestimmungen werden aus dem Absoluten demnach nicht einmal abgeleitet, noch kann man schlüssig sagen, das Absolute leite sie aus sich ab, denn sie sind mit ihm gleichzeitig gegeben. Hegel kann auch die Schwierigkeit nicht vermeiden, daß die von ihm intendierte logische Priorität der absoluten Einheit vor ihren Momenten mit den als kategoriale Posterioritäten definierten Formbestimmungen zusammenfällt. Die höchste Form der Einheit, die als modaltheoretische Vermittlung die Wesenslogik abschließt, zeichnet sich unter diesen Umständen in nichts vor irgendeinem beliebigen anderen Modus aus.

Wenn sich die Theorie des sich differenzierenden Absoluten nicht als bloße Behauptung erweisen soll, muß man im Absoluten selber ein Prinzip ausfindig machen können, das die von Hegel mit der Logik vorgelegte Modifikationsstruktur der Selbstauslegung in allen einzelnen Differenzbereichen begründet. Doch hier entsteht der bekannte Zirkel. Denn dieses Prinzip ist ja schon das Absolute, auf das die Forderung nach dem Differenzprinzip zutreffen sollte. Diese Forderung kann auf Grund des Ineinanderaufgehens der Momente nicht eingelöst werden. Da die dialektischen Vermittlungen letztlich auf die Identifikation der Identität und des Unterschiedes in allen Kategorien hinauslaufen, bleiben sie unter dem Niveau ihres Anspruchs, die Notwendigkeit der Differenz wie die Notwendigkeit der Reihenfolge der spezifischen Differenzen methodologisch überzeugend transparent zu machen. Der absolute Prozeß, in dem die Momente ineinander umschlagen und durcheinander bestimmt sind, verfehlt sein Ziel. Differenz aus sich hervorzubringen. Damit wird auch die Möglichkeit einer Deduktion der anderen Kategorien zweifelhaft. Hegel konstruiert die Kategorienlehre im Grunde nicht zwingend aus einem dafür geeigneten Begriff des Absoluten, sondern stellt diesem die reinen Formen lediglich zur Seite, um erst nachträglich ihre notwendige Herkunft aus dem absoluten Grunde zu konstatieren. Die dialektische Methode, die eine solche Herkunftsbeziehung auszudrücken hätte, kann diese in Wahrheit auch gar nicht gelten lassen. Denn die Dialektik, die den Zusammenhang der totalen Vermittlung aller Momente und das einzelne Moment als die Totalität dieses Zusammenhanges selber definiert, vermag das Absolute und den Bestand der Kategorien, absolute Einheit und Differenz lediglich auf e i n e r ontologischen Ebene synchron zu schalten. Die Möglichkeit eines bestimmbaren Weges der Formen aus dem Prinzip des Absoluten, die kraft der von Hegel in Anschlag gebrachten logischen Priorität gegeben sein müßte, ist damit ausgeschlossen. Von einem Prozeß, den der Begriff in seinen einzelnen Stufen durchläuft, kann daher strenggenommen nur mehr in einem metaphorischen Sinne die Rede sein.

In diese Problematik werden die Modalbegriffe hineingezogen. Kann sich das Absolute gegenüber keinem seiner Momente als die sich von ihnen unterscheidende Einheit bewahren, ist es auch für seine wesenslogischen Exponenten, den Modalitätskategorien, unmöglich, sich in ihrer Spezifik zu erhalten. Sie gehen einmal in ihren modalen Komplementärbegriffen unter, zum anderen löst sich ihre Identität in der dialektischen Vermittlung mit den übrigen Kategorien auf. Es zeigt sich, daß der modaltheoretische Ansatz von Hegels Ontotheologie, den er von seinen Vorgängern aufgreift und zu verbessern sucht, nur ein Spezialfall seiner Dialektik ist, der an ihren Schwächen vollen Anteil hat. Von hier aus gesehen hat die Modaltheorie nicht einmal einen Vorzug vor den übrigen kategorialen Vermittlungen auch nicht im Hinblick auf Hegels ontotheologische Konzeption. Jeder Momentübergang repräsentiert den Selbstbeweis des Absoluten.

Gleichwohl bleibt an eine Philosophie des Absoluten die notwendige Forderung bestehen, den logischen Gott als den Ort des Unterschieds und der eigenen unauflösbaren Einheit zu erklären, der sich in der Hervorbringung seiner Modi und ihrer Vermittlungen als der Grund der Differenz und seiner unverlierbaren Identität durchhalten muß. Das Absolute darf nicht in dem untergehen, in das es sich modifiziert hat.

Das Abgeleitete kann nicht Maßstab des Prinzips sein, unter dem die Möglichkeit seiner Ableitung freigesetzt wird.

Hegel kann diese Konsequenzen jedoch nicht vermeiden. Es ist die fundamentale Schwäche seines von der Dialektik begründeten Ansatzes, daß die Selbständigkeit des Absoluten in seinen als Unterschiede gekennzeichneten Momenten und deshalb Unterschied überhaupt verloren geht. Die Folgen, die sich aus diesen Überlegungen für Hegels Ontotheologie ergeben, sollen nun im weiteren Verlauf dieses Kapitels erörtert werden.

Obwohl Hegel dem Kantischen Einwand gegen den Beweis aus der omnitudo realitatis zustimmt, daß Dasein kein Prädikat sei, hat er das rationalistische Argument des transzendentalen Ideals mit Hilfe der Dialektik der relativen Modalitätskategorien erneuert. Da er das All der Realität modaltheoretisch in dem Begriff der absoluten Notwendigkeit fundiert, die sich selbst zum Sein bestimmt — ‚Sein‘ der Notwendigkeit also nicht einfach nur angeheftet wird — kann er Kants Einwand stattgeben und gleichzeitig den alten metaphysischen Gedanken von der omnitudo realitatis konstruktiv in sein System aufnehmen. Die Relativität der realen Modalbegriffe definiert den Charakter von Sein als Totalität der Totalitäten. Es entsteht ein in sich gegliederter Seinsbegriff von aufeinander sich gründenden Sachordnungen. Eine bestimmte Totalität realer Möglichkeiten ist der geschlossene Kreis der Bedingungen, der sie nach Hegel als singuläre Sache auszeichnet. In dem beschränkten Zusammenhang jeder einzelnen Sache vollzieht sich die modaltheoretische Vermittlung von relativer Möglichkeit, Wirklichkeit und Notwendigkeit. Jede der realen Möglichkeiten, die als Elemente eine Sache konstituieren, muß schon selbst als Sache angesehen werden. Im Zusammenhang realer Möglichkeiten erscheint die Sachwirklichkeit nicht erst dann, wenn die Realisierung einer bestimmten Totalität von Möglichkeiten eingetreten ist, sondern jede dieser subordinierten realen Möglichkeiten selbst ist bereits ein Zusammenhang und das Äquivalent eines Inhalts, der immer schon als Sache bestimmt ist. Die umgrenzte Möglichkeit irgendeiner Sache setzt die Totalität aller anderen Möglichkeiten voraus, die daher nicht mehr nur die Möglichkeiten dieser speziellen Sache sein können. Eine bestimmte Möglichkeit kann nicht nur durch die Möglichkeit innerhalb eines begrenzten Bestimmtheitshorizontes bestimmt sein, weil dieser selbst unter dem Prinzip der Bestimmtheit steht und andere Totalitäten voraussetzt. Daher ist jede Möglichkeit von dem Prinzip bestimmt, das bereits den sachlichen Umkreis absteckt, in dem sie sich befindet. Die Bestimmtheit einer jeden reflektiert aber die unbestimmte, grenzenlose Totalität aller anderen. Das

Bestimmtsein der singulären Möglichkeit geht damit im All von Möglichkeiten unter. Singularität zu definieren, die aus einem klar umrissenen Möglichkeitsumfang resultieren soll, wird unmöglich, weil sich dieser Umfang in der reflektierten Relativität des Realen nicht ermitteln läßt. Die Rede von e i n e r Sache wird sinnlos.

Man kann nicht einwenden, das Faktum eines einzelnen Inhalts zeige, daß Einzelnes ist. Denn die Philosophie des Absoluten erhebt den Anspruch, Einzelheit aus dem Absoluten zu begreifen. Nicht die Singularität des faktischen Inhalts ist das Problem, sondern die Frage, von welchem ontologischen Prinzip Einzelheit möglich ist. Dieses Prinzip soll das Absolute, das All der Möglichkeiten sein. Unter ihm sind aber alle Realmomente durch alle anderen bestimmt. Einzelheit verschwindet in der unendlichen Relativität. Die Erklärung der ontologischen Möglichkeit von Differenz und Singularität ist grundlos geworden. Das Absolute als Prinzip der Bestimmtheit ist selbst bestimmt durch seine Momente; in ihnen ist es Bestimmtheit oder Grund seiner selbst. Sind aber alle Momente durch alle bestimmt, so sind alle unbestimmt. Das Prinzip der Bestimmtheit bestimmt sich nicht zur Differenz von der Unbestimmtheit. Bestimmtheit und Unbestimmtheit sind identisch. Dialektik als Weise des Fortgangs der absoluten Selbstbewegung fällt hinter die ihr zugewiesene Aufgabe zurück, Unterschied und Identität zu fixieren, weil das Absolute selbst seine Identität gegen seine Momente nicht festhalten kann.

Wie der Rationalismus unterliegt auch Hegel dem Irrtum, den Kant veranlaßte, gegen den Begriff der omnitudo realitatis einzuwenden, daß Dasein kein Prädikat sei. Macht man Existenz in der Prädikatentotalität des transzendentalen Ideals fest, dann besteht weder mehr die Möglichkeit, die Singularität des existierenden Gottes noch die irgendeines Dinges festzustellen. Die Allgemeinheit dieses Existenzbegriffs umfaßt das Dasein Gottes wie das der zufälligen Dinge und verstellt die theoretische Ausführbarkeit einer Grenzziehung. Ein solcher Begriff von Dasein ist nicht in der Lage, die Besonderheit des je Existierenden zu würdigen. Zwar wiederholt Hegel nicht den Fehler, Existenz unter die Prädikate zu subsumieren, aber die Dialektik der relativen Modalitätskategorien führt in dieselbe Schwierigkeit der Grundlosigkeit der Differenz und Identität, die Kant zu diesem Einwand bewegte. Mit dem Rationalismus teilt Hegels Theorie vom All der Realitäten, wenn auch unter anderen Voraussetzungen, die Gewißheit, die Identität des Einzelnen ableiten zu können. Konnte Kant den Gottesbeweis aus der omnitudo realitatis im

Bewußtsein der Singularität des Wirklichen schlüssig widerlegen, so wird der absolute Selbstbeweis, in welchen Hegel den Begriff des Alls der realen Totalitäten einbaut, dadurch in Frage gestellt, daß das Absolute sich in seiner spezifischen Absolutheit nicht legitimieren und von der Kontingenz seiner untergeordneten Modi nicht unterscheiden kann.

Die in Hegels Philosophie des Absoluten ungelöste Differenzproblematik spezifiziert sich am kosmologischen Beweis in das Problem der Möglichkeit von Zeit. Endliches, von dem dieser Beweis ausgeht, ist als Zeitliches ausgezeichnet. Es gibt eine Zeit, in der es ist und eine Zeit, in der es im Hinblick auf die verflossene nicht mehr ist. Relative Notwendigkeit schließt die Möglichkeit aus, daß ein Endliches, wenn es ist, z u g l e i c h auch nicht sein kann. Ist es, dann sind auch seine realen Bedingungen vorhanden, auf Grund deren es sein muß. Unter der Voraussetzung seines Seins besteht nicht mehr die Möglichkeit seines Nichtseins; daher ist es relativ notwendig.

Zeitlichkeit des Endlichen oder der realen kontingenten Wirklichkeit setz die Bestimmung ‚Zeit' voraus, in deren Dimension die Bezogenheiten seines Seins und seines Nichtseins gedacht werden können. Zeit ist notwendiger Grund der Zeitlichkeit des Endlichen. Die Bedingung der Möglichkeit von Zeit muß die Möglichkeit der Spezifikation der Zeit in die als zeitlich qualifizierten Momente Sein und Nichtsein implizieren. Hier treten für Hegel entscheidende Schwierigkeiten auf. Es ist jetzt nicht mehr nur die Differenz von Sein und Nichtsein gefordert, sondern zugleich die Bezogenheit, in der ihre Qualifikation als zeitlich Differenzierter gesichert ist. Diese Differenz hat sich mit dem Begriff des Endlichen selber einzustellen, denn dieses Endliche besteht nur in der zeitlichen Relativität seines Seins und seines Nichtseins, in der sein Nicht-Mehr oder sein Noch-Nicht mit seiner bestimmbaren Wirklichkeit in Beziehung tritt. Erst diese Relativität macht den Begriff des Endlichen oder Zufälligen aus; seine zeitgebundene Form muß in jeder Theorie des kosmologischen Arguments berücksichtigt werden.

Im folgenden Gedankengang läßt sich das Absolute als Zeit fassen: Differenz kann, wenn überhaupt, für Hegel nur aus dem Absoluten möglich sein. Das Absolute setzt sich selbst i m m e r s c h o n voraus; in seinem In-sich-Sein ist es immer schon als das in seinen Voraussetzungen sich ewig Kontinuierende gewesen. In der Grundbeziehung differenziert es sich in Grund und Begründetes, in der der absolute Grund sich Grund ist. Ist der Grund sich im Begründeten immer schon Grund gewesen, so ist er als Grund im Begründeten zugleich i m m e r n o c h gründend. Das

Absolute muß in seiner sich differenzierenden Selbstbewegung Zeit sein, soll die Beziehung von Zeit und Zeitlichem ontologisch aus ihm folgen. Die Möglichkeit von Zeit ist im Absoluten diese immer schon selbst. Das Absolute und seine Zeit oder das Absolute als Zeit unterliegen keinem Wandel, wie Zeitliches, das v o n der Bestimmung ‚Zeit' ist.

Will die Logik dem Anspruch dieser Sätze genügen, hat sie unter den systematischen Bedingungen der Dialektik die Denkbarkeit aufzuzeigen, wie die absolute Notwendigkeit, die das Zufällige setzt, dieses als Zeitliches aus sich hervorbringt. Diese Forderung läßt sich auch mit Hegels Interpretation des kosmologischen Argumentes rechtfertigen. Schließt der traditionelle Beweis vom Endlichen auf das Absolut-Notwendige, so kehrt Hegel diese Beziehung um, indem er zeigt, daß das Absolute selber sich zum Kontingenten bestimmt. Die Zeitlichkeit des Endlichen muß demnach im Absoluten in seiner Eigenschaft als absoluter Zeit seinen Grund haben. Es zeigt sich hier, daß Hegel Zeit nicht erst in der Naturphilosophie hätte behandeln dürfen. Die ontotheologische Problematik, die mit der Logik zu einer Lösung geführt werden soll, verlangt bereits eine kategoriale Herkunftanalyse von Zeit im Medium der absoluten Selbstvermittlung.

Gleichwohl soll geprüft werden, ob nicht dennoch die Deduktion einer Beziehung von Zeit und Zeitlichem aus der Logik möglich ist. Zu diesem Zwecke mögen absolute und endliche Zeit paradigmatisch in dem dialektischen Zusammenhang von Grund und Begründetem stehen. Doch hier tauchen wieder Probleme auf, die mit der dialektischen Methode überhaupt aufgebrochen sind. Die Grundbeziehung ist wie jede andere repräsentativ für die Dialektik. In dieser Beziehung soll das zeitliche Endliche als Begründetes des Grundes ‚Zeit' auftreten; doch dies ist unmöglich. Denn Grund und Begründetes bestimmen sich als Momente in der dialektischen Einheit ‚Grund' gegenseitig, so daß das Begründete zugleich der Grund des Grundes ist. Endliche Zeitlichkeit darf deshalb kein Moment in der Grundbeziehung sein, weil Zeitliches, das entsteht und vergeht, nicht die unvergängliche Zeit des Absoluten bestimmen kann. Zeitliches vermag also nicht Grund von absoluter Zeit zu sein, das aber Grund sein würde, wenn Zeitliches und Zeit Momente der Grundbeziehung wären. Hegel kann das Absolute nicht als Grund des Zeitlichen begreiflich machen; ist Zeit Grund und Zeitliches das vom Grund Begründete, dann bestimmt Zeitliches die Zeit. Die Dinge kehren sich nun um. In der Grundbeziehung restituiert sich der Grund am Gegründeten, das nun selbst Grund ist. Die Momente werden ununterscheidbar; der

Grund ist immer schon das Gegründete, das Gegründete immer schon Grund. Man könnte einwenden, daß die Struktur des Immer-schon und Immer-noch ja gerade die Differenz des Endlichseins von der absoluten Zeit ausmache. Dieser Einwand ist Schein; mit ihm tritt das Problem auf der Stelle. Zeitliches kann nicht Moment des Absoluten sein, weil es dann selbst absolute Zeit wäre. Die Hegelsche Grundbeziehung vermag diese Konsequenz aber nicht zu umgehen. Die Deduktion des Zeitlichen ist unmöglich, wenn man es in die Selbstauslegung des Absoluten integriert[2].

Mag auch angenommen werden, das Hegelsche Absolute sei absolutes Insichsein als Prozeß der Selbstdifferenz, dann bleibt doch unbegriffen, wie aus dieser Differenz die Differenz von Zeit und Zeitlichem verstanden werden kann. Zeit und Zeitliches dürfen sich nicht in der dialektischen Vermittlung durcheinander bestimmen; zwischen ihnen muß Unterschied sein, der nicht in der Einheit des absoluten Grundes aufgeht. Die Bedingung der Möglichkeit dieses Unterschieds kann nur die absolute Differenz aus dem Insichsein des Absoluten sein. Das Absolute ist sich in seinen Momenten, insofern es in ihnen Moment seiner selbst wird. Es geht daher in der Identität mit seinen Momenten zugrunde; das Absolute kann damit nicht mehr Prinzip von Differenz sein. Das sich selbst differenzierende Insichsein bleibt bloße Versicherung.

Mit der Differenz von Zeit und Zeitlichem verschwindet auch die der endlichen Zeitlichkeit immanente Differenz von Sein und Nichtsein, die die Konstitution des Endlichen begründet. Es kann weder gesagt werden, daß die Substanz Zufälliges setzt, noch daß sie sich im Zufälligen manifestiert. Das Endliche ist ontologisch abhängig von der Selbstbegründung des absoluten Grundes. Die Dialektik, die das Absolute in die Momentbeziehung einebnet, läßt aber die Priorität der substanziellen Differenz selbst im absoluten Prozeß des Sich-selber-Setzens nicht mehr zu, wo sie als Bedingung notwendig wäre. Auch das Sich-Setzen steht noch unter der Bedingung allen Setzens, der Differenz. Es ist deshalb notwendig, die Unterscheidung zwischen dem absoluten Sich-Setzen und dem Momentprozeß zu treffen. Auch innerhalb dieses Prozesses bestehen Differenzen. Man bedarf also einer Systematik, die die verschiedenen onto-

---

[2] Vgl. Cramer, Das Absolute und das Kontingente, 81. Cramer hat einen eigenen Versuch unternommen, Zeitlichkeit ontologisch im Gegensatz zu Hegel zu begründen. Er konstruiert Zeitlichkeit als Subjektivität; vgl. Grundlegung einer Theorie des Geistes, 33 ff.; 53 ff.; 92; 96.

logischen Ebenen in sich differenzierter Bewegungen ihrem Range nach
ordnet. An höchster Stelle hat zweifellos die Differenz des absoluten
Sich-selber-Setzens zu stehen. Die Differenz von Substanz und Sich-als-
Substanz-Sein ist noch von einer Differenz, die dem Sein des Absoluten
in einer ihm eigentümlichen Weise angehören muß. Differenz darf hier
nicht Moment im Hegelschen Sinne sein. Doch wie ist diese Weise zu begreifen? Das Absolute muß eine ursprüngliche Macht der Differenz und
damit der Identität sein, ohne daß sich diese Macht in ihren Vollzügen
verlöre. Diese Macht hat die Stelle einer absolut sich ihrer selbst bewußten
Priorität inne. Aber gerade diese Sinngebung des Absoluten vermag
Hegels Theorie der dialektischen Logik nicht zu leisten. Seine einem
Grundmodell gehorchenden Ansätze lassen die Frage nach der Denkbarkeit des sich in seinen Entäußerungen bewahrenden Selbstbewußtseins
des absoluten Gottes offen. Letztlich begnügt er sich mit der Behauptung,
daß das Absolute sich differenziere. Es muß daher zweifelhaft sein, ob
Hegel speziell auf dem Gebiet der von der Logik bestimmten Ontotheologie ein entscheidender Fortschritt über den Kantischen Analogiebegriff
von Gott hinaus gelungen ist.

Dieses Ergebnis wird sich erhärten, wenn man sich der Problematik
des Selbstbeweises Gottes und seiner daraus abgeleiteten Freiheit zuwendet.

Die Frage des absoluten Sich-Setzens oder Sich-Bestimmens soll im
Zusammenhang von Hegels Theorie des ontologischen Arguments weiter
verfolgt werden. Wie alle Kategorien der Hegelschen Logik sind auch
Begriff und Sein durcheinander bestimmt und dialektisch austauschbar.
Sein kann als Begriff und Begriff als Sein definiert werden. Die Möglichkeit des Unterschiedes fällt dahin. Die Kategorien oszillieren in der
unterschiedslosen Einheit, aus der sich nicht mehr das Prinzip der Differenz deduzieren läßt.

Hegels Interpretation des ontologischen Arguments konstruiert das
Absolute als die prozessual determinierte Selbstreflexion des Sich-Bestimmens oder Sich-Voraussetzens. Sich-Bestimmen vindiziert Differenz. Wie
bereits deutlich wurde, ist die Möglichkeit von Differenz im Absoluten
identisch mit der Möglichkeit von Zeit. Im sich bestimmenden Sich-Vor-
aussetzen geht das Absolute in sich, in seine ewige Dauer über. „Gott
ist so das Resultat der Philosophie, von dem erkannt wird, daß es ...
ewig sich hervorbringt, das V o r a u s g e h e n d e ist.“[3] Das Absolute ist

---

[3] Relphil I, 1. 32.

selbst diese Dauer, in die es als seine Ewigkeit übergeht. Das Sich-Bestimmen des Absoluten zum Sein und als Sein konvergiert mit seinem Sich-Bestimmen als Zeitigung seiner Zeit, der Ewigkeit. Das Problem des ontologischen Arguments treibt in dem Hegelschen Ansatz auf die Frage nach Sein und Zeit zu. Diese Frage kann in diesem Zusammenhang aber nur in Form des Problems der Möglichkeit von Differenz gestellt werden.

Differenz hat seinen Ort notwendig im Absoluten. Wie aber ist dieser Ort ontologisch festzumachen? Als Sich-Bestimmen impliziert das Absolute ein Sich-Bestimmen-zu. Sich-Bestimmen-zu ist der Ort des absoluten Fürsichseins, oder des Sichseins in der Selbstverobjektivierung. Sich-Bestimmen und Sich-Bestimmen-zu sind zwar in ihrer Bezogenheit das Absolute, jedoch nicht als Momente, die dialektisch ineinander oszillieren. Die Potentialität des Absoluten als Sich-Bestimmen vermag sich in die Aktualität des Sich-Bestimmens-zu nur unter der Bedingung von Differenz zu entäußern. Differenz kann aber dem Absoluten weder als Bedingung seines Sich-Bestimmens voranstehen, wenn anders es u n b e - d i n g t e s Sich-Bestimmen sein soll, noch kann es selbst Differenz sein, da Unterschied den Gegenbegriff ,Einheit' fordert. Das Absolute ist demnach Sich-Bestimmen, das sich zur Differenz von Sich-Bestimmen und Sich-Bestimmen-zu bestimmt. Die Differenz zwischen dem ersten und absolut-initiierenden Sich-Bestimmen und der Ebene seiner Verobjektivierung reproduziert sich auf dieser Ebene als die nun vergegenständlichte Differenz von Sich-Bestimmen und Sich-Bestimmen-zu. Das Absolute ist sich an dem aus sich heraus differenzierten Orte seiner Verobjektivierung als der Unterschied des potentialen Sich-Bestimmens und des aktualen Sich-Bestimmens-zu vorstellig geworden. Die Differenz als die Bedingung des in die Objektivität herausgesetzten Ortes und diejenige Differenz, die dieser Objektivität selbst immanent ist, in der das Absolute sich aber in seiner Beziehungsstruktur von Sich-Bestimmen und Sich-Bestimmen-zu gewonnen hat, sind zwei verschiedene Modalitäten von Differenz, die sorgfältig getrennt werden müssen. Denn indiziert die erste Differenz nur die formale Tätigkeit des Absoluten sich zu verobjektivieren, so ist das Absolute sich auf Grund der zweiten Differenz als das Sein der kommunizierenden, dialektisch aber nicht austauschbaren Elemente ,Sich-Bestimmen' und ,Sich-Bestimmen-zu' transparent geworden. Der Einwand, daß es sich in der Logik doch nur um die Ableitung von Differenz überhaupt handeln kann, die in allen ontologischen Bereichen und damit auch denen des Absoluten als identische Kategorie sich durchhält, führt in Wahrheit nicht weiter. Denn es ist das

Absolute selbst, das sich die Differenzen in der Ordnung seiner Selbsterzeugung gibt und auf jeder Stufe dieses Prozesses nicht nur die allgemeine logische Kategorie erzeugt, sondern mit dieser zugleich eine bestimmte Weise seiner Selbstrepräsentation verbindet. In der Logizität und Ordnung des Absoluten ist die logische Form ‚Differenz‘ mit dem jeweiligen Modus ihrer inhaltlich bestimmbaren Funktion verknüpft, um die Komplizität des absoluten Selbstausweises systematisch zu gliedern und in die sachlich voneinander abhebbaren Stationen dieses Weges aufzuteilen. So hat jede Differenz einen im Verhältnis zu anderen Differenzen divergierenden Charakter, dessen Sinngebung sich nur in dem vom Absoluten selber geleisteten Fortgang des Sich-Gebens der eigenen Gegebenheit einstellen kann.

Bei diesen Überlegungen, die hier nicht weiter geführt werden können, kann es sich nicht darum handeln, Hegels Theorie des Absoluten mit einer anderen Theorie zu verbessern. Es soll nur soviel gezeigt werden, daß die Vielschichtigkeit der mit einer Philosophie des Absoluten aufbrechenden Differenzproblematik mit der von Hegel entwickelten Dialektik nicht erfaßt werden kann. Aus der Perspektive dieser Betrachtungen ist es ganz unmöglich, Differenz oder überhaupt eine Kategorie dialektisch in die Identität des Absoluten selber einzuführen. Von einer logischen Ordnung des Absoluten, die jede Theorie dieses Gegenstandes, will sie nicht in Konfusionen geraten, nun einmal veranschlagen muß, kann bei Hegel nicht mehr gesprochen werden. Denn Ordnung bedarf einer sinnvollen Organisation ihrer differenten Elemente, ja ist, recht verstanden, identisch mit dieser Organisation.

Es ist Hegel zuzugeben, daß Differenz und Einheit in einem ursprünglichen Sinne am absoluten Ort des Sich-Bestimmens antizipiert sein müssen, ehe sie in einem unzeitlich-sachlichen Sinne aus dem Ort des Sich-Bestimmens an den Ort des Sich-Bestimmens-zu entäußert werden. Hegel hat auch recht mit dem Gedanken, daß diese Antizipation im Absoluten Differenz schon in irgendeinem Sinne voraussetzen würde. Aber das Sich-Bestimmen muß Differenz erzeugen, ohne daß die antizipatorische Affinität der Differenz in der erzeugenden Substanz zu den Differenzen und Kategorien am Orte des Sich-Bestimmens-zu die Bedingung der Erzeugung von solcher Art wäre, daß sie sich in der Grundbeziehung oder in einer anderen logischen Figur dialektisch ausdrücken ließe. Das Absolute muß zwar in sich schon die ursprüngliche Einheit von Sich-Bestimmen und Sich-Bestimmen-zu sein, bevor es sich Objektivität gibt, aber es hat gleichzeitig seine kategorialen Entäußerungen und

Modifikationen zu transzendieren und sich ihnen gegenüber als prinzipiierende Transzendenz zu wissen und festzuhalten. In der Dialektik vermag sich das Absolute diese Transzendenz jedoch nicht zu geben. Daher scheitert auch die Vermittlung der Modalbegriffe, in der sich das ontologische und kosmologische Argument als Weisen der göttlichen Selbstauslegung manifestieren sollen. Denn da die Dialektik der Modalitätskategorien die absolute Transzendenz des Sich-Bestimmens nicht mehr erreichen kann, greift der modaltheoretische Ansatz als Explikation des Absoluten und als Lösung der Frage nach der ontologischen Struktur des sich-bestimmenden Seins Gottes zu kurz.

Da das Absolute sich gegen die Flüssigkeit seiner Momente als transzendentes Prinzip nicht behaupten kann, bleibt ungeklärt, wie seine Selbstentgegensetzung denkbar ist, und was den absoluten Grund dazu bewegt, sich überhaupt zu entäußern. Wie Kant so hat auch Hegel die aus der Subjektivität spontan erfolgende Selbstbestimmung mit dem Begriff der Freiheit identifiziert. Die Freiheit des logischen Gottes schließt sich in der Logik direkt an die Modalvermittlung der absoluten Substanz. Die Legitimität der Freiheit muß sich deshalb auch unter den Bedingungen der mit der absoluten Notwendigkeit verbundenen Systematik ausweisen lassen.

Die Möglichkeit der göttlichen Freiheit soll hier in Abhebung gegen die Gebundenheit des Menschen an seine Endlichkeit betrachtet werden. Nach allem bisher Gesagten muß es zweifelhaft bleiben, ob Hegel einen Freiheitsbegriff entwickeln kann, welcher der Transzendenz göttlicher Selbstbestimmung einen ausgezeichneten Ort im logischen System einräumt. Denn unter den Bedingungen der Hegelschen Philosophie vermag Gott nicht mehr den eigenen Begriff zu transzendieren, der zugleich das Kategoriensystem eines Denkens definiert, welches das Denken endlicher Menschen ist. Es hat sich gezeigt, daß Gottes Transzendenz sich notwendig ausweisen lassen muß, will man den Begriff des logischen Gottes oder Absoluten nicht preisgeben.

Zwei Probleme hängen hier also eng zusammen: Gott stößt an die Grenzen seines Begriffs, der nicht nur das Denken Gottes von sich selbst, sondern zugleich die Idee des menschlichen Denkens darstellt. Es erhebt sich die Frage, ob das Denken Gottes und das Denken des Menschen als dialektische Einheit überhaupt gesetzt werden können. Denn in dieser Einheit muß sich der Begriff von Gott als transzendentes Prinzip manifestieren, das allen eingeschränkten Formen endlicher Denkweisen vorgeordnet ist. Hegel übersieht keineswegs diese Notwendigkeit; er unterscheidet aus diesem Grund auch zwischen endlicher und absoluter Reflexion. Aber dieser Unterschied ist kein bleibender. Die dialektische Vermittlung hebt ihn zugleich auf und macht die Möglichkeit der absoluten Reflexion als sich erhaltender göttlicher Transzendenz zunichte. Die göttliche Einheit ist mit der Freiheit des Menschen identisch, daher hat ein spezifischer Begriff der Freiheit Gottes in der Logik keinen Ort. Wenn Gott auf Grund seiner ontologischen Struktur an seine Grenze kommt, so ist es doch immer nur Gott selbst, der sich zu dieser Grenze entschließt. In dem Sich-Bestimmen zur Grenze oder zu einer Form der Endlichkeit und in der Möglichkeit der Aufhebung dieser Grenze liegt nach Hegel Gottes Freiheit. Der Akt des Sich-Begrenzen-Könnens scheint die Grenze zu überschreiten und Freiheit tatsächlich zuzulassen. Aber auch die Freiheit der Überschreitung des von Gott als Gott gesetzten Begriffs kann sich doch nur innerhalb seiner kategorialen Notwendigkeit vollziehen. Gott ist der sich Voraussetzende und insofern der in sich Zurückgebundene. Die Freiheit des Sich-selbst-Überschreitens mündet von vornherein in die Notwendigkeit ein, die ja in sich das Überschreiten zu sich selbst ist. Die Möglichkeit Gottes zur eigenen Transzendenz steht apriori unter dem Diktat der ihm immanenten Notwendigkeit. Die Versöhnung von Notwendigkeit und Freiheit wird von Hegel unter dem Primat der Notwendigkeit gelöst; Schelling und Hegels Epigonen sprechen daher zu Recht von der Hegelschen Philosophie als von einem System der Notwendigkeit. Seinen Begriff zu transzendieren, vermag Gott nur unter der Bedingung eben dieses Begriffs, zu dem er sich selbst bestimmt hat, oder je schon bestimmen mußte. Das Sich-Bestimmen des Absoluten impliziert nicht die den Begriff transzendierende Freiheit. Gott bestimmt sich zu dem, der er ewig schon gewesen ist: der sich zum Begriff Bestimmende. Die Freiheit Gottes ist immer schon von seiner Notwendigkeit eingeholt und aufgesogen. Die Tätigkeit des Sich-Bestimmens ist für das endliche Denken in einem Akt nachvollziehbar, in dem es ein endliches Denken schon nicht mehr ist. So hat Gott weder die Freiheit, sich vom Endlichen abzusondern, weil das Endliche durch die Dialektik in vermittelter Gleichursprünglichkeit mit dem Absoluten bereits auf dessen Ebene steht, noch ist Freiheit innerhalb des Begriffs von Gott selbst realisierbar, weil sie der kategorial fixierten Notwendigkeit gesetzlicher Formen unterliegt. Da Hegel auch nicht überzeugend hat demonstrieren können, wie die in der Logik vorgestellten Formqualitäten und ihre Verbindung zu der vorliegenden Ordnung eines prozessualen Ablaufs notwendig aus der sich-bestimmenden Aktuosität

des Absoluten folgen, müssen auch die Modalitäten der logischen Selbstauslegung Gottes fragwürdig bleiben. Daher ist nicht einmal die Notwendigkeit der gesetzlichen Struktur gesichert, unter der die sich zum
Begriff produzierende Freiheit im übrigen reine Fiktion bleibt. So ist
von der Seite der Freiheit wie von der Seite der Notwendigkeit der
Begriff des logischen Gottes anfechtbar.

Es ist das System selbst, das diese Schwächen offenbart. Denn fragt
man sich, wie unter seinen Voraussetzungen Freiheit und Notwendigkeit
ontologisch möglich sind und zieht gleichzeitig die Konsequenzen der
vom System gegebenen Antworten aus, so kann nicht verborgen bleiben,
daß eben die Lösungen, die die Deduktion dieser Begriffe zu garantieren
vorgeben, den Hegelschen Entwurf in seiner Gesamtheit zerstören. Dasselbe System, das den Anspruch erhebt, in dem Begriff des selbstbewußten
Sich-Bestimmens Gottes zu terminieren, ist zugleich das System von
dessen Selbstzerstörung, ein Widerspruch, den in sich aufzufangen ihm
nicht mehr gelingen kann. Ein Gott, der nach dem Vorgang Hegels zu
sich kommen soll, hat sich auf eben diesem Wege apriori vernichtet. Die
Radikalität dieses Ergebnisses mag nur eine scheinbare sein. Denn Gott ist
im Medium des dialektischen Begriffs zugleich seine Negation, aber eben
nicht eine Negation, die sich auf ein vorausgesetztes Positives mit legi-
timierbaren Seinsansprüchen bezöge. Gerade dieses Positive entbehrt ja
schon in sich der ausweisbaren Möglichkeit seines Seins als eine diese Möglichkeit freisetzende Transzendenz.

Demgegenüber müssen noch einmal Hegels Absichten festgehalten
werden. In der Lehre vom Geist hat er nicht die plane Identität von
Gott und Menschen herstellen wollen, sondern versucht, einen Begriff
ihrer Versöhnung zu geben. Dabei ist er der Meinung, daß Gott und
Mensch in der Einheit des absoluten Geistes immer noch differieren. Die
endliche Subjektivität hat sich in der religiösen Erhebung in Gott zu
versenken, eine Versenkung, die nur unter der Bedingung des Zu-
rückkommens Gottes in sich stattfinden kann. Das Sich-Versenken des
endlichen in den absoluten Geist ist das die Möglichkeit der Versenkung
Tätigen Gottes aus sich. Im Aus-sich der selbstbewußten Substantialität
Gottes brechen aber wieder die ganzen ungelösten Probleme auf. Denn
Hegel kommt zu der Folgerung: „Gott ist ebenso auch das Endliche, und
Ich bin ebenso das Unendliche"[4]. Mag Gott absolutes Aus-sich-sein im
Endlichen noch sein, so ist dies doch nur möglich, wenn das Aus-sich sich

---

[4] Relphil I, 1. 148.

im Endlichen als identifizierbarer Ursprung isolieren läßt. Die dialektische Synthese von Gott und Endlichem macht beide zu Momenten. Daher kann ebenso von der Rückkehr Gottes in sich wie von der Rückkehr des Endlichen in sich die Rede sein. Daß die Versöhnung in einer Vermenschlichung Gottes und in einer Vergöttlichung des Menschen endet, scheint Hegel selbst zu bestätigen: Der Geist ist „das Göttliche im Menschen"[5]. Dieses Resultat liegt in der Konsequenz der Dialektik. Doch muß in den Implikationen Gottes mit der Endlichkeit seine Transzendenz erkennbar bleiben, die allein Bedingung seines versöhnenden Tuns sein kann.

---

[5] Relphil I, 1. 43. Hierauf hat neuerdings wieder Löwith hingewiesen; vgl. Hegels Aufhebung der christlichen Religion, 63: „In Wahrheit ist der Glaube an das Göttliche aber nur dadurch möglich, daß im Glaubenden selbst Göttliches ist". Und 63/64: „Der Glauben an das Göttliche stammt also aus der Göttlichkeit der eigenen Natur" (vgl. 73; 80 ff.). Vgl. Löwith 60 ff. Diesen Zusammenhang hat auch Schulz als für den Idealismus konstitutiv herausgestellt. Die Frage nach Gott, die sich für Kant im Problem des notwendigen Wesens verlor, wird bei den idealistischen Denkern zu der Frage nach dem Ich: „Wenn das letzte und höchste Wesen nicht außer mir vorhanden sein darf, weil es dann von mir als Gegenstand überfragt werden kann, dann bleibt nur ein Ausweg: das höchste und letzte Wesen muß Ich selbst sein. Diese Einsicht ist es, die das idealistische Denken insofern auch es vom metaphysischen Urtrieb, ein Letztes zu etablieren, beherrscht wird, dazu bestimmt, Gott und das Ich in eins zu setzen" (Das Problem der absoluten Reflexion, 11).

C. CHRISTIAN HERMANN WEISSE

I. Chr. H. Weißes Grundlegung der Metaphysik

1. Das System der Notwendigkeit und der Ort der Metaphysik

In dem 1835 erschienenen Werk „Grundzüge zur Metaphysik" hat Weiße seine Hegelkritik vorgetragen. Er sah in dieser Schrift seine früheren philosophischen Bemühungen um Hegel vereinigt; erst hier habe man den „Schlüssel für das richtige Verständnis auch der älteren (Schriften)"[1]. zu finden[1]. Weiße hat in der Auseinandersetzung mit Hegel sein eigenes Weiße hat in der Auseinandersetzung mit Hegel sein eigenes System gewonnen, das seiner Überzeugung nach über Hegel hinausführen sollte. Weißes Lehre will geben, was die Hegelsche nur zu geben verspricht[2]. Im Folgenden wird ein Bild dieser Kritik an Hegel gegeben, das auch Weißes Verhältnis zu Kant beleuchtet.

„Es ist Zeit, daß der höhere, oder vielmehr der eigentliche Gegensatz hervortrete, der von Notwendigkeit und Freiheit, mit welchem erst der innerste Mittelpunkt der Philosophie zur Betrachtung kommt"[3]. In die-

---

[1] M/Vorwort IV.

[2] M 3.

[3] Vgl. Freiheit 41/42. Schulz hat überzeugend nachgewiesen, daß Weißes Berufung auf Schelling in der Hauptsache auf zwei von dessen Schriften gründet, der Freiheitsschrift von 1809 und der „Vorrede zu einer philosophischen Schrift des Herrn Victor Cousin" (1834). Den späten Schelling, den Denker der Subjektivität, bekommt Weiße nicht in den Blick (Schulz, 168 ff.; 173 ff.). In der Vorrede zu Cousin entwickelt Schelling in Andeutungen seine Hegelkritik; hier moniert er die Hegelsche Auflösung des Realen oder des Positiven in den Begriff oder in das Negative bzw. Logische; diese Form der Kritik hat Weiße von Schelling übernommen. Man darf aber diese Differenz von positiv und negativ nicht mit Schellings späterer Einteilung in negative und positive Philosophie verwechseln. Weiße hat sich damit begnügt, die erste Differenz seiner Hegelkritik zu Grunde zu legen. Den Sinn des Positiven als der aller Vergegenständlichung durch ein Subjekt vorausliegenden Aktuosität des Denkens, die sich durch keine logische Ob-

sen Worten Schellings, mit denen das 1. Kapitel der Einleitung in die ‚Grundzüge' beginnt, sieht Weiße den nervus rerum des zeitgenössischen philosophischen Denkens ausgesprochen. An dem Gegensatz des Systems der Freiheit und des Systems der Notwendigkeit haben sich Schelling und Hegel getrennt, wobei für Weiße Schelling derjenige gewesen ist, der gegen die alle Bestimmungen des Idealen und Realen in sich aufhebende Idee als absolute Notwendigkeit und Inbegriff des logischen Prozesses das System der Freiheit überzeugend verkündet hat. Es scheint, daß Weiße unter Zuhilfenahme Schellingscher Gedanken die entscheidende Schwäche des Hegelschen Systems gesehen hat. Doch muß geprüft werden, ob Weiße im Rahmen seiner Begrifflichkeit den Hegelschen Begriff der göttlichen Freiheit legitim zu transzendieren vermag. Gerade Hegel sieht ja auf dem höchsten Gipfel der spekulativen Logik das System der Freiheit vollendet und den Gegensatz von Notwendigkeit und Freiheit versöhnt. Will Weiße einen Neuansatz geben, der über Hegel hinausführt, so hat er gleichzeitig die mit dem Problem der Freiheit aufbrechenden Schwierigkeiten zu lösen, die dem Hegelschen Entwurf die Überzeugungskraft nehmen.

Hegels Gegner, die sich in ihrer Polemik zumeist in der Gefolgschaft Schellings befanden, vermochten in der Versöhnung aller Gegensätze, insbesondere derjenigen von Freiheit und Notwendigkeit und derjenigen des Realen und Idealen nur die absolute Notwendigkeit der alle Momente des Seins und des Denkens verschlingenden Idee zu sehen, deren erdrückender Monismus zudem einer möglichen Freiheits- und Wirklichkeitsphilosophie im Sinne Schellings keinen Raum mehr läßt. Für Hegel bestand aber in der Versöhnung der Höhepunkt seines Systems der Ontotheologie; mit ihr meinte er jenen Begriff gefunden zu haben, der nach Kant nötig war, um das Sein der Notwendigkeit zu erreichen[4]. Das Sein der Notwendigkeit ist auf der Stufe des Begriffs zugleich das selbstbewußte Sein ihrer Freiheit. So glaubte Hegel nicht nur den von Kant

---

jektivation (Negatives) einfangen läßt, weil sie das unvordenkliche Sein der Subjektivität selbst ausmacht, hat Weiße nicht mehr erfassen können. Dieser Mangel hat sogar Schelling dazu veranlaßt, Hegel gegen seine Schüler in Schutz zu nehmen (Schulz 182 f.). Es wird sich im Folgenden zeigen, daß Weiße nicht nur hinter Schelling sondern vor allem hinter Hegel zurückfällt (vgl. auch M. Horstmeier 16; 106; Leese 27 ff.; Heimsoeth, Metaphysik der Neuzeit, 176 ff.).

[4] Vgl. 3813.

geforderten Begriff der Notwendigkeit entwickelt, sondern diesen darüber hinaus als die absolute Subjektivität vorgestellt zu haben, die ihre
Objektivität ganz durchdrungen hat. Es war auch nach Meinung von
Hegels Anhängern nicht mehr nötig, die Wirklichkeit oder Freiheit
Gottes aufzusuchen, denn diese hat Gott mit seinem Begriff bereits selbst
gesetzt. Notwendigkeit und Freiheit sind keine äußerlichen Titel, die
dem System angeheftet werden, sondern Modi seiner Substanz. Daher
ist es das System schon selbst, das in seiner Vollendung über die ihm
immanenten Gegensätze erhaben ist und kraft dieser Transparenz aus
Notwendigkeit in Freiheit und Subjektivität umschlägt.

Weißes Kritik setzt bei dem Modalbegriff der Notwendigkeit ein,
von dem aus er eine Neuinterpretation der Hegelschen Logik unternimmt, die seine Einwände begründen sollen. Notwendigkeit charakte-
risiert nach Weiße das, „was nicht nicht seyn, oder nicht anders seyn
kann, als es ist. Den Gegensatz dazu bildet das auch nicht seyn, oder
anders seyn Könnende, und dies nur wird ... als das Freie (oder als das
Wirkliche Vf.) bezeichnet"[5]. Weiße ist der Meinung, daß Hegel diesen
Gegensatz nicht kennt. Hegel verwerfe vielmehr ein der logischen Idee
gegenüber selbständiges Auch-nicht-sein-Könnendes, und da ihm der Inbegriff der Wahrheit das Nicht-nicht-sein-Könnende, das System der
absoluten Notwendigkeit ist, auch die Wahrheit des Gegensatzes von
Freiheit und Notwendigkeit überhaupt. Wenn Schelling also mit seiner
Konzeption vom System der Freiheit im Widerspruch zu Hegel steht,
so eben darum, weil er „als das allein wahrhaft Seyende und Wirkliche
das Auch nicht Seyn oder Auch anders seyn Könnende ausgesprochen
hat"[6]. In Weißes Augen war Schelling es auch, der die Berechtigung und
Wahrheit dieses Gegensatzes gegen Hegel anerkannte, und der zugleich
jedes der beiden Glieder als die Bedingung und Voraussetzung des
anderen ansah: Freiheit ist nur Freiheit, insofern sie sich auf einer ewigen
Notwendigkeit gründet und Notwendigkeit nur dann wahrhaft Notwendigkeit, wenn sie die Form und die Möglichkeit des Daseins und der
Wirklichkeit eines Freien ist. Mit dieser Verwiesenheit von Freiheit und
Notwendigkeit aufeinander ist aber keineswegs ihre absolute Gegen-
sätzlichkeit aufgehoben. Weiße lehnt ihre Versöhnung im Bereich des
Logischen ab. Deshalb meint er auch bestreiten zu können, daß dieser
Gegensatz in der Sphäre des Begriffs bei Hegel einen wahrhaften Aus-

---

[5] M 6.
[6] M 7.

druck gefunden hat. Folglich muß der Gegensatz erst in seiner eigentlichen Bedeutung herausgestellt werden; nur auf der Basis dieser Bedeutung vermag man nach der Möglichkeit seiner Versöhnung zu fragen.

Weiße will Gegensatz und Versöhnung auf eine von der Hegelschen
Logik nicht reflektierten Ebene stellen, nicht nur um seine Kritik an
Hegel zu legitimieren, sondern auch um die in dessen Philosophie verborgene Wahrheit ans Licht zu heben. Dies erscheint ihm um so notwendiger als er selbst unter Schelling-Schülern einige Verwirrung über
die Freiheitslehre ihres Meisters zu beobachten meint. Denn obwohl
gerade Schelling den Gegensatz von Freiheit und Notwendigkeit energisch herausgestellt und mit einer für Weiße noch nie dagewesenen Klarheit und Schärfe das eigentliche Prinzip des Hegelschen Philosophierens
artikuliert hat, mangelt der Anhängerschaft Schellings das Bewußtsein
von der grundlegenden Bedeutung dieses Gegensatzes für eine jede Philosophie. Den Hauptfehler, der in den Schülerkreisen Schellings gemacht
wird, sieht Weiße darin, daß das System der Notwendigkeit global verworfen wird, ohne daß danach gefragt worden wäre, inwiefern die Resultate desselben, obgleich in ihrer Einseitigkeit unwahr, den Anfang
und den Grund anderer Resultate abgeben und damit eine relative
Wahrheit haben könnten. Noch weniger hat man die Frage des richtigen
Verhältnisses der beiden Glieder des Gegensatzes von Notwendigkeit und
Freiheit aufgeworfen; deshalb kann von einer Lösung dieses Gegensatzes
erst recht keine Rede sein. Weiße nimmt sich vor, die Wahrheitsmomente
der Hegelschen Philosophie mit Schellings Lehre von der Freiheit zu
kombinieren, um in dieser Verbindung Hegel zu überschreiten und
Schelling gegen aufgebrochene Mißverständnisse zu schützen. Weiße erkennt an, daß in der „Schellingpartei" zwar das „Bewußtseyn über das
Vorhandenseyn des Gegensatzes rege und lebendig ist"[7], daß aber, weil
Schelling selbst noch nicht ein in dieser Richtung vollständiges System
vorgelegt habe, es sich aus seinen spärlichen Äußerungen nicht entnehmen
lasse, wie die Anerkennung dieses Problems zu seiner Lösung verhelfen
soll. Diese Aufgabe hat sich nun Weiße gestellt; er will Ansätze Schellings
zu einer künftigen Philosophie der Freiheit, die aus der Opposition gegen
Hegel entstanden sind, zu Ende führen. Er stellt sich bewußt auf den
Boden des Systems der Freiheit. Als das wahrhaft Seiende gilt auch ihm
das Auch-anders- oder Auch-nicht-sein-Könnende d. h. das wirklich Existierende. Demgegenüber verbleibt die kategoriale Begriffstotalität, die

---

[7] M 13.

die Logik Hegels formuliert, im Bereich des bloß Logischen, das von einer grundsätzlich anderen ontologischen Beschaffenheit ist, als die Wirklichkeit. Weiße hält eine Vermittlung des Begriffs und des Weltlichen, des Möglichen und des Freien in der Art des Hegelschen Vorgangs für unmöglich. Daher erfordert die Auseinandersetzung mit Hegel eine Neufassung des Logischen. Die „Grundzüge zur Metaphysik" beschäftigen sich mit diesem neuen Verständnis der reinen Formbestimmungen und verstehen sich als eine Wissenschaft von dem Nicht-nicht-sein-Könnenden d. h. dem Notwendigen. Die Metaphysik[8] soll als eine Wissenschaft von den notwendigen Denkformen erst die Grundlage für eine Philosophie der Freiheit abgeben[9]. Ihr Ziel ist es also, Prinzipien zu entwickeln, unter denen ein Übergang vom Logischen oder dem Gebiet der Notwendigkeit in das der Freiheit möglich ist. Diese Prinzipien begründen nicht nur die Vermittlung des Gegensatzes, sondern sind zugleich für die Konstitution seiner Glieder verbindlich. Die Metaphysik kann demnach nicht allein der wissenschaftliche Zusammenhang der reinen Denkelemente sein, sondern muß zugleich in den Begriff der Freiheit als dessen Begründung eingehen.

Die Problematik, mit deren Lösungen Weiße über Schelling und Hegel hinauszugehen trachtet, scheint ihm von seinen Zeitgenossen nicht genügend gewürdigt zu werden. Nach Weißes Meinung hat die philosophische Welt das Problem von Freiheit und Notwendigkeit nicht richtig erfaßt; daher glaubte er sich „berechtigt, unser Zeitalter im Ganzen und Allgemeinen des Unbewußtseyns über die philosophischen Aufgaben, um die es sich doch in ihm recht eigentlich handelt, zu zeihen. Unter den,

---

[8] Dieser Name erhält für Weiße seine Legitimation aus der Philosophiegeschichte. Weiße beruft sich auf Aristoteles, der unter diesem Titel den Bereich untersucht, zu dem das Seiende als solches, das bloß Seiende d. h. die Kategorien oder reinen Denkformen gehören, die dem Seienden inhärieren müssen, wenn es wirklich sein soll. Die Metaphysik hat es also mit den Begriffen des Seienden zu tun, nicht aber mit der Erkenntnis, wie Gott oder die Welt wirklich sind (vgl. M 18). Sie handelt von dem „Höchsten und Allgemeinsten auf eine Weise ... die nicht die eigentliche, positive Natur dieses Höchsten, sondern das, was jenseits dieser Natur liegt, die negative Basis und das ewige Gesetz der Notwendigkeit, ohne welche das Höchste weder das Höchste wäre, noch überhaupt wäre" (M 19). Im übrigen aber folgt Weiße der Identifikation von Logik und Metaphysik, wie sie auf Hegel zurückgeht (vgl. Log I,4 ff.).
[9] Vgl. M 13/14.

aus der philosophischen Bildungsschule des Systems der Notwendigkeit Hervorgegangenen namentlich darf sich wohl der Verfasser gegenwärtigen Werkes (der M Vf.) als den Einzigen nennen, welcher das Bewußtseyn von der Befangenheit des Systems innerhalb des Gegensatzes[10], den es überwunden zu haben meint, faßte, und unkundig noch der Opposition, die in entsprechendem Sinne Schelling dagegen zu erheben im Begriffe war, auf eine jetzt freilich von ihm selbst für unzureichend erkannte Weise dieses Bewußtseyn aussprach"[11].

2. Die Negativität der reinen Formbestimmungen

Mit der Gegenüberstellung des Logischen oder des Negativen und des Wirklichen oder des Positiven gewinnt Weiße den methodischen Ansatz seiner Philosophie. Von hier aus stellen sich für ihn die entscheidenden Fragen: Kann das Positive unmittelbar durch sich selbst wahrhaft erkannt werden, oder muß es erst im Begründungszusammenhang des Negativen, repräsentiert durch die Kategorien der Notwendigkeit, gesehen werden? Daran hängt die weitere Frage, in welcher Weise der Philosoph durch die Vermittlung des Negativen zum Positiven zu gelangen habe.

Weißes Methodologie versucht hierauf eine Antwort zu geben. Um ein System der Freiheit begründen zu können, muß dessen Möglichkeit Bedingungen unterworfen sein, die sich in den Formalstrukturen des Hegelschen Systems der Notwendigkeit denken lassen. Die Wahrheit der Logik Hegels erkennt Weiße in dem „Begriffe…, welchen (diese) von der subjektiven oder formalen Seite der Wissenschaft"[1], d. h. von dem System der Kategorien des Erkennens gefaßt hat. Den Irrtum sieht er aber darin, daß Hegel die Idee auf dem Vollendungspunkt des absoluten Wissens als das absolute Subjekt der logischen Bewegung für die Objektivität der realen Wirklichkeit selbst ausgegeben hat. Nach Weißes Überzeugung kann die Idee aber nur die Funktion haben, Grund aller Denkmöglichkeit bzw. Denknotwendigkeit des wirklich Seienden zu sein. Er

---

[10] Gemeint ist das Hegelsche System.
[11] M 12. Weiße bezieht sich hier auf seine im Jahre 1829 erschienene Schrift Über den gegenwärtigen Standpunkt der philosophischen Wissenschaft.
[1] M 15.

wendet sich gegen den Anspruch der Identitätsphilosophie, die das philosophische Bewußtsein am Ende seines logischen Entwicklungsganges auf das Niveau der Einheit von Denken und Sein erhebt. Die Momente des Denkens machen in ihrer Systemeinheit nicht das Seiende selbst schon aus, sondern nur das begriffliche System der Notwendigkeit, das im Fortgang der Wissenschaft als ein negatives erkannt wird[2], dessen spezifisches Sein sich ausschließlich in den von Weiße bezeichneten Grenzen der Metaphysik präsentiert. „In formaler und subjektiver Hinsicht"[3] denkt er also in den Kategorien des Systems der Notwendigkeit, in „realer und objectiver Hinsicht"[4] aber in den Formen eines Systems der Freiheit. Das Notwendige ist in Wahrheit nur als Negatives denkbar, dem nicht positive Wirklichkeit zugesprochen werden darf. Wirklichkeit kommt nur dem Freien und Positiven zu, dessen Existenz aber allein durch die Vermittlung des Negativen, durch die Bedingungen des Notwendigen möglich ist.

Es erscheint deshalb konsequent, wenn Weiße die negative Notwendigkeit hypothetisch als ein Nichtseiendes bestimmt. Zwar nicht von Schelling selbst, aber aus den Kreisen seiner Schüler[5] wurde eingewandt, daß schon das bloße Dasein einer Wissenschaft vom Notwendigen einen Widerspruch gegen das System der Freiheit darstelle. Man hat ihm vorgehalten, daß eine Wissenschaft, erst recht aber die Philosophie der Freiheit sich ausschließlich mit dem Seienden oder positiv Wirklichen beschäftige. Weiße sieht aber keinen Widerspruch darin, das Nichtsein des Notwendigen zum Gegenstand einer Wissenschaft zu machen. Er verspricht, die Auflösung des für ihn nur scheinbaren Widerspruchs mit dem Entwicklungsgang der Metaphysik zu geben. Die Demonstration des Notwendigen als des Nichtseienden soll zum Begriff der Freiheit als des Inbegriffs des wahrhaft und wirklich Seienden erst hinführen. Um diesen Beweisgang antreten zu können, nimmt Weiße die Denkmittel Hegels in Anspruch. Seinem Ansatz gemäß subsumiert er die Hegelsche Logik unter die Negativität der Notwendigkeit. Wenn es gelingt, aus ihr die Positivität der Freiheit zu deduzieren, kann die metaphysische Wis-

---

[2] Vgl. M 15.

[3] M 15.

[4] Ebda.

[5] Es handelt sich hier um Männer wie I. H. Fichte, Carl Philipp Fischer, Sengler und Stahl. Vgl. A. Hartmann 24 ff.

senschaft auch von dem Schein der Widersprüchlichkeit befreit werden, Nichtseiendes in ihre Objekte aufzunehmen.

Zwei Aspekte bestimmen bis hierher den Gegenstand der Metaphysik; sie handelt einmal von dem schlechthin Notwendigen, dem Nicht-nicht-sein-Könnenden oder Nicht-anders-sein-Könnenden, welchem zum anderen der Charakter des Nichtseienden zukommt, das in der Sphäre des Logischen zwar auch ein Seiendes ist, aber nur im Sinne eines Wesenlosen und Unwirklichen. Die geistesgeschichtliche Rechtfertigung, einen Begriff des seienden Nichtseins als absolute Notwendigkeit zu denken, hat Weiße ja aus der Konfrontation des Hegelschen und Schellingschen Systems gewonnen; zwischen ihnen möchte Weißes Lehre vermitteln. Bei Hegel hat die Notwendigkeit eine schlechthin positive — weil positive und negative — bei Schelling eine nicht nur negative Wahrheit. Seinen eigenen Begriff von Notwendigkeit entfaltet Weiße in einer Reihe von Überlegungen. Gegenstand, Objekt bedeutet zunächst das vom reflektierenden Erkennen Vergegenständlichte; die Vergegenständlichung bewegt sich innerhalb des Gegensatzes von Subjektivität und Objektivität. Doch muß man einen Schritt weitergehen; dieser führt auf den Unterschied von reflektierendem Bewußtsein und spekulativer Erkenntnis und auf die Aufhebung dieses Unterschieds.

Der reflektierend-verobjektivierende Verstand hat an den Kategorien der Metaphysik ,Sein', ,Nichts', ,Werden' oder den großen metaphysischen Endbegriffen wie ,Leben', ,Bewußtsein', ,Freiheit' seine Grenze. Diese Grenze hebt sich für ihn zugleich aber auf. Denn dem Verstand, der diese Begriffe als Objekte reflektiert und sich zugleich von ihrer Notwendigkeit für alles Erkennen und somit auch für das Erkennen ihres eigenen Wesens vergewissert, entsteht die Einsicht, daß er jene Objekte nur dann wahrhaft zu denken vermag, wenn er m i t ihnen denkt. Das verständige Denken erkennt, daß die von der Reflexion verobjektivierten Kategorien nur unter der Voraussetzung eben dieser Begriffe gedacht werden können. Indem das Bewußtsein von der Notwendigkeit dieser Objekte für ihr eigenes Erkanntwerden wie für jede Erkenntnis weiß, enthüllt es damit ihren Voraussetzungscharakter. Begriffe wie ,Sein', ,Nichts', ,Werden' usw. können eben nur unter der Voraussetzung der Kategorien ,Sein', ,Nichts' und ,Werden' gedacht werden. Das Erkennen ihrer Notwendigkeit macht dem Bewußtsein offenbar, daß diese zur Konstitution des Bewußtseins selbst gehören. In demselben Reflexionsakt also, der die Objektivität jener genannten Begriffe herstellt, wird deren Objektcharakter zugleich aufgehoben und wieder in die Subjektivität

dieses Aktes eingezogen, sobald sie selbst als Voraussetzung ihres Ge-
dachtwerdens ins Wissen treten. Denn sie liegen als Konstituentien des
Bewußtseins immer schon aller Verobjektivierung durch die Reflexion
voraus. Die Nötigung des Bewußtseins, diese Begriffe als notwendige
und nicht-nicht-sein-könnende zu vergegenständlichen, bringt es vor die
Notwendigkeit, diese Begriffsobjekte als Voraussetzung für die Möglichkeit ihres Erkanntwerdens zu denken. Hierin liegt „die Befreiung des
Bewußtseyns von ihnen als Objecten, die Gewißheit, daß das Seyn dieser
vermeintlichen Objecte das eigene Seyn des Bewußtseyns ist"[6].

Mit diesen Worten scheint Weiße ein den Intentionen der Hegelschen Logik analoges Ziel zu verfolgen. Denn er ist hier der Auffassung,
daß die Metaphysik in der Bestimmung ihrer Begriffe die Korrespondenz,
ja die Identität der von dem reflektierenden Erkennen gesetzten kategorialen Objektivität mit der ihrerseits kategorialen Konstitution der Subjektivität herzustellen hat, eine Beziehung, ohne welche weder ein Bewußtsein noch ein Sein denkmöglich wären. Aber die metaphysische
Wahrheit zeigt bei Weiße in einem doppelten Sinne einen nur negativen
Charakter. Zum einen erweist sich die vom reflektierenden Bewußtsein
erzeugte Objektivität als eine „verschwindende"[7]. Die Kategorien der
Metaphysik sind nichts als Formen und Gesetze eines anderen positiv
wirklichen Seienden; nur in ihrer begrifflichen oder logischen Qualität
können sie als seiend bezeichnet werden; niemals sind sie aber selbst ein
selbständig Wirkliches. In ihrem wesenlosen und unwirklichen Sein sind
sie nur für ein Anderes. Die Negativität der metaphysischen Inhalte legt
sich Weiße auch in der weiteren Hinsicht der Struktur des verständigen
Bewußtseins nahe. Hier erfolgt im Selbstverständnis Weißes der eigentliche Bruch mit Hegel. Insofern sich die metaphysische Betrachtung den
kategorialen Objekten des vergegenständlichenden Verstandes zuwendet,
richtet sie sich auf sich selbst als die Weise ihres verständigen Seins, das
in seiner ontologischen Verfassung die Bedingung aller Objektivationen
ist. Aber dieses Sein des Bewußtseins ist für Weiße nichts Positives. Die
Metaphysik definiert nicht wie bei Hegel die Objektivität des Denkens,
das im Vollziehen seiner logischen Bewegung das Sein seines Selbstbewußtseins ergreift. Die Kategorien und ihr systematischer Inbegriff, die
Negativität der Notwendigkeit oder die Idee des negativen Absoluten,
bleiben etwas ausschließlich Subjektives und ihre metaphysische Wahrheit

---

[6] M 31.
[7] M 35.

eine des „Nichtseyns, welches nicht das Seyn; aber ohne welche auch das Seyn nicht das Seyn wäre"[8].

Weiße hat den Umschlag Hegels von Möglichkeit in Wirklichkeit, von der an den Reflexionsstandpunkt gebundenen Subjekthaftigkeit der Vernunftbegriffe in die sich selbst durchsichtige Objektivität der absoluten Subjektivität nicht mitvollziehen wollen, obwohl er sich terminologisch immer in größter Nähe zu Hegel befindet. Diese Nachbarschaft ist aber, wie sich bald zeigen wird, nicht nur eine terminologische. Weiße teilt beispielsweise Hegels Verständnis des im philosophischen Bewußtsein der Neuzeit institutionalisierten Cartesianischen Zweifels, in welchem die Reflexion und die kritische Funktionalität des Denkens sich ihrer selbst gewiß sind. Weiße sagt von den Kategorien, daß „sie von selbst sich verstehende sind"[9]. Ein Zweifel an ihrer Wahrheit ist ausgeschlossen oder ein Widerspruch in sich. Denn eine sie in Frage stellende Erwägung operiert schon eben mit jenen Begriffen, die sie in Zweifel ziehen möchte. Dem Vollzug des endlichen Bewußtseins sind diese von der Metaphysik als negativ definierten Formen immanent[10]. Das Bewußtsein ist als zweifelndes noch im Modus seiner subjekthaften Endlichkeit befangen, die aber immer schon von der metaphysischen Kategorialität ihrer Vorfindlichkeit durchbrochen und daher mit ihrer sie transzendierenden Aufhebung vermittelt ist.

Die hier intendierte Vermittlung treibt Weiße aber auf den Ansatz Hegels zurück. Das zeigt sich besonders deutlich an Weißes Konstruktion des Verhältnisses von Metaphysik und formaler Logik, die auf derselben ontologischen Ebene der Endlichkeit liegt wie das zweifelnde Bewußtsein. Die Logik gibt demnach wissenschaftliche Rechenschaft über die Funktionen des endlichen, denkenden Geistes ab. Der Philosoph sieht ihre wissenschaftliche Aufgabe darin, die Gesetzlichkeit des Tuns des natürlichen und reflektierenden Bewußtseins aufzuzeigen, und die Regeln, denen dieses Bewußtsein unterworfen ist, zu formulieren. Der Übergang von Logik und Metaphysik ist dann hergestellt, wenn es dem Philosophen gelingt, „mit dem Begriff des endlichen zugleich auch den des unendlichen, d. h. des speculativen Denkens und Erkennens zu erklären"[11]. Es gilt, das endliche Erkennen in dem unendlichen und das

---

[8] M 35.
[9] M 36.
[10] Vgl. M 36.
[11] M 79.

unendliche in dem endlichen Denken zu verstehen. „Denn die innere, wahrhafte Natur des endlichen Denkens besteht eben darin, sich über sich selbst hinauszutreiben und zum speculativen zu erheben"[12]. So verstanden ist die Logik nicht nur Erkenntnislehre des endlichen Denkens, sondern als diese zugleich der der Metaphysik als Seinslehre (Ontologie) vorangehende Systemteil.

Von hier aus entwickelt Weiße den Übergang von Logik und Ontologie in einer Weise, die der spekulativen Synthese von Subjekt und Objekt Hegels gleichkommt. Die Logik hat die Erkenntnistätigkeit des natürlichen Bewußtseins, das sich im Gegensatz zwischen Subjektivität und Objektivität befindet, in ihrem Wesen und ihrem Tun bewußt zu machen. Für die Begründung der Metaphysik als Ontologie ergibt sich für Weiße schon hier der „alles entscheidende Satz"[13], daß „alles objective Erkennen auf doppelter Negation beruht, daß es ein Verneinen des Verneinens ist"[14]. Auch die kategorial angelegte Subjektivität des endlichen Erkennens kann an dieser Objektivität teilhaben. Wenn angenommen wird, daß das Wesen oder die Substanz des objektiven Denkens nur das Ich als endliches Subjekt ist, so ergibt sich für ein diese Substanz reflektierendes Bewußtsein die idealistische Folgerung, daß aller objektiver Erkenntnisinhalt dem Ich als der ‚meinige' angehört. Unter dem idealistischen Aspekt muß die Tätigkeit des endlichen Subjekts, das ‚meine' Erkenntnisinhalte vergegenständlicht, als eine Verneinung angesehen werden, denn es stößt das, was im Bewußtsein zunächst nicht dieses selbst ist, nämlich das ‚Meinige' als das Objekt seiner Erkenntnis von sich ab. Diese Tätigkeit erscheint demnach als ein „Herauswerfen des an sich Substanzlosen und nur Modalen aus der Substanz"[15]. Die Negation erweist sich aber bald als die Negation ihrer selbst, d. h. sie „schlägt sogleich in ein Bejahen um"[16]. Indem das erkennende Ich seine Objekte veräußert, setzt es sie sich als negative gegenüber. Im Vollzuge dieser Objektivation als Verneinung erkennt das Subjekt das ihm negative Fremde zugleich als ein positives Anderes an. Daher erscheint die Verneinung, die in dem „Herauswerfen" des vom Ich verobjektivierten Inhalts bestand, zugleich als eine Bejahung und als die Anerkennung, „daß

---

[12] M 79.
[13] M 81.
[14] Ebda.
[15] Ebda.
[16] Ebda.

es außer dem Subjecte eben auch noch Etwas giebt"[17]. Die Termini ‚Verneinung' und ‚Bejahung', die sich auf die Tätigkeit des Ich beziehen, erhellen die Subjekt-Objekt-Struktur des herausgesetzten Etwas. Die Verneinung, das „Herauswerfen" aus dem Ich, macht zusammen mit der Affirmation des von der Substanz der endlichen Subjektivität vergegenständlichten Objektes deutlich, daß die neben der Substanz des Ich nun aufgetretene neue Substanz einen die Subjektivität wie Objektivität umfassenden Begriff begründet. Dieser Sachverhalt ist dem endlichen Bewußtsein noch nicht durchsichtig. Gleichwohl umgreift die vom Ich gedachte Substanz des Objektiven schon das subjektive und das objektive Element in einem, weil sie sich in der Verneinung durch die endliche Subjektivität konstituiert, die zugleich die affirmative Erzeugung ihrer Manifestation als positiver Objektivität ist. Als eine solche steht die veräußerliche Substanz noch auf der Stufe des Ansich oder der objektiven Subjekt-Objekt-Einheit. Erst wenn diese noch substanzielle Einheit vom Ich in das Fürsich seiner Selbstgewißheit eingeholt worden ist, entsteht der Begriff der mit der setzenden Subjektivität vermittelten und daher ihrer selbst bewußten Einheit von Subjekt und Objekt.

Dieser nach identitätsphilosophischem Muster vollzogene Übergang vom Ansich zum Fürsich soll näher beleuchtet werden. Das Schema, nach dem er verläuft, gilt sowohl für die allgemeine Erkenntnis von Gegenständen wie für das spezielle Sich-Denken der Subjektivität in der Selbstreflexion. Indem das Ich sich im Objekt setzt und dieses mit seiner Subjektivität durchdringt, ist es aus seiner Endlichkeit herausgetreten und zur spekulativen Einheit von Subjekt und Objekt geworden. Die Gewißheit, daß dem natürlichen oder endlichen Bewußtsein objektive Erkenntnisse durch die vom Ich ausgehende, negative Setzung der Objekte entstehen, die zugleich die Verneinungen des Ich durch die Objekte bedeuten, in denen Ich die Erfahrung von dem macht, was Nicht-Ich ist, hebt als Wissen von der für die endliche Subjektivität widerständigen Objektivitätsschranke diese Schranke selbst auf: „Eben diese Einsicht nämlich von der Befangenheit des natürlichen Bewußtseyns in den Schranken des subjektiven Ich, innerhalb welcher Schranken alles, was dort Erkenntnis heißt, nicht anders als (— nach dem Satze: determinatio est negatio —) durch die Verneinung an der Substanz dieser Subjectivität gewonnen werden kann; — was ist sie anders, als eine ausdrückliche Erhebung über diese Schranken, die a l s Schranken doch wohl

---

[17] Ebda.

nur eben von einem Solchen gewußt und ausgesprochen werden können, für welches die Schranken nicht mehr Schranken sind?"[18] Indem
das Ich die Schranke als Schranke erkennt, ist es über das natürliche
Bewußtsein hinaus und hat die Objektivität in sich als logisches Bewußtsein eingeholt. Auf dem Standpunkt der Metaphysik wird offenbar, „daß
das erkennende Ich wahrhafte Subject-Objectivität ist"[19]. Aus dem endlichen Denken ist das spekulative geworden.

Weiße ist der Meinung, daß die nun erreichte subjektiv vermittelte
Objektivität das „nackte, kahle Seyn"[20] ist, das in seiner spekulativen
Vereinigung mit dem Ich nichts von seiner Negativität einbüßt. Von
diesem Sein nimmt das negativ verstandene System der Notwendigkeit
seinen Anfang. Gerade aber die Negativität der sich an das Sein an-
schließenden reinen Formbestimmungen verbietet nach Weiße einen Rückfall in Hegels Identitätsthese, die Denken und das positiv wirkliche Sein
vermitteln will.

Es bleibt aber zweifelhaft, ob Weiße mit der Umorientierung der Metaphysik als negativer Formwissenschaft in Wahrheit einen Gegenentwurf zu Hegel geliefert hat. Einige Überlegungen sollen zeigen, daß ein
gegen Hegel gerichtetes Alternativsystem, das zugleich auf seinen Prinzipien aufbaut, nicht möglich ist. Hegel hat die Einheit von Subjekt und
Objekt als Selbstbewußtsein Gottes entfaltet, das in seinem Denken sich
selbst Wirklichkeit gibt. Gott ergreift sich in der Selbstreflexion seiner
Objektivität als absolutes Ich. Die Identitätsthese von Denken und Sein
versteht sich erst von diesem in sich selbst vermittelten Absoluten her,
das sich im Denken als das Sein geworden ist, zu dem es sich verwirklicht hat. Nur auf der Höhe des absoluten Idealismus, wo endliches und
unendliches Erkennen vereinigt sind, hat die Theorie einen Sinn, daß das
Ich sein Objekt ganz in sich aufnimmt und sich an seine Stelle setzen
kann, weil es selbst immer schon die absolute Einheit von Subjekt und
Objekt ist. In seiner Möglichkeit oder in seiner logischen Negativität,
um in der Terminologie Weißes zu bleiben, ist es als zu sich kommendes
Selbstbewußtsein zugleich die Positivität seiner Wirklichkeit geworden.
Die kategoriale Dialektik führt in allen ihren Momenten auf die Struktur der in ihrer Negativität sich positiv voraussetzenden Subjektivität.
Die Identität von Denken und Sein ist bei Hegel hermeneutisch nur aus
dem Gottesproblem und seiner Lösung im Begriff zu erklären.

---

[18] M 84.
[19] M 85; vgl. Log I, 110 ff.
[20] M 85.

Die Kritik Weißes an Hegel ist aber von einer Hermeneutik bestimmt, die sehr viel niedriger ansetzt, als es das Gottesproblem erfordern würde. Weißes Einwände fixieren sich an dem vermeintlich unrealistischen Objektivitätscharakter der Kategorien, ohne daß deren Bezug auf das Absolute in einer methodisch einheitlichen Fragestellung reflektiert wäre. Erst n a c h d e m er, wie er meint, die reinen Denkbestimmungen von ihrer ungerechtfertigten Realitätsanmaßung gereinigt hat, gewinnt er seine ontotheologischen Positionen. Daher kann er die ‚Grundzüge' als ein Werk verstehen, das sich vornehmlich mit der Problematik der Kategorien auseinandersetzt, und seine Vorschläge zur Verbesserung der Hegelschen Kategorienlehre isoliert von dem für sie schlechthin konstitutiven inneren Zusammenhang mit dem Absoluten abhandeln. Er gibt erst in der Konsequenz und auf dem Boden der von ihm für notwendig befundenen Korrekturen einen Begriff des Absoluten, den er seiner Gottesbeweiskonstruktion zu Grunde legt. Sein System der Ontotheologie, auf das später zurückzukommen ist, scheint ihm deshalb überzeugend, weil er zuvor die nach seinem Verständnis erforderliche Konsolidierung des Kategorienbegriffs geleistet hat[21]. Weiße kann Hegel kritisieren, weil er die hermeneutische Basis von dessen Logik verfehlt. Für Hegel sind das Kategorien- und Gottesproblem eine Einheit, die auch nach einer einheitlichen Lösung verlangen. Es ist unsinnig, in Gott die Möglichkeit von seiner Wirklichkeit absolut zu trennen, und den Unterschied von Negativität und Positivität auf Gott selbst anzuwenden. Denn Hegel knüpfte an den Gottesbegriff gerade die Erwartung, mit ihm die im Denken aufgebrochenen Gegensätze zu versöhnen. Bleibt auch die methodische Ausgestaltung dieses Begriffs bei Hegel im einzelnen fragwürdig, so ist die Lehre von der göttlichen Selbstverwirklichung als solche unanfechtbar. Da es immer nur Gott ist, der sich in den konkreten Gegensätzen des Denkens und der Geschichte der Philosophie verwirklicht, können die Gegensätze nach Hegel versöhnt werden. Diese Theorie der Versöhnung setzt allerdings die Möglichkeit der Deduktion der Gegensätze

---

[21] Daß es Weiße vornehmlich um die methodologische Abklärung des Begriffs der Kategorie geht, zeigen M 556 f. sehr deutlich. Er kritisiert den transzendentalen Idealismus Kants, weil dieser versucht hat, die Verstandesbegriffe aus der Unvordenklichkeit der Subjektivität abzuleiten, statt sie umgekehrt als Prinzipien zu verstehen, die das Ich allererst konstituieren. Da die Kategorien das Denken konstitutionsanalytisch erst ausmachen können, — so argumentiert Weiße —, ist auch ihr richtiges Verständnis die Bedingung für einen zweifelsfreien Begriff des Denkens.

und Unterschiede aus dem Absoluten voraus. Hegel geht es nicht darum,
den in den verschiedenen Denkbreichen faktisch vorhandenen Antago-
nismen nachträglich die Konstruktion eines Gottesbegriffs überzustülpen,
in dem diese ihren Ausgleich finden, sondern die Differenzen aus der
Apriorität des Absoluten abzuleiten und sie als ein daraus hervorgehen-
des System der Kategorien verstehbar zu machen. Nach der vorliegenden Untersuchung ist nicht die Faktizität der göttlichen Selbstverwirklichung problematisch — diese war durch den causa-sui-Begriff seit
Spinoza Allgemeingut der neuzeitlichen Philosophie — sondern die
Modalitäten, welche die Hegelsche Theorie dieser Verwirklichung charak-
terisieren. Die Notwendigkeit, Differenz und Gegensatz aus dem Absoluten deduzieren zu müssen, soll eine Versöhnung denkbar sein, hat Hegel mit unübertroffener Klarheit gesehen. Freilich vermag er in Gott
kein Prinzip des Unterschiedes anzugeben, das Gott aus der Bewegung
der kategorialen Differenzen herausheben würde. Hegel verbindet so
sehr den Begriff der Kategorie mit dem des Absoluten, das beide letztlich
nicht mehr zu unterscheiden sind. Für Weiße hätte die Aufgabe darin
bestehen müssen, die Kategorien als Modifikationen des A b s o l u t e n
zu kritisieren und das Hegelsche Prinzip ihrer Deduktion in Frage zu
stellen. Gerade hier setzt aber seine Kritik nicht ein.

3. Die Positivität des Wirklichen

Weiße bestimmt die Totalität der Kategorien als das negative Absolute,
das selbst nicht wirklich ist, aber Wahrheit und Geltung als Form und
Gesetz alles Daseienden, Wesenhaften und Wirklichen hat. Die Aufgabe
der Metaphysik besteht darin, diese Totalität als die Notwendigkeit
aufzuzeigen, die sowohl der Funktionalität des Bewußtseins zu Grunde
liegt wie auch die transzendentale Konstitution des Seienden ist. Sie hat
die transzendentalen Voraussetzungen, die für das Bewußtsein und für
das Sein unerläßlich sind, in den Begriff zu heben. Gegenstand dieser
Wissenschaft ist das Kategorialsystem selbst, das den Akten des reflektierenden Bewußtseins als unmittelbares Substrat vorausliegt, und von
dem erst der Philosoph durch die Metaphysik wissen kann. Dieser Gegenstand ist zunächst objektlos, weil er logisch der Subjektivität und ihren
Objekt setzenden Tätigkeiten vorhergeht. „Indem als Gegenstand der
Metaphysik das, was an sich nicht Gegenstand ist, der Begriff als solcher,
der reine gegenstandslose abstracte Begriff ausgesprochen wird, so wird

sie hiermit als Wissenschaft des reinen Denkens apriori bezeichnet"[1]. Der
Versuch einer Deduktion der Positivität der Freiheit und der Wirklichkeit wird darüber Aufschluß geben, wie und unter welchem Prinzip die
Kategorien für alles Denken und alles Wirkliche bestimmende Gültigkeit
besitzen können.

Weiße erläutert das Verhältnis der Metaphysik zu ihrem Gegenstand,
dem ‚gegenstandslosen Begriff', indem er darauf hinweist, daß die Hegelsche Philosophie zwischen Vernunft und Vernunftwissenschaft mit der
Absicht unterscheidet, diesen Gegensatz zu überbrücken[2]. Hegel hat die
Wissenschaft der Vernunft als die alle Wissenschaften umfassende Idee
konzipiert. Die universale Geltung der Vernunftwissenschaft ist nur
möglich, weil die Vernunft selbst in den Konkretionen der anderen
Wissenschaften den Primat absoluter Vorgängigkeit behauptet. Daher
muß das Wesen der Vernunft vor aller anderen Wissenschaft Gegenstand
einer Wissenschaft werden, in der wieder nur die Vernunft absolutes
Prinzip sein kann. Die Vernunftwissenschaft, die dem Wesen der Vernunft auf Grund von Vernunft nachgeht, ist Wissenschaft als solche, indem sie die Vernunft in der Selbstreflexion auf sich selbst bezieht. Die
Logik repräsentiert diese Wissenschaft als Selbstbeziehung der Vernunft
im Absoluten. Von hier aus vermag Hegel Vernunft nicht nur als notwendiges Prinzip der Immanenzstruktur der Subjektivität, sondern auch
als die transzendentale Logizität des objektiven Seins zu denken.

Nach Weiße ist der Inhalt der Vernunft das System der Notwendigkeit oder der Bestand der Kategorien als negativer Totalität. Die Formbestimmungen sind vorerst nur Funktionen des Bewußtseins. Dem natürlichen Denken gehören sie als Besitz zu, durch den es fähig wird, von
den Gegenständen der empirischen oder überhaupt verobjektivierten
Welt zu abstrahieren und Allgemeinbegriffe zu bilden, die zur begrifflichen Erkenntnis der äußeren Wirklichkeit nötig sind. Auch die Einsicht,
daß die Formen Bedingungen der Selbsterkenntnis des Ich sind, ändert
zunächst noch nichts an ihrem instrumentellen Charakter. Die metaphysische oder Vernunftwissenschaft hat die Aufgabe, diese Funktionen des
Bewußtseins zu formulieren und systematisch zu ordnen.

An dieser Stelle wird deutlich, daß Weiße die Vermittlung des Logischen mit dem Wirklichen im Logischen selber durch einen Rückgriff auf
Kant aufzubrechen versucht. Kategoriale Negativität hat nichts weiter

---

[1] M 38.
[2] Vgl. M 38 ff.

zu besagen als die auf die Einheit subjektiven Erkennens hinbezogene
Funktionalität der reinen Verstandesbegriffe. Doch schon hier verläßt
Weiße den Boden Kantischen Denkens. Denn die Formen sind ihm
nicht nur Verstandes- sondern zugleich Vernunftbegriffe. Sein Seinsbegriff deckt sich keineswegs mit der kritizistischen Lehre, Existenz
habe sich vor der kategorialen Instanz des Denkens in Verbindung mit
dem Vermögen ‚Sinnlichkeit‘ zu verantworten. Die Möglichkeit oder
Funktionalisierung der reinen Formbestimmungen und damit auch der
Bestimmung ‚Sein‘ schließt für Weiße nicht die ontologische Erweiterung
von Sein über den empiristisch reduzierten Existenzbegriff des Kantischen Idealismus aus. Sind die Verstandesbegriffe der KdrV ausschließlich an dem raumzeitlich Gegebenen und sinnlich Erfahrbaren orientiert,
dessen objektive Gültigkeit das Denken in synthetischen Urteilen fest-
stellt, prädiziert Weißes Begriff ‚Sein‘ — der hier stellvertretend für die
anderen metaphysischen Kategorien steht — die Objektivität aller Dinge,
die das Bewußtsein als Nicht-Ich erkennt. Erst auf dieser Ebene der
Generalisierung des kritizistischen Existenzbegriffs zur allgemeinen Form
von Objektivität überhaupt trifft Weiße wieder mit Kant formal zusammen. Wie bei Kant so hat auch bei Weiße das Sein nicht den Charakter eines Prädikats, das einem Etwas nur angehängt wird, denn dieses
Etwas ist als Seiendes ja schon vorausgesetzt. Sein fungiert als die
Kopula im Urteil, ohne die weder ein Subjekt noch ein Prädikat möglich
wären. Die Kategorie enthält nicht die Gewißheit, daß „wirklich Etwas
ist“, in dem Sinne, als handele es sich um ein konkretes Etwas, sondern
„daß, dafern überhaupt Etwas seyn soll, dieses Etwas dann auch seyn
muß“³. Wird in der KdrV das Sein des Seienden durch die Analytik
bestimmt, so liegt Sein im Weißeschen Entwurf allen Objektivationen
zu Grunde, zu denen auch das Sein des Bewußtseins gehören kann. Die
Kopula drückt die metaphysische Denknotwendigkeit ‚Sein‘ als Ermöglichungsgrund von Etwas aus; Sein ist als ontologische Bedingung jeder
Objektivität inhärent. Umgreift die Kategorie auch das Sein der Subjektivität, in dem Ich sich vorgegeben ist, so hindert nichts, die reine
kategoriale Form vom Ich als seine Funktion zu verabhängigen. Weiße
wendet sich sehr entschieden gegen die Hypostasierung des ontologischen
Anfangs der Metaphysik; das Sein ist niemals Subjekt von Urteilen,
deren Prädikate aufzufinden das Geschäft der übrigen Philosophie aus-

³ M 111.

macht, sondern als Kopula im Urteil abhängige Funktion vom urteilenden Subjekt.

Weiße hat also das subjektive und funktionelle Verständnis der Kategorien von Kant übernommen und auf die Denkform seiner Metaphysik übertragen, um gegen Hegel die Negativität des Logischen methodologisch zu rechtfertigen, zugleich aber die identitätsphilosophische Theorie der Vernunftbegriffe beibehalten, die Subjektivität und Objektivität in einem ontologischen Prinzip zusammenführt. Versteht man die Kategorien als Funktionen, muß man die Wirklichkeit des mit ihnen operierenden Bewußtseins voraussetzen. Für das wirkliche Bewußtsein hat das System der Notwendigkeit dann die Eigenschaft des „Werkzeug(s)"[4]; es ist Werkzeug des Subjekts für die Erzeugung von Erkenntnissen. Die Wirklichkeit des Denkens hat dabei den Charakter unableitbarer Lebendigkeit und Freiheit.

Aber Weiße hat sich ja mit einer kantianisierenden Interpretation der reinen Formbegriffe nicht begnügt, sondern versucht, mit ihrem neu gewonnenen Verständnis die Identitätsthese Hegels zu verbessern. Mit der Funktionalisierung der Denkformen wehrt er die seiner Auffassung nach phantastischen Fehldeutungen ab, das Logische zu verwirklichen, zu der sich Hegel verstieg. Wird der Begriff auf seine bloße Gedanklichkeit reduziert, in der seine Ontologizität lediglich in der vom subjektiven Denken je und je aktualisierbaren Fungibilität besteht, läuft man nicht mehr die Gefahr einer unhaltbaren Realisierung des Logischen. Nun erst kann für Weiße der wahre Gegensatz von Begriff und Wirklichkeit oder Freiheit aufbrechen, dessen Versöhnung die spekulative Philosophie als ihre höchste Aufgabe ansieht. Erst auf der Basis d i e s e s Gegensatzes läßt sich eine Identitätstheorie aufstellen, die fähig ist, die Gegensätze in Wahrheit zu schlichten.

Trotz der methodologischen Vorbehalte, die Weiße Hegel gegenüber anmeldet und zur Grundlage eines eigenen Entwurfes machen will, handelt er die Kategorien seiner Metaphysik in engem Anschluß an die Hegelsche Logik ab. Diesen Anlehnungen, in denen er Hegel zugleich überschreiten möchte, soll hier nachgegangen werden, um seiner Konstruktion der Vermittlung von Negativität und Positivität ansichtig zu werden.

Weiße entwickelt die Systematik der Denkbestimmungen in dieser Doppelung; sie sind als Funktionen des Subjekts zugleich die Wesensbe-

---

[4] M 85.

stimmungen, die die Objektivität des Ich ausmachen. Die Kategorien
haben also in sich schon ein negatives und ein affirmatives Element.
Diesen Sachverhalt erläutert Weiße an der Beziehung von Sein und
Nichts. In seiner Kategorialität ist das Sein das absolute Negative, das
reine Nichts selbst; es bildet mit den anderen Kategorien die Totalität
des negativ Absoluten, das aber nicht nur Nichts ist, sondern zugleich
absolute Bejahung und Bedingung der Wirklichkeit in einem lebendigen
Bewußtsein. Ohne das negative Absolute, als Begriff der Denknotwendigkeit, welcher allein für ein wirkliches Subjekt Wahrheit hat, wäre Wirkliches nicht wirklich. „Nur in einem Lebendigen, in einem Bewußtseyn
gesetzt, werden sie (die Kategorien), nicht zwar zu etwas Positivem,
wohl aber zur Position als solcher. Ohne sie ist keine Position denkbar,
wiewohl sie, für sich selbst betrachtet, das reine Gegentheil alles Positiven
sind"[5]. Ist an dieser Stelle ihr negativer Charakter Index für ihre Funktionalität, so bezieht sich ihre Positivität hier noch auf die objektive
G e l t u n g , von der sich die denkende Subjektivität in synthetischen
Urteilen vergewissert und daraufhin zu affirmativen Wirklichkeitser-
kenntnissen kommt. Die Anerkennung positiver Wirklichkeitsgeltung
gehört aber für Weiße noch in den Verifikationsbereich subjektiver Funktionen. Doch sind die Geltungskategorien, die einem Subjekt lediglich
affirmative Erkenntnisse vermitteln können, mit den Konstitutionskategorien identisch, durch die das Seiende gleichzeitig in der Positivität
seines Seins ontologisch begründet wird. Nicht in der funktionellen Rück-
bindung an ein geltungsanalytisches Bewußtsein, sondern in ihrem für
das Sein konstitutiven Wesen liegt die eigentliche Positivität der reinen
Formbegriffe. Vermag Weiße die kategoriale Verschränkung von funktioneller Negativität und der Positivität des Wirklichen in objektiv gültigen Erkenntnissen an den Bestimmungen Sein und Nichts zu explizieren, so sind diese Formen für ihn gleichzeitig Repräsentanten ihrer
konstitutionellen Positivität. „Wie der Gedanke des Seyn selbst, so ist
auch die Nichtigkeit dieses Gedankens nicht eine subjective Reflexion,
die der Geist des Menschen über den etwa von Außen ihm gegebenen
oder an ihn gebrachten Gedanken macht, sondern sie ist eben die Wahrheit
dieses Gedankens, so daß, den Inhalt des Gedankens in seiner Nichtigkeit erfassen, ihn in seiner Wahrheit erfassen heißt"[6]. Es hat nun auch

---

[5] M 86.
[6] M 117.

für Weiße wenig Sinn, die Charaktere ,Funktion' und ,Konstitution' als parallele Eigenschaftsbestimmungen der reinen Formen unverbunden nebeneinander zu stellen, ohne nach dem ontologischen Prinzip des jeweiligen Charakters und seiner Beziehung zum anderen zu fragen. Das Prinzip der Negativität und Funktionalität ist das subjektive Denken, welches sich in Konfrontation zu einer ihm transzendenten Außenwelt befindet und sich mit Hilfe der Kategorien ein objektiv gültiges Bild von der Wirklichkeit erstellt. Dagegen muß das Prinzip, auf Grund dessen die Denkbestimmung zur Konstitutionskategorie wird, noch gefunden werden. Es bleibt also noch die Frage, wie es möglich ist, daß die Formbegriffe nicht allein Bedingungen der Erkenntnis, in denen die Wirklichkeit lediglich als Erscheinungsweise objektiver Geltung auftritt, sondern darüberhinaus die Bedingungen des Seins und seiner freien Wirklichkeiten sind. Weißes Antwort lautet: diese Möglichkeit existiert als die freie Wirklichkeit Gottes.

Gemäß der methodischen Eigentümlichkeit der Weißeschen Metaphysik, die Analyse der Kategorien den Begriffen und Zusammenhängen vorzuordnen, in die sie später eingehen und von denen sie innerlich schon vorgängig bestimmt werden, erscheint das Prinzip der konstitutionskategorialen Struktur der Formbestimmungen erst am Ende ihrer Entwicklung. Im Gegensatz zu Hegel, der auf der im vorhinein reflektierten hermeneutischen Basis des Absoluten, das Negativität und Positivität umgreift, die logische Bewegung entfaltet und daher keinen Zweifel an dem ontotheologischen Sinn des Kategorienbegriffs aufkommen läßt, konstruiert Weiße aus den Bestimmungen der ontologischen Verfassung des von allen anderen Sachbezügen isolierten Begriffs der reinen metaphysischen Form die Theorie des wirklichen und freien Gottes. Aus diesem Grunde soll hier der Methode Weißes zunächst noch gefolgt und nach weiteren Grundzügen seiner Kategorienlehre gefragt werden; hieran schließt sich die Analyse der göttlichen Wirklichkeit und Freiheit an.

Der wissenschaftliche Anfang der Metaphysik ist die Vermittlung von Sein und Nichts. Dem Sein fehlen alle Bestimmungen, da es weder als Subjekt in einem Urteil auftreten, noch als Prädikat einem Subjekt zugeordnet werden darf. Wie bei Hegel ist Sein daher identisch mit Nichts. Daß die Elemente dieser Identität aber schlechthin zusammenfallen, „ist und bleibt ein schroffer Widerspruch", der „schlechterdings gelöst werden muß"[7]. Dieser Widerspruch hebt sich jedoch auf, wenn

---

[7] M 121/122.

klar wird, daß Sein, insofern es Nichts ist, als absolute Differenz zu sich
selbst unmittelbar mit sich zusammengeht. Weiße prägt dafür den Ausdruck: „Seyn mit immanenter Negativität"[8]. „Es ist so zu sagen das
Seyn als eine durchscheinende flüssige Natur gefaßt"[9]. Die hier vorliegende „speculative Vereinigung"[10] des Seins mit seinem Gegenteil hatte
Hegel ,Werden' genannt. Die Kategorie, die der Dialektik von Sein und
Nichts entspringt, repräsentiert für Hegel die Selbstbewegung des Begriffs,
deren Movens nicht im freien Denken eines lebendigen Subjekts begründet liegt, sondern im „eigene(n) Thun der Kategorien"[11]. Obwohl Weiße
die begriffliche Selbstbewegung als eine realistische Hypostasierung des
Logischen Hegel zum Vorwurf macht, übernimmt er von ihm dennoch
die dialektische Methode. So besteht für ihn eine der wesentlichen Aufgaben der Metaphysik darin, die einzelnen Kategorien aus ihrer Besonderheit zu lösen und ihre gegliederte Einheit als Idee darzustellen. Die
Dialektik ermöglicht es, daß die Kategorien nicht zu einer toten An-
häufung von Einzelbestimmungen werden, sondern zu Gliedern einer in
sich vermittelten Gesamtheit[12]. Weiße hat Hegel das Verdienst zugesprochen und ihn dafür immer gelobt, den dialektischen Zusammenhang
unter den Kategorien sichtbar gemacht zu haben. Die Hegelsche Dialektik arbeitet er in sein metaphysisches Konzept ein. Jede im System
neu auftretende Bestimmung hat die ihr vorangehende, aus der sie sich
entwickelt hat, als aufgehobenes Moment in sich und schlägt nun selbst
in eine neue um. Der Hegelsche Terminus ,aufheben' enthält auch für
Weiße die Doppelung von Verneinung und Bejahung. Die sich aus sich
entfaltenden Momente negieren die je vorangehende Logosstufe nicht
nur, sondern halten diese als ein zu ihrer Selbstkonstitution notwendiges
Element in sich fest. Die Kategorien haben den aufgehobenen Gegensatz
in sich selbst. Die absolute Idee umfaßt die Totalität der Gegensätze und
ihrer Vermittlungen.

Auf der Stufe des e n d l i c h e n Bewußtseins und seiner Formen ist
die Rede vom S i c h-Vermitteln der Momente aber noch unsachgemäß.
Denn hier herrscht noch kategoriale Negativität, der nicht die dialektische Kraft zugesprochen werden kann, welche die einzelnen Momente

---

[8] M 122.
[9] M 122/123.
[10] Ebda.
[11] M 123.
[12] Vgl. M 67.

des metaphysischen Prozesses ineinander überführt. Man kann die Dialektik hier noch nicht als das eigene Tun, als das Werk der Selbstvollbringung der Kategorien betrachten. Die nach ihren Gesetzen sich vollziehende Bewegung wird vielmehr erzeugt durch die freie Tat des menschlich-endlichen Geistes und eben nicht von einer den kategorialen Strukturen immanenten Macht. Hegel hat die Kategorien, die für Weiße in Wahrheit nur Objekt des dialektisch denkenden Geistes sind, zum Subjekt des logischen wie des wirklichen Prozesses, zur Bewegung des Begriffs wie zu der der Sache gemacht. Aber das kann für Weiße nur heißen: das Nichtseiende in ein Seiendes zu verwandeln. So erscheint auch die Dialektik in ihrer Nichtigkeit[13]. Die dialektische Einheit der Idee ist nicht als „absolut konkreter Inbegriff aller positiven und substantiellen sowohl, wie aller negativen und formalen Wahrheit" zu verstehen, sondern lediglich als negatives Formabsolutes. Dem Vorwurf, Hegel habe den „unendlich reiche(n) Inhalt der Welt . . . zur Methode und zum Formalismus der Wissenschaft (verflüchtigt)"[14], muß sich auch dessen Dialektik stellen. Die Identität des „Formalprinzip(s) der Wissenschaft" und des „Realprinzip(s) des Seins"[15], die das System der Notwendigkeit auf der Stufe des logischen Absoluten zu denken behauptet, muß nach Weiße als die Identität von Funktionalität und Konstitutionalität der Kategorien erst noch gefunden werden. Sie läßt sich aber nur finden, wenn man das Prinzip ausfindig macht, unter dem sie allein Identität von Negativität und Positivität sein kann. Da das Negative für sich nicht zu bestehen vermag, hat das gesuchte Prinzip einen notwendig positiven Charakter, von dem die Negativität abhängig ist. Für Weiße kann allein der in Wahrheit wirkliche und freie Gott dieses Prinzip verkörpern. Aus diesem Grund kommt nun alles darauf an, dieser Wirklichkeit einen ontologischen Ausweis zu geben.

Weiße gewinnt die Begründung dieser Wirklichkeit zunächst durch eine gegenüber Kant und Hegel vollzogene Modifikation der Kategorienlehre. Er läßt die reinen Formbestimmungen in den Begriffen Raum und Zeit aufgipfeln, deren Deduktion er noch 1835 überzeugend gewährleistet sah. Obwohl Weiße später hat zugeben müssen, daß ihm eben diese „metaphysische Ableitung des Raum- und Zeitbegriffs noch nicht

---

[13] Vgl. M 68 f.; 71.
[14] M 70.
[15] Ebda.

vollständig gelungen ist"[16], hat er die Kategorialität von Raum und Zeit
in dem 20 Jahre später erscheinenden Werk der Philosophischen Dogmatik beibehalten und darauf den Begriff der wahrhaften Wirklichkeit

---

[16] Sendschr. 184.
Im Blick auf das Folgende seien hier einige Bemerkungen angefügt, die die
Raum-Zeitkategorie im Zusammenhang von Weißes Philosophie ein wenig
näher beleuchten sollen. Alle Möglichkeit der Erkenntnis und des Daseins
ist von Grundbedingungen abhängig, die sich am Ende des kategorialen
Prozesses zur „Urmöglichkeit" oder zum „Urkönnen" zusammenschließen.
„Diese Bedingungen, die als Urformen alles Daseins und Geschehens dem
Möglichen eine Gestaltung geben, ehe denn es ist oder geschieht", und die
Weiße auch Idee genannt hatte, „sind jenes Absolute der reinen Vernunft,
welches die philosophische Speculation zu allen Zeiten als ihren ersten und
eigentlichen Gegenstand bezeichnet hat, ohne daß es ihr bis jetzt gelungen
wäre, seinen Begriff in der Reinheit, wie wir es hier thun, herauszustellen" (Dog I, 325).
Weiße ist der Meinung, daß die Beseitigung dieser Mängel in einer Theorie
von Raum und Zeit liegen müsse, in der sie als Kategorien das Sein der
Wirklichkeit legitimieren. Diese Theorie hat er wiederholt zu geben versucht
(vgl. M 96; schon 1833, IdG 75 ff.). Weiße hat aber auf den Einwand des
jungen Lotze zugeben müssen, daß ihm die schlüssige Deduktion des Raum-
Zeitbegriffs nicht gelungen ist (vgl. Sendschr. 184). Lotze hat Weiße entgegengehalten, daß sich weder die Kategorialität der Anschauungsformen
ableiten lasse, noch aus einer vermeintlichen Kategorialität dieser Formen
ihr Dasein. Eine Fortbestimmung der Kategorien zum Dasein kann es
nicht geben, gleichgültig unter welchen Voraussetzungen man immer ein
solches meint denken zu müssen. „Das Eigene der Ausdehnung und Alles,
was am Raume Räumliches ist, wird sich nimmermehr aus dem gleich-
förmigen Fortgang dialektischer Entwicklung herleiten lassen; es ist vergeblich, die Continuität, den plastischen Hintergrund, den die metaphysischen Kategorien, um actual ihrem Begriff zu entsprechen, brauchen,
aus ihnen selbst herzuleiten. Hier, wenn irgendwo, wird von der Dialektik
Etwas gefordert, was keineswegs in ihr liegt, und es ist an dieser Stelle
der Metaphysik ein Abschnitt, den keine Macht der Gedankenentwicklung
continuirlich zu übergleiten im Stande ist" (Kl. Schr. I, 102).
Raum und Zeit können auch nicht in irgendeiner Weise ‚Sein' repräsentieren, denn der Seinscharakter dessen, was diese Formen erfüllt, darf nicht
auf sie selbst übertragen werden. Sie sind für Lotze nur (vgl. 103/104)
apriorische Formen der Anschauung in einer jeden möglichen Erfahrung.
Kant hatte die Anschauungsformen Raum und Zeit und die reinen Verstandesbegriffe unterschieden, eine Unterscheidung, die Weiße — wie noch

und Freiheit Gottes aufgebaut. Die Aufnahme von Zeit und Raum in den Gottesbegriff soll dessen Wirklichkeit gerade hervorheben. Weiße spielt damit auf die von ihm damals schon gesehene Schwäche der Hegel-

---

zu zeigen ist — ablehnt, während sie Lotze als einen der „lichtvollsten Gedanken dieses Philosophen (Kant)" (Kl. Schr. I, 103) bezeichnet.

Außer der Anerkennung des Einwandes Lotzes im Sendschreiben an I. H. Fichte (vgl. 184) und den wohl mehr programmatischen Äußerungen in der Philosophischen Dogmatik, die weitgehend das schon in den ‚Grundzügen' Gesagte wiederholen, hat Weiße allerdings nichts mehr zu einer Verbesserung seiner Ansichten vorgetragen. Wenn wir an das anknüpfen, was er in seiner Dogmatik zum Raum-Zeitproblem sagt, finden wir, daß er diesen Mangel auch hier noch empfunden hat.

Eine Skizze dieses Versuches soll hier gegeben werden. Den Begriff des Absoluten gewinnt man nicht durch eine Beiordnung der mathematischen Grundbegriffe — wie Weiße Raum, Zeit und Zahl auch nennt (vgl. M 21; 96; 350 ff.) — als für sich bestehender Wesenheiten, sondern der „Begriff dieses Absoluten wird vielmehr in seiner Vollständigkeit erst durch eine methodische Dialektik gewonnen, die jene Begriffe ihrerseits als Momente in ihm enthalten zeigt" (Dog I, 328). Obwohl es ihm nicht gelang, diese methodische Dialektik aufzufinden, mußte sich dennoch eine solche nach seiner Überzeugung als Grundform der logischen Kategorialbewegung nachweisen lassen. In einer dialektischen Systematik gipfelt der gesamte Inhalt der Metaphysik, der zwar nicht das positive Absolute selbst schon ist, das sich seinerseits aber „mit wissenschaftlicher Wahrheit in keiner Weise ohne (ihn) erkennen läßt" (Dog I, 328). Weißes Theorie vom Absoluten hängt also an der Demonstration, daß die Deduktion der mathematischen Grundbegriffe innerhalb der Metaphysik überzeugend geleistet werden kann. So hoch veranschlagt er die Bedeutung dieser Begriffe, daß er meint, ihre „Verkennung" habe „die Irrungen des speculativen Dogmatismus . . . in der gesammten Geschichte der bisherigen Philosophie und Theologie" zur Folge gehabt (Dog I, 328). Weiße meint hier vor allem Hegel, dessen Auflösung des Wirklichen in den Begriff er mit Hilfe von Raum und Zeit rückgängig zu machen versucht.

Der Versuch einer Lösung des Problems, die Positivität der Wirklichkeit zu denken, wird durch die Frage eingeleitet, was es denn heißt, in der Zeit bzw. im Raume zu sein (vgl. M 96). Realität heißt dasjenige, was die Zeit und den Raum erfüllt. Den Gedanken der Realität oder des positiven Seins vermag man widerspruchslos zu denken, wenn man den Begriff der Möglichkeit der Raum-Zeiterfüllung gefunden hat. Dieser ist identisch mit dem System der Möglichkeit alles Seins und Geschehens, das Weiße ‚Urmöglichkeit' oder ‚Idee' nennt. „Dieser Begriff . . . mit dem Namen der absoluten Idee, oder auch des Absoluten schlechthin bezeichnet, ist in Wahr-

schen Logik an, die diese Begriffe übergeht. Im Folgenden kann es sich nicht darum handeln, die Eignung von Raum und Zeit als Kategorien zu prüfen, sondern um die Frage, ob diese Termini tatsächlich in der Lage sind, die Wirklichkeit Gottes ontologisch zu tragen. Soll diese Frage positiv entschieden werden, muß man zeigen können, daß aus ihnen die Wirklichkeit Gottes hervorgeht und durch sie konstituiert wird. Diesen Beweis versucht Weiße in Auseinandersetzung mit Kant zu geben. Aus seinem Verhältnis zu Kant in dieser Frage wird klar, warum es ihm notwendig erscheint, Raum und Zeit zu kategorialisieren.

heit kein anderer, als der Begriff der Gottheit. Aber er ist es in der Weise, welche durch die gesammte Beschaffenheit dieser Erkenntnissphäre mit Nothwendigkeit bedingt wird. Das heisst: er ist noch nicht der Begriff der wirklichen, er ist nur erst der Begriff der möglichen Gottheit" (Dog I, 331). Die Bedingungen der Möglichkeit für alles reale Dasein schließen sich zu der Möglichkeit des einen Urwesens zusammen; sie sind „nur die Möglichkeit eines lebendigen und persönlichen Urgeistes, in dessen Wirklichkeit die Möglichkeit aller Dinge enthalten und aufgehoben ist" (Dog I, 332). Hier wird klar, warum Weiße so großen Wert auf die Kategorialität von Raum und Zeit legt. Sie sind Zielbegriffe des Systems der Möglichkeit, das als Möglichkeit schlechthin für alle Realität Geltung hat, wenn Realität ihrem Begriff genügen will. Die absolute Möglichkeit wird als der ‚mögliche Gott' definiert. Raum und Zeit schließen also gedanklich den Begriff des möglichen Gottes ab, in dessen Urmöglichkeit die Möglichkeit für alles das liegt, was Raum und Zeit erfüllt, für alle Wirklichkeit. „In dem Begriffe Gottes ist alle Realität vereinigt: das heisst, in der Einen, nach allen Seiten und in allen Beziehungen schrankenlosen, unendlichen und sich selbst genügenden Urmöglichkeit, welche nichts anders, als die alleinige Möglichkeit Gottes, oder welche, wie wir allerdings auch sagen dürfen, Gott selbst, aber eben nur als möglicher, als die reine Möglichkeit selbst ist, — in ihr liegt, zugleich mit den Unendlichkeiten … des Raumes und der Zeit, auch die unendliche Möglichkeit der Erfüllung dieser Unendlichkeiten" (Dog I, 332/ 333). Gelingt es nicht, Raum und Zeit aus rein metaphysischen Voraussetzungen zu deduzieren, so muß auch der Ansatz Weißes scheitern, daß die Realität, um real zu sein, das logische Subjekt aller Möglichkeiten d. h. den möglichen Gott zur Bedingung haben muß. Außerdem wird im Folgenden der Anspruch geprüft werden müssen, ob Raum und Zeit als Rekapitulationskategorien der Metaphysik in Wahrheit Bedingungen sein können, die die Wirklichkeit der absoluten Subjektivität Gottes in der Weise auszeichnen, daß diese den Begriff ihrer Notwendigkeit in Freiheit zu transzendieren vermag.

Raum und Zeit lassen sich als Möglichkeit von Etwas nicht denken, wenn in ihre Möglichkeit antizipativ nicht schon das hineingenommen wird, zu was sich ihre Möglichkeit als Möglichkeit verhalten soll: die Realität. Nun sind nach Kant auch die reinen Verstandesbegriffe nur unter der Voraussetzung sinnvoll, daß es überhaupt das Seiende der Anschauung gibt. Doch macht Kant den Unterschied zwischen den reinen Verstandesbegriffen und den Begriffen der reinen Anschauung. Raum und Zeit können auf keine Weise gedacht werden, wenn nicht schon das Gegebene der Sinnlichkeit existiert, das der Form ihrer Möglichkeit entspricht, nämlich Räumliches und Zeitliches. Die reinen Denkformen machen dagegen die Möglichkeit des Denkens von Etwas und damit wahrer Urteile erst aus. Das tun zwar auch Raum und Zeit. Mit dem Bewußtsein von der Notwendigkeit der Verstandesbegriffe verbindet sich aber nicht die Gewißheit, daß es auch etwas ihrer Form schon Entsprechendes geben muß, sondern nur die Einsicht: will man ein wahres Urteil über ein Gegebenes der Anschauung fällen, ist dieses nur möglich, wenn es den reinen Verstandesbegriffen genügt. Die Kategorien garantieren im Zusammenhang mit Raum und Zeit, die im Gegensatz zu jenen Formen der Rezeptivität des menschlichen Denkens sind, nur widerspruchslose Denkbarkeit oder die Möglichkeit objektiv-gültiger Urteile, nicht aber setzen sie schon die Bestimmtheit eines Daseins voraus, das ihrer Form entspricht. Eine Bestimmtheit des Daseins kann ihrer Aufstellung nicht vorausgesetzt sein, sondern nur folgen, denn erst durch sie wird das Denken von Bestimmtheiten möglich. Raum und Zeit sind die subjektiven Bedingungen der Sinnlichkeit, unter denen allein Gegenstände als Erscheinungen angeschaut werden können[17].

Der Begriff ‚Erscheinung‘ drückt die Angemessenheit der in der Anschauung gegebenen Gegenstände mit den subjektiven Bedingungen der Apperzeption, mit den reinen Anschauungsformen aus. „Denn daß Gegenstände der sinnlichen Anschauung den im Gemüt apriori liegenden formalen Bedingungen der Sinnlichkeit gemäß sein müssen, ist daraus klar, weil sie sonst nicht Gegenstände für uns sein würden.“[18] Die in der Anschauung gegebenen Gegenstände können aber nur ‚für uns‘ sein, wenn an ihnen diejenige Elementarstruktur sichtbar wird, zu der Raum und Zeit die notwendigen Formen sind. Raum und Zeit bezeichnen also nur eine notwendige Weise der Korrespondenz zwischen dem

---

[17] Vgl. B 130.
[18] B 131.

Vermögen der Anschauung und einem Gegebenen der Sinnlichkeit; sie sind immer schon mit der raum-zeitlichen Bestimmtheit des Gegenständlichen vermittelt. Eine den reinen Verstandesbegriffen analoge Vermittlung fällt deswegen dahin, weil die Kategorien in der Spontaneität der Apperzeption auf das Element des Gegebenseins nur für die Objektivität der Geltung von Erkenntnissen angewiesen sind, nicht aber rückwirkend vom rezeptiv Anschaubaren derart bestimmt werden, daß das Gegebene dem Denken den Charakter einer synthetischen Handlung und die grundsätzlich-ontologischen Formen vorschreibt, in denen sich diese Handlung kategorial manifestiert. Vielmehr wird das Gegenständliche an die synthetische Spontaneität des Denkens, das apriori d. h. bereits vor der Berührung mit dem Wahrnehmbaren in spezifischer Weise kategorial bestimmt ist, nachträglich herangetragen, um Erkenntnisse zu machen[19]. Die reinen Anschauungsformen existieren demgegenüber nicht als selbständige Bestimmungen, die wie die reinen Verstandesbegriffe losgelöst von aller Erfahrung abgeleitet werden können, sondern vertreten nur die formale Entsprechung des materiell Gegebenen mit den Bedingungen der erkennenden Subjektivität[20].

Weiße aber will wahrhaben, daß „der Raum … unabhängig von den concreten Dingen, deren allgemeine formale Voraussetzung und gleichsam deren Gefäß er ist, als Totalität in sich selbst, ein, wenn auch nur ideales, rein begriffliches Bestehen" hat[21], wie die anderen Kategorien. Die Umdeutung der Anschauungsformen in Kategorien wird aus der Funktion erklärbar, die die Metaphysik für die Ableitung der freien Wirklichkeit Gottes innehat. Haben bei Kant Raum und Zeit den Sinn, die Notwendigkeit des rezeptiv Erfahrbaren erkenntnistheoretisch zu legitimieren, so sollen sie im Weißeschen Denken die Objektivität des Gegebenen und die Wirklichkeit des Wirklichen in den spontanen Akten des Denkens erst begründen. Als auf die endliche Subjektivität hinbezogene Funktion ist diese Begründung freilich nur erst eine negative und formale, die die Positivität des Wirklichen lediglich in subjektiven Erkenntnisvollzügen anerkennt. Die Wirklichkeit selbst ist dem Denken noch äußerlich. Der nächste und entscheidende Schritt, der die Negativität in die positive Macht der Seinssetzung transformiert, wird der sein, die Kategorien dem Prinzip der freien

---

[19] Vgl. B 102 f.
[20] Vgl. B 176 ff.
[21] M 351.

Wirklichkeit Gottes zu integrieren, unter dem sie die Realmöglichkeiten alles Seins sind.

Die philosophische Dogmatik, in der die Bedeutung von Raum und Zeit für die Theologie Weißes am schärfsten hervortritt, gibt ihnen den Stellenwert von Konstituentien Gottes. „Zahl, Raum und Zeit, die unendlichen und unbedingten Gegenstände einer reinen Vernunftanschauung, die mit dem Bewußtsein begleitet ist, daß, was in ihr geschaut wird, in keiner Weise nicht sein oder anders sein kann, als es ist: sie sind, so zu sagen, die Grund- und Kerngestalten jenes Absoluten, jener unbedingten und unendlichen Möglichkeit des Daseins und Geschehens, welche die speculative Vernunft als das positive Prius aller erfahrungsmäßigen Wirklichkeit vorauszusetzen sich genöthigt findet."[22] Doch als Gedankenbestimmungen sind Raum und Zeit nur das begriffliche, wenn auch positive Prius der Wirklichkeit Gottes, noch nicht diese selbst. Es ist nun Weißes Bemühen, den Übergang vom Prius in die Wirklichkeit Gottes zu finden und das göttliche Sein als ein im spekulativen Sinne raum-zeitliches zu demonstrieren.

Weiße geht dabei auf Gedankengänge zurück, die Kant in seiner vorkritischen Schrift über den einzig möglichen Beweisgrund niedergelegt hat. Seine Fragestellung ist mit der Kants im Jahre 1763 ähnlich. Es muß einen Grund für die Übereinstimmung zwischen der Notwendigkeit und Möglichkeit des Erkennens und der Seinsmöglichkeit alles Daseins geben; dieser Grund ist zugleich notwendig die Bedingung der Möglichkeit des Seins überhaupt, zu dem man auch das Sein Gottes rechnen muß. Wie Kant läßt Weiße diese Übereinstimmung aus dem Begriff ‚Möglichkeit' hervorgehen, den er mit Hilfe des Satzes vom Widerspruch definiert. Dieser Satz drückt aus, daß weder ein sich selbst Widersprechendes wahrer Erkenntnis angehören, noch daß es eine sich selbst widersprechende Wirklichkeit geben kann. Der Satz vom Widerspruch hat somit Geltung für das Denken und für die Objektivität des positiven Seins. Das Mögliche als das Nicht-sich-selbst-Widersprechende ist die nicht anders sein könnende Bedingung des Erkennens wie der Wirklichkeit und muß deshalb zugleich als Prinzip ‚Notwendigkeit' gedacht werden. Notwendigkeit des Denkens und Möglichkeit des Daseins sind „Wechselbegriffe"[23]. Koordinierte Kant 1763 den Satz des Widerspruchs und die Gewißheit, daß es überhaupt Etwas gibt, mit dem Begriff der Möglich-

---

[22] Dog I, 327 ff.
[23] Dog I, 271/72; 320.

keit, ohne den es kein Denken geben würde, und leitete er daraus die
Existenz des notwendigen Wesens ab, verbleibt für Weiße dieser Begriff
des Denkens und folglich auch der der Notwendigkeit noch im Bereich
der formalen Negativität, zu der das positive Äquivalent erst noch aufgefunden werden muß. Der Begriff der Möglichkeit erweist sich noch
„als einer und derselbe mit dem Begriffe der ganz nur negativ gefassten
Nothwendigkeit"[24]. Die Basis für den Umschlag in die Positivität[25] legt
Weiße durch eine Konstruktion, die er in das seins- und erkenntnisbe-
gründende Denken hereinträgt, von dem Kant 1763 die Existenz des
notwendigen Wesens abhängig machte. Weiße bleibt zwar nicht verborgen, daß Kant den einzig möglichen Beweisgrund in der KdrV selbst
kritisiert hat. Trotzdem hält er an dem Anspruch des vorkritischen Kant
fest, aus dem Denken auf irgendeinem Wege, die Möglichkeit alles Erkennens und diejenige allen Seins abzuleiten. Er identifiziert dieses
Denken daher mit den Kategorien der Hegelschen Logik, die er in der
eigenen Theorie der Metaphysik von ihrem realistischen Mißverständnis
gereinigt zu haben glaubt. Damit setzt er an die Stelle des Denkens die
Konstruktion der Hegelschen Theorie der Subjektivität. Nachdem er

---

[24] Dog I, 319.

[25] Obwohl es nach Weißes ausdrücklicher Lehre keinen dialektischen Über-
gang zwischen dem Begriff und dem Bereich der freien Wirklichkeit gibt (vgl.
A. Hartmann 15 ff.; 33), kann er die Konsequenz eines solchen Übergangs
nicht vermeiden. Denn die Kategorien und Formbestimmungen, die der
Wirklichkeit gegenübergestellt werden, sind bereits von der ontologischen
Verfassung dieser Wirklichkeit, deren Freiheit sich dadurch auszeichnen soll,
wesentlich durch den Gegensatz zu den Formen bestimmt zu sein. Auch
Weiße sieht die Notwendigkeit, daß der Bruch von Denken und Sein, im
Denken selbst vorweggenommen werden muß, um das Verhältnis beider
Momente und die Möglichkeit der Bewegungsrichtung vom Denken zum Sein
zu bestimmen. Daher muß es in jedem Falle irgendeinen Übergang vom
Begriff zur Wirklichkeit geben, auch wenn Weiße seine Bestimmung als
einen dialektischen ablehnt. Gibt es aber irgendeinen Übergang, so zeigt eine
weitere Überlegung, daß dieser sich im Sinne der Dialektik Hegels vollziehen muß. Weiße vindiziert für die Formen ja nicht nur die dialektische
Methode, sondern auch die Kategorie ‚Sein'. Die Formen des Denkens
s i n d . Der dialektische Übergang vom Begriff zum Sein ist auch bei Weiße
je schon geschehen, weil die ontologische Bestimmtheit der Formen ‚Sein'
bereits enthalten und dadurch konstituiert sind. Somit ist der dialektische
Übergang, den Weiße ablehnt, die für die Formen konstitutive Bedingung.

dem Subjektivitätsbegriff Hegels mit den Bestimmungen Raum und Zeit eine erweiterte Kategoriengrundlage gegeben, die den Brückenschlag vom Logischen zur Wirklichkeit allererst ermöglichen soll, und der gesamten Formtotalität den Stellenwert eines nur negativen Absoluten angewiesen hat, sieht er sich im Stande, zur wahren Wirklichkeit und Freiheit Gottes zu kommen.

Bei dem Bemühen, den Begriff der freien göttlichen Wirklichkeit zu geben, wiederholt er aber nur die bekannte dialektische Vermittlung von endlichem Bewußtsein und metaphysisch-spekulativer Vernunft[26]. Dem Denken, das die Kategorien vergegenständlicht, entsteht die Erkenntnis, daß es diese Objektivation nur unter der Bedingung der bereits vorausgesetzten Kategorien tätigen kann. Das Denken vermag sich in das seiner selbst gewisse Wissen zu verwandeln, das Für-sich der reinen Formbestimmungen immer selbst schon zu sein. In diesem Wissen ist es absolutes Selbstbewußtsein, das sich in der reinen Aktualität des Auf-sich-Zurückkommens als „freie schöpferische Thätigkeit" Wirklichkeit gibt[27]. Die göttliche Wirklichkeit schließt das Sein allen Daseins ein. Sie ist der wirkliche und freie Geist, der als absolutes Denken oder der Inbegriff der negativen Formen zugleich die Macht hat, die Positivität des Seins zu setzen. Er repräsentiert den spekulativen Brückenschlag von Negativität in Positivität als das absolute positive Prinzip selber.

Weiße scheint selbst zu bemerken, daß sich dieser Gedankengang in nichts von Hegels Theorie der Subjektivität unterscheidet, nur daß er die in seiner Metaphysik vorgetragene Konzeption des absoluten Fürsichseins der Kategorien mit der Versicherung etikettiert, dieses nunmehr aufgestellte Selbstbewußtsein sei das Resultat einer wirklichen Setzung des wirklichen Gottes. Die Negativität schlägt für Weiße deshalb in Positivität um, weil die Kategorien als Funktionen der absolut freien Tat Gottes wirklich sind[28]. Die Tat, in der Gott sich durch Freiheit selbst tätigt, ermöglicht die Einheit von Funktionalität und Konstitutionalität der Formen. Man sieht, daß es sich hier nur um eine Umschreibung der Hegelschen Selbstvermittlung des Absoluten handelt. Die Versöhnung von Freiheit und Notwendigkeit, die in Hegels Logik zum Begriff führt, drückt nichts anderes aus, als eben diese Tat der freien Selbstverwirklichung Gottes in seinem Selbstbewußtsein.

---

[26] Vgl. M 556 ff.
[27] M 559.
[28] Vgl. M 562 f.

Weiße sieht wohl selbst diese Konsequenz; er hat ja versucht, sie durch die Integration von Raum und Zeit in die Metaphysik aufzufangen. Raum und Zeit sind für ihn die Bestimmungen der Wirklichkeit. Ihre Einfügung in den Gottesbegriff scheint die ontologische Ableitung dieser Wirklichkeit auch zu gewährleisten. Aber ein genaueres Hinsehen muß diese Hoffnung zunichte machen. Denn eine kategoriale Ableitung von Raum und Zeit aus dem Begriff des Absoluten hat Weiße nicht geliefert, sondern sie dem bereits vorhandenen Formenbestand nur angehängt. Das vielleicht berechtigte Motiv, den Hegelschen Monismus des Logischen aufzubrechen, kann nicht schon für die wissenschaftliche Legitimation einer Ableitung dieser Begriffe als Bedingungen des Positivitätsbeweises in Gott gelten. Unter der methodischen Prämisse der Dialektik ist es überhaupt nicht möglich, Zeit und Raum aus dem Absoluten zu deduzieren. Weiße gewinnt diese Begriffe im übrigen auch wohl mehr auf dem Wege einer Analogie, die ihm eine historische und nicht eine systematische Reflexion nahelegt. Vertreten bei Kant in der KdrV Raum und Zeit noch die für die denkende Subjektivität schlechthin objektive Widerständigkeit des Wirklichen, deren man nur rezeptiv habhaft werden kann, so sind sie zwar für Weiße nicht mehr Formen der Rezeptivität der Sinnlichkeit, wohl aber noch Repräsentanten der allgemeinen Objektivität des Wirklichen, die er zugleich für die Möglichkeit der Setzung der Wirklichkeit selbst hält, sofern sie dem Gottesbegriff angehören.

Generell definiert Weiße Wirklichkeit als Raum- und Zeiterfüllung. Als leere Formen gehören Raum und Zeit zur Metaphysik; als erfüllte sind sie identisch mit der von der Negativität des Logischen freien Wirklichkeit. In Gott sind sie als negative Bestimmungen zugleich die Realmöglichkeiten ihrer Erfüllungen und damit des Wirklichen selbst. Da Gott Raum und Zeit als Bedingungen alles realen und freien Seins enthält, ist er räumliche Totalität des Wirklichen und „Wirklichkeit in aller Zeit"[29]. Die absolute Zeiterfüllung oder die Gegenwart in aller Zeit schlägt um in den Begriff der Ewigkeit. Gott ist als zeit-räumliches Urwesen zugleich der Ewige[30]. Seine absolute Zeit- und Raum-Erfüllung transzendiert in Überzeitlichkeit und Ewigkeit, die aber als Allgegenwart zu jeder Zeit nichts von ihrem Seinscharakter als spezifisch zeitlicher

---

[29] M 561.
[30] Vgl. M 561.

Wirklichkeit einbüßt[31]. Mit dieser dialektischen Konstruktion des zeitlichen und ewigen Gottes meint Weiße einen entscheidenden Schritt über die Hypostasierung des bloß logischen Gottes Hegels hinausgetan zu haben.

Weiße ist selbstverständlich der Meinung, daß Raum und Zeit die Wirklichkeit alles Wirklichen nur in der systematischen Verbindung mit den anderen Kategorien begründen können. Gleichwohl haben diese Bestimmungen als spezifische Wirklichkeitskategorien einen besonderen metaphysischen Status. Ihre dialektische Integration in die Kategorienlehre verhindert aber, diesen Status auf dem Wege einer kategorialen Analyse herauszudifferenzieren. Weiße kann kein Kriterium für den Unterschied angeben, das den ontologischen Rang von Raum Zeit in besonderer Weise vor dem der anderen Kategorien auszeichnete. Daher kann man im absoluten Selbstbewußtsein Gottes, in dem die Kategorien für sich sind, für sie auch nicht in Anspruch nehmen, daß die Wirklichkeit Gottes in seiner Selbstsetzung durch sie spezifischer legitimiert wäre als durch die übrigen Bestimmungen. Die Kapitel über Raum und Zeit in den ‚Grundzügen‘ sind zwar voller historischer Reminiszenzen, — besonders muß die an Kant hervorgehoben werden —, welche die aus der Opposition gegen Hegel verständliche Bestrebung erklären, die Wirklichkeit vor der Auflösung in das Logische zu bewahren, aber nicht die von Weiße geforderte, überzeugende Deduktion der positiven Wirklichkeit liefern. Die Aufnahme der Raum-Zeit-Kategorie in die Metaphysik hat Weiße nicht in die Lage versetzen können, sich aus der Systembefangenheit herauszuwinden, die ihm Hegel diktiert. Er entwickelt wie Hegel die göttliche Wirklichkeit als das kategoriale Fürsich des absoluten Selbstbewußtseins. Die Vermittlung von Negativität und Positivität geschieht nach wie vor im Felde des Begriffs. Das Logische umfaßt auch bei Weiße Möglichkeit und Wirklichkeit.

---

[31] Weiße beruft sich auf Schelling, der sich dafür entschieden habe, „dies Absolute, das wahrhaft Seiende, nicht als das Außerräumliche und Außerzeitliche zu setzen, sondern als das Überräumliche und Überzeitliche in dem Sinne, daß zwar eine Negation des Raumes und der Zeit, aber eine ausdrückliche, dialektische Negation, eine solche, welche die Vorraussetzung des Negirten in sich schließt, darin enthalten ist. Jetzt, und erst jetzt, darf er (Schelling) den großen Satz aussprechen: ‚Die wahre Ewigkeit ist nicht die Ewigkeit im Gegensatze der Zeit, sondern die, die Zeit selbst begreifende und in sich als Ewigkeit setzende, Ewigkeit‘ " (Sendschr. 56/57; vgl. auch 223).

Auch hinsichtlich der Problematik der Freiheit ist Weiße dem System der Notwendigkeit nicht entronnen. Der Umschlag in die Positivität sollte ja zugleich den ontologischen Ort der göttlichen Freiheit sichern. Freiheit und Wirklichkeit Gottes, die Weiße synonym verwendet, löst er wie Hegel auf in den Prozeß der Selbstbewegung. Gott ist das „Setzen seiner selbst durch Spezification"[32], das er in der schöpferischen Tätigkeit seiner „freie(n) Tat" vollzieht[33]. Hier entstehen nun dieselben Schwierigkeiten, die bereits bei Hegel aufgefallen sind. Die Kategorien sollen im Verhältnis zueinander ja nicht der Zufälligkeit unterworfen sein; ihre Entwicklung ist notwendig. Notwendigkeit bezieht sich dabei nicht allein auf die ontologische Qualität der Formbestimmungen, sondern auch auf ihre Abfolge im Zusammenhang des Systems. Die Dialektik ist die notwendige Form der Beziehungen. Freiheit wird je schon von der Notwendigkeit ihres Begriffs verschlungen. Wie Hegel kann Weiße deshalb Freiheit nur in dem Fürsich der göttlichen Subjektivität sehen; die aber ist identisch mit dem Begriff der absoluten Notwendigkeit. Weiße wird dem eigenen Anspruch nicht gerecht, gegen Hegel einen Begriff der Freiheit aufzustellen, der die Notwendigkeit transzendiert und nicht mehr in ihrer kategorialen Abhängigkeit steht. Weiße, der den logischen Gott Hegels als den freien nicht anerkennt, hat dem eigenen Begriff von Gott das Prädikat der Freiheit lediglich angehängt. Denn daß der auf metaphysischem Wege, durch die Vermittlung der Raum-Zeit-Kategorie gewonnene Gott zugleich der absolute und freie ist, bleibt unter den philosophischen Voraussetzungen Weißes eine bloße Versicherung[34].

Da es Weiße nicht gelingt, das System der Notwendigkeit zu überschreiten, fällt auch die Vermittlung von Funktionalität und Konstitutionalität dahin. Die Kategorien sind immer schon die nicht mehr zu transzendierenden Seinsfaktoren ihres eigenen Seins, das zugleich das Sein der selbstbewußten Wirklichkeit Gottes ist. Sie sind daher immer schon konstitutionelle Bestimmungen. Unter diesen Umständen ist es überhaupt sinnlos, von der Negativität der reinen Formbegriffe zu reden. Ihre Negativität, womit Weiße ihren Möglichkeitscharakter meint, ist ja zugleich die absolute Wirklichkeit des Begriffs. Eine grundsätzliche Isolierung eines ontologischen Charakters, also die modaltheoretische

---

[32] M 561.
[33] M 562.
[34] Vgl. M 561.

Abhebung des Möglichen oder Logischen bzw. Negativen von dem Wirklichen als freier Positivität, die mit einer nach Kantischem Vorbild vorgenommenen Funktionalisierung der Kategorien verbunden ist, läßt sich nicht aufrechterhalten, weil die Dialektik die Momente in eine unauflösbare sich in sich voraussetzende Beziehung stellt. Der Rückgriff auf Kant muß deshalb mißlingen.

Weißes theoretisches Programm läßt sich in drei Punkten zusammenfassen, die miteinander zusammenhängen und aus der Kritik an Hegel entspringen. 1. Raum und Zeit sollen in die Metaphysizität gehoben werden, die den Kategorien eignet. 2. Dies geschieht zu dem Zwecke, gegen Hegel einerseits die Funktionalität der reinen Formen festzuhalten, um die Logifizierung der Wirklichkeit zu verhindern, andererseits, um auf der Basis der Raum-Zeit-Kategorie ein Kriterium der göttlichen Wirklichkeit zu haben. Denn werden Raum und Zeit in Gott einbezogen, und sind sie die Bedingungen der Wirklichkeitserfüllung, die Gott sich im Fürsichsein selbst gibt, können sie als die Substanz der Wirklichkeit in Gott gelten. Aber Weiße gelingt es gegen Hegel nicht, die Kategorialität von Raum und Zeit auszuweisen. Außerdem bestätigt gerade ihre Metaphysizierung Hegels Theorie von der logischen Selbstbewegung der absoluten Wirklichkeit in sich; Weißes Einwände verwandeln Raum und Zeit lediglich zu unausgewiesenen Anhängseln in dem begrifflichen Bereich der göttlichen Subjektivität. 3. Das Problem der Freiheit bleibt durch die Dominanz der Notwendigkeit nach wie vor unlösbar.

II. Weißes Theorie der Gottesbeweise

1. Der ontologische Beweis

Weißes Interpretation der Hegelschen Logik hat konstitutive Folgen für sein System der Theologie; die Korrekturen, die er an Hegel vornimmt, sind die systematischen Grundlagen für den weiteren Ausbau seiner theologischen Konzeptionen, vor allem in der Trinitätslehre und der christlichen Anthropologie. Das Verhältnis zu Hegel hat zunächst die Ontotheologie Weißes entscheidend bestimmt. In ihr entfaltet er den Ansatz, der seinem Hauptwerk, der philosophischen Dogmatik im Ganzen zu Grunde liegt. Die Auseinandersetzung mit Hegel geschieht demnach nicht um ihrer selbst willen, oder darum, ausschließlich auf dem Gebiete der Logik Systemänderungen zu diskutieren, die Hegel im Bereich der Kategorienlehre überschreiten. Man darf bei Weiße allerdings nicht übersehen, daß er die Alternative zu Hegel vorerst nur auf dem Boden kategorialer Reflexionen konstruiert, ohne daß seine theologischen Überzeugungen methodisch hier schon einen dominierenden Einfluß ausüben würden. Freilich sieht Weiße in dem Hegelschen System der Notwendigkeit die Möglichkeit des persönlichen und freien Gottes verstellt, den er mit den Mitteln philosophischen Denkens wieder zu seiner Würde verhelfen will. Der persönliche Gott ist aber für ihn kein Methodenprinzip, sondern eher eine inhaltliche Zielvorstellung, bei der er auf Grund einer abgesicherten Methodologie erst anzukommen hofft. Seine Vorwürfe gegen Hegels Logik sind allgemeiner; er moniert generell, daß dieser die Wissenschaft der Logik als Wissenschaft des Wirklichen überhaupt mißverstanden habe. Dies sei die Bedingung, daß auch die Wirklichkeit Gottes in einen Begriff aufgelöst werde, der bei genauerem Hinsehen lediglich den Stellenwert des Logischen beanspruchen dürfe. Eine Kritik an Hegel kann daher nur als eine Kritik an den Grundlagen geführt werden, die es ermöglicht, die realistischen Fehldeutungen des Formalen zu vermeiden. Vor aller inhaltlichen Ausgestaltung bestimmter philosophischer und theologischer Lehrgehalte legt Weiße deshalb mit Hilfe metaphysischer Analysen einen für alle weitere Wissenschaften verbindlichen Grund, der in dem seiner Auffassung nach gereinigten Kategorienbegriff besteht, welchen er in der Polemik gegen Hegels Theorie des Logischen gewinnt. Erst von hier lassen sich die wissenschaftstheoretischen Konsequenzen verstehbar machen, die auf dem Felde von Weißes Theologie zu beobachten sind. Es sind also niemals primär bestimmte Vorverständnisse aus den Gebieten der konkreten Wissenschaften, die Weiße dazu drängen, Hegels Logik zu verbessern. Er will vor allem den Funktionsbereich der Logik abstecken und gegenüber der Freiheit der Wirklichkeit eine eindeutige Grenze ziehen. Dieses Bemühen schlägt sich in seiner Ontotheologie nieder. Weiße hat nicht nur versucht, auf diesem Gebiet seinen metaphysischen Überzeugungen treu zu bleiben, sondern, die Theorie der Gottesbeweise einheitlich nach Maßgabe der logischen Positionen zu orientieren, die er Hegel abgerungen hat. Im Folgenden werden die Untersuchungen seiner Ontotheologie daher immer eng an die Ergebnisse seiner Metaphysik gebunden bleiben müssen, auf die sich letztlich auch wieder die Kriterien einer Kritik gründen.

Die materielle Basis, von der die wissenschaftliche Theologie auszugehen hat, ist die Gottesvorstellung der religiösen Erfahrung, deren Subjektivität in die Objektivität des erfahrenen und wirklichen Gottes gebunden ist. „Alle religiöse Erfahrung und aller Inhalt der göttlichen Offenbarung hängt zwar nicht subjectiv, wohl aber objectiv an dem Begriffe des einigen, lebendigen und persönlichen Gottes. Er wäre nicht, was er ist, ohne diesen Gott, und er kann nicht erkannt werden als das, was er ist, ohne die vorgängige Erkenntnis dieses Gottes"[1]. Für den Glaubenden sind die tatsächlich gegebenen Inhalte der religiösen Erfahrung und der göttlichen Offenbarung das in seiner Unmittelbarkeit auftretende Erste. Aber die Erkenntnis dieser Tatsachen ist nicht ein unmittelbar mit diesen Tatsachen schon Gegebenes, sondern ist vermittelt mit den Bedingungen der Möglichkeit metaphysischen Denkens überhaupt. Das ‚für uns' Erste der Offenbarung in der religiösen Erfahrung ist nicht zugleich das ‚an sich' Erste der wissenschaftlich verifizierten Wahrheit dieser Offenbarung. Die Offenbarungsinhalte enthalten schon diese nur mit der kategorialen Methode der Metaphysik aufzudeckende Wahrheit, deren wissenschaftliche Explikation aber noch nicht unmittelbar mit dieser Offenbarung selbst gegeben ist. „Die Tatsachen der religiösen Erfahrung, der göttlichen Offenbarung, sie sind als unmittelbar Gegebenes in dieser Erkenntnissphäre unzweifelhaft das Erste für uns, aber der Sache nach ist ihr Inhalt bedingt und vermittelt durch Wahr-

[1] Dog I, 303.

heiten, die zwar in sie eingeschlossen, aber nicht unmittelbar in Gestalt wissenschaftlicher Erkenntnis durch sie gegeben ist"[2].

Der Theologe muß also das Verhältnis von Glauben und Wissen wissenschaftlich begründen, um ein Selbstverständnis seiner Wissenschaft zu bekommen. Glaube und Wissen repräsentieren nach Weiße jeweils zwei verschiedene Weisen des erkennenden Verhaltens zu dem Gegenstand der religiösen Erfahrung. Im Glauben erfährt der Mensch das unmittelbare und voraussetzungslose Gegebensein der göttlichen Offenbarung, an welchem sich erst ein Wissen entzünden kann. Im gläubigen Erleben hat noch keine Vermittlung mit dem Denken stattgefunden. Aber diese Unmittelbarkeit der religiösen Erfahrung, die das Wesen des Glaubens bestimmt, darf nicht auch für die wissenschaftliche Durchdringung der im Glauben sich darbietenden Wahrheit konstitutiv sein. Das Wissen, welches für Weiße immer ein genuin philosophisches Erkennen auf metaphysischer Grundlage gewesen ist, unterliegt allgemeinen und notwendigen Formalgesetzen, die in der Metaphysik unabhängig von der Erfahrungsstruktur des Glaubens formuliert werden müssen. Die Geltung des metaphysischen Kategorialapparates erstreckt sich auf alle nur möglichen Objekte der (empirischen und religiösen) Erfahrung und des Denkens. Der metaphysische Ansatz umspannt die religiös erfahrenen Glaubenstatsachen, deren spröde Unmittelbarkeit erst in die philosophische Vermittlung mit den Erkenntnisprinzipien der Ontologie eintreten müssen, damit sie in Wahrheit Elemente einer Glaubenswissenschaft sein können. Das Wesen der Wissenschaft ist Vermittlung, welchem das Unvermittelte nur als Stoff zur Bearbeitung dient.

Aus dem Glauben allein, in welchem das religiöse Gemüt ausschließlich das unvermittelt Erste der Offenbarung erfährt, kann also analytisch nicht das Prinzip der wissenschaftlichen Erkenntnis seines Inhalts gefolgert werden. Weiße entscheidet sich deshalb konsequent gegen die analytische Methode in der Glaubenslehre[3]. Die analytische Methode berücksichtigt nicht die metaphysischen Bedingungen, unter denen das religiös Gegebene allein denkmöglich ist, und vermittels welcher es in den Zusammenhang einer Wissenschaft integriert werden kann; ihr zufolge beschreibt die Glaubenslehre nur demonstrativ das in der religiösen Erfahrung unmittelbar Vorfindliche. Damit wird aber der Charakter der

---

[2] Dog I, 303.
[3] Vgl. Dog I, 285.

Dogmatik als Wissenschaft in Frage gestellt. Gegenüber der analytischen Verfahrensweise kann für den wissenschaftlichen Dogmatiker nur die synthetische Methode verbindlich sein, deren Struktur durch die Synthese von Glauben und Wissen ermöglicht wird. Das Material der empirischen wie der religiösen Erfahrung wird nach Maßgabe der kategorialen Bedingungen der Metaphysik durch die synthetische Methode in ihrem dialektischen Aufeinanderbezogensein reflektiert[4].

Vom Standpunkt der synthetischen Methode wird es verständlich, warum ein Gottesbeweis geführt werden muß. Ohne ihn könnte die Dogmatik nicht mit dem Anspruch der Wissenschaftlichkeit auftreten. Sie darf den Begriff von Gott nicht als etwas unmittelbar Gewisses oder als ein durch die religiöse Erfahrung unvermittelt Gegebenes hinnehmen, sondern muß dessen objektive Gültigkeit im Medium der metaphysischen Vernunftwissenschaft legitimieren.

Um einen Rückfall in die Hegelsche Ontotheologie zu vermeiden, greift Weiße die Kantische Modaltheorie auf, welche methodisch die kritizistische Destruktion der Gottesbeweise ermöglichte. Er hat sich bewußt auf den Boden der KdrV gestellt, den er mit einer eigenen Theorie der Modalkategorien aber verlassen will; diese ist wie bei Hegel jedoch identisch mit dem gesamten System der Metaphysik. In der kritischen Beschränkung der Möglichkeit auf die formalen Bedingungen der Erfahrung hat er eine grundsätzliche Grenze des Kantischen Standpunktes gesehen, den er durch den funktionell gewendeten Begriff der metaphysischen Idee des Absoluten als Urmöglichkeit überschritten sieht[5]. Doch muß er zunächst die Legitimität der Rückführung der Möglichkeit auf die Möglichkeit des Realen anerkennen, um Kants Kritik der Gottesbeweise nachvollziehen zu können. Obwohl er den Begriff der objektiven Realität aus seiner empiristischen Verengung befreit und auf alles nur denkbare Sein ausdehnt, ist es auch für ihn unmöglich, „aus dem Begriff der Gottheit den Begriff der Nothwendigkeit ihres Daseins, oder umgekehrt, aus dem abstracten Begriffe der dem Denken der reinen Vernunft inwohnenden Wahrheit und Nothwendigkeit den Begriff der Gottheit herauszufinden"[6]. Derartige Versuche müssen auch in Weißes Augen notwendigerweise mißlingen. Er zitiert die Stelle aus der KdrV, in der

---

[4] Vgl. Dog I, 285.
[5] Vgl. Dog I, 247.
[6] Dog I, 315.

Kant davon spricht, daß es unmöglich ist, aus einem gefaßten Begriff, das ihm entsprechende Dasein „herausklauben" zu wollen[7].

Daß aus einem Begriff analytisch die Existenz nicht ableitbar ist, kann mit Hilfe von Kants kritischer Theorie eingesehen werden. Dessen ist sich Weiße bewußt gewesen. Um so erstaunlicher muß es deshalb anmuten, daß er den Kantischen Kritizismus zu überwinden meint, indem er auf Grund metaphysischer Voraussetzungen zu einer idealistischen Restitution des emB kommt, welchen Kant seinerseits in der KdrV hinter sich ließ.

Weißes Gottesbeweistheorie ist eine Mischung aus Elementen des kritischen und vorkritischen Kant in Verbindung mit den gegen Hegel entwickelten Positionen. Als solche muß sie in den Blick kommen. Ganz allgemein kann gesagt werden, daß Weiße sich in den Argumentationen, die das ontologische Argument stützen sollen, auf die Ebene des endlichen Bewußtseins stellt, das als beweisendes Denken Subjekt der Ontotheologie als Wissenschaft ist. Es gilt die Forderung an das wissenschaftliche Bewußtsein, daß mit dem Begriff der Gottheit z u g l e i c h die Gewißheit ihrer Existenz entsteht. Diese Gewißheit ist aber nicht schon mit der Objektivität des Gottesbegriffs gegeben, sondern stellt sich dem endlichen Denken erst als Resultat seines Beweisens ein[8]. Wenn Weiße fordert, daß das „Verhältnis der Aeusserlichkeit" beseitigt werden muß, „welches die früheren Beweise zwischen dem Begriffe Gottes und der Frage nach seinem Dasein bestehen liessen"[9], so ist damit lediglich die Aufgabe für das „wissenschaftliche Bewusstsein"[10] formuliert, nicht aber die Objektivität eines Begriffes gemeint, dem diese Gewißheit immanent ist. Es ist deutlich, daß Weiße hier gegenüber Hegel einen neuen Einsatz in die Ontotheologie gewinnen möchte. Die Frage nach der Durchführbarkeit dieses Programms wird am Schluß noch einmal gestellt werden müssen.

Weiße hat seine Konzeption der Gottesbeweise in der systematischen Verbindung von ontologischem und kosmologischem Argument vorgetragen; er folgt aber nicht dem Hegelschen Modell einer Synthese von Ontologie und Kosmologie, sondern geht auf den emB Kants zurück, um von hier aus wieder in Gedankengänge einer idealistischen Spekulation zurückzulenken.

---

[7] B 631; vgl. Dog I, 312.
[8] Vgl. Dog I, 309.
[9] Dog I, 309.
[10] Ebda.

Möglich ist das, was sich nicht widerspricht. Der logische Möglichkeitsbegriff, den Kant 1763 im emB entwickelte, liegt den Gesetzen des Denkens wie denen der Wirklichkeit zu Grunde. 1. Es ist unmöglich, daß ein
Mögliches sich selbst widerspricht. 2. Es ist unmöglich, daß etwas, was
ist, zugleich nicht ist. Beide Sätze sind notwendig. Die Bedingungen dessen, was möglich ist, haben den Charakter der Notwendigkeit. Dies
sind die Grundgesetze, die 1763 für Kant den Begriff des Denkens ausmachen, aus dem die Demonstration der Existenz des notwendigen Wesens abgeleitet wird[11]. Dem Satz des Widerspruchs koordiniert Weiße
einen idealistisch erweiterten Begriff des Denkens, aus dem er das ontologische Argument konstruiert. Auf die Tatsache, daß zur Möglichkeit
des Denkens ‚Etwas' gehören muß, das nicht zugleich nicht sein darf, baut
Weiße den kosmologischen Zugang zum Gottesbegriff auf. Das Verhältnis
dieser beiden Gedanken bildet das grundsätzliche Einteilungsschema, nach
dem Weiße ontologisches und kosmologisches Argument verbindet.

Bildet für Kant noch 1763 der Satz des Widerspruchs das Hauptkri-
terium des vom Denken zu erbringenden Notwendigkeitserweises, so
erweitert Weiße dieses Kriterium um die Totalität der metaphysischen
Kategorien. In diesen Bedingungen der Möglichkeit konvergieren Möglichkeit und Notwendigkeit. Die absolute Vernunftidee faßt sie als Urmöglichkeit zusammen[12]. Erst die absolute Möglichkeit in Gestalt des
metaphysischen Kategorialsystems enthält die Bedingungen des Real-
und des Denkmöglichen. Das Nichtsein dieses Systems ist undenkbar;
es repräsentiert zugleich die absolute Notwendigkeit. So ist nicht mehr
der Satz des Widerspruchs das Kriterium für Mögliches oder Notwendiges, sondern die sich als Totalität der Kategorien konstituierende metaphysische Idee oder Allmöglichkeit[13]. Mit diesem Begriff glaubt Weiße,

---

[11] Vgl. Dog I, 321.

[12] Der Satz des Widerspruchs ist für Weiße die Voraussetzung des empirischen
Verstandes (vgl. Dog I, 318). Die Stelle dieses Satzes sollen nun die Kategorien einnehmen. „An die leere Stelle nun, welche für den empirischen
Verstand durch den nackten Begriff der Denk- und Daseinsmöglichkeit
bezeichnet ist, die nur in der Abwesenheit des Widerspruchs besteht, —
an dieser Stelle unternimmt es die philosophische Speculation, ihren Begriff
des Absoluten, das heisst des Denknothwendigen ... einzuzeichnen" (Dog I,
319). Mit Hilfe der dialektisch-kategorialen Methodologie sichert sich Weiße
gegen den kritizistischen Einwand ab, mit dem Kant den emB in der KdrV
kritisiert.

[13] Vgl. Dog I, 270 ff.

das gefunden zu haben, dem auch der kritische Kant auf der Spur war[14].
Weiße ist der Meinung, daß er Kants Prinzipienwissenschaft der Erfahrung durch einen an Hegels Logik orientierten Begriff der realen und idealen Möglichkeit überholt hat. Zugleich will er aber nicht dieselben — seiner Auffasung nach — realistischen Konsequenzen ziehen wie Hegel[15]. Die Einheit von Möglichkeit und Notwendigkeit stellt sich ihm nicht so dar, als wäre die Möglichkeit oder die Idee identisch mit dem Sein. Hier weiß sich Weiße den Resultaten des Kritizismus verpflichtet, obwohl er dessen Existenzbegriff zu Gunsten des alle Objektivität umfassenden idealistischen Seinsbegriffs aufgibt. Andererseits bestreitet Weiße nicht das Zugleichsein der modalen Momente ‚Möglichkeit‘, ‚Wirklichkeit‘ und ‚Notwendigkeit‘; aber er bestreitet, daß der Begriff in der Einheit mit seiner Wirklichkeit ein anderes Sein hat als ein lediglich kategoriales. Möglichkeit soll in Weißes Metaphysik negativ bleiben. Bei Hegel dagegen geht im Absoluten der Begriff in die Identität dessen ein, von was er Begriff ist. Er ist nun nicht mehr nur Begriff im rein logischen Sinne, sondern Begriff als die absolute Wirklichkeit selber.

Die Umdeutung des Hegelschen Begriffs in die Negativität des Formabsoluten hat zur unmittelbaren Folge, daß Hegels Theorie des ontologischen Arguments, das die Form der Selbstvermittlung der absoluten Subjektivität annimmt, nur noch als die Aufstellung des formal richtigen, lediglich negativen Begriffs des möglichen oder logischen Gottes erscheint. „Nur dieser Gottes b e g r i f f , nur der Begriff des möglichen Gottes, in dessen Möglichkeit alle andere Möglichkeit eingeschlossen, und eben darum, wiefern sie sich als für sich bestehend geltend machen wollte, alle andere Möglichkeit ausgeschlossen ist: nur er ist das wahrhafte Ergebnis des ontologischen Beweises, der in Wahrheit nicht als nichtseiend und nicht als andersseiend, denn er ist, gedacht werden kann"[16]. Das Ergeb-

---

[14] „Die Wissenschaft des reinen Denkens, die Logik oder Metaphysik in dem hier angedeuteten Sinne, als Wissenschaft von der absoluten Idee, der Einheit und dem Inbegriffe der Vernunftbedingungen des Möglichen, ist in Wahrheit das, was Kant versucht hat, wenn er vor aller wirklichen, das heisst nach ihm vor aller empirischen Erkenntniss eine Wissenschaft von den Bedingungen der Erfahrung forderte." (Dog I, 269).

[15] Vgl. Dog I, 339.

[16] Dog I, 332 f.

nis des ontologischen Beweises ist also lediglich eine Definition des Gottesbegriffs, den das wissenschaftliche Bewußtsein aufstellt[17].

Die Identifikation von Gottesbeweis und Gottesbegriff im Felde der Ontologie läßt es zu, den Begriff auch als Schluß zu formulieren. Dieser Schluß hat folgenden Wortlaut: Soll der Begriff von Gott gedacht werden, so kann er das nur, wenn dieser Begriff Bedingungen unterliegt, die es ermöglichen, ihn widerspruchslos zu denken. Die Intentionen des Weißeschen Argumentes gehen ja zunächst ausschließlich auf die nach Maßgabe des metaphysischen Begriffs vollziehbare Denkbarkeit Gottes. Nun repräsentiert dieser Begriff auch nach Weiße selbst die Bedingungen aller Möglichkeit, für deren Inbegriff er die Bezeichnungen der Urmöglichkeit oder des möglichen Gottes fand. Widerspruchslos läßt sich der Begriff von Gott also nur unter der Voraussetzung seines eigenen Begriffs, seiner eigenen Möglichkeit denken, die er selbst immer schon ist. Dieser Schluß, dessen Ergebnis bereits in der Prämisse enthalten ist, soll eben auf diese Tautologie hinweisen. Die Tautologie ist nichts anderes als die dialektisch reflexive Bezogenheit der Idee auf sich selbst. Die Idee tritt auf als die reine Gestalt des Denkens, das sich in seine Unterschiede zerlegt; zugleich erscheint sie als das Denken, das sich selber denkt: das

---

[17] Es ist die Philosophie selbst, die sich in der Selbstreflexion als wissenschaftliches Bewußtsein ausweisen muß. Der Gottesbeweis ist die höchste Form dieser selbstbewußten Legitimation. Da das wissenschaftliche Denken sich auf dieser Stufe in Weißes System nur als negatives oder bloß logisches Formbewußtsein reflektiert, dem die Faktizität des Wirklichen äußerlich ist, kann der Gottesbeweis nur als die Konstruktion des Gottesbegriffs verstanden werden. Diesen Zusammenhang hat Weiße schon sehr früh, in der „Idee der Gottheit" (1833) entwickelt: „In der That aber findet die Speculation jenen Begriff nicht nur äußerlich vor, sondern sie selbst wird im Fortgange ihres Geschäfts mit Nothwendigkeit auf ihn hingeführt. Diese Nothwendigkeit ist eine, zwar von vorn herein der philosophischen Speculation inwohnende, und insofern allerdings mit ihr identische, aber doch eine solche, die erst an einer bestimmten Stelle ihres Verlaufs zum Bewußtsein kommt. Dieses ‚zum Bewußtsein des speculativen Gedankens kommen' ist nun der eigentliche Beweis von der Wahrheit des göttlichen Begriffs, das heißt von der Wirklichkeit Gottes; und in diesem Sinne muß jede Philosophie einen solchen Beweis enthalten, die nicht entweder jene Wahrheit überhaupt läugnet, oder sie, auf die bereits von uns angedeutete Weise, mit der formalen Wahrheit des philosophischen Denkens überhaupt verwechselt" (IdG 4). Vgl. Wrzecionko 15; M. Horstmeier 104 ff.; Leese 110 ff.; Schulz 178 f.

Sich-selbst-Denken. Denn wird Denken gedacht, so ist es immer schon gewesen, „da jedes Denken nur in einem nachfolgenden Denken sein Bestehen hat"[18]. Das Denken setzt sich selbst voraus. In der Sprache des ontologischen Beweises heißt das, daß der mögliche Gott sich selbst notwendige Bedingung ist. Das Denken hat als Idee ein Bewußtsein von sich selbst. Indem das Denken sich als Selbstdenken wirklich geworden ist, weiß es auch von seinem Begriff als der absoluten F o r m aller Wirklichkeit. „Die absolute Idee ist, sie ist das, indem sie sich selbst denkt: das heißt, sie gibt sich durch das Denken ihrer selbst diejenige Form des Daseins, welche durch sie selbst als die Urform der Wirklichkeit bezeichnet wird"[19]. Dem Denken ist also sein kategoriales Sein f ü r alle Wirklichkeit und damit auch für das Wirklichsein Gottes aufgegangen.

Kann es Weiße unter diesen Umständen überhaupt noch vermeiden, wieder in die Selbstbewußtseinstheorie Hegels einzuschwenken? Ist sein gegen Hegel gerichtetes Programm noch durchführbar, die Wirklichkeit Gottes außerhalb seiner Möglichkeit zu deduzieren? Einige Überlegungen scheinen Weiße zunächst tatsächlich Recht zu geben. Denn die Wirklichkeit Gottes, die Urwirklichkeit, ist in der Ontologie von ihm nur in seiner b e g r i f f l i c h e n Identität mit sich selbst ins Spiel gebracht worden, mit der nicht zugleich auch das Dasein gesetzt ist. Gottes Wirklichkeit wird lediglich als hypothetischer oder bloß logischer Begriff vorausgesetzt, dessen Ausweis als die Realität eines existierenden Wesens noch aussteht. Es besteht ein Unterschied zwischen der Aussage, das Urwirkliche kommt in der ihm inwohnenden Idee zu sich selbst oder verwirklicht sich im Prozeß einer Selbstsetzung und derjenigen: das Urwirkliche muß kraft der am Denken und durch das Denken erscheinenden Einsicht, f ü r alles Wirkliche zu sein, vom wissenschaftlichen Denken auch als ein solches gedacht werden, dem ein Selbstbewußtsein zukommt. Im ersten Fall sieht Weiße die unausgewiesene Voraussetzung der Wirklichkeit des Urdaseins Gottes, deren sich Hegel schuldig macht. Diese Voraussetzung kann für Weiße nur in dem Begriff erfolgen, welchem man den ursprünglich logischen und formalen Sinn zurückgegeben hat. Der Begriff impliziert aber nicht die Demonstration des göttlichen Seins, sondern lediglich den Beweis seiner Struktur. Nur diese Aufgabe hat das ontologische Argument zu erfüllen. Den Existenzbeweis leistet das Ar-

---

[18] Dog I, 336.
[19] Ebda.

gument erst in Verbindnug mit dem kosmologischen, das im nächsten
Kapitel Gegenstand einer gesonderten Betrachtung sein wird.
Die Wirklichkeit Gottes, die Urwirklichkeit, wird als Begriff d. h. als
Urmöglichkeit gesetzt. Weißes ontologischer Beweis ist also die Setzung
der Wirklichkeit als Möglichkeit. Diese Setzung geschieht aber nicht als
die beweisende Begründung der Faktizität dieses Wirklichen, sondern
als Konstruktion seiner spezifischen Form. Das Argument kann deshalb
so lauten: Wenn die dem Urwirklichen angehörende Möglichkeit
als die kategoriale Negativität, ohne die das Urdasein nicht wäre,
in der Form des Denkens gedacht werden kann, so liegt darin
die Gewißheit, daß das Urwirkliche in seinem Denken auch von
sich selbst weiß: „So ist das Urdasein nothwendig selbstbewusstes
Ursubject"[20]. Damit ist noch nichts über die Existenz des Urwirklichen
ausgemacht. Der Dogmatiker hat Gott lediglich in der Form des seiner
selbst gewissen Denkens im Blick. Freilich ist der kategorial explizierte
Begriff der Urmöglichkeit immer schon hinverwiesen auf die ihm entsprechende Wirklichkeit. Das göttliche Wissen von sich selbst sieht der
wissenschaftliche Dogmatiker mit der Struktur der Urmöglichkeit gegeben. Dieses begriffliche Gegebensein der Urmöglichkeit ist identisch mit
der l o g i s c h e n Manifestation der selbstbewußten Wirklichkeit Gottes.
Das ontologische Argument hat also das Sein der mit sich selbst vermittelten Logizität Gottes zum Ziel, nicht aber die Objektivität der absoluten Wirklichkeit selbst. Im Bereich der Ontologie ist die Wirklichkeit
nur die als göttliches Selbstbewußtsein g e d a c h t e Wirklichkeit. Die
sich selbst durchsichtige Subjektivität Hegels, die im Vollzuge ihres Sich-
selber-Denkens die Objektivität ihres Seins begreift, ist bei Weiße nur
noch die negativ-logische Selbstvermittlung, die der Dogmatiker in seinen
Begriff von Gott hineinverlegt und in diesem Tun sein Denken von Gott
als wissenschaftlich ausweist. In dem Felde der logischen Negativität ist
die Verwiesenheit der Möglichkeit auf ihre Wirklichkeit lediglich als das
Wissen des negativ und logisch verstandenen Gottes von sich selbst
g e d a c h t. Weil es immer nur der in Begriffen reflektierende Dogmatiker ist, der im ontologischen Beweis das Selbstbewußtsein Gottes denkt,
ist die Wirklichkeit des sich selbst wissenden Gottes bloß eine gedachte
und daher in dem ontologischen Rang der Möglichkeit. Deshalb bleibt
es dem wissenschaftlichen Bewußtsein vorbehalten, mit strenger Denknotwendigkeit den Beweis zu führen, „daß, w e n n die absolute Idee

---

[20] Dog I, 336.

nicht für alle Ewigkeit in sich verschlossen bleiben, w e n n die Urmöglichkeit sich zu einer Wirklichkeit erschließen soll, die Urwirklichkeit nur
als ein selbsbewusstes Ursubject nur als eine Urpersönlichkeit g e d a c h t
werden kann"[21]. Bevor im übernächsten Kapitel diese Theorie mit Hegel
verglichen wird, soll im nächsten der kosmologische Beweis vorgestellt
werden[22].

2. Der kosmologische Beweis

Weiße strebt eine dialektische Konstruktion von ontologischem und kosmologischem Beweis an. Sollte jener die strukturelle Wahrheit oder die
wesentliche Form Gottes in den Begriff heben, so hat dieser das Ziel,
die Daßheit oder die Existenz Gottes wissenschaftlich aufzuweisen[1].
Der Ansatz des kosmologischen Argumentes gründet sich auf das zweite
Element, aus dem Kant im emB 1763 den Begriff der Möglichkeit des
Denkens zusammensetzt: das Etwas, das nicht zugleich als nicht seiend
gedacht werden kann, soll nicht ein Widerspruch entstehen. Dieses Etwas
ist auch für Weiße der Ausgangspunkt, Gottes Existenz als notwendig zu
bestimmen. Die Denkbarkeit der Struktur und des Wesens Gottes ist
bei ihm aber des weiteren abhängig von den notwendigen, kategorialen
Prinzipien, deren Inbegriff die Urmöglichkeit oder die Idee des logischen
bzw. negativen Absoluten ist. An dieser Idee hat jede Existenz und
damit auch das göttliche Dasein ihr Verifikationskriterium. Doch ist das
ideale Sein der Kategorien nach Weiße ja noch kein Beweis für die
Daßheit des Absoluten, sondern nur der Wahrheitserweis seiner wider-

---

[21] Dog I, 338.

[22] Weiße spricht von den ‚Bedingungen', die das Denken dazu nötigen, das
Dasein Gottes als von sich wissendes Subjekt zu verobjektivieren. Diese
Bedingungen sind für Weiße die Denkbedingungen, die der Dogmatik als
Wissenschaft zu Grunde liegen. „Der ontologische Beweis, wenn wir ferner-
hin mit diesem Namen den Beweis aus reiner Vernunftnothwendigkeit, den
streng apriorischen oder metaphysischen belegen wollen, ist daher nicht
eigentlich ein Beweis für das Dasein Gottes. Er ist ein Beweis nur für die
aus dem reinen Wesen — (im scholastischen Sinne von Essentia Vf.) —
Gottes, welches wir dem Wesen der absoluten Idee gleichgesetzt haben, unter
gewissen Bedingungen hervorgehende Nothwendigkeit, das Dasein Gottes,
das heisst hier einfach nur das Dasein eines sich selbst denkenden, seiner
selbst bewußten Ursubjectes anzunehmen" (Dog I, 338).

[1] Vgl. Dog I, 341.

spruchslosen Denkmöglichkeit. Das Resultat der Metaphysik, daß jede
Wirklichkeit in ihrer Möglichkeit durch die Idee der reinen Formbestimmungen legitimiert wird, bedeutet noch nicht den Beweis für ihre
objektive Faktizität. Die Kategorien sind lediglich conditio sine qua non.
Zwar ist keine Wirklichkeit ohne den idealen Inbegriff der Denkformen
ein existierendes Wirkliches. Aber die Kategorien können in keiner
Weise die Existenzsetzung bewirken. Existenz oder Etwas müssen immer
schon vorausgesetzt sein. Die Metaphysik gibt die nachträgliche Rechtfertigung eines vorfindlich Gegebenen in seiner wissenschaftlichen Vermittlung, die mit Hilfe der Kategorien zu dem Begriffe der Wirklichkeit
erst führt. So ist mit den logischen Formen auch Gottes Dasein noch nicht
gesetzt. Es bedarf eines zusätzlichen Gedankenganges, der dieses Dasein
demonstriert. Um diese Aufgabe durchzuführen, kombiniert Weiße das
Bewußtsein der Notwendigkeit der ontologischen Kategorialbedingungen
mit der Gewißheit, daß es überhaupt Etwas gibt, deren schon Kant 1763
zur Stützung seines Begriffs vom Denken bedurfte. Weiße entwickelt
den kosmologischen Beweis nun folgendermaßen: Wenn Etwas ist, dann
müssen ihm notwendigerweise Bedingungen entsprechen, als deren Idee
der mögliche Gott oder das diese Bedingungen in sich aufhebende Ursubjekt konzipiert wurden. Nun gibt es wirklich Etwas. Folglich „wird
eben damit nothwendiger Weise auch Gott als daseiend gesetzt"[2]. Jetzt
hat das wissenschaftliche Bewußtsein Gott als die Wirklichkeit erkannt,
in deren Möglichkeit die Möglichkeit aller Dinge liegt. Das Etwas, das
methodisch dem Aufstieg in die Wirklichkeit Gottes diente, ist nun aus
seinem ontologischen Ursprung verstehbar geworden. Die Wirklichkeit
Gottes ist die absolute Voraussetzung für seine eigene Möglichkeit und
damit für die Möglichkeit alles Seins. Weiße schließt deshalb nicht wie
die traditionellen Beweise, die noch Kant vor sich hatte, von der Möglichkeit auf die Wirklichkeit, sondern erkennt die Wirklichkeit des Absoluten in seinem Voraussetzungscharakter gegenüber seiner absoluten
Möglichkeit. Die Gewißheit der Existenz Gottes im kosmologsichen Beweis gibt auch der Urmöglichkeit und damit dem System der Kategorien
den letzten ontologischen Grund.

Das ontologische Beweisverfahren ist ohne das kosmologische Moment
unfähig, zu zeigen, daß Gott existiert. „Die speculative Vernunft aber
findet in der Idee des Absoluten, welche für sie der Inbegriff alles
Denknothwendigen ist, zwar den Begriff, aber nicht das Dasein Gottes.

---

[2] Dog I, 340.

Denn es ist ja Idee nicht mehr und nicht weniger, als der Inbegriff der reinen oder unbedingten Daseinsmöglichkeit; es kann daher auch der Begriff Gottes als des Ursubjectes nur in ihr enthalten sein als die ausschließliche Möglichkeit des Einen Urwirklichen, aber nicht selbst als Wirklichkeit."[3] Das kosmologische Element soll die Dogmatik befähigen, in Verbindung mit der Möglichkeit zu der Wirklichkeit Gottes fortzugehen.

Doch erheben sich gegen diese Argumentation Bedenken. Sicherlich kann kein Zweifel daran sein, daß es das Etwas der Erfahrung gibt, dessen Möglichkeit bzw. Denkbarkeit von bestimmten kategorialen Voraussetzungen gewährleistet wird. Doch gerade dann reduziert sich die Verbindung des ontologischen mit dem kosmologischen Argument auf die Problematik des ontologischen Beweises, wie schon Kant gesehen hat. In Weißes Konzeption ist es zwar gerade nicht das Ziel des ontologischen Beweises, das Dasein Gottes zu beweisen. Seine ganze Gottesbeweistheorie will diese Funktion des Existenzbeweises, die Weiße Hegel als Fehler anlastet, aus dem Verfügungsbereich des ontologischen Argumentes entfernen. Aber die Komplettierung dieses Argumentes mit dem kosmologischen Moment verhindert nicht, daß das onus probandi wieder völlig dem ontologischen Beweis zufällt. Denn: es existiere Etwas; und es möge auch der für dieses Etwas notwendige Inbegriff aller logischen Bedingungen mit Weiße ,Idee' oder ,möglicher Gott' genannt werden, ohne den Etwas nicht denkmöglich wäre. Auf keinen Fall aber darf das logische Subjekt all dieser Bedingungen als das reale Subjekt oder als die Existenz Gottes eingeführt werden, dessen Urmöglichkeit die Möglichkeit eines jeden Daseins umfaßt. Diese Argumentation ist unhaltbar; Existenz kommt wohl dem Etwas zu, nicht aber der Urmöglichkeit oder dem logischen Subjekt der Bedingungen, die es gedanklich konstituieren. Aus der Möglichkeit, deren Begriff einer und derselbe ist mit der „negativ gefassten Notwendigkeit"[4], kann Existenz nicht abgeleitet werden. Weiße fällt also wieder auf die Problematik zurück, der er mit dem Einwand begegnen will, daß aus dem Logischen oder dem Begriff kein Dasein zu deduzieren sei. Seine eigene Theorie der Gottesbeweise, die diesen Einwand als bestimmende Voraussetzung für die Kontraposition zu Hegel in sich aufzunehmen beansprucht, verwan-

---

[3] Dog I, 339.
[4] Dog I, 319.

delt nun ihrerseits das logische Subjekt der formalen Existenzbedingungen in die Realität der absoluten Existenz selber[5].

Weiße aber meint, daß „es ... doch allerdings ein Widerspruch (ist), Etwas als seiend zu setzen, das den Grund seines Daseins nicht in sich selbst, sondern in einem Anderen hat, und nicht zugleich mit diesem Etwas dasjenige, was allein den Grund und Ursprung seines Daseins in sich selbst, und eben damit zugleich in sich den Grund und Ursprung des Daseins aller Dinge hat"[6]. Hier wird deutlich, daß auch das Problem des Seinsunterschiedes zwischen dem Sein Gottes und dem Sein welthafter Dinge, mit dem Kant und Hegel so gerungen haben, nicht gesehen worden ist. Die Existenz des Etwas ist von einem völlig anderen Seinsrang als das göttliche Dasein. Es ist daher nicht möglich, das Sein eines Dinges mit dem absoluten Sein im gleichen Argumentationsgang zu parallelisieren. Die Übernahme des kosmologischen Moments in die Ontotheologie ist nur unter der Bedingung seiner Ontologisierung denkbar, die Hegel in seiner Logik vorgenommen hat. Das Etwas muß auf der grundsätzlich gleichen ontologischen Ebene wie das Absolute stehen, d. h. es muß gezeigt werden können, auf welche Weise sich das Absolute zum Endlichen oder Zufälligen entäußert. Bei Weiße ist Etwas aber das Ding der Erfahrung[7], die keineswegs in einen vorgängig reflektierten Zusammenhang mit dem Absoluten eingestellt worden ist. Eine solche Reflexion ist auch nur dann durchzuführen, wenn man die Bedingungen der Erfahrung, das subjektive und endliche Bewußtsein in den absoluten Grund zurückführt. Dies würde zwar die Deduktion der endlichen Vernunft aus der absoluten zur Folge haben, nicht aber den Schluß von der Existenz erfahrbarer Dinge auf die Realität des kategorialen Inbegriffs ermöglichen, unter dem sie notwendigerweise stehen.

Eine weitere Überlegung zeigt im übrigen, daß im Rahmen einer idealistischen Gottesbeweiskonstruktion dieses Etwas gar nicht das spezifische Etwas der Erfahrung sein kann, wie Weiße behauptet[8]. Gegen Weißes Willen wird das kosmologische Moment, welches im Logischen das nicht sich auflösende Wirkliche darstellen soll, unter der Hand wieder zu einer ontologischen Kategorie als die es von vornherein ausschließlich sein mußte. Denn Weiße hat ja selbst den Kantischen Begriff

---

[5] Vgl. Henrich, 242 ff.
[6] Dog I, 340.
[7] Vgl. Dog I, 339 f.
[8] Vgl. Dog I, 340.

des empirischen Seins auf die allgemeine Ebene von ‚Objektivität überhaupt‘ gehoben. Die Kategorien beziehen sich nicht nur auf das Sein der Erfahrung, sondern auf alles Sein, das durch Objektivation entstanden ist. Das Etwas, als dessen Voraussetzung das kategoriale Subjekt der Metaphysik angenommen werden muß, aus dem der Weißesche kosmologische Beweis die Realität der absoluten Subjektivität ableitet, ist nichts anderes als die allgemeine Kategorie des Seins, die den Anfang der Hegelschen Logik bildet. Die Allgemeinheit der Kategorien und ihre dialektische Bezogenheit, die ihre Systematizität ausmacht, verhindern ein Herauskristallisieren der besonderen Seinsart des Erfahrbaren. Die reinen Formbestimmungen beziehen sich unterschiedslos auf alles Sein. Daher stellen sie auch kein Kriterium bereit, der Erfahrung und den Ideen ein je besonderes Sein zuzuweisen, das der Differenz der ontologischen Ebenen Rechnung trüge. Diese Allgemeinheit ermöglicht es zugleich, daß auch die Kategorien s i n d und sich selbst im Status der Objektivität gegenübertreten können. Deshalb vermag diese ‚Objektivität überhaupt‘ als Kategorie ‚Sein‘ die logische Ordnung aller anderen Formen einzuleiten. Das kosmologische Element ‚Etwas‘ tritt somit je schon als ontologische Bestimmung auf. Weißes Versuch, die Legitimation des Seins Gottes dem ontologischen Argument zu geben, muß daher mißlingen. Auch im kosmologischen Teil seiner Gottesbeweistheorie geht es immer nur um den ontologischen Beweis. Der kategoriale Ansatz der Ontotheologie läßt es nicht zu den gegen Hegel gerichteten Verbesserungen kommen, sondern letztlich nur zu einer Wiederholung der Hegelschen Theorie. Mithin ist die Einteilung unhaltbar, die das ontologische Argument auf den Aufweis des göttlichen Wesens beschränkt und erst mit der kosmologischen Komplettierung die Gewißheit der Existenz Gottes herbeiführen will. Aber Weiße glaubt, daß gerade in diesem Aufbau die Überwindung der Hegelschen Ontotheologie vollzogen sei.

Weiße hat auf das Etwas der Erfahrung nicht nur den kosmologischen, sondern auch den teleologischen Beweis gegründet, aus dem er die „Urbeschaffenheit des Urwirklichen"[9] ableitet. Seine Argumentation sei in Kürze dargestellt[10]. Das Etwas ist zugleich immer auch das Wirkliche in den gesetzlichen Zusammenhängen von Zweckbeziehungen. Das um das teleologische Moment erweiterte kosmologische Argument lautet

---

[9] Dog I, 349.
[10] Vgl. Dog I, 344 und Sendschr. 152.

deshalb so: wenn es Etwas gibt, das sich in teleologische Verknüpfungs-
formen fügt, dann muß es auch Bedingungen genügen, in denen die
teleologische Gesetzlichkeit bereits kategorial vorgebildet ist. Nun gibt
es wirklich ein solches Etwas. Also gibt es auch die Urwirklichkeit,
die als Ursubjekt zugleich reales Subjekt der Möglichkeit des teleologisch verfaßten Etwas ist[11]. Auch hier ist wieder das logische Subjekt
für das in Zweckrelationen stehende Etwas gleichzeitig die Realität der
subjekthaften Urwirklichkeit Gottes. Gott ist demnach in seiner teleologischen Prozeßhaftigkeit erkannt. Ihm eignet nicht nur die bloße Daßheit, sondern die gesetzlich strukturierte Bewegung in seinem Dasein.
Erst von hier aus glaubt Weiße, den Beweis für die nach Gesetzen verlaufende Selbstbewegung Gottes in sich gegen Hegel erbracht zu haben,
der aus einem rein kategorialen Denken allein vergeblich geführt wird.
Die teleologische Prozeßordnung in Gott als die Form seiner Urbeschaffenheit kann dem wissenschaftlichen Bewußtsein nicht aus dem rein
Logischen aufgehen, sondern lediglich durch die Vermittlung der in
Gesetzen sich ausdrückenden Welterfahrung. Die Selbstbewegung des
Begriffs, die Weiße an Hegel kritisiert, steht erst im Lichte des begründeten Erfahrungsdenkens auf einer sicheren Grundlage.

Doch auch die Ergänzung des kosmologischen Arguments durch das
teleologische Element macht die Voraussetzung nicht rückgängig, daß das
Etwas der Erfahrung in Weißes Ontotheologie immer schon die Kategorie des Seins ist, in die die prozessuale Bewegung nicht sekundär
hineingelegt werden kann, sondern aus der die Teleologie apriori deduziert
werden muß. Die Notwendigkeit der Aufgabe, aus dem Absoluten die
Bewegung abzuleiten, hat Hegel stets vor Augen gehabt. Dieses Verdienst ist ihm gegenüber den kantianisierenden Tendenzen, auf die Weiße
die Korrekturen an Hegel aufbauen will, unbedingt zuzurechnen.

3. Weißes Rückgang in die Hegelsche Ontotheologie

Auf Grund von Anstößen aus der KdrV versucht Weiße die Gottesbeweise wieder zu Reflexionsargumenten des wissenschaftlichen Bewußtseins auszubauen. Um aber nicht an Kants empirischen Existenzbegriff gebunden zu bleiben, den er wie Hegel als für Gottes Sein un-
angemessen betrachtet, setzt er an die Stelle der kategorialen Bedingun-

---

[11] Vgl. Dog I, 332; 339; 340.

gen, die Kant in der Analytik entwickelt hat, die metaphysischen Formbestimmungen als Geltungs- und Konstitutionskategorien für alles Sein.
Die Metaphysik will in einer einheitlichen und grundsätzlichen Neu-
bestimmung die Begriffe ‚Möglichkeit' und ‚Denken' ersetzen, die Kant
in verschiedener Weise im emB wie in der KdrV vorträgt; beide sind
nach Weißes Überzeugung mangelhaft. Doch hindert ihn die Übernahme
der Hegelschen Logik, mit deren Interpretation als negativem Formabsoluten er gleichzeitig Kant und Hegel überschreiten möchte, nicht
daran, die Konstruktion der Gottesbeweise wieder als Reflexionsargu-
ment zu verstehen. Dieses Unternehmen ist von der Gewißheit getragen,
daß das wissenschaftliche Bewußtsein, das dem Dogmatiker eignet, mit
Hilfe von Schlüssen die Existenz und Beschaffenheit Gottes ausmachen
kann. Im Folgenden soll geprüft werden, ob es in einer idealistischen
Ontotheologie tatsächlich möglich ist, Gottes Sein in Form eines Schlusses
auszusagen[1].

Dabei hat Weißes Schluß dasselbe Ziel, wie die Hegelsche Theorie der
absoluten Selbstvermittlung. Er soll Gottes Wirklichkeit als die sich selbst
setzende Subjektivität herausheben. Der ontologische Gottesbegriff hatte
diese Struktur schon im modaltheoretischen Bereich der Möglichkeit offenbar gemacht. Es gilt nun, die Form des Selbstbewußtseins auch für
Gottes Wirklichkeit zu vindizieren.

Da das kosmologische Element den Weißeschen Existenzbeweis in
Verbindung mit den metaphysischen Formen trägt, soll er noch einmal
wiederholt werden, um die Begründung der sich verwirklichenden Subjektivität im Modus ihres Daseins aufzuzeigen. Wenn ein empirisches
Etwas existiert, das seinen Daseinsgrund nicht in sich selbst hat, dann
muß auch dasjenige Wesen existieren, welches seinen Grund nicht einem
anderen, sondern nur sich selbst verdankt, und das als Realgrund seiner
selbst zugleich Ursprung alles Daseins ist. Nun gibt es wirklich etwas,
zu dem sich die ontologische Subjekt-Einheit der metaphysischen Idee
als Bedingung verhält. Durch die Wirklichkeit des Etwas ist das kategoriale Sein des nur möglichen Gottes zugleich als die notwendige Existenz des wirklichen verifiziert worden. Weiße differenziert dieses
Argument, indem er es durch das teleologische Moment vervollständigt.
Das kontingente Ding der Erfahrung steht in dynamischen Zusammen-

---

[1] An dieser und den kommenden Stellen ist der Schluß ausschließlich als Re-
flexionsargument zu verstehen und nicht in dem Sinne, den Hegel diesem
Terminus in der Logik gibt.

hängen teleologisch strukturierter Ordnungen², die ihm seine Zweckbestimmung zueignen. Die Bedingungen dieser Teleologie sind in der Möglichkeit Gottes angelegt; sie geben Aufschluß über Gottes eigenes Sein, über das Verhältnis, das er zu sich selbst hat. Gott ist „Zweck seiner selbst"³, den er als die eigene Wirklichkeit herstellt. Auf Grund der Wirklichkeit dynamisch dinghafter Zweckreihen ist das Denken gewiß, daß der Selbstverwirklichungsprozeß Gottes nicht nur im Medium des Begriffs oder dem der Möglichkeit objektiv werden kann, sondern die Struktur der Wirklichkeit des existierenden Gottes selber ist. Wie bei Hegel ist die Bewegung Gottes zu sich keine zeitliche. Gott verwirklicht sich als der, der er immer schon ist. Kommt das Denken mit Hilfe des ontologischen Arguments zu dem Bewußtsein der Möglichkeit Gottes und seiner spezifischen Form als selbstbewußtes Ursubjekt, so vermittelt die Gesamtkonstruktion der Ontotheologie das Wissen, daß diese Möglichkeit zugleich die Beschaffenheit des wirklichen Gottes ist. Weiße unterscheidet sich auf dieser Stufe der Untersuchung von Hegel nicht im Resultat, sondern nur in der Methodologie seiner Begründung. Erst die onto-kosmologische Beweiskonstruktion ist die wissenschaftliche Legitimation für die dialektische Verschränkung von Möglichkeit und Wirklichkeit im Bereich der absoluten Subjektivität. Nicht ist die Logizität des einem absoluten Begriffe immanenten Selbstdenkens und Selbstbegründens identisch mit dem wahrhaft existierenden und sich als solchen realisierenden Gott, sondern das Absolute ist die freie und über sich als Prozeß verfügen könnende Wirklichkeit, die sich apriori und frei von allem Denken selbst setzt. Als solche kommt sie der spekulativen Wissenschaft nachträglich zu Bewußtsein. Die methodische Synthese von Ontologie und Kosmologie befähigt sie, die im spekulativen Wissen vollzogene begriffliche Antizipation des Wesens Gottes als Möglichkeit nun auch als absolute Wirklichkeit zu statuieren.

In dieser Begründung sieht Weiße einen wesentlichen Fortschritt seiner Theorie, die über das Hegelsche System hinausführt. Gott ist als freie Wirklichkeit offenbar geworden — frei vor allem, weil er nicht mehr der Notwendigkeit des Denkens und seiner logischen Beziehungen unterliegt. Wohl hat das Denken das Recht, diese Wirklichkeit zu demonstrieren, nicht aber sie in sich aufzulösen und damit durch den gesetzlichen Zwang einer Notwendigkeit ihrer Freiheit zu berauben. Weiße

² Vgl. Dog I, 344.
³ Dog I, 349.

hat sich das Verdienst zugeschrieben, die Freiheit Gottes im Denken wieder zur Geltung verholfen zu haben, ohne daß die Gesetzlichkeit der Philosophie Freiheit beherrscht und damit in Notwendigkeit verwandelt, wie das bei Hegel der Fall ist.

Diese Zuversicht ist nur möglich durch die Isolierung des wissenschaftlichen Bewußtseins von seinem Gegenstand. Dieses Bewußtsein vermag nur in Begriffen zu denken, die modaltheoretisch als Möglichkeit, nicht aber zugleich auch als Wirklichkeit einzustufen sind. Daher kann das wissenschaftliche Denken aus bloßen Begriffen nur zur Möglichkeit Gottes vordringen. Der Wirklichkeitsbeweis ist aus reiner Möglichkeit nicht durchzuführen. Das Denken bedarf eines Elementes, das es nicht in sich auffindet, um dennoch die Wissenschaftlichkeit des Existenzbeweises zu sichern, den es notwendig entwickeln muß, will es nicht nur in seiner logischen Immanenz eingebunden bleiben. Der Beweis gibt dem Denken das Selbstbewußtsein seiner Fähigkeit, ein Außer-ihm, d. h. wirkliche Transzendenz wissenschaftlich anzuerkennen[4]. Nur so ist Freiheit denkbar. Doch schon das kosmologische Element ‚Etwas' erwies sich als die dem Denken immanente Kategorie ‚Sein'. Etwas repräsentiert daher keineswegs die dem Denken transzendente und seiner Notwendigkeit entnommene Wirklichkeit. Sein gehört vielmehr in den kategorialen Zusammenhang der Möglichkeit. Die Scheidung von Möglichkeit und Wirklichkeit, die Weiße durch das empirische Moment ‚Etwas' in die Ontotheologie bringen will, ist also gar nicht möglich. Die vermeintlich außerhalb des Denkens lokalisierte Wirklichkeit ist immer nur kategorialer Bestandteil des Denkens selber und daher unter die Notwendigkeit der Metaphysik gestellt. Aus diesem Grund läßt sich in Wahrheit auch die Isolierung des wissenschaftlichen Bewußtseins von seinen gegenständlichen Bezügen nicht durchführen. Weißes metaphysischer Ansatz terminiert notwendig wieder in Hegels Identitätsthese.

Denken, das in Weißes Ontologie in Gestalt der Idee als möglicher Gott subjektiviert wird, ist bei Hegel identisch mit der Wirklichkeit Gottes — ein Theorem, das aufzulösen im Mittelpunkt von Weißes philosophischem Interesse stand. Er verfällt selbst dem Irrtum, den er Hegel ankreidet und deduziert Gottes Wirklichkeit aus dem Begriff, der als Möglichkeit des Absoluten immer schon selbst die Wirklichkeit ist.

Die Hoffnung der philosophischen Dogmatik, dem System der Notwendigkeit zu entrinnen und ein System der Freiheit aufzustellen, schei-

---

[4] Vgl. Dog I, 311.

tert an dem Fehler, daß Weiße das Denken des wissenschaftlichen Bewußtseins nicht wieder auf den absoluten Grund rückbezieht, sondern es mit Berufung auf Kant lediglich auf die Modalkategorie ‚Möglichkeit' fixieren will. Diese modaltheoretische Einordnung des Denkens in die Negativität des Logischen oder der Möglichkeit ist unter Weißes Voraussetzungen nicht haltbar, weil er die Allgemeinheit des Hegelschen Seinsbegriffs und seine Dialektik in die Metaphysik aufnimmt und wie Hegel auf die Kategorien selber bezieht. So ist das endliche Denken immer schon von diesem Seinsbegriff und seiner Bewegung zum Absoluten vorherbestimmt. Es wird zu einem Moment des Absoluten. Seine Kategorien sind zugleich die Modi der Vermittlung der absoluten Subjektivität in sich. Die Wissenschaft und ihre beweisenden Funktionen können sich nicht außerhalb dieses Zusammenhangs stellen, sondern haben den Prozeß ihrer Selbstaufhebung als das sich verwirklichende Zu-sich-Kommen des Absoluten zu reflektieren. Diesen Rückgang der Wissenschaft in ihren Grund hat Weiße in der philosophischen Dogmatik nicht vollzogen, obwohl bereits die ‚Grundzüge' Gedankengänge enthalten, die eine solche Reflexion hätten nahelegen können. Der Übergang von formaler Logik zur Metaphysik ist in völliger Entsprechung zu Hegels Dialektik von endlicher und absoluter Reflexion konstruiert worden. Weiße hat diese Vermittlung nicht in die philosophische Dogmatik aufgenommen. Sie hätte die Unterscheidung von Möglichkeit, die Weiße hier einseitig dem wissenschaftlichen Denken zuordnet, und der Wirklichkeit gar nicht erst aufkommen lassen. Der mögliche Gott wäre auch nicht einem vom kosmologischen abstrakt geschiedenen Argument als ausschließliches Resultat zugefallen. In der Scheidung von Ontologie und Kosmologie sieht Weiße aber die Originalität seiner Ontotheologie. Eine nähere Prüfung muß jedoch zu dem Ergebnis führen, daß seine Gotteslehre in die Identität mit der angegriffenen Hegelschen Philosophie des Absoluten zurückfällt.

Weiße kann es deshalb auch nicht gelingen, die Gottesbeweise als Reflexionsargumente oder Schlüsse zu interpretieren. Sie können immer nur die Modalität der Selbstbewegung der absoluten Subjektivität ausdrücken. Da dieses Absolute die endliche Reflexion vollständig in sich aufnimmt, gehen auch ihre beweisenden Funktionen in den göttlichen Grund ein. Die Argumente stehen daher nicht in der Verfügung der schließenden Vernunft sondern sind Momente der Selbstauslegung Gottes.

Die Argumente sind das Denken Gottes, in dem er sich denkt. In seinem Denken setzt Gott sich gleichursprünglich als existierender Gott. Durch den Prozeß, in welchem die Gottheit einen Begriff von sich faßt, gewinnt sie in Gleichzeitigkeit mit diesem Wissen sich selbst als höchste Existenz. Gott existiert also immer schon mit seiner Möglichkeit oder mit seinem Begriff, den die Metaphysik entfaltet. Er verwirklicht sich aus der Möglichkeit zu dem, was er je schon ist. Für diesen Prozeß ist die philosophische Vernunft nicht der Grund, sondern Gott selbst, der in der Möglichkeit seines Denkens auch die Möglichkeit des menschlichen enthält, das auf seinen göttlichen Ermöglichungsgrund sich hin und von diesem sich her versteht. Die Möglichkeit Gottes begreift die Möglichkeit in sich, daß er in seinem Wesen vom endlichen Denken, welches er ermöglicht, gedacht werden kann. Der wirkliche Gott entläßt aus seiner Möglichkeit auch nicht nur die Möglichkeit seines Erkanntwerdens durch die endliche Vernunft, sondern ist der Grund, daß der Mensch sich im eigenen Selbstbewußtsein Grund sein kann. Metaphysisches Denken, so wie es von Hegel vorgebildet wurde, kommt zum Begriff seiner selbst, wenn es den Grund seiner Möglichkeit in sich reflektiert als begründet durch den Grund, in dem Gott sich selbst gründet[5].

Für Weiße ist die völlige Angleichung an Hegel nicht zu vermeiden. Gott kann nur als solcher gedacht werden, der Möglichkeit und Wirklichkeit in sich synthetisiert. Ist aber das metaphysische Denken die Bedingung dieser Synthese, so muß sich in ihm schon vorgängig die Vermittlung der Modalitätskategorien vollzogen haben. Gott geht seiner Möglichkeit und Wirklichkeit je schon als möglicher und wirklicher voraus. Das Denken oder der Begriff der als Möglichkeit Gottes oder als möglicher Gott verstanden wird, ist zugleich auch der wirkliche.

Weißes philosophische Entwicklung zeigt in den 20 Jahren, die zwischen den ‚Grundzügen' und der philosophischen Dogmatik liegen, eine große Einheitlichkeit. Gleichwohl ist er bei dem Versuch innerhalb einer Theorie des ontologischen Beweises, die Seinsweise des Logischen zu definieren, bis hart an den Rand des Widerspruchs zum Grundaxiom der eigenen Lehre geraten, den er selbst allerdings als einen nur „scheinbaren" wahrhaben wollte[6]. Dieser Versuch soll deshalb hier Erwähnung finden, weil er zeigt, wie schwer es für Weiße war, Hegel auf dem Boden einer kategorialen Methodologie zu kritisieren. 13 Jahre vor Erscheinen des

---

[5] Weiße entwickelt wie Schelling eine transzendentale Geschichte der Vernunft, die sich aus dem ontologischen Gottesbegriff herleitet (vgl. Dog I) und eine, die im Rahmen der allgemeinen Schöpfungsgeschichte zu verstehen ist (vgl. Dog II, 214 ff.).

[6] Sendschr. 152, vgl. 159. 173.

ersten Bandes seiner philosophischen Dogmatik formuliert er im Sendschreiben an I. H. Fichte 1842 als Ergebnis des ontologischen Gottesbeweises, „den Begriff Gottes als einen solchen aufzuzeigen, in welchem
sich die Nothwendigkeit des Seins mit der Nothwendigkeit des Denkens
begegnen"[7]. Weiße scheint entgegen seiner früheren in den ‚Grundzügen'
von 1835 vertretenen Auffassung von der negativen und formalen Natur
des Logischen hier der Meinung zu sein, daß demjenigen Argument, das
er als das Hegelsche anerkennt, und das aus der Möglichkeit Gottes die
Existenz ableitet, ein relatives Recht zukomme. Weiße fragt sich „wie
doch vermag sich dieser rein logische, rein formale Inhalt zum Beweis
für das Sein eines Seienden, für das Sein des höchsten, also auch des
positivsten, des freiesten Seienden zu gestalten"[8]. Um Mißverständnissen
zu begegnen, macht er gleich die seiner Grundansicht entsprechende Einschränkung, daß der Gang vom Begriff des absolut Denknotwendigen
zum Dasein nicht möglich sei; in d i e s e m Sinne könne die Existenz
Gottes nicht zum Objekt des ontologischen Beweises gemacht werden.
Es ist unmöglich, die Wirklichkeit des lebendigen und freien Gottes auf
Grund rationaler Einsicht in die Notwendigkeit des Begriffs d. h. auf
ontologischem Wege zu beweisen. Eben darin besteht ja das Grundaxiom
des Systems der Freiheit. Aber trotz dieses Vorbehaltes glaubt er dem
negativ Allgemeinen, das nur die Funktion hat, Form möglichen Daseins
zu sein, eine Existenz zusprechen zu müssen, wenn hiermit das absolute
Prius — in der Dogmatik der mögliche Gott — der Gottheit gedacht
wird. „Aber so entschieden ich jeden Versuch eines ontologischen Beweises
in diesem Sinne zurückweisen muß, eben so entschieden darf ich behaupten, daß E t w a s i n G o t t i s t (gesperrt vom Vf.), das sich allerdings
auf dem Wege des ontologischen Beweises ermitteln läßt, ja daß die
allgemeine Grundlage des Begriffs der Gottheit nur auf diesem Wege
ermittelt werden kann"[9]. Das Ziel des ontologischen Beweises besteht
nunmehr darin, das Sein der Kategorien oder notwendigen Denkbestimmungen als ein Sein zu begreifen, das „unmittelbar, ohne irgend-
welche Voraussetzung eines anderswoher Gegebenen", zugleich als das
dem absoluten Prius eignende Sein gedacht werden muß. Sein versteht
Weiße in diesem Zusammenhang nicht im Sinne des bloß Seienden oder
des reinen kategorialen Seinkönnens, sondern in dem spezifischen Sinn

---

[7] Sendschr. 154.
[8] Sendschr. 159.
[9] Sendschr. 160.

von Existenz. In den formalen Denkbestimmungen selbst wird das Moment der Existenz aufgefunden, das sich auf diese rückbezieht. Die Bezeichnung ‚Existenz‘ ist, wie Weiße zugesteht, „nicht ohne Unbequemlichkeit"[10]. Denn von demjenigen, welchem der Gegensatz: ‚das Seiende als Seiendes und das Seiende, das real existiert‘, für das System der Freiheit grundlegend erscheint, kann dieser Begriff nur als ungeeignet verworfen werden. Dessen ist sich Weiße bewußt gewesen. Ihn hat im Sendschreiben jedoch die Absicht bewogen, den historischen Konzeptionen vom ontologischen Beweis „ihr gutes Recht zu vindiciren"[11]. Weiße sieht sich genötigt, dem Nichtsein der Denkformen, dem absoluten Prius, ein Sein zuzugestehen, weil er es „als die begriffliche Grundlage oder im logischen Sinne das Subject sogar des göttlichen Seins, als das primum Existens innerhalb der Gottheit selbst" denken muß[12]. Als Subjekt der Gottheit und damit als Subjekt der notwendigen Bedingungen möglichen Daseins, kann das Prius nicht Nichts sein. Wird aber die Möglichkeit dieses Subjekts durch sein logisches Verfaßtsein gesetzt, dann muß man als das komplementäre Element dieser Möglichkeit auch die notwendige Existenz dieses Subjekts setzen.

Eben dies sei die Wahrheit des Schlusses gewesen, den Kant 1763 in seiner Abhandlung des emB vorgetragen habe. Kant begreift hier die Bedingung der Möglichkeit, positives Dasein zu denken, als die Möglichkeit der realen Dinge selbst. Wo überhaupt nichts Wirkliches gedacht werden kann, da ist auch der Gedanke der Möglichkeit aufgehoben und damit alles Denken; da Denken aber nur im Denken aufgehoben werden kann, also in einer erneuten Manifestation des Denkens, gibt es im Denken immer auch schon den Begriff der Möglichkeit. Denn Denken ist — wie es Weiße formuliert — die zum Bewußtsein ihrer selbst als Möglichkeit gekommene Möglichkeit des Daseins[13]. Weil es nun Möglichkeit durch das Denken gibt, ist es unmöglich, daß nichts Wirkliches ist. Kant konnte deshalb aus dem Denken die absolute Notwendigkeit und ihre Existenz ableiten. Die Notwendigkeit ist nun selber die existierende Möglichkeit ihres Daseins und damit allen Daseins. Die Berufung auf diesen Gedankengang des emB scheint Weiße zu ermutigen, auch demjenigen Denken eine Art von Existenz zuzusprechen, das er als Möglich-

---

[10] Sendschr. 160/161.
[11] Sendschr. 161.
[12] Sendschr. 174, vgl. 225. 244.
[13] Vgl. Sendschr. 164.

keit oder als das absolute Prius der Gottheit im ontologischen Beweis versteht. Ist bei Kant dieses Denken die Existenz des Absolut-Notwendigen, die als daseiende Möglichkeit zugleich Möglichkeit alles Daseins ist, so gesteht ihm Weiße als Subjekt der Gottheit immerhin die Qualität des primum existens zu.

Von hier aus ist kein weiter Schritt mehr zu der These, daß die Möglichkeit des Daseins sich kraft immanenter Dialektik zur Existenz fortbestimme. Es ist hier schon nicht mehr das wissenschaftliche Bewußtsein, das diese Dialektik in Gang bringt. „Auch das Negative des Prius i s t ; es ist da, es existirt, eben weil es ist, weil sein Sein, durch seine eigene innere Nothwendigkeit, sich zum Dasein, zur Existenz fortbestimmt, — eine Bestimmung, die, wie ich sie fasse, noch ganz in das Bereich des Prius selbst, nicht in den Übergang zu dem Positiven, das jenseits des Prius ist, fällt"[14].

Man könnte vermuten, Weiße habe neben dem Begriff des bloß Seienden für das Logische und für die Wirklichkeit einen dritten gefunden, der zwischen beiden steht, und der auch die Bezeichnung ‚Existenz‘ trägt. Doch einen solchen gibt es bei ihm nicht. Es zeigt sich hier die eigentümliche Zwiespältigkeit seines Existenzbegriffes, der sich auch schon in den ‚Grundzügen‘ und später in der Dogmatik findet. Wie ist es denkbar, daß sich ein Nichts, dem aber Existenz zukommt, zum Dasein, zur Existenz fortbestimmt? Diese Frage kann Weiße von seinen metaphysischen Voraussetzungen nicht beantworten.

1. Es wird nicht einsichtig, wie ein Nichts d. h. das Prius als Inbegriff aller Möglichkeiten sich das Dasein geben soll. Die Berufung auf Kants emB kann nicht viel weiter helfen, denn Kant selbst ist es gewesen, der in der KdrV den hier vorgebrachten Schluß als dogmatisch verworfen hat. Die Bedingungen der Möglichkeit unserer Gedanken vom Dasein sind nicht zugleich auch der Grund der Möglichkeit des Daseins selbst. Diese Deutung hat Weiße ja später in der Dogmatik selbst übernommen, und polemisch gegen Hegel gewandt.

2. Wenn angenommen wird, daß dem Prius Existenz zukommt, dann fällt das in den ‚Grundzügen‘ entwickelte Verständnis der Metaphysik als gegenstandslos dahin. Denn ist der Inhalt der spekulativen Logik selber in irgendeinem Sinne wirklich, so wird die in der Metaphysik ausgeführte Differenz zwischen den reinen Denkbestimmungen als nega-

---

[14] Sendschr. 173.

tivem Absoluten und der Wirklichkeit sinnlos. Dem Hegelschen Identitätssystem ist nicht mehr zu entgehen.

3. Diese Schwierigkeit zeigt sich auch am Verständnis von Raum und Zeit. In Raum und Zeit gipfeln die reinen Denkformen der Logik. Weiße definiert Dasein als Zeit-Raum-Erfüllung. Das Dasein, zu dem die Kategorien sich fortbestimmen sollen, deutet er als die Existenz (!) des Raumes und der Zeit. Raum und Zeit s i n d , aber nur „wiefern begrifflich mit ihnen zugleich ein Seiendes gesetzt ist, dessen Momente, dessen inwohnende Grenze oder Formbestimmung sie sind". Dieses Seiende „aber ist das wahrhafte, in seiner Totalität ... als existirend gesetzte Prius"[15].

Raum und Zeit existieren[16] also unter der Bedingung, daß sie formgebende Elemente der Existenz des absoluten Prius sind; diese Bedingung aber erfüllen sie immer schon. Sie sind ein Existierendes in dem Sinne, wie von der Existenz des Prius gesprochen werden kann, das seinerseits nur unter Voraussetzung von Raum und Zeit möglich ist. Das Sein des Prius hat in der Raum-Zeitkategorie ihren Bestand.

Hatte Weiße schon in den ‚Grundzügen' davon gesprochen, daß dem Nichtsein der Kategorien in irgendeiner Weise ein Sein eignen muß, so bezeichnet er dieses Sein im Sendschreiben geradezu als Existenz. Er kann nicht umhin, die vage Auskunft, daß den Formbestimmungen Existenz oder irgendein Sein zukommt, mit Hegel zu präzisieren; und er hat sie ja tatsächlich damit präzisiert, daß er die Kategorien schon 1835 unter die Objektivität der logischen Anfangskategorie ‚Sein' Hegels subsumierte. Die Formen der Metaphysik werden in ihrem logischen Selbstbewußtsein sich sogar selbst objektiv, weil sie s i n d . Dies ist die ausdrückliche Lehre der ‚Grundzüge'. Das Sein des nichtseienden Kategorienbegriffs ist also im Grunde nichts anderes als die Hegelsche Form der reinen Selbstbeziehung des Seins. Wird in den ‚Grundzügen' und in der Dogmatik die Negativität der kategorialen Bestimmungen starr vertreten, so zeigt sich im Sendschreiben eine gewisse Aufweichung der Weißeschen Position in Richtung auf Hegel hin. Daraus ist zu ersehen, wie schwierig es für Weiße war, das Hegelsche System aufzubrechen. Letztlich ist es ihm nicht gelungen, eine eigene Theorie darzubieten, die Hegel grundsätzlich in Frage gestellt hätte. Die Fehler seines Ansatzes können eher zu einer unkritischen Bestätigung der in der Hegelschen Logik entwickelten

---

[15] Sendschr. 179.
[16] Vgl. Sendschr. 184/185.

Ontotheologie verleiten als zu einer unvoreingenommenen Beurteilung
ihrer Schwächen führen.

Man muß Weiße hier aber die Gerechtigkeit widerfahren lassen, daß
er die göttliche Freiheit in dem Monismus der Hegelschen Systemnot-
wendigkeit verschüttet sah. Vornehmlich um sie ging es ihm bei seinen
kritischen Einwendungen und Verbesserungen. Auch wenn es ihm nicht
gelang, diesen Einwand auf eine unanfechtbare Grundlage zu stellen, so
ist damit doch Entscheidendes gesehen. Der tiefste Grund für das Scheitern Weißes ist die Tatsache, daß er Hegels Seinsbegriff übernimmt und
auf seinem Boden zugleich die Kritik entwickelt. Gott und Mensch, absolutes und endliches Denken stehen in demselben Seinszusammenhang, ja
sie sind beide identisch mit diesem Zusammenhang selber. Das Sein ist
immer schon ein von der Vernunft bewegtes und in sich aufgeschlüsseltes
Sein. Die kategoriale Verfassung des endlichen Denkens konvergiert mit
dem durch alle seine Seinsstufen hindurchgegangenen und daher von sich
wissenden Absoluten. Nun ist eine Loslösung des endlichen Denkens vom
Selbstbewußtsein Gottes nicht mehr möglich, die Bedingung der göttlichen Freiheit und ihrer Transzendenz wäre. Bei Weiße kehrt daher die
gesamte Problematik des Hegelschen Systems wieder[17].

---

[17] Die Schwierigkeiten, in die Weiße gerät, sind bereits von seinem Freund,
I. H. Fichte, gesehen worden. Fichte hat Weißes Theorie von der Negativität
des Logischen, aus der die Lehre vom möglichen Gott resultiert, scharf kritisiert. Der äußere Anlaß ist die Auseinandersetzung Fichtes mit Hegel in
seinem 1841 erschienenen Buch „Beiträge zur Charakteristik der neueren
Philosophie", auf das Weiße mit dem erwähnten, ein Jahr später veröffent-
lichten „Sendschreiben an Fichte" reagierte. Zu diesem Sendschreiben, in
denen Weiße Fichtes Hegelinterpretation angriff, nahm Fichte in einem 1848
erschienenen Aufsatz „Der Begriff des negativ Absoluten und der negativen
Philosophie" Stellung. Ohne zwar auf das nähere auf Weißes Konstruktion
der Gottesbeweise und ihren modaltheoretischen Ansatz einzugehen, brachte
Fichte das entscheidende Argument gegen Weißes ausschließlich formell oder
negativ gefaßtes Absolutes vor.
Weiße sah sich ja auf Grund der negativen Konzeption des Absoluten genötigt, den — im Weißeschen Sinne — ontologischen Beweis mit dem kosmologischen Element zu komplettieren. Fichte deckt die Haltlosigkeit des
gegen das absolute Sein isolierten Formabsoluten auf. Auch in seiner abstrakten Form ist das Absolute immer schon mit der absoluten Wirklichkeit
vermittelt. Fichte folgt darin Hegel. Der Einwand Fichtes wird durch die
Hegelsche Modaltheorie bestätigt.

Zusammenfassend soll noch einmal der für die Ontotheologie entscheidende Gesichtspunkt vorgetragen werden, der deutlich macht, warum Weißes wissenschaftliches Programm gegen Hegel fehlschlagen mußte.

Das dialektische System der Modalitätskategorien ist deshalb auch die unausgesprochene Voraussetzung und der Boden, auf welchem sich der jüngere Fichte von dem philosophischen Programm seines Freundes distanziert. Denn wenn er „in dem negativ Absoluten (der Weißeschen Metaphysik) . . . diesem Halb-Nichts, oder Halb-Etwas, welches ‚ein zwar Seiendes, aber Wesenloses und Unwirkliches‘, ein ‚seiendes Nichtsein‘ ist . . ., das Product eines willkürlichen Denkens" (164) zu erkennen meint, so ist er mit Hegel (vgl. 173 ff.) der Auffassung, daß das Absolute als absolute Möglichkeit das Moment der absoluten Wirklichkeit zugleich in sich enthalten muß und umgekehrt. Die beiden Momente alternieren im Zugleich der sie reflektierenden Idee. Das kategoriale Prius, das Weiße nach dem Vorbild der KdrV als Formsphäre der positiven Wirklichkeit konfrontiert, läßt sich auf der Stufe des Absoluten in dieser nur formalen Negativität nicht halten. Der Begriff des Absoluten ist seiner Wirklichkeit nicht abstrakt entgegengesetzt. Die Metaphysik hat nach Fichte gerade das Zurückgehen des Gegensatzes in seine Einheit zur Aufgabe. „Metaphysik daher, wenn eine solche vorhanden, ist in keinem Sinne bloß ‚negative‘ oder ‚Formwissenschaft‘, weil ihr Inhalt, die gegensatzlose Idee des Absoluten, auch in seinem ersten, abstractesten Momente gefaßt, auch als A n f a n g der metaphysischen Dialektik mehr ist als ‚bloße Form‘ welche erst ausgefüllt, ‚spezifiziert‘ werden müßte, um nun Anspruch auf Wirklichkeit zu erhalten. Auch hier muss ich den Gegensatz von Form und Inhalt zur Bezeichnung des Unterschiedes der abstractern oder concretern Kategorien, nach denen die Idee des Absoluten dialektisch fortschreitend bestimmt wird, für einen völlig ungeeigneten erklären" (Verm. Schr. 167/68).
Den primären Anstoß für sein Verständnis der Metaphysik hatte Weiße ja aus seiner Kritik an Hegels Logik erhalten. Das Hegelsche System maße sich als System der Notwendigkeit zu Unrecht den Begriff der göttlichen Freiheit an. Frei sei nur die Wirklichkeit, die in den Kategorien der Logik nicht aufgehe. Von einer Selbstbewegung des Begriffs, die mit der dem Inhalt immanenten Bewegung identisch sei, könne nicht die Rede sein. Das negative oder kategoriale Formabsolute der dialektischen Vernunft ist zwar notwendig für die Geltung und Konstitution des wahrhaft Seienden, des positiv Freien, nicht aber schon dieses selbst. Nur wenn das Negative als Negatives begriffen wird, sei es möglich, die Wirklichkeit als das Freie und Positive zu erkennen. Diese Theorie Weißes wirkt sich nicht nur für die Konstruktion seiner Ontotheologie aus, sondern auch für das Verständnis des Übergangs der Idee in die Natur. Gerade diesen Übergang hat Weiße

Es läßt sich eine Subjektivierung und Funktionalisierung der Kategorien, worauf die Möglichkeit des wissenschaftlichen und beweisenden Bewußtseins beruht, nicht durchführen, wenn man den Begriff ,Sein' auf die

---

an Hegel kritisiert. Diese Kritik soll hier deshalb herangezogen werden, weil sie sachlich identisch ist mit der Auffassung, Hegel habe die Kategorien realisiert und ihnen die Macht der Selbstbewegung zugeschrieben.

Fichte hat sehr deutlich gesehen, daß Weiße mit seinem Verständnis von Metaphysik versucht, „einen veralteten Stil in die Philosophie zurückzuführen" (Verm. Schr. 170), nämlich denjenigen Kants. Er ist zwar nicht auf Weißes Gottesbeweistheorie direkt eingegangen, wohl aber auf dessen Kritik an Hegels Lehre vom Übergang der Idee zur Natur. Wird die Idee als Inbegriff der reinen Formen lediglich negativ verstanden, so sei es — nach Weiße — unmöglich, daß sie die Natur frei aus sich entlasse (vgl. Enzykl § 244). Fichte weist Weiße nach: „In keinem Sinne ... duldet dieser Zusammenhang (der entspr. Paragraphen in der Enzykl), die absolute Idee auf irgendeiner dieser Stufe bloß als die leere, das Reale ausdrücklich ausser sich habende Kategorie des Lebens ... zu fassen" (Verm. Schr. 176). Gott, als Gegenstand der Logik, ist schon vor dem Durchgang durch die Natur und den endlichen Geist, vermittels dessen er sich zum absoluten Geist entwickelt, bereits der ganze Gott und nicht nur ein bloß logischer oder möglicher. „Auch darin ist er schon Alles und ganz, was er in dem Momente der ausgewirkten Gegensätze („nach" der Erschaffung) zu sein vermöchte, dort nur durch logisches Denken in jene Allgemeinheit erhoben, weswegen wir schon oben (Enzykl § 236) die absolute Idee „als denkende, logische Idee" bezeichnet finden, in welcher abstrahirt wird von allem Concreten, während nichtsdestoweniger alles Concrete mitumfasst ist in dieser eben darum nicht bloss „abstracten" Allgemeinheit: alle Weltgegensätze sind in ihr ebenso dem Denken gegenwärtig, als sie dennoch nicht ausdrücklich in ihr gedacht werden. Deshalb nennt Hegel die absolute Idee in dieser Hinsicht ebenso die „an und für sich seiende" (die allgemeine Totalität)" (Verm Schr. 180). „Somit ist Gott, in jener Reinheit gewusst ... Erzeugnis des nur logischen Denkens, aber keineswegs etwa im Sinn einer willkürlich menschlichen Thätigkeit, sondern als Inhalt jener ewigen, sich selbst wissenden Vernunft (Enzykl § 577), die da Gott selber ist, als ewiger Geist, und welche, in der „Wissenschaft" (der Logik Vf) auf ihren Gipfel gelangt, von hier aus zu ihrem Anfange zurückzublicken vermag" (Verm Schr. 180/181). Fichte gewinnt aus einer sorgfältigen Prüfung der einschlägigen Hegelstellen in der Enzyklopädie die Überzeugung, daß sich Weißes Kritik nicht halten läßt. „Nirgends daher, auch in der Logik nicht, kann Hegel's Absolutes auch auf das entfernteste als ein nur formales, negatives, das Reale ausser sich habendes Prinzip gedeutet werden. In allen Theilen seines Systems und auf allen

Stufe der allgemeinen Objektivität hebt. Denn nun haben auch die Kategorien Sein, eine Erkenntnis, die wieder nur unter der Bedingung kategorialer Gesetze objektiv werden kann. Die reinen Formen vermitteln sich in der Verobjektivierung ihrer selbst zur absoluten Subjektivität, die im Vollzuge ihres Sich-Denkens ihre Objektivität ergreift. Die Sub-

---

Stufen auch seiner logischen, eben darum immanenten Dialektik, ... sind Form — und Realprincip ineinander" (Verm. Schr. 181).

Fichte argumentiert hauptsächlich mit einer Analyse der Texte. Diese geben ihm die Gewißheit, daß Weißes Ansatz ein Irrweg ist. „Somit läßt die Idee des Absoluten, falls in ihre Ursprünglichkeit und Wahrheit zurückgegangen wird, auch noch die Unterscheidung eines blossen Formabsoluten in sich verschwinden, von welchem aus man erst zur Negation dieses Negativen, dem darum positiv Absoluten zu gelangen hätte" (Verm. Schr. 164 f.).

Daher ist es unsinnig, das Wesen Gottes oder seinen Begriff von seiner Daßheit oder seiner Existenz zu trennen — eine Unterscheidung auf der ja Weißes Gottesbeweiskonstruktion basiert. „Ebenso wenig läßt jene Idee die Sonderung zweier Wissenschaften zu, deren eine nur das ‚Was', den ‚Begriff Gottes', die andere das ‚Daß' desselben zu erkennen hätte, so gewiss sie diejenige ist, in der ‚ihr Begriff zugleich das Sein in sich schließt' " (Verm. Schr. 165).

Fichte greift Weiße nicht von einem eigenen systematischen Gegenentwurf an, sondern möchte in dieser Frage der Bedeutung des Logischen der „historischen Entwicklung treu" bleiben (Verm. Schr. 164). Gegen Weiße zitiert er auch Schelling, der auf einem „früheren Erkenntnisstandpunkt" (Verm. Schr. 167) mit Hegel noch die Identitätsthese teilte: „Nach unserer Ansicht ist die Trennung in eine eigene Welt des Gedankens und in eine eigene der Wirklichkeit der Beweis, dass auch in der Gedankenwelt nicht Gott ist gesetzt worden. Wenn (per impossibile) keine Natur für mich existierte, und ich dächte Gott wahrhaft und mit lebendiger Klarheit: so müsste in demselben Augenblick sich die wirkliche Welt mir erfüllen. Ihr solltet ja philosophieren, d. h. die Idee Gottes betrachten oder auch nur (wenn Ihr so meint) denken, und Ihr solltet rein diese denken und Euch ganz davon erfüllen. So ihr nun dieses thut, wird Euch Gott unmittelbar real, als das allein Wirkliche, und Ihr werdet Euch nicht mehr nach einer andern Natur umsehen, da Ihr mit Gott und durch Gott" (in jener Idee Gottes) „bereits die vollendete Wirklichkeit habt" (Verm. Schr. 165/166). Weiße habe Schelling mißverstanden, wenn er dessen Unterscheidung von Begriff und Existenz in Gott zur Unterstützung der eigenen Theorie heranzieht. Denn dieser Gegensatz ist in der absoluten Idee aufgehoben, so daß es unmöglich sei, ihn zu einem methodischen Ausgangspunkt einer an die historische Entwicklung so gebundenen Metaphysik zu machen, wie es die Weißesche ist (vgl. Verm. Schr. 171 und 166/67).

jektivität ist im Gegebensein ihrer Objektivität ganz für sich geworden;
als solche ist sie absolutes Subjekt-Objekt. Das wissenschaftliche Bewußtsein, das Subjekt der dogmatischen Reflexion ist, erhält seine Legitimation somit in Wahrheit nicht durch eine an Kant orientierte Funktionalisierung der Kategorien, sondern durch die Setzung des Absoluten. Es
ist die endliche Reflexion, die als Moment des Absoluten ontologisch aus
diesem hervorgeht.

Dieser Sachverhalt läßt sich durch eine weitere Überlegung absichern.
Will die Vernunft Gottes Wirklichkeit und Wesen erkennen, so muß sie
selber göttlichen Ursprungs und Wesens sein. Ist das wissenschaftliche
Bewußtsein Prinzip dieser Erkenntnis, so ist ihr Inhalt je schon Prinzip
dieses Prinzips d. h. Gott prinzipiiert das Bewußtsein. Damit ist nichts
anderes gesagt, als daß Gott Prinzip seiner selbst ist, weil Gott kein
Prinzip außerhalb seiner haben kann. Diese Umkehrung oder wechsel-
seitige Vermittlung von Bewußtsein und seinem absoluten Grund ist
möglich, wenn das System des wissenschaftlichen Denkens, die Metaphysik, selbst schon den Begriff von Gott ausdrückt. Nun kann das Denken
Gott zu seinem Prinzip machen; daher wird die Vernunft im Denken
dieses Prinzips Prinzip ihres Grundes. Denken ist damit selbst die Bedingung der Möglichkeit von Gott. Das aber ist nur dann denkbar, wenn
Gott das Denken als die ihm eigene Vernunft weiß. Denn Prinzip Gottes
kann immer nur Gott selbst sein. Hätte Weiße diese Konsequenz gezogen, wäre ihm die völlige Identität mit Hegel bewußt geworden. Durch
die abstrakte Scheidung aber des wissenschaftlichen Bewußtseins von
seinem Gegenstand, der zugleich sein absoluter Grund ist, scheint der
Eindruck zu entstehen, als wäre die Methode des ontologischen Beweises
die Bedingung dessen, was sie als Wesen Gottes dem philosophischen
Wissen vermittelt, und als wäre der kosmologische Beweis die Voraussetzung von Gottes Dasein. Damit wäre Weiße nicht nur mit dem
eigenen Programm einer Philosophie der Freiheit in Widerspruch geraten,
sondern auch mit Kant, auf den er sich bei der Formalisierung der Kategorien beruft. Denn eine Wissenschaft, die um ihre Endlichkeit und
die Restriktionen weiß, die ihr auferlegt sind, vermag gerade nicht Bedingung für das zu sein, was Gott seinem Wesen und seiner Wirklichkeit
nach ist. Weiß aber die von Weiße konzipierte Vernunft in Gemäßheit
ihres metaphysischen Begriffs wahrhaft von sich, so ist sie immer schon
aus ihrer Endlichkeit in die Absolutheit der Subjektivität Gottes eingetreten. Das wissenschaftliche Bewußtsein, das Weißes Dogmatik trägt, ist
die absolute Wissenschaft der Hegelschen Logik.

SCHLUSS

Die Selbstbegrenzung der Vernunft in der Kantischen Philosophie hat einen Begriff von Sein zur Folge, der allein dem Subjekt dieser Selbstbegrenzung als verläßliche Vorstellung eines Gegenstandes gegeben sein kann. Die Theorie der Subjektivität trägt ihre Früchte an dem, was als Objekt gilt und möglich ist. Die Gestalt des Objektiven, die in der theoretischen Philosophie abhängig ist von der Möglichkeit gültiger Erkenntnisse, offenbart erst die Fähigkeiten und vor allem die Unfähigkeiten der Subjektivität. Als Vermögen der Einigung und als Bewußtsein des in der Anschauung Gegebenen ist Ich die synthetische Einheit der transzendentalen Apperzeption. Seine synthetischen Leistungen beziehen sich auf das mögliche Sein von Erfahrungen in Raum und Zeit. Der Geltungsbereich, innerhalb dessen das Ich Erkenntnisse in Sätzen von objektiver Gültigkeit fassen kann, ist identisch mit der transzendental umrissenen Möglichkeit des Seins. Die Restriktionen, in denen das Subjekt der Vernunft sich seines Vermögens versichert, geben ihm zugleich darüber Aufschluß, was und in welcher Weise ihm Gegenständlichkeit zu erscheinen vermag. Das Bewußtsein von ihrer erkennenden Kraft gewinnt die Subjektivität bei Kant vor allem als Objektbewußtsein. Innerhalb der Klammer, die sich von den Einschränkungen des Ich bis zu der Möglichkeit dessen spannt, was als Objekt diesem Ich enspricht, befindet sich systematisch die Kritik der Ontotheologie.

Kant schließt: In der theoretischen Philosophie hat Sein einen legitimen Objektivitätscharakter nur als empirisch Gegebenes. Seinsaussagen, die diesen Rahmen überschreiten, sind hier unmöglich, weil sie nicht die gleichen Bedingungen gesetzlicher Geltung, nämlich den Anspruch der kritizistischen Modaltheorie erfüllen wie die raum-zeitlichen Gegenstände. Gott ist kein Objekt möglicher Erfahrung. Deshalb müssen die Bestimmungen seiner Existenz auf einer anderen Ebene erfolgen, als es die Gebundenheit der Subjektivität an die Anschauung bei den übrigen Seinsaussagen vorschreibt, die objektiv gültig sein sollen. Die KdrV zieht diese Konsequenz der Idealisierung des Gottesbegriffs. Die Seinsaussagen über die metaphysischen Gegenstände ‚Gott‘ und ‚Freiheit‘ gehen ihres Objektivitätscharakters verlustig. Auch wenn in der praktischen Philosophie der Rest einer in den Kritizismus nicht integrierbaren

Metaphysizität und Faktizität Gottes übrigbleibt, wird dieser Rest doch sogleich als eine hypothetisch vorausgesetzte und deshalb objektiv nicht beweisbare, nichtsdestoweniger denknotwendige Grundlage der Postulatentheorie gedeutet.

Dieser Gedankengang schließt die nicht explizierte von Kant aber mitgemeinte Voraussetzung ein, daß es von vornherein unmöglich ist, Gott unter die Gegenstände der Erfahrung einzureihen. Aus der Evidenz, daß Gott kein raum-zeitliches Wesen sein kann, leitet Kant das Unvermögen der Subjektivität ab, sich zu Gottesbeweisen aufzuschwingen. Diese Evidenz liegt aber schon in dem Bewußtsein der Grenzen der Subjektivität und nicht in einem Wissen um die Dimension des göttlichen Seins selber. Da die Vernunft notwendig auf die Tätigkeit des Verstandes angewiesen ist, der nur in synthetischen Urteilen Seiendes erkennen kann, ist es der Vernunft unmöglich, Existenzialsätze aus ihrer reinen Apriorität zu begründen. Daher muß der ontologische Beweis scheitern, der aus einem Begriff die Existenz ableiten will. Die Konfrontation der Behauptung des Seins Gottes mit dem in der KdrV entwickelten Verständnis von Sein geschieht aus methodischen Gründen und nicht aus der Meinung, Gott und das Gegebene der Erfahrung könnten jemals auf der gleichen ontologischen Ebene stehen, die beiden im Gegensatz eine gleiche Substanz von Sein substituiert, innerhalb deren sie unendlich differieren. Gottesbeweise sind für Kant nicht deshalb unmöglich, weil das Empirische dem Seinsvergleich mit Gott nicht standhält — dies würde die Kenntnis des Seins Gottes ja bereits voraussetzen — sondern auf Grund des Bewußtseins der völligen Inkommensurabilität zwischen dem Ansichsein Gottes und den Seinssätzen, zu denen das urteilende Ich fähig ist. So ist die kritizistische Interpretation des transzendentalen Ideals nichts anderes als eine Bestätigung der Kantischen Theorie von 1781; die Gottesbeweise sind ihrerseits repräsentative Formen von Verirrungen, der jene verfallen, die der Kritik nicht folgen. Decken die metaphysischen Einwände die ungeheure Problematik des absolut notwendigen Wesens auf, so haben sie doch zugleich den positiven Nutzen, auf den sicheren Boden der Transzendentalphilosophie zurückzuführen. Von hier aus gesehen sind die Gottesbeweise aber dogmatische Illusionen.

Für Kant ist somit ein irgendwie gedachtes göttliches Sein in der KdrV kein möglicher Maßstab. Seine Kritik begründet die ausschließende Position, auf der die Bedingungen festgestellt werden, unter denen Sein verifiziert werden kann. Dieser Ausschließlichkeit fallen alle Versuche zum Opfer, Gottes Existenz zu beweisen. Deshalb begründet Kant nicht von Gott her die Inkommensurabilität zwischen dessen Ansich und der Gegenständlichkeit der Erscheinungen, sondern von der restringierten Möglichkeit des Ich zur Objekterkenntnis. In der Beziehung von Subjektivität und empirischer Möglichkeit liegt der Grund für die Unverhältnismäßigkeit der an-sich-seienden Ontologizität Gottes und dem Sein in Erfahrungen. Auf dieser Grundlage baut sich dann die Ideenlehre auf. Die Konstruktion der Kritik der traditionellen Ontotheologie hält sich aufs Ganze gesehen streng an den Rahmen der leitenden Einsichten der KdrV. Gleichwohl ist die Beunruhigung über die metaphysische Problematik des notwendigen Wesens noch deutlich zu spüren. Kant hat sich die Mühe metaphysischer Einwendungen gemacht, innerhalb deren im Gegenzug zu dem kritizistischen Wissen vom Unvermögen der Vernunft, aus der Perspektive eines göttlichen Seins zu denken und von hier die Endlichkeit des menschlichen Erkennens zu begründen, zumindest die Möglichkeit eines Wissens erscheint, sich von der Unendlichkeit des göttlichen Seins her die Inadäquatheit endlicher Seinsbegriffe von Gott bewußt zu machen. Innerhalb der Theorie der Widerlegung nimmt diese Perspektive zwar einen vergleichsweise kleinen Raum ein; sie ist aber intensiv genug, um die Enschränkungen der Vernunfterkenntnis auch metaphysisch zu legitimieren. Die Endlichkeit des Denkens erhält somit einen kritizistischen und einen metaphysischen Ausweis. Besteht der erstere darin. auf der Basis der transzendentalen Subjektivität die Grenzen der Vernunft geltend zu machen, so liegt bei dem zweiten immerhin eine Richtungsänderung vor: Kant müht sich mit der Metaphysizität der Notwendigkeit ab und geht von ihr als einem unlöslichen Problem wieder auf das Ich zu. Er wird somit in einem doppelten Sinn zu einem Philosophen der Endlichkeit. Man muß aber wohl daran festhalten, daß der Analogiebegriff von Gott — trotz der Verschränkungen metaphysischer und kritizistischer Elemente in der Argumentation — sowohl seiner Stellung im System wie seiner Inhaltlichkeit nach in den Intentionsbereich der Transzendentalphilosophie gehört. Will man in den Bahnen der Kantischen Gedankengänge verbleiben, so kann man Gott als Denken und als Freiheit nur konstruieren, wenn man sich nach dem transzendentalen Modell der endlichen Subjektivität richtet. Ein analoges Wissen von Gott ist nur möglich, weil man Einsicht in die Voraussetzungen und die Modalitäten hat, wie Ich zu Erkenntnissen kommt.

Hegels Polemik fixiert Kant auf das Vorhaben, die Unmöglichkeit, Gottes Existenz zu beweisen, mit der Unmöglichkeit zu erklären, Gott in

Erfahrungen aufzufinden[1]. Aus dieser Vergröberung ist sein eigener Neuentwurf der Ontotheologie zu verstehen, obwohl dieser im Verlauf seiner Entfaltung einen wirklichen Fortschritt gegenüber Kant darstellt. Die Subjektivität wird auf ihr Sein hinterfragt. Dieses Sein entwickelt Hegel zu dem selbstbewußten Sein des Absoluten, das sich allem Sein voraus als Möglichkeit manifestiert und damit auch als Möglichkeit des Seins der endlichen Reflexion. Das Absolute ist absolute Voraussetzung, absolute Möglichkeit und in ihr setzende Wirklichkeit ihrer selbst. Seine Notwendigkeit geht in der modaltheoretisch explizierten Selbstdurchdringung ein in die Freiheit des Begriffs, der im Prozeß seines Selbstbewußtseins das Sein seiner Subjektivität konstituiert. Alle Versuche, mit Hilfe kantianisierender Einwände Hegels Theorie der dialektischen Selbstvermittlung zu verbessern, müssen scheitern. Das Problem der Freiheit Gottes gegen Hegel überzeugend zu lösen, ist Weiße nicht gelungen, weil er dessen Voraussetzungen teilt. Gleichwohl hat er richtig empfunden, daß im Hegelschen System Schwierigkeiten entstehen, die es verhindern, Gottes Freiheit der Notwendigkeit ihres Begriffs oder ihres Seins zu entheben. Weißes Konzept geht aus von dem Zweifel, ob Freiheit auch dann noch Freiheit sei, wenn das System der Notwendigkeit ihr die Struktur vorschreibt.

Wer sich dem Unternehmen widmet, einen diskutablen Begriff der göttlichen Freiheit in das Denken einzubringen, hat die Problematik zu reflektieren, die die idealistische Philosophie in dieser Hinsicht zurückließ, gleichviel von welchen philosophischen oder theologischen Voraussetzungen man herkommt:

1. Gott ist nicht causa-sui. Wäre er diese, so würde er sich innerhalb und unter der Bedingung seines Seins selbst verwirklichen. Der Freiheit Gottes wäre das Sein Gottes vorgeordnet. Gott ist aber keines Seins bedürftig, das von bestimmter Struktur die Struktur seiner Freiheit determinieren würde. Dieser Gedanke schließt ein, daß Gott auch vom Sein im negativen Sinn frei ist. Demnach können weder die Möglichkeit seines Seins noch die seines Nichtseins eine Notwendigkeit bilden, welche Gott und seiner Freiheit voraus wären, auch wenn die Notwendigkeit Gott selbst genannt würde. Weder die Möglichkeit des Seins noch die des Nichtseins, noch die wie auch immer zu denkenden Bestimmtheiten dieses Seins oder Nichtseins machen ein in Gott anzusetzendes Prius seines Begriffs aus. Die Paradoxie dieser Aussage ist notwendig. Denn

---

[1] Vgl. Log II, 355.

nur wenn man Gott auch als frei hinsichtlich eines ihm eigenen Seins denkt, vermag man der Gefahr zu begegnen, dieses Sein metaphysisch bestimmen zu wollen, so daß dieser Art Bestimmung der Begriff des göttlichen Seins selber wäre. Dieser Gefahr ist Hegel erlegen. Gott ist bei ihm identisch mit dem Kategoriensystem und der Abfolge von dessen metaphysischen Inhaltsbestimmungen. Seine Freiheit geht in der Notwendigkeit der Logik unter.

2. Als absolute Möglichkeit ist Gott zugleich die Möglichkeit seiner Erkennbarkeit durch eine endliche Subjektivität. Dies meint aber nicht einen geschlossenen Seinszusammenhang, der das Sein Gottes und das des endlichen Denkens im Sinne der Hegelschen Dialektik von Grund und Begründetem vereinigen würde, in welchem das Endliche noch das Prinzip seines Grundes wäre. Es besteht zwischen Gott und Mensch kein notwendiger Seinszusammenhang, den eine Ontologie formulieren könnte. Die Ermöglichung seiner Erkenntnis durch den Menschen ist allein freie Tat Gottes, die keine metaphysische Entsprechung in dem Sein der endlichen Subjektivität hat.

3. Es ist notwendig, Gott als Transzendenz zu denken, die in Richtung auf den Menschen zu transzendieren, Gott selbst als seine Offenbarungsmöglichkeit und -wirklichkeit realisiert. Im Transzendenzgedanken läßt sich Kants Einsicht unterbringen, die seinen metaphysischen Einwänden zu Grunde liegt. Der Abstand zwischen Gott und Mensch versagt es, für das Verhältnis beider einen Oberbegriff aufzustellen oder Gott gar selbst als einen solchen Oberbegriff zu verstehen, der einer Ontologie angehört, die von einer Seinsidentität in Gott und Mensch ausgeht. Der Mensch mag durch Freiheit an einer intelligiblen Ordnung teilhaben; sie kann ihn aber nicht von sich aus schon in die Sphäre Gottes rücken.

Obwohl dem menschlichen Denken nach Kant die dem intelligiblen Sein zu Grunde liegende metaphysische Objektivität verschlossen bleibt, ist der Mensch im Lichte der transzendentalen Freiheit selber von dieser unbegreiflichen Seinsart. Das Vermögen der absolut spontanen Kausalität im Denken wie im Handeln verbindet ihn ontologisch mit Gott, dessen Freiheit sich via eminentiae steigert, wenn man die Möglichkeit heterogener Objektwiderstände aus dem Begriff seines Denkens entfernt. Das intelligible Sein der Freiheit, in dem Gott und Mensch Gemeinschaft haben, kann zwar nur mit den Kategorien der Ideenlehre bestimmt werden, doch muß Kant wenigstens hypothetisch annehmen, daß den Ideen ein objektiv-metaphysisches Substrat unterliegt.

So haben Gott und Mensch auf dem homogenen ontologischen Boden der Freiheit doch auch wieder substantielle Gemeinsamkeit. Läßt diese sich auch nur ideal begreifen, so muß für sie zugleich ein einheitlich metaphysischer Bereich vorausgesetzt werden. Diese Folgerung steht in einem merkwürdigen Kontrast zu den Bedingungen, unter denen man Kants metaphysische Kritik der traditionellen Ontotheologie interpretieren kann. Der Gedanke, daß ein philosophischer Seinsvergleich zwischen Gott und dem Endlichen nicht möglich ist, war ja das metaphysische Motiv für den Kantischen Analogiebegriff von Gott. Diesem Motiv entspricht die kritische Philosophie mit der Subjektivierung der Ideen ‚Gott' und ‚Freiheit', Begriffe, die in der Ideenlehre systematisch auf eine Ebene gehoben werden können, weil die Abhängigkeit von der Subjektivitätstheorie ein Sich-Überheben der Vernunft verhindert. Wenn man jedoch bedenkt, daß den Ideen nach Kantischer Auffassung eine wenn auch nur formale, inhaltlich nicht bestimmbare metaphysische Substanz entspricht, muß von hier aus die Ideenparallelität von Gott und Freiheit doch wieder eine ontologische Gemeinsamkeit, die Perspektive auf eine intelligible Gleichartigkeit des göttlichen und des menschlichen Seins erschließen. Diese Zwiespältigkeit zeigt die Schwierigkeiten, denen sich Kants Begriffe von Gott und Freiheit gegenüberstehen.

Somit eröffnen weder das auf sich selbst gestellte Denken des transzendentalen Subjekts Kants, noch auch ein im Absoluten und als Absolutes begründetes Denken den Zugang auf einen hinreichenden Begriff von Gottes Freiheit. Das philosophische Denken scheint hier an seine Grenze gekommen zu sein, über die hinauszugehen ihm Kant verwehrt, während Hegel sie einzuebnen sich anschickt. Die Frage nach Gott gewährt sich dem Philosophen jedoch gerade auf dem schmalen Grat zwischen beiden Ansätzen.

LITERATURVERZEICHNIS

I. Verzeichnis der benutzten Textausgaben

BAUMGARTEN, A., Metaphysica, 1739, in: Kants handschr. Nachlaß, Bd. IV, zit.: Baumgarten, Metaphysica (nach Paragraphen).

FICHTE, I. H., Beiträge zur Charakteristik der neueren Philosophie. Sulzbach² 1841.

—, Der Begriff des negativ Absoluten und der negativen Philosophie, Ztschr. f. Phil. XII. 1843 = Vermischte Schriften, Leipzig 1864, 1. 3. S. 157 ff., zit.: Verm. Schr.

HEGEL, G. W. F., Differenz des Fichte'schen und Schelling'schen Systems der Philosophie, (1801), hrsg. v. G. Lasson, Leipzig 1928.

—, Glauben und Wissen, (1802/03), hrsg. v. G. Lasson, Leipzig 1928, zit.: GluW.

—, Pänomenologie des Geistes, (1807), hrsg. v. J. Hoffmeister, Hamburg 1952.

—, Wissenschaft der Logik, (1812—1813), hrsg. v. G. Lasson, Bd. I/II, Leipzig 1934, zit.: Log (röm. Ziffer).

—, Vorlesungen über die Philosophie der Religion, (1824/27), Bd. I, 1.2./II, 1.2., hrsg. v. G. Lasson, Hamburg 1966, zit.: Relphil (röm. Ziffer).

—, Vorlesungen über die Beweise vom Dasein Gottes, (1829), hrsg. v. G. Lasson, Hamburg 1966, zit.: Vorl GB.

—, System der Philosophie, Erster Teil: Logik, in: Sämtliche Werke. Jubiläumsausgabe, Bd. 8, hrsg. v. H. Glockner, Stuttgart 1829, zit.: System der Philosophie.

—, Enzyklopädie der philosophischen Wissenschaften im Grundrisse, (1830), neu hrsg. v. F. Nicolin u. O. Pöggeler, Hamburg ⁶1959, zit.: Enzykl.

KANT, I., Der einzig mögliche Beweisgrund zu einer Demonstration des Daseins Gottes, (1763), hrsg. v. K. Reich, Hamburg 1963, zit.: emB.

—, Kritik der reinen Vernunft, (1781), hrsg. v. W. Weischedel, Darmstadt 1966, abgek.: KdrV, zit.: A (arab. Ziffer) = 1. Aufl., B (arab. Ziffer) = 2. Aufl.

—, Handschriftlicher Nachlaß, Metaphysik, in: Kants gesammelte Schriften, Bd. IV und V, Berlin 1926—28, zit.: vierstellige Ziffern.

—, Vorlesungen über die Metaphysik, hrsg. v. Pölitz, Erfurt 1821, zit.: VM.

—, Vorlesungen über die philosophische Religionslehre, hrsg. v. Pölitz, Leipzig² 1830, zit.: VR.

—, Die philosophischen Hauptvorlesungen, hrsg. v. A. Kowalewski, Leipzig 1924, zit.: Kowalewski.

—, Werke in sechs Bänden, hrsg. v. W. Weischedel, Darmstadt 1966, zit.: KW (röm. Ziffer).

Lotze, H., Bemerkungen über den Begriff des Raumes, Sendschreiben an C. H. Weiße, Ztschr. f. Phil. N. F., IV, 1841, S. 1 ff. = Kleine Schriften Bd. I, 1885, zit.: Kl. Schr. (röm. Ziffer).

Rothe, R., Theologische Ethik, Erster Band, Wittenberg² 1867, zit.: Rothe, Ethik I.

Schelling, Fr. W. J., Über das Wesen der menschlichen Freiheit, (1809), Stuttgart 1964, zit.: Freiheit.

—, Zur Geschichte der Neueren Philosophie, Münchener Vorlesungen, (1827), Darmstadt 1959, zit.: Mü Vorl.

—, Philosophie der Offenbarung, (1854), Bd. I/II, Darmstadt 1959, zit.: PhdO (röm. Ziffer).

—, Sämtliche Werke, I. Abtlg., IX. Bd., Stuttgart und Augsburg 1861, zit.: Schelling, WW IX.

Weisse, Chr. H., Die Idee der Gottheit, Dresden 1833, zit.: IdG.

—, Grundzüge der Metaphysik, Hamburg 1835, zit.: M oder ‚Grundzüge'.

—, Das philosophische Problem der Gegenwart, Sendschreiben an I. H. Fichte, Leipzig 1842, zit.: Sendschr.

—, Philosophische Dogmatik oder Philosophie des Christentums, Bd. I—III, 1855—1862, zit.: Dog (röm. Ziffer).

II. Verzeichnis der übrigen Literatur

Adickes, E., Beiträge zur Entwicklungsgeschichte der Kantischen Erkenntnistheorie, Kant-Studien, Kiel und Leipzig 1895, zit.: Kant-Studien 1895.

—, Kant und die Als-Ob-Philosophie, Stuttgart 1927, zit.: Adickes.

Adorno, Th. W., Drei Studien zu Hegel, Frankfurt 1963.

—, Negative Dialektik, Frankfurt 1966.

Albrecht, W., Hegels Gottesbeweis, eine Studie zur „Wissenschaft der Logik", Berlin 1958, zit.: Albrecht.

Bauch, B., Immanuel Kant, Berlin und Leipzig 1917, zit.: Bauch.

Baumgardt, D., Das Möglichkeitsproblem der Kritik der reinen Vernunft, der modernen Phänomenologie und der Gegenstandstheorie, Kant-Studien, Erg. H. 51, Berlin 1915, zit.: Baumgardt.

BECK, H., Möglichkeit und Notwendigkeit, in: Pullacher Philosophische Forschungen, Bd. V, hrsg. v. W. Brugger u. J. B. Lotz, Pullach bei München 1961.

BECKER, W., Die Dialektik von Grund und Begründetem, in: Hegels Wissenschaft der Logik, Frankfurt 1964, zit.: Becker.

BLOCH, E., Subjekt — Objekt, Frankfurt 1963, zit.: Bloch.

BRANDENSTEIN, B. v., Metaphysische Beweise unter besonderer Berücksichtigung der Transzendentalen Dialektik Kants, Kant-Studien 53, 1961/62, S. 129 ff.—191, zit.: Brandenstein.

CASSIRER, E., Kants Leben und Lehre, Berlin 1918, zit.: Cassirer.

COHEN, H., Die systematischen Begriffe in Kants vorkritischen Schriften nach ihrem Verhältnis zum kritischen Idealismus, Berlin 1873, zit.: Die systematischen Begriffe.

—, Kants Theorie der Erfahrung, Berlin² 1885, zit.: Cohen.

COHN, J., Theorie der Dialektik, Formenlehre der Philosophie, Darmstadt 1965, Nachdruck von 1923 (Leipzig), zit.: Cohn.

CORETH, E., Das dialektische Sein in Hegels Logik, in: Glaube und Forschung, Österr. Studien aus Theologie und Philosophie und Grenzgebieten, hrsg. unter der Patronanz des österr. Episkopates, Beitrag I, Wien 1952, zit.: Coreth.

CRAMER, W., Die Monade, Stuttgart 1954.

—, Das Absolute und das Kontingente, Untersuchungen zum Substanzbegriff, Frankfurt 1959.

—, Grundlegung einer Theorie des Geistes, Frankfurt 1965.

—, Gottesbeweise und ihre Kritik, Frankfurt 1967, zit.: Cramer.

CROCE, B., Lebendiges und Totes in Hegels Philosophie, Heidelberg 1909, zit.: Croce.

DOMKE, K., Das Problem der metaphysischen Gottesbeweise in der Philosophie Hegels, Leipzig 1940, zit.: Domke.

DRECHSLER, J., Fichtes Lehre vom Bild, Stuttgart 1955, zit.: Drechsler, Fichte.

DULCKHEIT, A. Chr., Die Dialektik der drei endlichen Seinsbereiche als Grundlage der Hegelschen Logik, in: Phil. Jahrb. der Görresgesellschaft, Festschr. für C. Martius, 66. Jg., S. 72—93, München 1958, zit.: Dulckheit.

EISLER, R., Kant Lexikon, Berlin 1950.

ERDMANN, J. E., Von Cartesius bis Kant, 4. Band der Versuche einer wissenschaftlichen Darstellung der Geschichte der neueren Philosophie, I./II. Abtlg., Stuttgart 1932, zit.: Erdmann.

FISCHER, K., Hegels Leben, Werke und Lehre, I. Teil, Heidelberg² 1911, zit.: Fischer, Hegel I.

FLACH, W., Hegels dialektische Methode, Hegel-Studien, Beiheft 1, Heidelberger Hegeltage 1962, Bonn 1964, zit.: Flach.

FLÜGGE, J., Die sittlichen Grundlagen des Denkens, Hamburg 1953, zit.: Flügge.

GADAMER, H. G., Hegel und die antike Dialektik, Hegel-Studien, Bd. I, hrsg. v. F. Nicolin u. O. Pöggeler, Bonn 1961, zit.: Gadamer.

GARAUDY, R., Gott ist tot. Das System und die Methode Hegels, 1962, zit.: Garaudy.

GOLLWITZER, H., Die Existenz Gottes im Bekenntnis des christlichen Glaubens, München[3] 1964.

GÖRLAND, I., Die Kantkritik des jungen Hegel, Frankfurt 1966, zit.: Görland.

GUZZONI, U., Werden zu sich. Eine Untersuchung zu Hegels „Wissenschaft der Logik", München und Freiburg 1963, zit.: Guzzoni.

HABERMAS, J., Hegels Kritik der französischen Revolution, in: Theorie und Praxis, Neuwied 1963, S. 89 ff.

—, Arbeit und Interaktion, in: Technik und Wissenschaft als Ideologie, Frankfurt 1968.

HAERING, Th., Hegel, sein Wollen und sein Werk, Bd. I/II, Leipzig und Berlin 1929/1938, zit.: Haering (röm. Ziffer).

HARTMANN, A., Der Spätidealismus und die Hegelsche Dialektik, Darmstadt 1968, Neudruck von 1937, zit.: A. Hartmann.

HARTMANN, E. v., Über die dialektische Methode, Bad Sachsa[2] 1910, zit.: E. v. Hartmann.

HARTMANN, N., Diesseits von Idealismus und Realismus, Kant-Studien 29, 1924, hrsg. v. P. Menzer u. A. Liebert, S. 160 ff.

—, Die Philosophie des deutschen Idealismus, II. Teil: Hegel, Berlin 1929, zit.: N. Hartmann.

—, Möglichkeit und Wirklichkeit, Berlin[2] 1949.

HEIDEGGER, M., Kant und das Problem der Metaphysik, Frankfurt 1951, zit.: Heidegger.

HEIMANN, B., System und Methode in Hegels Philosophie, Leipzig 1927, zit.: Betty Heimann.

HEIMSOETH, H., Metaphysik der Neuzeit, München 1934.

—, Studien zur Philosophie I, Kants Metaphysische Ursprünge und ontologische Grundlagen, Kant-Studien 71, Köln 1956, zit.: Kant-Studien 71.

—, Transzendentale Dialektik. Ein Kommentar zu Kants Kritik der reinen Vernunft, Bd. I/II, Berlin 1966/67, zit.: Transz. Dial. (röm. Ziffer).

HENRICH, D., Hegels Theorie des Zufalls, Kant-Studien 50, 1958/59, S. 131 bis 148.

—, Der ontologische Gottesbeweis, Tübingen 1960, zit.: Henrich.

—, Der Begriff der sittlichen Einsicht und Kants Lehre vom Faktum der Vernunft, in: Festschr. f. H. G. Gadamer zum 60. Geburtstag, hrsg. v. D. Henrich u. W. Schulz, Tübingen 1960.

—, Anfang und Methode der Logik, in: Hegel-Studien, Beiheft I, Heidelberger Hegeltage 1962, Bonn 1964, S. 19 ff.

—, Fichtes ursprüngliche Einsicht, Frankfurt 1966, zit.: Fichte.

HORSTMEIER, M., Die Idee der Persönlichkeit bei Immanuel Hermann Fichte und Christian Hermann Weiße, Göttingen 1930, zit.: M. Horstmeier.

ILJIN, I., Die Philosophie Hegels als kontemplative Gotteslehre, Bern 1946, zit.: Iljin.

KOCH, T., Differenz und Versöhnung, Gütersloh 1967, zit.: Koch.

KOJÈVE, A., Hegel. Kommentar zur Phänomenologie des Geistes, hrsg. v. I. Fetscher, Stuttgart 1958.

KOPPER, J., Kants Gotteslehre, Kant-Studien 47, 1955/56, S. 31—61.

—, Reflexion und Identität in der Hegelschen Philosophie, Kant-Studien 58, 1967, S. 33 ff.

KRONER, R., Von Kant bis Hegel, Bd. I/II, Tübingen² 1961, zit.: Kroner (röm. Ziffer).

KRÜGER, G., Philosophie und Moral in der Kantischen Kritik, Tübingen 1931, zit.: Krüger.

LAKEBRINK, B., Hegels Dialektische Ontologie und die Thomistische Analektik, Köln 1955, zit.: Lakebrink.

LASK, E., Fichtes Idealismus und die Geschichte, in: Gesammelte Schriften, I. Band, hrsg. v. E. Herrigel, Tübingen 1923, S. 1—274, zit.: Lask.

LEESE, K., Philosophie und Theologie im Spätidealismus, Berlin 1929, zit.: Leese.

LITT, Th., Hegel, Heidelberg 1953, zit.: Litt.

LÖWITH, K., Von Hegel zu Nietzsche, Stuttgart⁴ 1958, zit.: Löwith.

—, Hegels Aufhebung der christlichen Religion, in: Vorträge und Abhandlungen: Zur Kritik der schriftlichen Überlieferung, Stuttgart, Berlin, Köln, Mainz 1966, S. 54 ff.

MAIER, A., Kants Qualitätskategorien, Kant-Studien 65, Erg. H. Berlin 1930, zit.: Maier.

MARCUSE, H., Hegels Ontologie und die Grundlegung einer Theorie der Geschichtlichkeit, Frankfurt 1932, zit.: Marcuse.

MARTIN, G., Immanuel Kant, Ontologie und Wissenschaftstheorie, Köln 1951, zit.: Kant.

—, Allgemeine Metaphysik, Berlin 1965, zit.: Martin.

MARX, W., Spekulative Wissenschaft und geschichtliche Kontinuität, Kant-Studien 58, 1967, S. 63—74, zit.: W. Marx.

MEULEN, J. v. d., Hegel, Die gebrochene Mitte, Hamburg 1968, zit.: v. d. Meulen.

MURE, G. R. G., An Introduction to Hegel, Oxford 1940, zit.: Mure.

OGIERMANN, H. A., Hegels Gottesbeweise. — Analecta Gregoriana XLIX, Rom 1948, zit.: Ogiermann.

PATON, H. J., Kant's Metaphysics of Experience, Vol. I/II, London, zit.: Paton (röm. Ziffer).

PHALÉN, A., Das Erkenntnisproblem in Hegels Philosophie, in: Erkenntniskritik als Metaphysik, Uppsala 1912.

PICHLER, H., Christian Wolffs Ontologie, Wien 1909.

—, Die Erkennbarkeit der Gegenstände, 1909.

—, Über die Erkennbarkeit der Gegenstände, Wien und Leipzig 1909.

—, Möglichkeit und Widerspruchslosigkeit, Leipzig 1912, zit.: Möglichkeit u. Widerspruchslosigkeit.

PURPUS, W. E., Eduard von Hartmanns Kritik der dialektischen Methode Hegels antikritisch gewürdigt, Ansbach 1911, zit.: Purpus.

REICH, K., Kants einzig möglicher Beweisgrund zu einer Demonstration des Daseins Gottes, Forschg. z. Gesch. d. Phil. u. Päd. 17, Leipzig 1937, zit.: Kants emB.

—, Einleitung des Herausgebers, in: I. Kant: Der einzig mögliche Beweisgrund zu einer Demonstration des Daseins Gottes, Hamburg 1963.

RIEHL, A., Der pilosophische Kritizismus, Geschichte und System, I. Bd.: Geschichte des philosophischen Kritizismus, Leipzig² 1908, zit.: Riehl (röm. Ziffer).

RITTER, J., Hegel und die französische Revolution, Frankfurt 1965, zit.: Ritter.

ROHRMOSER, G., Subjektivität und Verdinglichung, Gütersloh 1961, zit.: Rohrmoser.

—, Die theologische Bedeutung von Hegels Auseinandersetzung mit der Philosophie Kants und dem Prinzip der Subjektivität, in: Ztschr. f. syst. Theol. 4. Bd., 1962, S. 89 ff., zit.: Die theologische Bedeutung.

SCHMIDT, E., Hegels Lehre von Gott. Beiträge zur Förderung christlicher Theologie, 2. Reihe, 52. Bd., Gütersloh 1952, zit.: E. Schmidt.

SCHMUCKER, J., Die Gottesbeweise beim vorkritischen Kant. Kant-Studien 54, 1963, S. 445—463.

—, Die Originalität des ontotheologischen Arguments Kants gegenüber verwandten Gedankengängen bei Leibniz und in der Schulphilosophie der Zeit, in: Kritik und Metaphysik, Studien für H. Heimsoeth zum 80. Geburtstag, Berlin 1966, S. 120 ff., zit.: Originalität.

280   Literaturverzeichnis

—, Die Frühgestalt des kantischen ontotheologischen Arguments in der Nova
Dilucidatio und ihr Verhältnis zum „einzig möglichen Beweisgrund" von
1762, in: Studien zu Kants philosophischer Entwicklung, Bd. 6 der Studien
und Materialien zur Geschichte der Philosophie, hrsg. v. H. Heimsoeth,
Hildesheim 1967, S. 39 ff., zit.: Die Frühgestalt.

SCHNEEBERGER, G., Kants Konzeption der Modalbegriffe, Basel 1952, zit.:
Schneeberger.

SCHOLZ, H., Die Religionsphilosophie des Als-Ob, Leipzig 1921, zit.: H. Scholz.

SCHULZ, W., Die Vollendung des deutschen Idealismus in der Spätphilosophie
Schellings, Stuttgart und Köln 1955, zit.: Schulz.

—, Der Gott der neuzeitlichen Metaphysik, Pfullingen 1957.

—, Hegel und das Problem der Aufhebung der Metaphysik, in: Martin Heidegger zum 70. Geburtstag, Pfullingen 1959, S. 67 ff.

—, Das Problem der absoluten Reflexion, Frankfurt 1963.

—, Die Vollendung des deutschen Idealismus in der Spätphilosophie Schellings,
Stuttgart und Köln 1955, zit.: Schulz.

SCHULZE, W. A., Zu Kants Gotteslehre, Kant-Studien 48, 1955/56, S. 80.
Diskussionsbeitrag zu J. Koppers Aufsatz: Kants Gotteslehre, in: Kant-
Studien 47, 1955, S. 31—61.

SPECHT, E. K., Der Analogiebegriff bei Kant und Hegel, Kant-Studien 47, Erg.
H. 66, Köln 1952.

SEYDEL, R., Christian Hermann Weiße. Ein Nekrolog, Leipzig 1866.

STADLER, A., Die Grundsätze der einen Erkenntnistheorie in der Kantischen
Philosophie, Zürich 1874.

STEINBÜCHEL, Th., Das Grundproblem der Hegelschen Philosophie. Darstellung
und Würdigung, Bd. I, Bonn 1933, zit.: Steinbüchel.

TAGGERT Mc, J. u. E., A Commentary on Hegels Logic, Cambridge 1910, zit.:
McTaggert.

TRENDELENBURG, A., Logische Untersuchungen, Bd. I/II, Leipzig 1870, zit.:
Log. Unters.

VAIHINGER, H., Die Philosophie des Als-Ob, Berlin[2] 1913, zit.: Vaihinger.

WAGNER, H., Philosophie und Reflexion, München und Basel 1959, zit.: H.
Wagner.

WIELAND, W., Artikel Hegel, in: RGG[3], 3. Bd., Sp. 115 ff., Tübingen 1959.

WRZECIONKO, P., Die philosophischen Wurzeln der Theologie Albrecht Ritschls,
Berlin 1964, zit.: Wrzecionko.

WUNDT, M., Kant als Metaphysiker, Tübingen 1923, zit.: Wundt.

ZOCHER, R., Kants Grundlehre, in: Erlanger Forschungen, Reihe A, Erlangen
1959, zit.: Zocher.

Walter de Gruyter
Berlin·NewYork

Theologische Bibliothek Töpelmann
Herausgegeben von Kurt Aland, Georg Kuhn,
Carl Heinz Ratschow und Edmund Schlink
Oktav. Ganzleinen

Helmut Bintz

Das Skandalon als Grundlagen-problem der Dogmatik
Eine Auseinandersetzung mit Karl Barth. VIII, 163
Seiten. 1969. DM 32,— ISBN 3 11 002644 9 (Band 17)

Reiner Preul

Reflexion und Gefühl
Die Theologie Fichtes in seiner vorkantischen Zeit
VIII, 164 Seiten. 1969. DM 36,— ISBN 3 11 002645 7
(Band 18)

Klaus Krüger

Der Gottesbegriff der spekulativen Theologie
VIII, 185 Seiten. 1970. DM 38,— ISBN 3 11 006355 7
(Band 19)

Ulrich Browarzik

Glauben und Denken
Dogmatische Forschung zwischen der Transzendental-theologie Karl Rahners und der Offenbarungstheo-logie Karl Barths. Mit einem Geleitwort von Karl
Rahner.
XII, 282 Seiten. 1970. DM 38,— ISBN 3 11 006354 9
(Band 20)

Bernhard Klaus

Massenmedien im Dienst der Kirche
Theologie und Praxis. VIII, 215 Seiten. 1969. Karto-niert DM 9,80 ISBN 3 11 002646 5 (Band 21)

Friedrich Heyer

Die Kirche Äthiopiens
Eine Bestandsaufnahme. XVIII, 360 Seiten. 1971.
DM 58,— ISBN 3 11 001850 0 (Band 22)

Walter de Gruyter
Berlin · New York

 de Gruyter Lehrbuch

Wolfgang Trillhaas **Religionsphilosophie**
Oktav. X, 278 Seiten. 1972. Gebunden DM 44,—
ISBN 3 11 003868 4

Wolfgang Trillhaas **Dogmatik**
3., verbesserte Auflage. Oktav. XVI, 543 Seiten.
1972. Gebunden DM 46,— ISBN 3 11 004012 3

Wolfgang Trillhaas **Ethik**
3., neubearbeitete und erweiterte Auflage.
Oktav. XX, 578 Seiten. 1970. Gebunden DM 42,—
ISBN 3 11 006415 4

Geo Widengren **Religionsphänomenologie**
Oktav. XVI, 684 Seiten. 1969. Gebunden DM 38,—
ISBN 3 11 002653 8

Stephan - Schmidt **Geschichte der evangelischen
Theologie in Deutschland
seit dem Idealismus**
3., verbesserte Aufl. Oktav. Etwa 500 Seiten. 1972.
Gebunden. Etwa DM 48,— ISBN 3 11 003752 1